지옥은 나를 원하지 않았다

지은이 다리우시 코르트코Dariusz Kortko · 마르친 피에트라셰프스키Marcin Pietraszewski
공동저자인 다리우시 코르트코와 마르친 피에트라셰프스키가 저술한 예지 쿠쿠츠카의 일대기를 담은 전기는 베스트셀러가 되었다. 그 책이 세상에 나온 후 폴란드 서적시장은 등산을 다룬 책의 출판이 유행처럼 번졌다. 이외에도 그들은 미로스와프 헤르마셰프스키Mirosław Hermaszewski의 『폴란드인이 우주로 쏜 총알, 그 가벼움의 대가』를 저술했으며, 지금도 여전히 산사람으로 살아가고 있다.

옮긴이 서진석
한국외국어대학교 폴란드어과 졸업 후 폴란드 바르샤바대학교에서 발트어문학으로 석사학위, 에스토니아 타르투대학교에서 박사학위를 받았다. 그 이후로 폴란드를 포함한 동유럽에서 20여 년간 산전수전을 겪으며 살다가 2019년 한국에 정착해 동유럽에 대한 시민강좌, 대학강의, 원서 번역, 저술활동을 하고 있다.
저서로 『바리와 호랑이 이야기』, 『발트3국 - 잊혀졌던 유럽의 관문』, 『유럽 속의 발트3국』, 『발트3국의 언어와 근대문학(공저)』, 『발트3국 여행 완벽 가이드북』이, 번역서로 『말썽꾸러기 토츠와 그의 친구들』, 『뿌리 깊은 나무들의 정원』 등 다수가 있다.

KRZYSZTOF WIELICKI
PIEKŁO MNIE NIE CHCIAŁO
© First Published by Agora SA 2019

폴란드 얼음의 전사 비엘리츠키

지옥은 나를 원하지 않았다

다리우시 코르트코 · 마르친 피에트라셰프스키 지음 서진석 옮김

하루재클럽

차례

한국 독자들에게 드리는 인사말

존경하는 친구들에게,

이 책은 산에서의 도전과 성공과 실패, 그리고 산사람들과 지금까지 우리 곁에 남아 있는 이들과 떠나간 이들과의 우정에 관한 이야기입니다.

폴란드에서 우리 세대는 알피니즘 역사에 아름다운 족적을 남겼고 '황금기'를 만들었습니다. 제가 그 안에 있었다는 것은 큰 영광입니다.

우리는 줄곧 높은 곳을 향해 왔으며, 그동안의 빗장을 열고 히말라야이즘의 형태를 바꾸고자 노력해 왔습니다. 애석하게도 1950년부터 1964년 사이에 이루어진 8천 미터급 고봉 초등의 대장정에는 폴란드인들이 참가할 기회가 없었습니다. 하지만 1980년 2월 17일 우리는 세계에서 가장 높은 봉우리, 즉 에베레스트의 동계초등을 해내면서 폴란드의 등산역사를 새로 쓸 수 있게 되었습니다.

나의 친구들은 더 큰 도전의식으로 동계에만 8개를 초등했으며, 끝내는 '얼음의 전사'라는 별명도 얻었습니다.

그와 동시에 우리의 친구들은 위대한 역사를 일궈냈습니다. 먼저 예지 쿠쿠츠카는 8천 미터급 고봉 완등을 세계에서 두 번째로 성공했으며, 반다 루트키에비치는 에베레스트를 오른 세 번째 여성이자 K2 정상에 선 최초의 여성 알피니스트였습니다. 이것은 알피니즘 역사에 영원히 남을 기록입니다.

오직 한국과 일본의 알피니스트들만이 우리의 동계등반 철학을 따라주고 있다는 것은 주목할 만합니다. 1988년 극도로 어려운 에베레스트의 서릉을 따라 등반하고 있을 때 한국 원정대를 만났었고, 세 번이나 시도해서 그 어려움을 잘 알고 있는 로체 남벽을 2006년에 오를 때도 한국인들과 조우했습니다.

박영석, 엄홍길, 한왕용도 14개 완등자 명단에 이름을 올렸습니다. 그들의 열정에 박수를 보냅니다.

산은 우리를 갈라놓는 곳이 아니라, '언제나 함께' 만나는 곳입니다.

고맙습니다.

2022년 1월, 폴란드에서

크시스토프 비엘리츠키

berghaus

프롤로그

정원의 온갖 존재들이 새로운 생명을 되찾는 봄은 참 아름다운 계절이다. 겨울이 지난 지금 나는 청소를 하고 나무를 심는다. 아직 남아 있는 눈송이들이 온 힘을 모아 여태 얼어붙어 있는 대지를 정복하려 한다. 포도주 한 잔을 손에 들고 테라스에 나와 앉아, 나는 산에서 보낸 나날들과 여전히 나를 기다리고 있을 새로운 도전에 대한 명상에 잠긴다. 내 인생에 대한 명상을…. 과연 나는 행복했나?

벼랑 끝에서 평생을 산 사람이 여전히 살아남아 자서전을 쓴다는 것이 처음에는 무척 이상하게 느껴졌다. 산에서 이룩한 성과들과 인생의 곡절에 대해 사람들이 높이 평가를 해줘 최근에는 상을 몇 개 받았는데, 그 상들은 내 평생 가장 중요한 시절의 기록을 다시 들려주는 것만 같았다.

나는 아직 등산을 그만둘 생각이 없다. 나의 희망은 50년간 산에서 겪은 경험을 젊은 세대와, 등산을 막 시작하면서 내가 겪었던 문제와 딜레마, 선택의 어려움을 그대로 마주치게 될 사람들에게 전달해주는 것이다.

인생이란 성공과 실패가 공존하는 끝없는 전투이다. 승리를 거머쥐고 의기양양하게 돌아올 때도 있지만 전쟁의 패잔병처럼 돌아오기도 한다. 우리는

◀ 2019년 10월 젱드코비체에서의 크시스토프 비엘리츠키

대체 무엇 때문에 생명을 위험에 빠뜨리고, 벽을 허물고, 경계를 넘어서는 행동을 하는 것일까? 대체 무엇을 얻고자 그런 무모한 짓을 하는 것일까? 굳이 해답을 찾자면, 열정일 수도 있고, 우리가 죽을 때까지 끼고 살아야 하는 심오한 의미의 중독 때문일 수도 있다.

그런 중독에는 어떤 대가를 치러야 할까? 산에서 수많은 시간을 보냈지만, 가족들과 함께 보낸 시간은 과연 얼마나 되는가? 그럴 만한 가치가 있었는가? 명확하고 지혜로운 해답을 찾기 어려운 질문들이 여전히 산처럼 쌓여 있다. 이런 질문들은 시간이 지나고, 경험이 축적되어 가면 형태가 바뀐다. 사람들은 만남을 통해 서로 영향을 주고받는다. 분명 우리 각자에게는 소중한 의미가 있고, 거기에는 도전과 위험 그리고 자신이 내린 결정에 대한 대가가 있다.

"사람은 때를 타고 나야 한다." 이 말은 영국의 유명한 히말라야 등산가 크리스 보닝턴Chris Bonington이 칼라파타르에 올라, 에베레스트를 오르고자 하는 일반인들을 위해 상업등반대가 쳐놓은 텐트를 바라보며 한 말이다. 그들 중 대부분은 확신에 차서 지구상에서 가장 높은 봉우리에 오르지만, 과거 선구적인 등산가들이 겪었던 극한의 경험은 얻을 수 없다.

나는 때를 타고 나서 무척 행복하다. 영국인, 이탈리아인, 독일인 그리고 일본인들이 세상에서 가장 높은 봉우리를 등정하며 역사를 새롭게 쓰는 동안, 우리 폴란드인들은 그저 부러운 눈으로 바라보기만 했었다. 하지만 그 영광의 대열에 합류한 우리들도 이제 선구자들이 미처 다 쓰지 못한 이야기를 열정적으로 채울 수 있게 되었다. 우리들이 업적을 이루던 시절은 폴란드 히말라야 정복의 황금기라고 불린다. 내가 그런 역사의 일부분이었다는 것은 내 삶에서 가장 큰 기쁨이었다.

크시스토프 비엘리츠키Krzysztof Wielicki

1장

길을 떠나긴 해도 얼마나 걸릴지는 나도 잘 모른다
하지만 결국에는 도달하게 될 것이다

지금이 아니면 다음 기회가 없었다. 최후까지 버티던 동료들이 하나둘씩 포기했다. 안제이 자바다Andrzej Zawada는 몹시 지쳤고, 사우스콜에서 밤을 보낸 리샤르드 샤피르스키Ryszard Szafirski는 체력이 떨어졌으며, 안제이 '지가' 헤인리흐Andrzej 'Zyga' Heinrich는 이제 만사를 귀찮아했다. 그리고 마리안 피에쿠토프스키Marian Piekutowski는 올라갈 엄두도 내지 못하고 있었다. 자코파네 출신의 리샤르드 가예프스키Ryszard Gajewski와 마치에이 파블리코프스키Maciej Pawlikowski는 벌써 내려오고 있었다. 등반을 포기한 사람들은 진작부터 베이스캠프에 죽치고 있었다. 그들은 짐을 꾸리기 시작했다.

우리의 연락담당관 샤르마Sharma 씨가 에베레스트 동계원정대 대장인 안제이 자바다에게 등반허가가 내일이면 끝난다고 알려줬다.

◀ 안나푸르나에서 걸린 동상으로 인해 에베레스트 동계등반 중 발가락에서 피가 나기 시작했다. 피가 난다는 것을 알게 된 것도 한참이 지난 후였다. "발가락의 고통 따위로 등반을 포기하는 걸 용납할 수 없을 만큼 내 꿈은 웅대했습니다." 크시스토프 비엘리츠키는 말했다.

바르샤바 출신의 레셰크 치히Leszek Cichy와 티히 출신의 크시스토프 비엘리츠키 둘이서만 위로 올라가기로 했다. 열 살 때부터 등산을 한 치히는 경험이 아주 풍부했다. 1975년 가셔브룸2봉에서 신루트 일부를 개척한 그는 8천미터급 고봉을 이미 오른 경험이 있었다. 하지만 겨울은 아니었다. 비엘리츠키가 세운 최고기록은 7,495미터. 파미르고원에 있는 코뮤니즘봉이었다. 그 전해 그는 안나푸르나 남벽에서 정상으로 가는 신루트를 개척했다. 그러나 겨우 7,219미터, 그것도 여름이었다. 그는 8,000미터 이상을 오른 경험이 한 번도 없었다. 1980년 2월 15일이면 등반허가가 끝나게 되어 있었다. 치히와 비엘리츠키는 3캠프에 머물렀다. 수직으로 1,698미터 아래에 있는 전진베이스캠프에서 출발하면 가야 할 길이 너무나 멀어서. 가야 할까, 말아야 할까?

안제이 바브지니아크Andrzej Wawrzyniak 네팔 주재 대사가 에베레스트 베이스캠프로 무전을 보내왔다. 네팔 정부가 등정 날짜를 이틀 더 연장하기로 했다는 것이다. 샤르마 씨는 이 모든 것이 자신의 공이라며 너스레를 떨었다.

^^^

해낼 수 있을까?

시도해보는 것도 나쁘지 않을 것 같았다. 지금 하거나, 아니면 앞으로 꿈을 꾸기만 하거나, 둘 중 하나였다. "마치 가미카제 같았습니다. 목적을 달성하기 위해 늘 준비를 하고 기다려야 하는 노예들 말입니다." 비엘리츠키가 말했다.

2월 16일 토요일. 아침 일찍 잠에서 깨어났다. 그들은 누가 뭐라 해도 갈 사람들이었다. 기분도 좋고 컨디션도 완벽했다. 커피를 타고, 뜨거운 차를 준비해 보온병에 넣고, 크램폰을 차는 것은 매일 아침의 의식이었다. 힘이 더 나는 것 같았다.

"크시스토프와 난 그냥 산소통 하나만 메고 가기로 했습니다. 힘을 덜 쓰면서 더 빨리 가려고요." 레셰크 치히가 말했다.

"산소통 하나만 해도 무게가 꽤 됩니다. 7킬로 정도 나가니까요. 거기다 레귤레이터, 마스크, 배터리 달린 클리메크Klimek 무전기까지 하면 2.5킬로가 나옵니다. 갖고 가야 할 게 꽤 되죠. 그래서 우린 각자 200기압에 4리터짜리 산소통을 챙겼습니다. 계산해보니 머리에 800리터의 산소를 이고 가는 것이더군요. 1분에 2리터씩 소비한다면 400분, 그러니까 7시간 정도는 충분히 쓸 수 있었습니다. 정상까지는 충분했습니다. 그다음엔? 최대한 빨리 내려와야죠."

사우스콜까지는 빠르면 4시간이면 올라갈 수 있지만 보통은 6시간이 걸린다. 그들은 피곤을 떨쳐버리고, 그곳에 도착하자마자 비박을 준비했다.

"겨울엔 눈보라가 한 번 날리면 이전 사람들이 남기고 간 값진 물건들이 여기저기서 모습을 드러냅니다." 비엘리츠키가 당시를 회상하며 말했다.

"사우스콜에 도착하면 하이에나처럼 그런 물건을 찾아내는데, 보통은 빵이나 젤리, 산소통, 부탄가스 등이 나옵니다."

식량은 말린 소고기커틀릿과 파이과자와 말린 빵 등으로, 이것은 고산에서 깨우친 경험의 산물이었다.

그들은 그 후 무전기로 베이스캠프와 교신했다. 일기예보는 나름대로 예감이 좋았다. 바람도 잔잔하고 구름도 적당했다. 하지만 텐트 안의 기온이 영하 42도까지 떨어졌다. 비엘리츠키는 이렇게 말했다. "잘 때 쓰려고 산소를 준비해 가긴 했는데 마스크를 쓰고 자는 게 영 어색했습니다. 액화된 산소가 입과 코로 동시에 들어가고, 마스크가 간지러워서 반듯이 누워 잘 수밖에 없었습니다."

새벽 4시. 그들은 다시 물을 끓이고 차를 타서 보온병에 넣은 다음 아침을 먹고 나서 베이스캠프에 보고했다. 날씨도 평소와 다름없었고, 기분도 괜찮았다. 아침 7시 출발. 해가 떠오르기 시작하는 이때쯤이 가장 좋은 시간이

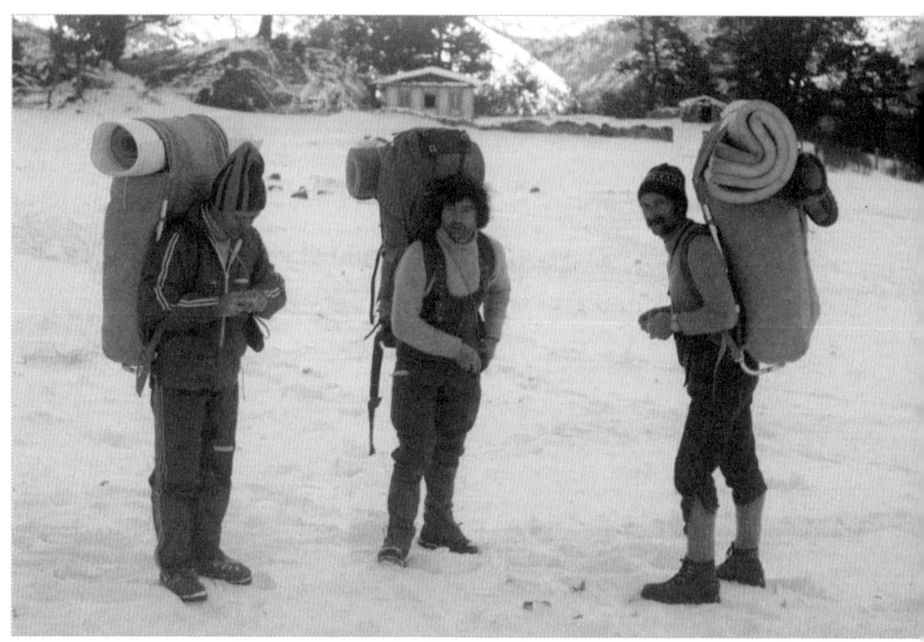

1980년 2월의 에베레스트 동계등반. 대원들의 배낭 속에는 나름대로 잘 차려입을 옷들과 함께 장비, 슬리퍼, 우아한 텐트슈즈, 그리고 3종류의 등산화가 들어 있었다. 사진 오른쪽부터 크시스토프 비엘리츠키, 크시스토프 주레크, 로베르트 야니크

다. 해가 능선을 비추기 시작하면 1도 정도는 따뜻해진다.

"맑은 하늘과 반짝이는 눈을 보고 적잖은 힘을 얻었습니다. 최상의 컨디션에, 마치 에베레스트를 손에 넣은 듯한 기분마저 들었으니까요." 비엘리츠키는 말했다.

2월 17일 일요일 새벽 베이스캠프를 호출해, 이렇게 보고했다.

"오늘 정상에 가겠습니다."

"성공을 빈다."

"고맙습니다. 한다면 하는 거죠."

6시 45분. 그들은 텐트에서 기어 나왔다. 바깥 기온은 영하 42도. 첫 구간은 쉬웠다. 스노고글이 웬만한 바람을 막아줬다. 그들은 1시간에 대략 80

미터씩 올라갔다. 딱 알맞은 걸음걸이였지만 날씨가 변하더니 꾸물꾸물해지기 시작했다. 바람이 눈송이를 날려 얼굴에 짓이겼다. 발밑은 말 그대로 아이스링크였다. 능선마루에서 아래쪽으로 내려가봤지만, 그곳이라고 해서 상황이 더 낫지도 않았다. 휘몰아치는 눈보라 속에서 크램폰에만 의지해 한 치 앞을 내다볼 수 없는 능선마루를 걸어 올라가야 했다. 하지만 그렇게 올라가봐야 눈덩어리로 된 꼭대기일 뿐이었다.

"시간이 속절없이 흘러갔습니다. 희망을 잃은 우리의 지루한 등반은 당장이라도 끝이 나버릴 것 같았습니다." 치히는 훗날 이렇게 회상했다.

정상까지 아주 멀지는 않았지만 제일 힘든 구간이 남아 있었다. 능선마루로 갈 수도 없었다. 눈이 쌓인 곳은 하중을 견디지 못해 자칫하다간 커니스와 함께 추락할 수도 있었다. 능선마루 바로 밑이 조금 더 안전하다 해도 바람이 더 거셌다. 그냥 운명에 의지할 수밖에 달리 도리가 없었다. 서로 로프도 매지 않고 고정로프에 통과시키지도 않았다. 그럴 시간이 없었다. 어둠이 내리기 전에 정상까지 갔다가 재빨리 사우스콜의 텐트로 돌아와야 하니까.

수직에 가까운 8미터의 힐러리스텝을 오르자 희미한 발자국이 눈에 들어왔다. 여름이라면 딛고 오르는 것이 비교적 수월한 바위가 겨울이라 깊은 눈 밑으로 모습을 감추었는지 보이지 않았다. 순간의 실수로도 커니스와 함께 추락할 수 있다. 빨리 결정해야 했다. 바위에서 눈을 치울 수는 없었다. 눈은 바위에 겨우 붙어 있는 것 같았다. 한 번 더 위험을 무릅썼다. 행운이 미소를 지었다. 그들은 별 문제없이 바위를 올랐다. 이 정도면 정상이 보일 만도 한데 아직도 멀었다.

"눈을 잔뜩 머금은 거센 바람이 얼굴을 때렸습니다. 머리를 돌린 채 시선을 능선으로 두고 올라갔습니다." 치히는 그 순간을 이렇게 회상했다.

"정말 조금만 더 가면 정상이 눈앞에 나타날 것 같았습니다. 몇 걸음만 더 가면 등정이 성공적으로 끝날 텐데…. 우린 눈앞에 나타나는 꼭대기들을 차

례로 넘었습니다. 그래도 꼭대기들이 계속 이어졌습니다. 오후 2시 25분. 우린 그중에서 가장 높고 중요한 진짜 정상에 올랐습니다. 잠시 후 크시스토프가 내 옆으로 왔습니다. 그곳에 오르면 인생 최고의 희열을 느낄 줄 알았습니다. 하늘을 나는 듯한 느낌이 들고, 신비로운 환영이 보일 거라고 생각했습니다. 그런데… 아무것도 없었습니다. 우린 가쁜 숨을 몰아쉬며 그냥 그곳에 서 있었습니다."

^^^

자바다는 애꿎은 날씨를 탓하며 무전기를 손에 들었다. "감 잡았나? 감 잡았나? 이상. 잘 안 들린다. 다시 말하라. 다시 말하라. 이상."

비엘리츠키가 응답했다. "지금 정상입니다. 에베레스트 동계등정에 성공했습니다. 모두의 덕분입니다."

"만세!" 자바다가 소리쳤다. "지금 정상에 올랐단다. 축하하자, 모두들. 만세! 세계 초등이다."

"모두의 덕분입니다. 카트만두와 베이스캠프에 있는 모든 분들의 공입니다. 우리의 성공은 모두의 것입니다." 비엘리츠키가 말했다.

자바다는 믿을 수 없다는 표정을 지었다. 정말 그들이 정상에 올랐는지 확신이 서지 않았다. "거기에 삼각대가 있나?"

물론 있었다. 1974년 중국인들이 가지고 올라와 쇠줄로 고정한 흔적이 보였다. 쇠줄 하나에는 바로 전 정상에 오른 라야 제네타Raya Geneta의 카드가 달려 있었다.

"만약 즐거운 시간을 원하신다면 알래스카의 앵커리지에 사는 팻 러커Pat Rucker에게 274-2602 번호로 전화하세요."

만약 곧 있을 알래스카 강의에서 치히가 이 카드의 내용을 학생들에게 읽어준다면 대부분 웃음을 참지 못할 것이다. 바로 성매매 여성의 번호였기 때

1980년 에베레스트 동계등반 베이스캠프. 조국의 이름을 걸고 등정에 나서기 전, 크시스토프 비엘리츠키가 특별 주문 제작한 부츠 끈을 묶고 있다. 텐트 앞에 있는 사람은 마리안 피에쿠토프스키(빨간색 점퍼)와 마리안 야보르스키

문이다.

이제 대원들은 그들이 정상에 선 기분이 어떤지 물었다. "여긴 쌍욕이 나올 만큼 추워. 정말 힘드네. 에베레스트는 왜 이곳에 있어서 쓸데없는 고생을 시키지?" 치히가 말했다.

"가장 힘든 구간인 남봉과 정상 사이를 1시간 반 만에 주파했어." 비엘리츠키가 마저 설명했다.

"눈이 겁나." 치히가 덧붙였다. "내려가기가 무서울 정도로. 아주 조심해야겠지만, 아무튼 우린 에베레스트에 올랐어. 그것도 한겨울에!"

^^^

홍분으로 들뜬 자바다가 바르샤바에 전화를 걸었다. 그는 이 놀라운 일을 모두에게 알려달라고 폴란드등산연합회(PZA)의 비서 한나 비크토로프스카Hanna Wiktorowska에게 부탁했다.

"모두 말에요? 그게 누군데요?" 비크토로프스카가 되물었다.

"정말 모두 다. 교황부터 당서기까지." 자바다는 감정을 억누르지 못했다.

비크토로프스카는 그의 부탁을 꼼꼼하게 이행했다. 맨 먼저 교황 요한 바오로 2세에게 전보를 보내고, 에드바르드 기에레크Edward Gierek 폴란드 연합노동자당 서기에게도 이 사실을 알렸다. 하지만 그녀는 앞으로 어떤 황당한 일들이 펼쳐질지에 대해선 전혀 알지 못했다.

사단은 여기서 벌어졌다. 이 사실을 전 세계로 타진해야 하는데, 통신담당 보그단 얀코프스키Bogdan Jankowski가 카트만두에 있는 관광성과 연결을 시도했지만, 잘 되지 않았다. 마침 그날이 힌두교 축제일이라 공무원들이 쉬고 있었던 것이다. 네팔인들은 히말라야의 고봉 등정 소식을 자신들이 바깥세상에 알릴 수 있도록 온 힘을 쏟고 있었다.

안제이 바브지니아크 네팔 주재 대사가 이 문제를 해결하기 위해 관광성 공무원과 통화를 했다. 하지만 그것은 아무런 공신력이 없는 사적 대화나 다름이 없었다. 이미 전 세계 언론은 폴란드인들의 에베레스트 동계초등에 대한 보도를 쏟아내기 시작했다. 그러자 네팔인들은 놀라 자빠지고 말았다.

자유유럽방송은 폴란드인들이 정상에 4미터 높이의 십자가를 세웠다고 보도했지만, 기쁨에 찬 폴란드인들은 그따위 오보에는 신경도 쓰지 않았다.

"정상에 올라가자마자 폴란드와 네팔의 국기를 꺼냈습니다. 국기들을 손에 든 레셰크의 사진을 찍어주고 싶었는데, 쎄르토Certo 카메라의 셔터가 얼어붙어서 겨우 한 장만 건졌습니다." 비엘리츠키가 말했다.

"삼각대에는 교황이 성축하신 묵주와, 6년 전 바로 옆의 로체에서 목숨을 잃은 사진가 스타니스와프 라타워Stanisław Latałło의 어머니가 주신 40센티 길이의 십자가를 매달았습니다. 그리고 폴란드 동계원정대라고 적힌 카드를 꽂

1980년 2월 17일 에베레스트 정상에 선 크시스토프 비엘리츠키

아두었습니다. 레셰크는 정상에서 돌멩이 몇 개를 주워 담았고, 과학자들의 부탁을 받은 나는 비닐봉지에 눈을 몇 뭉치 담아 넣었습니다."

^^^

세상은 떠들썩했지만 정작 에베레스트는 고요하기 그지없었다.

"영원히 움직이지 않는 존재의 품속으로 들어갔었다고 말하고 싶습니다. 그 위에 올라서면 누구라도 그렇게 생각하게 될 겁니다." 레셰크 치히가 나직이 말했다.

비엘리츠키는 이렇게 말했다.

"난 불필요한 흥분을 가라앉혔습니다. 앞으로 어떤 대가를 치러야 할지 모르니까요. 베이스캠프로 안전하게 귀환한 후에나 비로소 성공했다고 말할 수 있지 않을까요?"

3시 5분 그들은 하산을 시작했다. 처음에는 수월했지만 힐러리스텝에 이르러 난관에 부딪혔다. 치히는 로프로 묶고 안전하게 내려가고 싶었다. 하지만 비엘리츠키는 무척 서둘렀다. 시간을 허비하는 것이 안타까웠는지 그는 뒤로 돌아서 눈에 덮인 바위를 먼저 올라갔다. 피켈의 샤프트를 눈에 박아 안전한지 확인했다. 그리고 피켈의 피크를 두 손으로 잡고 더듬더듬 발 내려놓을 곳을 찾았다. 부츠로 사면을 찰 때마다 발의 고통이 더욱 심해졌다. 거의 수직으로 서 있다 보니 산소통의 마스크가 자꾸 흘러내렸다. 서둘러야 했다. 산소통의 눈금이 0을 가리키고 있었다. 이제는 산소통을 버려도 상관이 없겠지만, 그전에 레귤레이터를 분리해야 했다. 폴란드에선 구하기 힘든 물건이니까.

남봉에 도달하면 베이스캠프와 교신하기로 했지만 그냥 계속 내려갔다. 시간이 없었다. 1분이라도 소중히 여기지 않으면 자칫 죽음의 길로 빠질 수도 있었다.

"갑자기 앞이 보이지 않았습니다." 비엘리츠키가 말했다.

"모든 게 하얗게만 보여서 형상과 크기와 색깔 등을 알 수 없었습니다. 앞에는 범접할 수 없는 하얀 벽만 있었고. 방향감각을 잃어버렸지요. 난 어쩔 수 없이 능선에 서 있을 수밖에 없었습니다. 움직이는 게 너무 무서워서. 안개가 계속 몰려들어 벗어둔 스노고글을 쓰고 눈의 피로를 좀 풀었습니다."

이제는 태양과 경주를 할 차례였다. 2월 중순의 에베레스트는 6시가 되기도 전에 해가 떨어진다. 치히가 말했다. "능선에서 경사진 곳으로 얼굴을 돌리자 소름이 확 돋았습니다. 50미터쯤 떨어진 곳에 누군가가 앉아 있는 것 같았는데, 자세히 보니 한네롤 슈마츠Hannelore Schmatz였습니다."

그녀에 관한 이야기는 여러 번 들어서 이미 잘 알고 있었다. 슈마츠는 그 전해 에베레스트에서 실종되었다. 미국인 레이 제넷Ray Genet과 함께 셰르파 둘의 안내를 받으며 정상에서 하산하던 중이었다. 그때 산소가 바닥이 났다. 그것은 6,000미터에서 8,000미터로 갑자기 수직상승하는 것과 같은 충격이다. 아주 강건하지 않으면 그 충격을 견디기가 힘들다. 뇌가 산소를 원하는데 제대로 공급하지 못하면 어떻게 되나? 제넷은 공포에 사로잡혔다. 배낭을 집어던지고 옷을 벗으려는 그를 셰르파 앙Ang이 겨우 막았다. 빨리 내려가야 한다고, 셰르파가 아무리 채근해도 그는 말을 듣지 않았다. 그리고 눈에 구덩이를 파기 시작했다. 거기서 밤을 지새울 작정이었다.

셰르파는 슈마츠에게 당신만이라도 아래로 내려가 목숨을 구하라고 말했다. 그러나 그 독일 여성도 체력이 떨어졌다. 그녀는 제넷과 함께 있고 싶어 했다. 할 수 없이, 앙은 또 다른 셰르파인 스무 살의 숭다레Sungdare에게 그 둘을 맡기고, 구조를 요청하러 혼자 아래로 내려갔다.

제넷은 그날 밤 목숨을 잃었다. 다음 날 아침 슈마츠는 숭다레와 함께 하산하려 했지만, 겨우 100미터 정도를 내려가선 주저앉아, 힘없이 말했다.

"죽을 거 같아. 물 좀 줘."

그러고는 다시 일어서지 못했다.

크시스토프 비엘리츠키와 레셰크 치히는 슈마츠의 목에 걸린 카메라와 목걸이를 빼냈다. 그것들을 슈마츠의 남편에게 보내주려고 한 것이다.

"무섭지 않았습니까? 그때 무슨 생각이 들었나요?" 기자들이 물었다.

"아무런 생각도 없었습니다." 비엘리츠키가 대답했다. "살아남기 위해 몸부림쳤던 사람이었습니다. 온 힘을 다해 어떻게 해야 살아남을 수 있을까를 고뇌하며 극한의 시간을 보냈을 겁니다. 사실은 그냥 사실대로 받아들여야 합니다. 우리 몸이 보내는 신호를 통해 난관을 극복할 힘이 있는지 없는지를 확인해야 합니다. 만약 자신과의 싸움에서 승리하지 못한다면, 좋아하는 일들과 베이스캠프의 친구들을 모두 잃고 외롭게 세상을 등져야 합니다. 어디에 발을 디뎌야 하는지, 내 앞에 무엇이 있는지에만 집중해야 합니다. 실패할지 모른다는 불안감에 대해선 조금도 신경 쓰면 안 됩니다. 두려움에 빠져서도 안 됩니다. 그건 사형선고나 마찬가지이니까요."

"난 혼자 되뇌었습니다. '계속 이 길을 갈 거야. 그러면 언젠간 목표를 달성하겠지.'"

"현실을 반영한 건가요, 아니면 관념이나 자신에 대한 정당화 같은 건가요?" 기자들이 다시 물었다.

"그 문제에 대한 답은 산의 그 자리에서가 아니라 집에 와서야 겨우 깨닫게 되었습니다."

비엘리츠키는 그날 자신의 발이 어떤 상태였는지 설명했다.

"경사면의 상태가 위태로웠는데 그 위에 온몸의 하중을 실어야 했습니다. 발은 동상에 걸려 피까지 났습니다. 옆으로 살살 걸어보려 했지만, 그러면 미끄러질 것 같았습니다. 자칫하다간 목숨을 잃을 수도 있는 순간이었습니다. 그때 난 그런 곳에 서 있을 힘조차 없었습니다. 몇 발자국마다 쉬면서 앞으로 조금씩 나아갈 수밖에 없었지요. 그래야 발가락 전체가 마비될 정도의 극심한 고통을 조금이나마 줄일 수 있었습니다."

그런데 눈에도 문제가 생겼다. 주변의 모든 것이 하나로 모이는가 싶더니 어두컴컴한 벽이 아니라 하얀 벽이 온통 눈앞에 펼쳐졌다.

“사우스콜의 텐트로 돌아가는 건 틀렸다는 생각이 들었습니다. 그날 난 죽음을 보는 듯했습니다. 그런데 그 죽음이 한네롤의 얼굴처럼 끔찍하진 않았습니다. 다만 건널 수 없는 하얀 사막 같았을 뿐이었습니다.” 비엘리츠키는 말했다.

그렇게 온갖 고뇌에 사로잡힌 그는 30초인지 5분인지 모를 시간을 흘려보냈다. 어쨌든 시간이 지나자 빨간 반점이 눈에 들어왔다. 장갑이었다. 이것은 시력이 천천히 회복되고 있다는 신호였다.

“죽을 만큼 힘들었지만 중요한 건 그게 아니었습니다.” 기억을 더듬으며 비엘리츠키가 말했다. “그런 순간 사람을 움직이게 하는 건 몸의 근육이 아니라 바로 살아남겠다는 의지입니다. 그게 사람을 움직이게 하는 강력한 힘입니다. 맘대로 하고 싶다고 되는 게 아니라, 의식과는 상관없이 거의 자동적으로 움직이게 됩니다. 생각을 하면 에너지가 더 소비됩니다. 그런 불필요한 소비도 막아야 합니다.”

그는 조금씩 또 조금씩 앞으로 나아갔다. 주변은 쿨르와르와 빙벽과 낭떠러지였다. 엉덩이를 붙인 채 크램폰을 이용해 조금씩 움직였다. 얼마나 가야 할지 알 수는 없었지만 그렇게 하다 보니 어느새 텐트 근처였다. 텐트가 보인다. 몇 걸음만 더 가면 될까? 다섯 걸음? 열 걸음?

치히가 텐트에 먼저 도착했다.

“주저앉아서 그대로 드러누웠습니다. 숨을 쉬기가 힘들었습니다. 몇 발자국을 가서 또 드러눕고….” 치히가 당시를 회상하며 말했다. “술 취한 사람처럼 비틀거렸지만 끝내는 텐트에 갈 수 있을 거란 희망을 품고 앞으로 나아갔습니다.”

텐트에 도착한 치히는 숨을 고르고 나서 크램폰을 풀고 텐트 문을 닫은

다음 매트리스를 펴고 침낭 속으로 몸을 집어넣었다. 그는 뒤쪽에 있는 비엘리츠키가 텐트 안으로 곧 들어올 것으로 생각했다. 따뜻한 차를 몇 모금 마시자 생기가 다시 도는 것 같았다. 산소통에는 아직도 산소가 남아 있었다. 이 정도면 성공한 것이 아닐까?

그런데 비엘리츠키는 어떻게 된 거지?

비엘리츠키는 후에 이렇게 기록했다.

“사우스콜이 눈에 들어왔다. 그런데 텐트가 보이지 않았다. 오른쪽으로 가야 하나, 왼쪽으로 가야 하나? 경사진 곳에 있었는데…. 그때 텐트가 보였다. 불이 밝혀져 있었다. 그것은 내가 본 것 중 가장 아름다운 모습이었다.”

텐트로 기어들어간 그는 부츠를 벗고 무릎이 턱까지 오도록 다리를 접은 다음 매트리스 위에 올려놓았다. 너무나 끔찍했다. 새파래진 발가락이 갈라져 피가 흘러나오고 있었다. 2시간쯤 지나자 발의 감각이 돌아오면서 부어오르기 시작했다. 몸이 상처와 싸우고 있다는 것은 좋은 징조였다. 다리를 자를 정도는 아니라는 말이니까. “동상에 걸린 크시스토프의 발가락을 베이스캠프에서 봤습니다.” 원정대에 합류한 마치에이 파블리코프스키가 말했다.

“살갗이 갈라져 속살과 피가 모두 보였습니다. 그런 장면은 정말 처음이었습니다. 기념으로 남겨야 한다며 친구들은 사진을 찍었습니다. 원정대 의사인 로베르트 야니크가 그 상처를 소독한 다음 붕대를 갈아줬습니다.”

그리고 시간이 좀 지났다.

새벽 5시 30분. 비엘리츠키와 치히가 몸을 일으켰다. 그들은 한시라도 빨리 그곳을 벗어나 베이스캠프로 내려가야 했다. 그리하여 물을 끓인 다음 부츠를 신고 크램폰을 착용했다.

“힘을 아껴야 하니까 텐트는 거기에 남겨둬.” 베이스캠프에 있는 동료들이 충고했다.

350달러짜리 텐트를 버리라고? 폴란드에서는 구할 수 없는 장비인데….

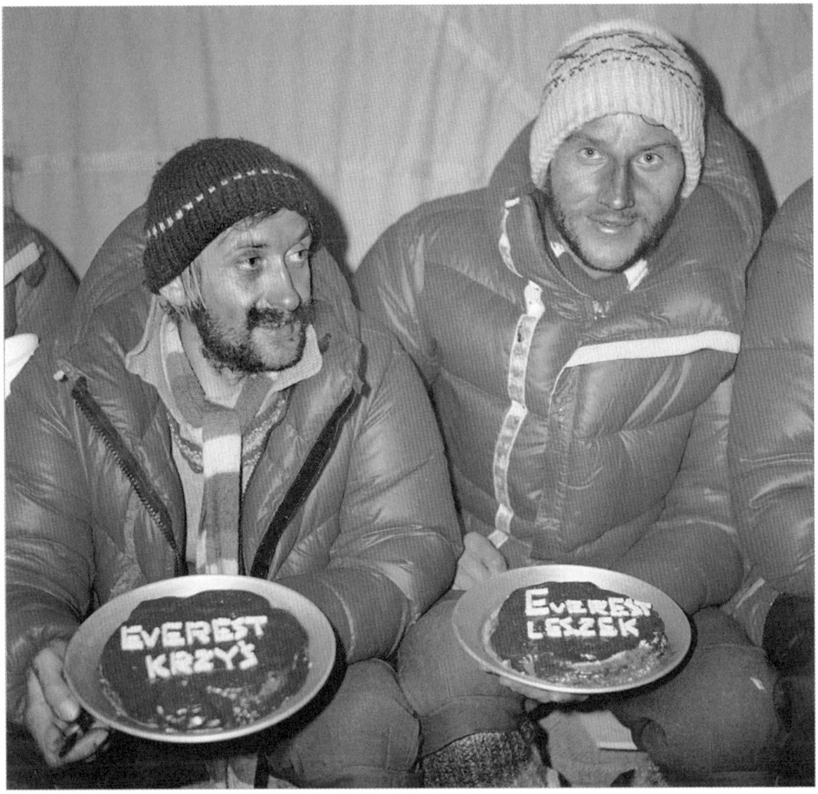

베이스캠프에선 케이크를 정성스럽게 만들어 에베레스트 등정자들을 맞이했다.

그들은 텐트를 철수한 다음 배낭에 집어넣었다. 힘이 더 남아 있는 사람이 들고 가면 되니까.

11시 30분. 이제 내려갈 준비가 끝났다. 그곳에서 2시간을 내려가니 3캠프에 있는 크시스토프 치엘레츠키, 마치에이 파블리코프스키와 쌍둥이 셰르파가 그들을 맞이해주었다. 이제는 걱정할 것이 하나도 없었다. 기온은 영하 20도. 사방이 고요하고 햇볕도 따스했다. 자바다는 헤인리흐와 함께 2캠프에서 그들을 기다리고 있었다. 그곳에는 더 따뜻하고 넉넉한 텐트가 있었다.

"뜨거운 차도 부어주고 먹을 것도 줬습니다. 그리고 자바다가 녹음기를 가져와 아무 말이나 해보라고 했습니다. 크시스토프와 둘만 있었던 닷새 동안은 아마 백 마디도 얘기를 안 했을 겁니다. 2시간 동안 난 그곳에서 일어난 모든 일을 얘기했습니다." 치히가 말했다.

텐트에서 그들을 목 빠지게 기다리는 사람들은 또 있었다. 언제나 생기발랄한 알레크 르보프Alek Lwow가 치히를 보자 목을 끌어안았다. 그들은 세계 최고봉을 정복한 승리자들을 진수성찬으로 맞이했다.

"에베레스트 정상에서 돌멩이들을 갖고 왔습니다." 치히는 말했다. "그것들을 쟁반 위에 올려놓고 각자 하나씩 가지라고 했습니다. 그래도 남는 것들이 있길래 폴란드에서 잘 세공해 사람들에게 나눠줬습니다. 장관님에게도 우리 학교에도. 기념으로요."

대원들은 돌멩이를 받은 대가로 케이크를 선물했다. 쟁반 위에 놓인 케이크에 '에베레스트 크시스토프', '에베레스트 레셰크'라고 써놓은 것이었다. 그들은 소련산 이그리스토예 샴페인을 땄지만 술이 한 방울도 나오지 않았다. 꽁꽁 얼어서 얼음이 되어버렸기 때문이다. 그들은 얼음 통에 얼음 대신 빨리 녹으라고 뜨거운 물을 부었다. 치히는 그날 따뜻한 샴페인을 마셨다고 털어놓았다.

^^^

1980년 3월 7일 오켄치에공항은 그들을 환영하기 위한 인파로 북적였다. 에베레스트 동계초등을 해낸 '얼음의 전사'들을 만나고자 하는 사람들이 몰려들어 가족들조차 뚫고 나갈 수가 없었다. 환호성, 박수소리, 축하한다고 외치는 사람들, 꽃들, 카메라, 녹음기, 인터뷰, 사진…. 자바다와 대원들은 단체사진을 찍었다.

"모두 웃으세요! 좋은 추억이 될 겁니다."

저녁에는 중앙체육회 환영회가 약속되어 있었다. 그곳에서는 공식적인 감사패와 함께 스포츠 분야에서 이룩한 출중한 업적을 기념하는 메달과 명예

발가락 동상이 너무 심해 크시스토프 비엘리츠키는 샌들을 신고 폴란드로 돌아왔다. 그날 오켄치에공항에는 환영인파가 몰려들었다.

학위 수여 그리고 위원장과의 악수가 있을 예정이었다. 대단한 성과를 이룬 선수들은 보통 폴란드 연합노동자당의 중앙위원회 서기인 에드바르드 기에레크가 마중을 나온다. 그런데 비엘리츠키와 치히가 정상에 십자가를 매달았다는 소문 때문에 과연 기에레크와의 만남이 성사될 수 있을지는 아무도 알 수 없었다.

그리고 그들은 축전을 한 통 받았다.

"히말라야 동계등반의 역사에서 세계 최고봉의 동계초등이라는 위업을 성공적으로 달성한 나의 동포들에게 축하 인사를 보냅니다. 나는 안드제이 자바다와 원정에 참가한 모든 대원이 '숭고한' 인간의 본질과 자각 능력 그리고 신의 창조물을 지배하려는 의지를 너무나도 찬란하게 보여주는 이 훌륭한 스포츠에서 앞으로도 계속 성공하기를 기원합니다. 당신 안에 있는 인간의 모든 미덕을 펼치고, 인간의 소명 의식에 새로운 지평을 열어, 그토록 강인한 정신

비엘리츠키는 티히에서 영웅이 되었다. 시장과 이웃 사람들, 기자와 광산 노동자들이 그를 기다리고 있었다.

력을 요구하는 이 스포츠가 생활의 위대한 지혜가 되도록 하십시오. 모든 등반에 대하여, 그리고 일상적인 다른 것들을 포함해 당신들을 축복합니다. 요한 바오로 2세"

이 축전을 용납할 수 없는 공산당의 수장 기에레크조차도 폴란드에 물결치는 환호성을 잠재우지는 못했다. 젊은이들을 만나 강연을 해달라는 요청이 쇄도했다. 비엘리츠키는 주간스포츠 『스포르트바 니젤라』와 당시 인기가 많았던 '스포르트2sport2' 방송에도 출연했다. 그는 다음 방송에 부인과 함께 나갔고, 사진기자들은 그가 선거에서 연설하는 장면도 찍었다. 『스탄다르드 무어디히(젊음의 표준)』는 그를 스포츠의 신사로 선정했다. 이런 모든 것들이 매우 고마운 일이었지만 그는 거절했다.

"모든 것들이 대영제국에서 유복하게 태어난 사람들이나 입는 무도회 의 상처럼 보였습니다." 비엘리츠키는 말했다.

에베레스트를 오른 대가로 자동차를 받았다는 소문도 돌았다. 치히는 그에 대해 이렇게 말했다.

"사실이 아닙니다. 난 그때 피아트126p 모델을 구입할 수 있는 바우처를 받았는데 막상 차를 인수하려면 돈을 내야 했습니다. 그때는 자동차 가격이 8만 즈워티 정도 했었는데 난 학교에서 일하며 매달 2,500즈워티밖에 받지 못했습니다. 가족들에게 손을 내밀 수도 없는 상황이었고요. 문제는 또 있었습니다. 원정에 25명이 참가했는데 바우처는 고작 6개만 발급됐습니다. 누구에게 줘야 할지는 자바다가 결정할 일이었습니다. 크시스토프는 피아트 공장에서 일하고 있어서 자동차쯤은 언제라도 구할 수 있다며 거절했습니다."

"회사 사장에게 자동차만 받은 건 아니었습니다." 비엘리츠키가 말했다. "사장이 날 기계·산업부 장관에게 데리고 가서 에베레스트를 정복한 직원이 있다며 자랑했습니다. 그때 장관이 렘브레타Lambretta 스쿠터와 칼라 TV 중 하나를 고르라고 하더군요. 그래서 난 텔레비전을 골랐습니다."

에베레스트 원정이 끝나자 달콤한 휴식이 이어졌다. 치히는 비엘리츠키에게 이탈리아로 부부동반 여행을 가자고 제안했다. 운전면허가 없던 비엘리츠키는 속성으로 교육을 받고 시험을 본 후 금요일에 면허증을 받기로 했다. 그러면 토요일에 노란색 '꼬맹이 자동차'를 몰고 길을 떠날 예정이었다. 그들은 자동차 두 대에 식량과 텐트와 잡동사니를 가득 실었다. 캠핑장에서 숙식을 해결하면 돈이 제일 적게 드니까.

"누가 봐도 우린 시골뜨기였습니다." 치히가 말했다. "빈으로 가는 도로에 들어섰을 때 우린 길을 제대로 찾지 못해 세 바퀴나 빙빙 돌았습니다. 우여곡절 끝에 우린 나폴리에 도착했고, 그곳에서 환상적인 휴가를 보냈습니다. 크시스토프는 정말 더할 나위 없는 동반자였습니다. 나와 다투지도 않았고, 포도주를 좋아했으며, 잠도 많이 자지 않았으니까요."

^^^

치히는 대체 누구일까? 비엘리츠키는 어떤 사람일까? 그들은 어쩌다 그 일에 뛰어들게 되었을까? 무엇을 하고, 무엇을 타고 다닐까? 기자들은 어느 하나 놓치고 싶어 하지 않았다. 신문들은 한결같이 공식 보도자료만 똑같이 베껴서 실었다. "30세. 브로츠와프 출신 기술자. 카프카스에서 가장 어려운 루트만 찾아내 등반. 힌두쿠시의 코-에-샤크와르 북벽에서 왼쪽 필라를 통해 초등한 사람. 파미르의 피크 코즈네예프스카야와 피크 코뮤니즘 등정. 그로부터 1년 후 안나푸르나 정복"

비엘리츠키의 어머니 게르트루다Gertruda는 1916년 자르강 유역에 있는 독일의 자르뷔르켄에서 태어났다. 그녀의 부모는 생계를 유지하기 위해 비엘콜프스키를 떠나 그곳에 정착했다가 폴란드가 새롭게 시작될 무렵 고향으로 돌아왔다.

비엘리츠키의 아버지 에드문드Edmund는 1905년생이었다. 교육전문대학을 마친 그는 1930년 9월 1일 오스트세슈프Ostrzeszów 인근에 있는 슈클라르카 프시고지츠카Szklarka Przygodzicka의 학교에서 교장을 맡았다. 게르트루다는 에드문드가 가르치던 학생이었다. 그녀가 학교를 마치자마자 그들은 결혼식을 올렸다.

비엘리츠키의 어머니는 별다른 일을 하지 않고 살림에 전념했다. 그의 아버지 역시 아내가 다른 곳에서 일하는 것을 절대 용납하지 않았을 것이다. 당시에는 아버지가 가정경제를 책임지는 것이 일반적이었기 때문에 이것은 충분히 납득할 만한 일이었다. 그들은 학교의 뜰에서 누에를 키웠고 화단에는 몸에 좋다는 약초를 심었다. 학교의 한쪽 구석에 집을 마련해 사는 것이 공짜는 아니었지만, 그들은 시골에서 야채와 고기를 가져다 먹으며 살림을 웬만큼 꾸려나갔다.

1950년 슈클라르카 프시고지츠카에서의 어머니 게르트루다와 아버지 에드문드 그리고 큰아들 즈비그네프와 작은아들 크시스토프. 어머니 무릎 위에 앉은 아기가 크시스토프 비엘리츠키

1939년 3월 에드문드는 입영 통지서를 받았다. 그는 폴란드가 침략당한 시절에는 체포되어 수감생활을 했으며, 이후에는 독일장교수용소로 끌려가 전쟁 내내 수용소 생활을 했다. 그는 그 후에 슈클라르카 프시고지츠카로 돌아왔다. 폴란드의 새로운 정부에게 그는 요주의 인물이었으나, 폴란드에 교원이 전반적으로 부족했던 탓에 다시 학교의 교장으로 복귀할 수 있었다.

얼마 지나지 않아 크시스토프의 형인 즈비그네프가 태어났다. 그리고 1950년 1월 5일 비엘리츠키 가문은 크시스토프라는 새로운 가족을 맞이하게 되었다.

"어린 시절은 더할 나위 없이 좋았습니다." 형 즈비그네프 비엘리츠키가 말했다.

크시스토프 비엘리츠키(뒤 열 맨 오른쪽)는 슈클라르카 프시고지츠카에서 아버지가 교장으로 있는 학교에 다녔다. 아들의 공부에 집착하지 않은 비엘리츠키의 부모는 그를 자유롭게 키웠고 집에 늦게 돌아와도 꾸짖지 않았다. 독립성은 그의 부모의 자랑이었다.

방학이 되면 사촌들이 슈클라르카 프시고지츠카로 놀러왔다. 그들은 빵을 담는 바구니에 먹을 것을 잔뜩 담아 숲으로 들어갔다. 그곳에서 움막을 만들고 불을 지피면서, 어른이 되면 그런 움막에서 평생을 살며 밖으로 나가 먹을 것을 만들고 사냥한 동물로 배를 채우는 꿈을 꾸었다. 아니, 뗏목을 만들어 세상 끝까지 가보는 것은 어떨까?

뗏목에 대한 구상은 비엘리츠키의 머릿속에 오랫동안 남았다. 그가 8학년이 되던 해 그의 형은 뗏목을 만들 때 나무판자가 얼마나 필요한지, 가라앉지 않으려면 무게가 얼마나 되어야 하는지 함께 계산해주었고, 그림까지 그려 설명해주었다. 이것은 꽤 전문적인 작업이었다. 그의 계산에 따르면 뗏목은 길이 3미터에 폭 2미터로, 두 명의 사람과 짐 수십 킬로그램을 적재할 수 있었다.

사촌 역시 그 일에 열심히 동참했다. 숲의 관리자에게 들키면 된통 혼이 날 수도 있었지만, 그들은 숲으로 들어가 나무를 벴다. 일이 녹록치 않아 속도가 나지 않았다. 제대로 된 뗏목을 만들려면 한 달 내내 나무를 베어야 할 것 같았다. 그 일이 너무 오래 걸리자 마음이 쓰렸지만 어쩔 수 없이 계획을 포기하고 말았다.

그의 부모는 아들이 벌이고 있는 그런 짓을 모른 척했다. 아이들이 어떤 일이든 할 수 있도록 내버려뒀다. 공부를 잘하고 있는지도 묻지 않았고, 집에 늦게 들어와도 꾸중하지 않았다. 대신 부모의 도움을 필요로 하지 않고 스스로 알아서 한다는 사실을 몹시 자랑스럽게 생각했다. 하지만 집에서 지켜야 할 몇 가지 덕목이 있었다. 착하고 포용적인 사람이 되어야 한다는 것이었다. 아버지는 소란을 피우는 것과 거짓말을 하는 것을 몹시 싫어해서 아이들이 그런 잘못을 할 때마다 회초리를 들었다. 아버지의 가느다란 회초리가 아이들에게 훌륭한 매너와 정직성을 길러준 것이다.

슈클라르카 프시고지츠카에서는 할 수 있는 일이 많지 않았다. 그래서 비

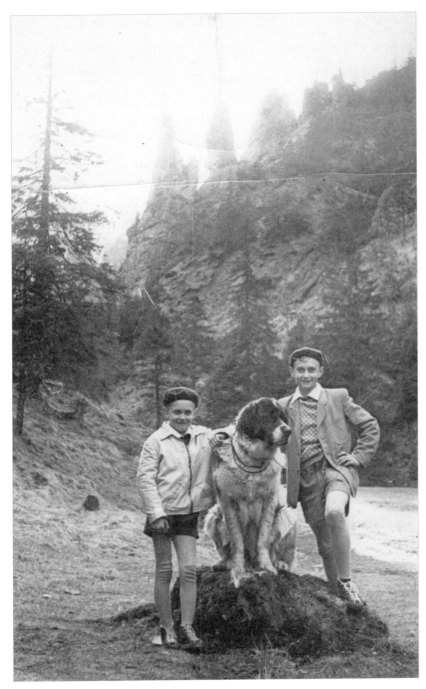

가족 산행 중 크시스토프 비엘리츠키(왼쪽)와 즈비그네프 비엘리츠키(오른쪽)

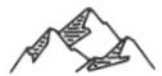

엘리츠키의 가족은 살림살이가 넉넉지 않았다. 고작 감자를 캐거나 소를 먹이는 일 정도가 아이들이 할 수 있는 일의 전부였다. 하지만 그 일은 생각보다 재미있었다. 밖에서 불을 피울 때 감자를 구워먹을 수도 있었고 간간이 연도 날릴 수 있었다.

전쟁이 끝난 후 숲에서 자전거를 타고 다니던 아버지의 모습을 즈비그녜프는 또렷이 기억하고 있었다. 언젠가 한번은 러시아 군인이 아버지 앞에 갑자기 나타나 러시아어로 술이 있느냐고 물었다. 물론 술은 있었다. 전후에 술은 돈과 맞먹을 정도로 소중한 것이었으므로 대부분 가지고 다녔다. 그 군인은 아버지로부터 술을 압수해 가지고 갔지만, 그래도 나름대로 마음이 좋은 사람이었는지 그 대가로 꽤 쓸 만한 독일산 자전거 한 대를 주었고, 그의 가족은 일 년 내내 그것을 요긴하게 사용했다. 그리고 발이 페달에 닿지 않는 아들들을 위해 아버지는 페달 위에 판자를 달아줬다.

이것 말고도 즈비그녜프는 아주 다양한 이야기를 들려줬다. 동생이 움막을 만드는 것을 좋아해서 움막건축가라는 별명이 있었다든가, 책장 하나에 공부에 필요한 것들을 모두 넣어뒀다는 이야기들도 모두 즈비그녜프가 들려준 것들이었다. 믿거나 말거나이지만, 시골 학교 출신의 비엘리츠키 형제는 화학 물질로 실험을 자주 했다고 한다.

"우린 실험용 용기를 사서 아무거나 서너 가지 물질을 섞어 넣고 어떻게 되나 기다리곤 했습니다. 그러자 곧 연기가 나더니 부글부글 끓어올랐습니다. 그게 무슨 현상인지는 알지 못했지만, 아무튼 기가 막혔습니다." 즈비그녜프가 당시를 추억하며 말했다.

로켓 모형을 만들려면 연료가 필요했다. 연료를 만들기 위해서는 유황에 과망간산염을 섞어야 했다.

"아버지 선반에서 시약을 꺼내 조심스럽게 섞은 다음 오븐 위에 올려놓고 천천히 열을 가했습니다. 어머니가 곧 요리를 하실 거란 생각은 미처 하지 못하고요. 어머니가 오븐 밑에 석탄을 집어넣자 오븐이 완전히 빨갛게 변했습니다. 생전 처음 보는 모습이었는데, 우리가 그 옆에 없었다는 게 천만다행이었습니다."

그는 새로 산 권총을 가지고 놀다가 일어난 끔찍한 사고에 대해서도 전해줬다.

"탄약상자에서 탄약을 꺼내 보기 시작했습니다. 당연히 터졌죠. 탄약이 산산조각 나 눈에 들어갔습니다. 어머니는 화들짝 놀라 자리에서 일어났지만 이미 늦고 말았습니다. 어머니는 내 머리를 싱크대에 밀어 넣고 물로 닦아냈습니다. 그다음 날 자리에서 일어난 아버지가 부엌으로 가다 그것을 밟고 말았습니다. 그래서 또 난리가 났죠." 즈비그네프가 웃으며 말했다.

"우리 집은 우리들 때문에 바람 잘 날 없었습니다."

그들 형제는 회초리를 피할 궁리도 나름대로 마련해뒀다.

"무언가 말썽이다 싶으면 우린 창문을 통해 침실로 들어갔습니다. 그리고 씻지도 않고 밥도 안 먹고 누웠습니다. 아버지도 우릴 막지 못했습니다. 그럼 곧 동이 트잖아요?" 이렇게 회상하는 즈비그네프의 얼굴이 사뭇 의기양양했다.

크시스토프 비엘리츠키는 어릴 때부터 고집이 셌다고 한다. "나보다 약했지만 손에 닿는 물건들은 모두 잡아서 내게 주려고 했습니다." 즈비그네프는 말했다.

"가끔 동생을 괴롭힐 때가 있잖아요? 그럴 때면 아버지가 형을 회초리로 때려줄까 하고 물었습니다. 조금 전만 해도 날 못살게 굴던 동생은 아버지가 그렇게 말하면 형을 때리지 말라고 사정했습니다."

^^^

1963년 오스트셰슈프의 중학교에 들어간 비엘리츠키는 새로운 모험을 시작

오스트셰슈프의 중학교에서 크시스토프 비엘리츠키는 보이스카우트에 입단했다.

했다. 보이스카우트에 입단한 것이다. 그가 속한 보이스카우트는 별다른 훈련 장소가 없었기 때문에 그들은 단체행동과 비박, 지오캐싱geocaching 등을 하며 시간을 보냈다. 그는 독도법과 매듭법, 모스부호에서 두각을 나타내 많은 메달을 받았지만, 축구와 배구, 농구 실력도 아주 뛰어났다. 키도 그다지 크지 않고 몸집도 작았지만 최고의 자리를 놓지 않으려는 자존심만은 대단했다. 때로는 손과 발을 움직이지 못할 정도로 파김치가 되곤 했지만, 그렇지 않은 경우에도 제일 마지막에 운동장에서 나왔다. 그는 언제나 끝장을 보는 성격이었다. 이런 학생은 더 이상 없을 것이라는 주변의 칭찬이 끊이지 않았다.

여름은 보이스카우트 캠프의 계절이었다. 그들은 호숫가의 숲으로 자주 캠프를 떠났는데, 그중에서도 수데티산맥의 야르코비체에 갔던 때가 특히 기억에 남았다.

"그때 처음으로 산이 어떤 곳인지 알게 됐습니다." 비엘리츠키는 말했다. 산의 능선을 타고 넘는 행군은 이루 말할 수 없이 사람을 기진맥진하게 만들었지만, 그 단계만 넘기면 미칠 것 같은 만족감이 이어졌다. 그로 인해 권위 있는 '새 깃털' 공훈배지를 마침내 받게 되자 기쁨이 극에 달했다. 그것은 하루 동안 한 마디도 해서는 안 되고, 아무것도 먹어서는 안 되며, 숲속에서 낮부터 동이 틀 때까지 꼬박 버텨야 하는 것이었다. 그렇게 생고생을 해야 받을 수 있는 것이기 때문에 보통 학생들은 '새 깃털' 공훈배지를 꿈도 꾸지 못했다. 하지만 혼자서 밤을 보내는 것을 두려워하지 않은 비엘리츠키는 그 배지를 받기 위해서라면 어떤 일이든 해낼 수 있었다.

보이스카우트 활동은 그를 단련시켰고, 자신의 가치를 발견하는 기쁨과 함께 지략과 독립성을 키워줬다. 비엘리츠키는 출중한 능력에도 불구하고 필요할 때는 도움을 청하는 것도 부끄러워하지 않았다. 친구라면 누구든 믿고 의지했다. 그는 친구들 사이에서 언제나 두각을 보였다. 군계일학이라는 말은 바로 이럴 때 쓰는 것이다.

브로츠와프공대에서는 경쟁이 치열했다. 기숙사 생활을 한 크시스토프 비엘리츠키는 학점도 신경 썼지만 사교생활도 즐겼다.

중학교 때는 수학에서도 좋은 점수를 받았다. 친구들이 문제를 풀지 못해 끙끙댈 때면 선생님이 언제나 그를 칠판 앞으로 불러 시범을 보이라고 시켰다.

"꼬맹아, 너 앞으로 나와 친구들에게 본때를 한 번 보여줘."

결국 학생들의 문제라면 비엘리츠키에게는 식은 죽 먹기였다. 그는 우수한 성적을 유지했고, 브로츠와프공대의 전기학과에 진학했다.

그 학교는 경쟁이 심했다. 1학기가 지나자 50명이 떨어져 나갔다. 당연히 비엘리츠키는 학점에 신경을 많이 썼다. 그래도 기숙사를 떠나는 친구들을 위한 작별파티에서는 술을 잔뜩 마셨다. 그는 비처럼 쏟아붓는 보드카 속에서 물고기처럼 휘젓고 다녔다.

보이스카우트 활동을 이어가기에는 나이가 많아진 비엘리츠키는 대학 내 산악회에 가입했다. 그리하여 주말이면 으레 산으로 떠났지만 수데티산맥으로 가는 등산은 유독 그의 마음을 잡아끌었다. 3학년이 되었을 때 그는 산악회 친구들과 함께 소콜리키산으로 암벽등반을 떠났다. 브로츠와프에서 100

킬로미터 정도 떨어진 그곳은 암벽등반의 메카였다. 그곳에 가니 남자들이 로프에 매달려 수직의 바위를 오르고 있었다. 그 모습을 넋이 나간 듯한 표정으로 쳐다보던 비엘리츠키도 해보고 싶다는 생각이 들었다.

그는 인터뷰에서 이렇게 말했다.

"8미터쯤 되는 낮은 바위를 올랐습니다. 뭐든지 잡히는 건 그냥 손으로 잡고 올라갔습니다. 4미터쯤 올라갔을 때 난 그 자리에서 멈췄습니다. 아래를 내려다보니 꽤 높이 올라온 것 같았고, 발을 잘못 디디면 위험하다는 생각이 들었거든요. 난 혼자여서 어떻게 해야 하나 고민을 하다가 그냥 계속 올라가기로 마음먹었습니다. 그래서 디딜 곳을 찾아 다시 오르기 시작했습니다. 꼭대기에 오르니 마치 고문을 당한 것 같은 느낌이 들었습니다. 온몸이 쑤셨습니다. 손이 떨렸지만 앞으로도 계속하고 싶다는 생각이 들었습니다."

그 경험 이후 시간이 날 때마다 바위를 올랐다. 그는 일기에 당시의 일을 이렇게 열정적으로 기록했다.

"보그단 얀코프스키Bogdan Jankowski가 루트를 알려줬다. 나는 그 방향으로 최대한 올라갔다. 몇 미터를 올라가봤지만 어떻게 해야 할지 당황스러웠다. 나는 기술을 알지 못했다."

"시험기간이 되어 암벽등반을 잠시 접었다. 하지만 등반에 대한 생각을 한 번도 잊은 적이 없었다."

"우리는 소콜리키로 갔다. 그곳은 난생처음 가보는 곳이었다."

"소콜리키에서 3미터를 추락했다. 하지만 기분은 최고였다."

"글리세이딩은 정말 최고였다."

그는 오직 암벽만을 찾아다녔다. 크시바 프셰스 주브라Krzywa przez Żubra, 수키엔느니체 칸템Sukiennice Kantem, 파지바 슈비니아Parszywa Świnia…. 그는 저녁이면 모닥불을 피우고, 직접 딴 버섯으로 오믈렛을 만들고, 기타를 치고, 여자와 권총과 타트라산맥에 관한 이야기를 했다. 정말 환상적이었다.

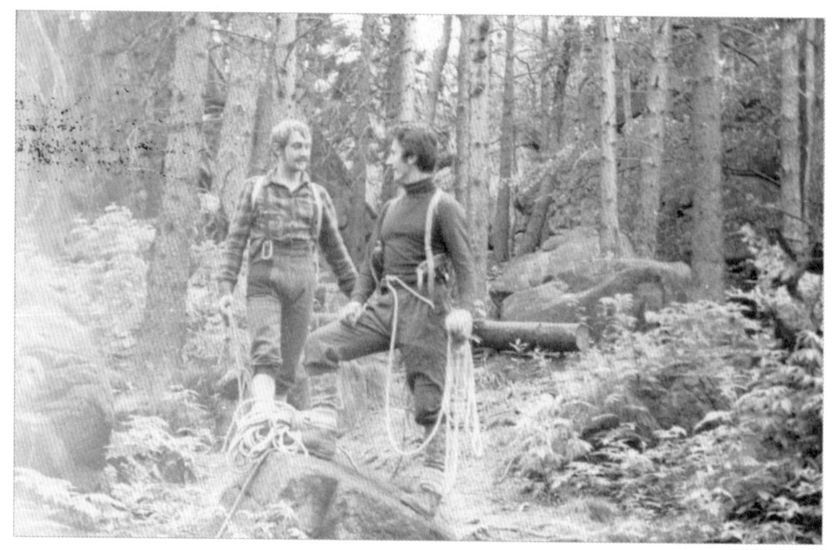

대학 3학년 때 암벽등반의 메카인 소콜리키산을 찾은 크시스토프 비엘리츠키

선배들은 후배들을 산악회로 끌어모았다. 곧 열성 회원이 된 비엘리츠키에게는 회의에 참석할 수 있는 권리가 주어졌다. 타트라, 알프스, 파미르 등 인간이 오를 수 있는 가장 어려운 루트에 대한 논의가 계속 이어졌다. 비엘리츠키는 당장이라도 떠나고 싶어 했지만 선배들이 말렸다. 그들은 로프도 해머도 피켈도 빌려주려 하지 않았다.

"등산이 그렇게 하고 싶니? 그럼 너 혼자 알아서 해야지. 혼자 알아서 해봐." 선배들은 이렇게 말했다. 후배들이 의지할 만한 선배는 반다 루트키에비치Wanda Rutkiewicz밖에 없었다. 그녀는 후배들에게 기술을 가르쳐주고, 비밀을 털어놓고, 로프와 장비와 등산복을 살 수 있는 주소를 알려줬다. 그리고 등반은 장난이 아니라고 강조했다.

1971년 봄. 하늘에 구멍이 뚫린 듯 폭우가 쏟아지는 토요일이었다. 소콜리키에는 사람이 없었다. 이런 날씨에 누가 암벽등반을 하려고 하겠는가. 하지만 그렇다고 포기할 비엘리츠키가 아니었다. 그는 친구 하나를 꼬드겼다. 비엘리츠키가 먼저 바위를 올랐다. 피톤을 박고 나서 몇 미터를 더 올라 발을 바꾸려는 순간 그만 발이 미끄러지고 말았다. 그는 능선에서 튀어나온 바위에 몸을 부딪친 다음 아래로 떨어졌다. 하지만 로프가 잘 지탱해줘 바닥까지 떨어지지는 않았다. 바닥에서 겨우 1미터 위에 대롱대롱 매달린 그는 자신에게 화가 났다. 무엇을 잘못한 걸까? 나에게도 이런 일이 일어나다니.

온몸이 아팠다. 그런데 마침 주말이라, 그는 스스로 좋아지길 기대할 수밖에 없었다. 월요일이 되자 비엘리츠키는 몸을 움직이지 못했다. 요추의 척추뼈 3개가 압박골절을 당한 것이다. 사타구니에서 목까지 깁스를 하고 다닐 수밖에 없었다. 추락하는 동안 척추신경이 손상이라도 당했으면 평생 침대에 누워 지낼 수도 있었는데 그만하면 다행이라고 의사가 말했다. 그는 12주 동안 깁스를 하고 병원에 입원해야 했다. 그러자니 정말 지겹기 짝이 없었다. 그는 9일 만에 깁스를 내던지고 병원을 탈출했다. 전설 같은 이 사건에는 두 가지 버전이 있다. 보다 드라마틱한 것은 친구 둘이 그에게 몰래 옷을 가져다주고 어둠을 틈타 밖으로 빠져나갔다는 것이다. 그나마 신빙성이 있는 것은 비엘리츠키가 간호사에게 옷을 가져다달라고 애원했다는 것이다. 그리하여 병원의 복도로 나왔지만 그를 막는 사람은 아무도 없었다.

사실은 이랬다. 형의 결혼식에 참석해야 하는데 부모님을 걱정시켜드리고 싶지 않았던 그가 깁스를 벗어던진 것이었다.

그는 일기에 이렇게 기록했다.

"나는 우리 산악회원들을 따라 슬로바키아에 갈 수 있을 것 같다."

하지만 그의 상처를 본 사람들은 절대 안 된다고 말했다.

"그래서 난 8월에 있을 등반일정에 맞추기 위해 철저히 준비했습니다. 7월 내내 브로츠와프에 머물며 암벽등반만 할 생각이었습니다."

척추의 통증은 그럭저럭 견딜 만했다.

7월 말이 되자 스무 살의 비엘리츠키는 해변에서 휴가를 보내고 있는 부모님을 찾아갔다.

"어머니는 심장이 떨릴 정도로 충격을 받았다. 형에게 보낸 편지를 이모가 읽고 나서 나의 사고를 어머니에게 알린 것이다. 나는 타트라산맥에 가서도 등반을 절대 하지 않고 그냥 구경만 하겠다고 약속했다." 그는 일기에 이렇게 적었다.

8월 6일. 그날은 정말 중요한 날이었다. 비엘리츠키는 타트라산맥을 처음 올랐다.

"등산을 시작하는 사람 중 꽤 많은 이들이 프위타 레르스키에고Płyta Lerskiego와 그라니 코시치엘추브Grań Kościelców를 선택했다. 물론 나도 그 길을 따라 올랐다. 산을 오르기 시작하자 비가 억수같이 쏟아졌다. 다른 사람들은 겁을 냈지만 나는 아랑곳하지 않았다. 꽤 늦게 산에서 내려왔지만 나는 그때 이미 타트라산맥의 산사람이 되어 있었다."

"모두가 걱정을 태산같이 했지만 가족 중에서 크시스토프가 산에 다니는 걸 막는 사람은 없었습니다." 즈비그녜프는 말했다. "가족들이 다 모이는 명절에 크시스토프가 집으로 돌아오자 놀란 할머니가 그의 손을 잡고 놓지 않았습니다. 그는 누더기 같은 남방에 닳아 해진 스웨터를 입고 머리는 헝클어진 채 수염을 길게 기르고 다녔습니다. 할머니는 손자를 보고 '이놈은 꼬락서니가 왜 항상 이래?'라고만 연발하며 말을 잇지 못하셨습니다."

^^^

1970년 가을을 그는 미친 듯이 보냈다. 공부와 암벽등반의 연속이었다. 공부, 암벽등반, 공부, 타트라산맥, 암벽등반, 타트라산맥, 암벽등반… 등산, 비박, 모닥불, 이야기, 싸구려 와인 아니면 차, 역사 이야기, 기타 그리고 웃음, 로프와 친해지는 법, 산과 인생을 함께하는 것….

"우린 마지막 차 한 모금과 빵까지 다 나눠 먹었습니다. 산을 오르는 사람이라면 모두가 기본적으로 나눔의 미덕을 실천해야 합니다." 비엘리츠키는 말

대학을 졸업한 크시스토프 비엘리츠키는 시간이 날 때마다 타트라와 수데티를 찾았다.

했다.

겨울은 정말 건강한 계절이었다. 그는 포스레드니아 그라니Pośrednia Grań의 북동 루트를 등반했다. 날씨는 끔찍했고 가는 곳마다 눈이 쌓여 있어 다른 사람들은 모두 후퇴했지만 비엘리츠키는 물러서지 않았다. 그리고 새해 첫날 8시간 만에 미엥구시Mięgusz의 북벽을 올랐다. 하지만 코파 로도바Kopa Lodowa를 끝내고 등반한 로도빔 스치트Lodowym Szczyt에서 심각한 부상을 당했다. 피톤이 크랙에 너무 헐렁하게 박혀 체중을 지탱하지 못한 탓이었다. 그는 바위에서 몇십 미터 아래로 추락했다. 다른 피톤마저 빠져나와 눈 덮인 바위에 부딪혔지만 다행히 마지막 피톤이 버텨줘 참사를 면할 수 있었다. 고통은 금방 지나갔다. 아드레날린 탓인지 모르겠으나 그는 아랑곳하지 않고 다시 올라갔다. 절벽이 관건이었다. 절벽에 매달린 채 비박을 한 그는 추위로 인해 이를 덜덜 떨었다. 그에게는 두꺼운 파카도 없었다. 배낭에 몸을 기대봤지만 그래도 아무런 소용이 없었다. 그런 와중에서도 그는 잠에 빠지지 않도록 몸을 움직이려고 노력했다. 밤을 꼬박 새며 노래를 불렀고 아침이 오기를 기다리면서 혼잣말을 해댔다. 마치 산의 모든 것을 부정하는 철학자 같았다. 그는 포기하지 않고 다음 날 정상으로 향했다.

그의 도전은 산악회원들에게 큰 감명을 줬다. 그 산악회에는 "후배들에게는 가능한 한 도움을 주지 말라."라는 표어가 붙어 있었다. 이 말은 젊은이들은 어떤 난관이 있더라도 등산가가 되겠다는 의지가 있다면 못 오를 데가 없다는 뜻이었다.

"이미 겨울에 익숙해져 아무것도 아니었다." 비엘리츠키는 일기에 이렇게 기록했다. 모든 것을 혼자서 해내고 자신의 약점과 한계를 넘어서는 등반을 해내니 정말 기뻤다. 그는 등반을 익히는 속도가 빨랐다. 심한 감기에 걸릴 수 있으므로 눈 위에서는 잠에 빠지면 안 된다는 정도는 이제 말을 안 해도 알았다. 그런 상황에서는 앉아 있는 것이 차라리 낫다. 그러면 엉덩이나 발 정도가 동상에 걸릴 뿐이니까.

선배들은 그를 보고 수군거렸다.

"정말 난놈이네."

2장

친구여, 저 높은 곳을 향해 가세!

에베레스트에서 돌아온 후에도 기자들의 질문이 계속 이어졌다. 특히, 라디오 방송국 기자 크리스티나 보헤네크Krystyna Bochenek는 어느 누구도 물어보지 않은 질문을 퍼부었다.

"알레르기는요?"

"모르겠습니다."

"천식은요?"

"없습니다."

"술은 마시나요?"

"레드와인. 드라이와인으로. 보드카를 마시면 뻗습니다."

"이는요?"

"이가 빠질 때도 전혀 아픈 줄 몰랐습니다. 이가 아픈 적은 단 한 번도 없

◀ 1980년 2월, 에베레스트 등반 중 텐트에서

었습니다. 그러다 끝내 이가 잘못되면 치과에 가야 할지 모르니 큰일이죠."

"치과에 가는 게 무섭나요?"

"남자들이라면 으레 치과를 싫어하죠. 저도 마찬가지입니다. 이발소도 별로 좋아하지 않습니다. 그래도 이발사들은 집에 와서 머리를 깎아주기도 하지만, 의사들은 안 그러잖아요."

"정신건강은 어떠세요?"

"우리랑 히말라야에 대해 이러쿵저러쿵 말이 많습니다. 우리 정신상태가 다른 사람들하곤 좀 다른가 봅니다."

"혈액형은요?"

"Rh+O형입니다."

"선천적으로 타고난 문제 같은 건 없나요?"

"아버지를 닮아서 국수를 안 좋아합니다."

"쉬는 날은 뭐 하세요?"

"장작을 패고 잔디를 깎습니다. 그러면 마음이 편안해지니까요."

^^^

비엘리츠키가 에베레스트 동계등정에 성공하고 돌아오자, 그를 만나고 싶어하는 사람들이 줄을 섰다. "존경하는 비엘리츠키 동무" 보이스카우트 오스트셰슈프Ostrzeszów 지부에서 온 편지였다. "우리 오스트셰슈프를 방문해주시길 간절히 바랍니다. 9월 20일에 우리 나름대로 행사를 준비했습니다." 그날 일정이 꽉 차 있어서, 비엘리츠키는 3월로 바꾸자고 제안했다. 하지만 보이스카우트 지부도 뜻을 굽히지 않았다. "9월 행사에 와주시길 다시 한번 간곡히 부탁드립니다. 오스트셰슈프는 3월보다 9월이 더 아름답습니다. 그럼 건강에 유의하십시오. 동무에게 안부와 함께 따뜻한 인사를 보냅니다. 좋은 하루가 되길 바랍니다."

에베레스트 등정 후 남체 바자르에 있는 셰르파 펨바 노르부Pemba Norbu의 집을 찾은 레셰크 치히(왼쪽)와 크시스토프 비엘리츠키(오른쪽)

폴란드 동계원정대의 베이스캠프. 왼쪽부터 발렌티 피우트, 야누시 멍츠카Janusz Mączka, 마리안 피에쿠토프스키, 알레크산데르 르보프

^^^

오스트리아에서 온 기자단이 티히에서 비엘리츠키 일대기를 영상에 담았다.

"티히에서 동네 애들과 놀고 있는데 기자들이 찾아왔죠."

비엘리츠키의 두 아들 중 장남은 이렇게 회상했다. "아몬드가 들어 있는 초콜릿을 갖고 와서 애들에게 나눠줬습니다. 폴란드엔 그런 제품이 없었습니다."

카메라가 돌기 시작했다.

"아버지가 자랑스럽니?" 기자가 물었다.

"아뇨."

마르친Marcin은 대답을 하면서도 스스로가 못마땅했다. 이런 바보 같은 대답을 하다니!

"아버지가 자랑스럽지?"

"아마…도요?" 그가 얼버무렸다.

기자가, 속으로 이제 그런 대답은 그만하고, 한 번만 제대로 말해달라고 눈짓을 했다. 아버지가 자랑스럽냐고 기자가 묻자, 그제서야 마르친이 똑 부러지게 대답했다. "네, 전 아빠가 아주 자랑스럽습니다."

뒤뜰에서 놀고 있던 동네 아이들은 마르친을 부러워했다.

^^^

마르샤우코프스키 거리의 엠피크 상점에 발 디딜 틈도 없을 정도로 사람들이 몰려들었다. 밖은 얼음장처럼 차가웠지만 안은 사우나 같았다. 숨쉬기조차 어려울 정도로, 사람들은 히말라야에 갔다 온 등반가들을 목이 빠져라 기다렸다.

"동계등반을 하겠단 생각은 어떻게 한 겁니까?"

"원정대는 어떻게 꾸렸습니까?"

"어떤 역할을 했나요?"

"다른 대원들과 문제는 없었나요?"

"거긴 어땠어요?"

자바다는 미소를 띠었다. 자, 자, 한 분씩요, 한 분씩….

^^^

히말라야로 가는 동계원정대를 꾸리는 것은 결코 쉬운 일이 아니었다. 네팔 정부는 몬순 이전과 이후의 두 시즌만 등반을 허가해주고 있었다. 따라서 동계등반을 하겠다는 신청서는 반려되었고, 관료들은 모르쇠로 일관했다. 겨울에는 아무도 히말라야에 가지 않는다. 생각조차 할 수 없는 일이니까. 8,000미터에 올라가면 기온이 영하 40도로 떨어진다. 그리고 매서운 눈보라가 사

방에서 쉴 새 없이 몰아친다. 한마디로 얼음이 덮인 사막이다.

사실, 8천 미터급 고봉 등정은 이미 끝난 상태였다. 안나푸르나는 1950년 6월에 정복되었고, 그로부터 14년 후에는 시샤팡마가 함락되었다. 하지만 폴란드인들은 이런 흐름에 안주하지 않았다. 무언가 새로운 것을 찾고 있던 그들은 겨울이 기회가 될 것으로 생각했다. 여름에 정복된 산이라도 겨울에는 사람의 발길이 닿은 적이 없었다. 이것은, 폴란드 원정대를 이미 수차례나 이끈, 자바다의 꿈이기도 했다. 하지만 네팔 정부는 단호했다. 그들은 동계등반을 허가해달라는 요청서를 번번이 반려했다.

그런데 왜 갑자기 입장을 바꾼 걸까? 겨울에는 등반이 불가능하다는 것을 이참에 사람들에게 알려주고 싶었을까? 그래서 아마 그토록 촉박하게 허가를 내줬는지도 모른다. 11월 28일에 발급된 에베레스트 동계등반 허가서는 유효기간이 2월 28일까지였다. 그렇다면, 사실상 등정을 할 수 있는 날짜는 2월 15일까지였다. 그 후에는 짐을 꾸려 폴란드로 돌아가야 하는 일정이었다. 따라서 폴란드인들은 사우스콜을 통하는 노멀 루트를 선택할 수밖에 없었다.

자바다는 대원들을 모집하고, 장비와 식량을 구하고, 자금을 마련해야 했다. 한 달 동안 쓸 수 있는 양으로. 하지만 그것은 둘째치고, 에베레스트를 오를 수 있는 시간이 턱없이 부족했다.

그는 먼저 대원들을 모집했다. 가겠다는 사람은 많았다. 이런 역사적인 순간을 함께하고 싶어 하지 않는 사람이 어디 있을까.

1979년 10월 자브제의 한 병원. 안나푸르나에서 동상에 걸린 비엘리츠키는 손가락을 치료받고 있었다. 일요일에 그의 부인이 폴란드등산연합회에서 온 편지를 가지고 찾아왔다. 편지에는 아주 짧은 본문과 설문지, 그리고 마지막으로 질문이 쓰여 있었다.

"조국의 명예를 건 에베레스트 등반에 참가할 의지가 있는가, 친구?"

비엘리츠키는 붕대가 감긴 손가락과 아내의 얼굴을 번갈아 쳐다봤다. 욜란타Jolanta는 마음이 놓이지 않았다.

"잔머리 굴리지 마세요. 당신이 어떤 답장을 보낼지는 너무나 뻔하니까." 그녀가 말했다.

^^^

대기명단에서 비엘리츠키는 세 번째였다.

"누군가로부터 꽃다발을 받은 기분이었습니다. 이런 말과 함께. '친구여, 저 높은 곳을 향해 가세.'" 그는 이렇게 회상했다.

그런데 대기명단에 있던 사람들이 하나둘씩 탈락했다. 에우게니우시 흐로바크Eugeniusz Chrobak는 부상을 당해 관절반월 수술을 받아야 했고, 보이체흐 브루즈Wojciech Wróż는 쇄골이 부러졌으며, 야체크 루시에츠키Jacek Rusiecki는 아내가 결사반대했다. 자바다는 예지 쿠쿠츠카Jerzy Kukuczka, 레세크 치히Leszek Cichy, 발렌티 피우트Walenty Fiut, 알레크산데르 르보프Aleksander Lwow, 마리안 피에쿠토프스키와 자코파네 출신의 마치에이 파블리코프스키Maciej Pawlikowski, 리샤르드 샤피르스키, 마치에이 베르베카Maciej Berbeka, 그리고 리샤르드 가예프스키Ryszard Gajewski에게 손을 내밀었다.

로체에서 갓 돌아온 쿠쿠츠카는 큰 관심을 보이지 않았다. 사실 그는 무조건 쉬고 싶었다. 베르베카는 황달에 걸렸다.

자바다는 비엘리츠키에게 전화를 걸었다. 그리고 마치 명령하듯 짤막하게 말했다.

"내일 바르샤바로 와서 포장 좀 도와줘. 그럼 안녕!"

비엘리츠키는 꿈인지 생시인지 분간이 안 될 정도로 믿어지지 않았다. 내가 원정대에 선발되다니.

그런데 당장 내일이다. 휴가를 내야 하나? 휴가를 내려면 사장과 감독, 사내 노동부서에 신고를 해야 한다. 아내와 아이들에게는 뭐라고 말하지? 내일

할아버지를 모시고 와야 하는데…, 당장 내일이라고?

직장에서 허가를 해줬고, 아내도 알아서 할 테니 가도 좋다고 말했다.

"에베레스트잖아. 국가를 대표하는 원정대라고." 비엘리츠키가 말했다. 하지만 원정대원으로 길을 떠나기 전에 그는 남편으로서 해야 할 일이 몇 가지 있었다.

"전등과 쥐덫 살 것"

"월세 낼 것"

"지하실 정리할 것"

"겨울이 오기 전에 자전거도 접어서 보관할 것"

그는 공책에 이렇게 적었다.

^^^

자바다의 전화를 받고 나서 이틀 후에 그는 졸리보시 문화회관 지하에서 짐을 쌌다. 그리고 12월 12일 아내와 작별인사를 나눈 다음 오켄치에공항으로 갔다. 하지만 날씨가 나빠 비행기가 뜨지 못했다. 외국으로 향하는 비행기들이 잔뜩 밀려 있었다. 그럼에도 대원들의 사기는 하늘을 찔렀다. 에어인디아에서 일하는 타데우시 프루가르Tadeusz Prugar가 델리에서 카트만두까지의 비행기표를 단돈 1즈워티에 해결해주겠다고 약속했다. 그 말을 듣고 기분이 좋아진 원정대는 아드보카트 리큐어와 코냑을 땄다. 그러나 델리로 가는 직항노선은 끝내 결항되고 말았다.

프루가르는 사방으로 정신없이 뛰어다녔다. 일단 제네바로 간 후 거기서 델리로 가는 비행기로 갈아타야 하는데, 제네바는 표가 없었다. 그는 런던으로 가면 연결비행기를 탈 수 있을 것이라고 장담했다. 하지만 히스로공항에 가서도 델리로 가는 비행기에 올라탈 수 없었다. 비행기 좌석이 전혀 없었기 때문이다. 그래서 프랑크푸르트에 가서 홍콩을 거쳐 다시 델리로 가야 했다.

그리고 또 카트만두로. 비엘리츠키는 공책에 이렇게 적었다. "비행기에서 내려다본 히말라야 풍경이 정말 아름답네."

그들은 마침내 로체호텔에 짐을 풀었다. 그곳에선 날마다 체크인을 다시 해야 했다. 자바다가 좋지 않은 소식을 전했다. 그 사이에 네팔 정부가 입산료를 올렸다는 것이다. 설상가상으로 폴란드 라디오송신기에도 문제가 생겼다. 포터를 쓰려면 현지 에이전시를 껴야 했다. 이 모든 것이 다 돈이었다. 짐은 루클라까지 비행기로 옮겼다. 그리고 거기서부터 일주일을 걸어서 에베레스트 베이스캠프로 갔다.

치히도 그 여정을 일지에 기록했다. "카라반 행렬이 엄청나게 길어 보인다. 마치 너덜너덜해진 튜브가 꼬불꼬불한 산길에 늘어져 있는 것처럼. 포터들은 자신들의 속도에 맞춰 행동한다. 어떤 이들은 동이 트자마자 길을 떠나 맨 먼저 목적지에 도착한다. 그리고 그곳에 대형 텐트를 치고 불을 피운다. 늦게 출발하는 이들도 있다. 우리는 남의 일에 절대 이러쿵저러쿵 하지 않는다. 언제 무엇을 하든 그것은 우리가 알 바 아니다."

자바다는 대원들에게 다시 한번 당부했다.

"각자의 등반기술과 상관없이 성공은 정신적·육체적 인내에 의해 좌우된다. 에베레스트를 오르는 데 도움이 될 만한 등반기술은 전혀 없다. 그저 강인함과 인내심, 그리고 내면의 힘이 필요할 뿐이다. 그리고 이건 단체 활동이다."

베이스캠프로 가는 길부터 대원들의 컨디션이 눈에 들어왔다.

"아래에선 문제가 없어 보이는 사람들도 위로 올라가면 얘기가 달라집니다." 비엘리츠키는 말했다.

카라반부터 두 사람씩 짝을 지었다. 그리하여 베이스캠프 위쪽으로 올라갈 때 누구와 짝꿍이 될지는 이미 판가름난 것이나 마찬가지였다.

1월 4일 자바다가 회의를 소집했다. 그는 머리만 제대로 굴리면 얼어 죽지는 않을 것이라는 말로 시작해, 사고가 일어나지 않도록 모두 조심하라고 재삼 당부했다. 그런 다음 이전의 사고와 희생자에 대한 이야기를 들려줬다. 스타니스와프 라타위와 얀 프란추크Jan Franczuk가 바로 그 희생자들이었다. 자바다는 사고란 보통 어처구니없는 짓으로 일어나기 때문에 잘만 대응하면 죽음은 면할 수 있을 것이라고 덧붙였다. 그리고 조를 편성했다. 자바다의 계획으로는 베이스캠프에서 출발하는 첫 번째 팀이 텐트를 가지고 아이스폴을 통과해 전진베이스캠프(ABC)를 구축하게 되어 있었다. 하지만 그것이 아주 쉬운 작업은 아니었다. 아이스폴은 수직으로 약 700미터 구간에 널려 있는 얼음덩어리들의 미로를 말한다. 그곳에는 쩍쩍 벌어진 크레바스가 도처에 있고, 언제 무너져 내릴지 모르는, 높이가 수십 미터에 무게가 수 톤에 이르는 세락들이 곳곳에 있는데, 자칫 잘못 움직이면 크레바스에 추락할 수도 있고, 세락에 무리를 줄 수도 있다.

열정에 찬 폴란드 대원들은 산을 빠르게 올라갔다. 1980년 1월 8일 그들은 웨스턴 쿰까지 전진해 눕체 밑에 ABC를 구축했다. 그러자 그에 대한 보상으로 통신담당 보그단 얀코프스키가 도나 섬머Dona Summer의 노래를 틀어줬다.

그다음으로 웨스턴 쿰 안쪽 깊숙이 도착한 그들은 버려진 독일 텐트 옆에 2캠프를 쳤다. 비엘리츠키는 이렇게 기록했다.

"무언가 먹을 것이 없나 뒤지러 독일 캠프에 갔다. 다행히 그곳에서 땅콩과 초콜릿, 인스턴트 감자퓨레, 버터, 바나나푸딩, 차를 끓일 때 함께 넣으면 좋은 가루주스 등을 찾을 수 있었다. 원래 이웃집에서 키우는 사과가 항상 더 맛있는 법이다."

1월 15일 로체 사면 7,150미터에 마치에이 파블리코프스키와 크시스토프 주레크가 3캠프를 쳤다.

"자바다는 우리 걱정을 많이 했습니다." 치히가 당시를 회상하며 말했다.

"몹시 춥기도 하고 바람도 많이 불어, 최악의 경우 눈구덩이에서 비박할지도 모른다고 했지요. 그런데 등반을 시작하자 날씨가 끝내줬습니다. 물론 추운 건 이루 말할 수 없었지만, 햇빛도 나고 바람도 불지 않았습니다."

비엘리츠키는 무전으로 이렇게 보고했다. "환상입니다. 방해될 게 전혀 없습니다. 정상 등정엔 아무 문제가 없을 거 같습니다."

그들은 주고받는 대화를 최대한 녹음하려고 애썼다.

베이스캠프는 축제 분위기였다. 에베레스트 정상이 이미 자신들의 손안에 있다고 자신했다. 안제이 자바다는 첫 2주일 동안 아내와 함께 있었다. 그녀는 일기에 이렇게 썼다.

"스타셰크 야보르스키Staszek Jaworski와 유제크 바칼라우르스키Józek Bakalaurski는 기록영화를 찍고 있다. 안제이 헤인리흐는 ABC에서 내려오자마자 강아지 발루와 놀아준다. 그 검둥이는 언제나 활기가 넘치고, 털이 부드러우며, 사람과 같이 있는 것을 아주 좋아한다. 안제이 자바다는 우리들 사이의 분위기 메이커다. 다음 날 등반일정을 상의하는 식사자리에서도 농담이 끊이질 않는다. 그런 분위기는 항상 안제이와 크시스토프 비엘리츠키가 만든다."

부인이 임신했다는 소식이 리시에크 가예프스키에게 무전으로 전달되었다. 그러자 몇몇 친구들이 말했다. "이제 아내를 여왕처럼 모셔." 웃음을 터뜨리는 친구들 사이로 의사가 덧붙였다. "저기, 리시에크. 애가 아빠 안 닮게 조심해."

다음 날 저녁 8시가 지난 시간 마지막으로 무전을 교신하고, 사람들이 음악을 듣기 위해 보그단 얀코프스키 곁으로 모였다. 얀코프스키는 선곡도 수준급이었다. 그날은 클래식을 들어보자고 권했지만, 젊은 사나이들은 댄스음악을 틀어달라고 졸랐다.

"그럼, 비소츠키Wysocki의 발라드를 틀어주지." 얀코프스키가 고집을 부렸다.

에베레스트로 향하는 크시스토프 비엘리츠키(왼쪽)와 레셰크 치히(오른쪽). "아직은 혹독한 겨울을 느끼지 못했습니다. 정상에 가까워지면 바람이 더 심하게 부니까요. 하늘도 맑고 햇볕도 따뜻해, 이런 겨울에 왜 겁을 먹었지 하는 생각도 들었습니다. 강풍으로 3캠프가 망가지자 그때야 자연의 힘을 실감할 수 있었습니다." 비엘리츠키는 이렇게 회상했다.

"아니, 도나 섬머 틀어달라니까."

조르는 대원들로 인해 진절머리가 난 야코프스키는 이렇게 기록했다.

"불쌍한 생각이 들었지만, 가예프스키가 졸라대서 오늘은 두푸 두푸Dupu Dupu를 틀어줄 수밖에 없었다."

그제야 사람들은 침낭 안으로 기어 들어갔다. 그리고 그들은 잠이 들기 전에도 산과 여자 이야기를 이어갔다.

그 후 날씨가 악화되기 시작했다.

^^^

영하 30도. 바람이 얼마나 거센지 침낭 안은 물론이고 신발과 바지와 점퍼에까지 들이쳤다.

"이런 얼어 죽을 추위에선 정상적인 활동이 불가능했다. 여름이라면 카드를 하거나 기타라도 칠 텐데, 이렇게 추운 날에는 손을 비비는 것 외에는 할 수 있는 것이 아무것도 없었다. 침낭 안에 누워 있기만 해도 피로가 몰려왔다. 너무 추워서 밖에 나갈 수가 없었다. 그런데 잠을 자기에도 너무 이른 시간이었다." 비엘리츠키는 이렇게 적었다.

"그 당시엔 위성으로 일기예보를 받을 수도 없었습니다. 48시간 후에 세상이 어떻게 될지 알 수 있는 방법이 전혀 없었습니다. 그냥 하늘을 보고 예측하는 수밖에 달리 도리가 없었습니다." 치히가 말했다. "날씨가 좋아지면 위로 올라갑니다. 3캠프에 갔을 때 날씨가 나빠지면 다시 내려오죠. 그런 짓을 다람쥐 쳇바퀴 돌듯 계속했습니다. 정말 힘들었습니다."

영하 40도. 스타니스와프 야보르스키의 영화 「만약 에베레스트가 아니었다면」에 당시 무전기로 주고받은 대화가 나온다.

"손바닥이 얼었어요. 부탄가스로 조금 녹이고 곧 텐트에서 나가겠습니다." 등반대원 중 하나가 말했다.

자바다가 응답했다. "우선 손을 손가락장갑이나 벙어리장갑에 넣어라. 그 후에 파카를 덮어라. 윈드재킷도 괜찮다. 그렇지 않으면 텐트에서 움직이지 마라. 들리나?"

"물론 들립니다. 장갑을 안 끼는 건 이런 날씨에 팬티까지 벗고 엉덩이를 까는 거와 마찬가지입니다. 장갑이 없으면 단 5분도 견딜 수 없습니다. 손이 끊어질 만큼 아픕니다. 엉덩이가 아닌 게 다행이죠. 아무튼 너무 힘듭니다." 그는 자바다에게 불평을 쏟아냈다.

몇몇 대원들은 며칠 더 기다리기로 했다.

바지의 멜빵을 풀기 위해선 우선 셔츠를 벗어야 했다. 그 망할 놈의 멜빵을 풀기 위해 셔츠를 벗어 바닥에 놓았다. 그런데 아뿔싸 바람에 날아갔다.

비엘리츠키가 말했다. "난 텐트 안에서 일을 봤습니다. 밖에 나갈 힘도 없었으니까요."

하지만 파블리코프스키의 기억은 좀 달랐다.

"그때도 콧수염을 기른 작은 체구의 크시스토프는 위로 올라가고 싶어 안달했습니다. 눈보라가 몰아치자 다른 사람들은 전부 베이스캠프에 웅크리고 있었는데, 이 친구는 산소통을 등에 메고 텐트 주변을 돌았습니다. 그 무게를 짊어지면 어떤 느낌일까 궁금했다나요."

바람이 갈수록 거세졌다. 자바다는 위로 올라가라고 독려했지만 대원들은 겁을 집어먹었다. 사람이 바람에 날려 크레바스에 처박힐 것 같았다. 한 걸음마다 피켈을 꽂고 얼음 위를 기다시피 했다. 대원들은 바싹 엎드려 돌풍이 잠잠해지길 기다렸다. 그리고 다시 일어나 몇 발짝 앞으로 나아간 다음, 또다시 얼음 위에 엎드렸다.

바람 때문에 몹시 힘들었다. 맞바람을 맞으며 걸으면 코와 입으로 공기가 몰아쳐 숨을 쉬기도 어려웠다. 바늘처럼 날카로운 바람이 얼굴에 부딪쳤다. 바람을 등지고 걷는 것도 좋지 않았다. 모든 것을 빨아들일 만큼 바람이 강하게 불어 진공상태가 되기 때문이었다. 숨을 제대로 쉬지 못하는 것은 매한가지였다.

바람은 상처를 입은 비엘리츠키와 의료담당이 함께 쓰는 텐트를 아이스폴 쪽으로 밀어버릴 정도로 강하게 불었다.

"아무리 소리를 쳐도 빠져나올 수가 없었습니다." 의사 야니크가 당시를 떠올리며 말했다.

자바다는 그 정도는 '자코파네에서 부는 산들바람' 정도라며 대원들의 의지를 북돋았다. 그리고 지금도 위로 올라가는 것은 아무 문제가 아니라고 설득하려 했다. 그는 전진베이스캠프에서 기어나와 크시스토프 치엘레츠키Krzysztof Cielecki와 함께 1캠프로 올라갔다. 저녁이 되자, 날씨를 제대로 알게 된 대장이 무전으로 이렇게 전했다.

"하얀 지옥이야. 살아남기도 힘들어."

헤인리흐는 자바다를 놀림거리로 삼기 시작했다. 혹시라도 말을 듣지 않는 사람들이 있으면, 그는 이렇게 말했다. "제발 자바다같이 굴지 좀 마. 그러다 똑같은 꼴 된다니까."

원정대의 '대장'인 자바다는 정상을 정복하고 싶어 했다. 정말 금방이라도 성공할 것 같았다. 그래서 그는 대원들을 위로 내몰았다.

이제 대원들은 자바다의 전략을 신뢰하는 이들과 안제이 헤인리흐의 말처럼 안전을 먼저 생각하는 이들로 나뉘었고, 서로 다른 편에 대해 불만을 가졌다.

비엘리츠키는 당시 상황을 이렇게 적었다.

"1월 20일 저녁 자바다는 (3캠프에서) 짐의 일부를 사우스콜로 가는 길 가장 높은 곳으로 옮기자고 말했다. 그리하여 우리 뒤로 다른 조가 짐을 가지고 따라와 4캠프를 설치하기로 했다. 끝내 누군가는 대장의 말을 따른 것이다. 자바다는 우리를 이용하려는 것 같았다. 캠프를 조금씩 더 높은 곳으로 옮겨보자고 하니까. 그것은 베이스캠프 안에 공격조를 가두는 짓이었다. 어쨌든 우리는 쉴 수 있도록 아래로 내려가야 했다. 그래야 좀 더 편안한 마음으로 정상에 도전할 수 있으니까."

대원들 앞에서 헤인리흐는 대장을 노골적으로 비난했다. 짐을 지고 위로 올라가지는 않을 것이라며. 자코파네 출신들도 강하게 반대했다. 그리고 모두 베이스캠프로 내려갔다.

바람이 이보다 더 심하게 불기도 할까?

자바다는 당시의 날씨에 대해 이렇게 말했다.

"바람소리가 꼭 폭주기관차 같았습니다. 텐트를 갈가리 찢어버리기라도 할 것처럼."

에베레스트 동계원정대. 왼쪽부터 마치에이 파블리코프스키, 리샤르드 샤피르스키, 마리안 피에쿠토프스키, 로베르트 야니크, 크시스토프 비엘리츠키. "우리의 '대장'은 각자 왜 이곳에 왔는지 상기하며 오직 등반에만 집중하도록 분위기를 조성했습니다." 비엘리츠키는 말했다.

등반대원들은 이렇게 말했다.

"걸어갈 수도 없었습니다. 우린 기다시피 했습니다."

능선에서 20미터를 추락한 크시스토프 주레크는 고정로프 덕분에 목숨을 건졌다. 충격이 컸고 상처가 나서 쓰라렸다. 게다가 베이스캠프로 내려가던 중에는 크레바스에 빠져 어깨가 탈골되었다. 의사가 무전기를 통해 리샤르드 샤피르스키에게 어깨 맞추는 법을 알려줬다. 샤피르스키가 주레크의 겨드랑이에 발을 대고 빠진 팔을 잡아당겼다. 그러나 그는 이전에 그런 것을 해본 적이 없었다. 주레크는 고통으로 몸서리쳤다. 리샤르드 가예프스키가 부상당한 친구 옆에 앉아 그를 붙잡고, 마치에이 파블리코프스키는 샤피르스키가 잡아당기는 것을 도와줬다. 그러자 마침내 딱 하는 익숙한 소리가 들렸다. 탈진한 주레크가 위로 올라가는 것은 무리였다. 그는 곧 폴란드로 돌아가야 할 처지가 되었다.

원정대 의사 로베르트 야니크는 해야 할 일이 점점 더 많아졌다. 손과 발에 동상을 입은 대원들이 줄을 이었기 때문이다. 날씨가 좋아지지 않으면 어느 누구도 정상에 올라서지 못할 터였다. 1월 28일, 대원들은 모두 베이스캠프에서 대기했다. 전진베이스캠프는 텅 비어 있었고, 사기도 바닥으로 떨어졌다. 등정은 이미 물건너간 것처럼 보였다.

훗날 기자들은 자바다에게 한겨울에 히말라야의 최고봉에 오르는 것이 과연 맨정신으로 가능한 일이냐고 물었다. 그는 짜증 섞인 투로 대답했다.

"여름에, 그것도 다른 사람들이 이미 다 만들어놓은 길로 가는 사람을 산악인이라고 부르는 것은 가당치도 않습니다."

그의 발언은 히말라야를 이미 다녀온 산악인들의 심기를 건드렸다. 그래도 자바다는 자신의 견해를 굽히지 않았다.

"겨울은 정말 중요한 계절입니다." 그는 그 후에도 이 말을 입버릇처럼 했다. "겨울 산에서 어떤 고생을 했는지 보면, 그 사람이 어떤 산악인인지 알 수 있습니다."

^^^

이제 2주일만 지나면 에베레스트 등반허가가 만료되는 상황이었다. 베이스캠프에만 죽치고 있다 보니 생활이 게을러졌다. 의사인 로베르트 야니크가 말했다.

"대부분이 텐트에서 시간을 보내면서 방귀만 뀌어댔습니다. 그런 고도에선 가스가 팽창하는데 사람의 장기에서도 마찬가지입니다. 빨리 배출하지 않으면 배가 풍선처럼 부풀어오를 수도 있습니다."

파블리코프스키가 말했다.

"우린 그 개똥 같은 곳에서 대부분의 시간을 보냈습니다. 추워지면 텐트

에 처박혀 책을 읽거나 카세트테이프로 노래를 들었습니다."

의사가 말했다.

"자위행위를 했습니다."

"에이, 아니에요. 아닙니다."

파블리코프스키가 강하게 부인했다.

자바다는 이렇게 시간을 허비하는 것을 무척 안타깝게 생각했다. 누가 4캠프를 칠 것인가? 그러자 레셰크 치히와 안제이 헤인리흐, 얀 홀니츠키Jan Holnicki가 앞으로 나섰다.

비엘리츠키는 이렇게 말했다.

"당시엔 가고 싶은 마음이 별로 들지 않았습니다. 마리안 피에쿠토프스키와 다른 사람들이 '4캠프'를 치면, 우린 정상으로 치고 올라간다는 작전을 짰습니다."

그 작전은 날씨가 관건이었다. 에베레스트에선 어디에 있어도 폭주기관차 소리가 들렸다. 그리하여 2월 11일이 되어서야, 치히와 피우트, 홀니츠키 그리고 비엘리츠키가 사우스콜을 향해 겨우 출발했다. 하지만 홀니츠키는 산소가 떨어지고 말았다. 그는 돌아서야 했지만, 남은 대원들은 가던 길을 계속 갔다. 그리고 그날 밤 사우스콜에는 피우트와 비엘리츠키가 남았다.

"바람이 어찌나 강하게 불던지 아무리 큰 텐트라 해도 날려버릴 것 같았습니다. 한 겹짜리 천으로 된 작은 텐트에 기어들어가 잘 수 있는 것도 감지덕지할 정도였으니까요. 우린 그걸 일부러 '대장의 누더기 옷'이라고 불렀습니다." 비엘리츠키는 기억을 돌이키며 이렇게 말했다.

그는 베이스캠프에 도착 사실을 보고했다.

"앉아 있을 수가 없습니다. 필요한 건 다 있고, 침낭 안에 누워 있지만, 추워서 덜덜 떨립니다. 위에서 바람이 덮칠지 몰라 폴을 밤새 붙잡고 있어야 합니다. 내일 아침까지 개고생을 할 거 같습니다."

안제이 '지가' 헤인리흐가 그들의 계획을 가로막았다.

"야, 그냥 바람만 부는 거 같지만 그게 아냐. 당장 내려와."

자바다가 헤인리흐 손에 있는 무전기를 빼어들고, 화가 난 듯 말했다.

"바람이 그칠 때까지 기다렸다가 정상을 공략하라는 말은 왜 안 하는 거야? 바람이 부니까 내려와야 한다는 게 대체 무슨 개소리야?"

그리고 다른 대원을 향해 소리쳤다.

"여건이 되면 곧바로 정상을 공략한다!"

지금 공략하는 것은 말도 되지 않았다. 비엘리츠키와 피우트는 사우스콜에서 산소통을 찾았다. 등반가들은 그곳에 항상 무엇인가를 남기게 마련이었다. 그들은 30개 정도의 산소통을 찾아, 상태를 확인하고 나서 레귤레이터를 분리했다. 밸브만 돌려서 잠그면 끝이니까. 단지 시간이 촉박할 뿐, 정상으로 가는 길은 이 정도면 열린 것 같았다. 하지만 모두들 죽을 만큼 지쳐 있었다.

자바다는 대원들의 사기진작을 위해 특단의 조치를 취해야 했다. 샤피르스키가 '대장'에게 건의했다.

"사우스콜로 올라가시죠. 거기서 만약 비엘리츠키와 헤인리흐가 나자빠지면, 우리라도 올라가죠."

몇 년 후에 샤피르스키는 그때 함께 올라간 것은 완전히 허세에 불과했다고 인정했다.

"1캠프를 번개처럼 지나쳐 2캠프에서 밤을 보냈습니다. 그러는 내내 우린 농담을 주고받으며 영웅놀이를 했습니다. 우린 컨디션이 아주 좋다고 무전을 보냈습니다."

자바다와 샤피르스키의 빠른 전진에 대원들은 경악을 금치 못했다. 모두들 자신이 제일 먼저 정상에 서야 한다고 생각했는데, 적어도 대장에게 뒤처지는 것은 참을 수 없는 노릇이었다. 곧 안제이 헤인리흐가 셰르파 파상 노르부Pasang Norbu와 함께 위로 향했고, 크시스토프 비엘리츠키와 레셰크 치히가

그 뒤를 따랐다.

그리하여 가예프스키, 파블리코프스키, 헤인리흐와 파상이 3캠프로 올라갔다. 그리고 2캠프에서 나온 피에쿠토프스키, 비엘리츠키, 치히가 그들의 발자국을 따라갔다. 자바다와 샤피르스키가 그때 가장 높은 곳인 사우스콜에 도착했으나, 그들은 더 이상 위로 올라가지 않을 작정이었다.

이제 등반허가까지는 하루밖에 남지 않게 되었다. 자바다는 가예프스키와 파블리코프스키가 눈보라를 무릅쓰고 위로 올라갈 것으로 기대했지만, 자코파네 출신들은 갑자기 등반을 포기했다.

파블리코프스키가 파트너에게 불같이 화를 냈다.

"가예프스키는 컨디션이 안 좋다는 말을 입에 달고 다녔습니다. 온 세상의 병을 다 가진 것처럼 말이죠. 정상에 도전해볼 수도 있었는데, 밤이 되면 팔뚝이 얼어붙을 거라고 투덜거렸습니다. 텐트에선 자기가 제일 안 좋은 자리에서 잔다고 불평을 했고요. 밤새 팔뚝으로 제 옆구리를 툭툭 치면서 이렇게 말하더군요. '일부러 네가 좋은 자리 차지한 거지?'"

그의 말은 더 이상 듣고 싶지 않았다. 그들은 그냥 내려가기로 결정했다. 가예프스키가 밤새 팔뚝으로 치지만 않았어도 그들은 정상을 정복했을지 모른다.

파블리코프스키 생각에는 가예프스키가 그 팔뚝으로 슬쩍 핑곗거리를 만든 것 같았다.

"등반을 시작하자마자 아빠가 될 거라는 소식을 들었잖아요. 그 후로 굉장히 예민해진 것 같았습니다."

자바다와 샤피르스키는 2시간 만에 헤인리흐를 따라잡았다. 그들은 정상을 향해 계속 전진했다. '지가' 헤인리흐는 머리가 아팠다. 보조산소만으로는 한계가 있었다.

샤피르스키가 동료에게 급히 교육을 하고, 자바다가 분위기를 띄웠다.

"헤인리흐, 다른 사람은 몰라도 넌 정상에 갈 수 있어."

헤인리흐가 몸을 돌렸다. 그는 셰르파 파상과 함께 폭풍설을 뚫고 위쪽으로 올라가 보겠다고 무전을 보냈다. 그런데 그의 목소리에선 희망이 보이지 않았다. '정상을 오르겠다'가 아니라, '위쪽으로 올라가 보겠다'고 말한 것이다. 오후가 되자 헤인리흐는 8,350미터에 있다고 무전을 보냈다. 성공적이었다. 어느 누구도 혹한기에 그 정도로 오른 사람은 없었으니까. 그 정도면 동계등반 최고기록을 세운 셈이었지만, 헤인리흐는 발길을 돌렸다. 오후 4시 그는 파상 노르부와 함께 3캠프로 무사히 귀환했다.

자바다는 크게 실망했다. 그는 네팔 주재 폴란드 대사와의 무전통화에서 다음과 같이 말했다.

"'지가' 헤인리흐가 내려오고 있습니다. 벌써 2캠프 근처까지 왔습니다. 그는 셰르파 파상과 함께 8,350미터까지 올라갔다고 합니다. 그것도 무산소로 말이죠. 컨디션도 아주 좋았고, 더 오르고 싶었지만, 에베레스트 능선에서 폭풍설이 심해 어쩔 수가 없었다고 합니다. 오늘이 마지막 날인데 참으로 안타깝습니다."

그러자 대사는 등반허가를 연장해보겠다고 약속했다.

치히는 이렇게 말했다.

"우린 2캠프에서 밤을 보냈습니다. 이쪽 텐트에서 나와 얀 홀니츠키, 그리고 저쪽 텐트에서 크시스토프와 피우트가 잤습니다. 다음 날 베이스캠프로 함께 내려갈 계획이었지요. 그런데 아침에 일어나 보니 다른 사람들은 다 짐을 싸고 있는데 크시스토프만 짐을 싸지 않고 있었습니다. 그래서 나도 기다렸습니다. 그전에 서로 말을 맞추지도 않았습니다. 크시스토프를 쳐다봤습니다. 그는 '내복'을 입고 있었습니다. 나도 그랬고요. 우린 조용히 남기로 했습니다. 그러면 정상까지 갈 수 있을 거라는 확신이 들었습니다."

그런데 대사가 등반허가가 이틀 더 연장되었다는 좋은 소식까지 전해줬다.

⁂

"후배들은 나이가 많은 헤인리흐가 이번 등반을 가로막는 가장 심각한 장애요인이라고 생각했습니다."

파블리코프스키는 이렇게 말했다.

"누군가 자기를 앞지르면 시기를 하는 것 같은 느낌을 받았습니다. 그는 그럴 때마다 자바다에게 자중시켜달라고 부탁했습니다."

그런데 '대장'은 그 말을 듣지 않았다. "한다면 하는 거지."

헤인리흐는 또 다른 이유로 기분이 좋지 않았다. 그는 동계등반으로선 최고도인 8,350미터의 기록을 이미 세웠다. 그런데 비엘리츠키와 치히가 정상에 오르게 되면 '지가' 헤인리흐의 기록은 곧바로 깨지게 될 것이 뻔했다.

"일단 아래로 내려와. 밤에 잘 쉬면 조금 더 오를 수 있을지도 모르니까."

헤인리흐는 무전으로 이렇게 충고했지만, 자바다가 더 강한 어조로 지시했다.

"아냐. 잔말 말고 정상 등정에만 신경 써!"

대장의 지시임에도 불구하고 헤인리흐는 계속 만류했지만, 대장은 끄떡도 하지 않았다.

"크시스토프, 최대한 높이 올라가!"

자바다가 말했다. "헤인리흐, 넌 왜 쓸데없는 소릴 하는 거야. 정상 등정이 가장 중요하잖아?"

헤인리흐는 기분이 몹시 상했다.

"대장이 한번 올라가 보지 그래요? 모든 건 그날 기분에 달렸습니다. 내일 결정해도 늦지 않습니다."

다음 날 헤인리흐는 이렇게 말했다.

"어젯밤 사우스콜은 영하 40도까지 떨어졌습니다. 그리고 그 녀석들은

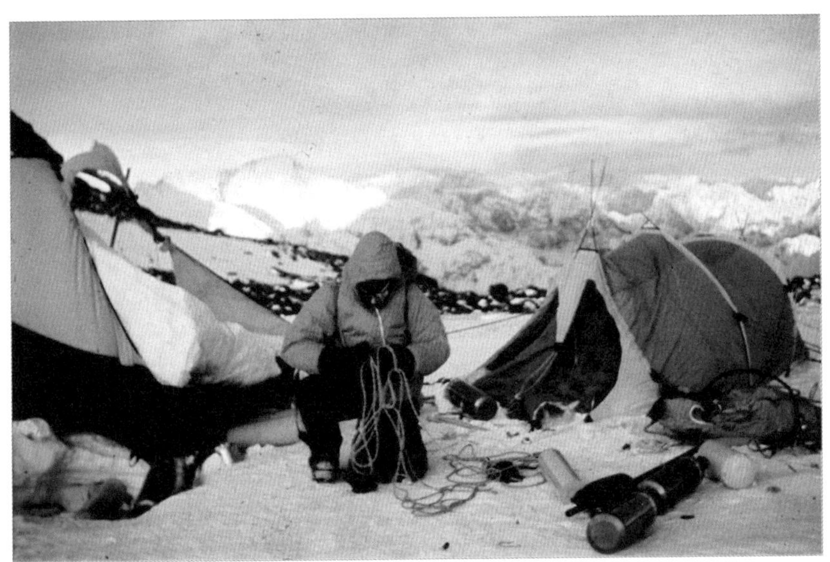

"등반을 할 때면 항상 딜레마에 빠집니다. 이른 아침엔 몹시 춥고, 정상에서 내려올 때면 늘 시간이 부족하니까요." 비엘리츠키는 말했다. 사진은 1980년 2월의 에베레스트

아무것도 먹지 못했습니다. 난 당장 아래로 내려오라고 했습니다."

하지만 비엘리츠키와 치히는 헤인리흐의 말을 듣지 않았다. 베이스캠프의 분위기는 엉망이었다. 등반대원들은 서로 수군거렸다.

"헤인리흐가 자기 말고는 아무도 정상에 오르지 못할 거라고 생각하는 모양이야."

"하지만 그 녀석들은?"

"올라갈 준비가 됐어."

"아, 이런! 정말 올라가겠군, 올라가겠어."

^^^

즈비그네프 비엘리츠키Zbigniew Wielicki는 이렇게 말했다.

"크시스토프가 한 행동은 내 예상과 정확히 맞아떨어졌습니다. 다른 생각을 할 리가 만무했지요. 내 동생은, 좋게 말해, 언제나 최고가 아니면 안 됐습

니다. 무얼 시작하면 정말 100퍼센트 최선을 다했죠. 언젠가 한번은 종이접기로 장난감 총 만드는 법을 알려줬습니다. 그런데 장난감 총을 정말 완벽하게 만들고 싶었는지 방 전체가 장난감 총 천지더군요. 뭐라도 할라치면 그만두게 할 수가 없었습니다."

^^^

모든 대원들이 비엘리츠키와 치히의 성공을 기뻐했을까? 지금까지도 자주 받는 질문이다. 고산등반이 단체 스포츠라고 하면 사람들은 믿지 않는다.

자기만족에 빠진 자바다는 불경처럼 이 말만 중얼거렸다.

"정상에 누가 먼저 섰는지는 중요치 않아. 등반을 성공적으로 이끌었다는 게 중요하지."

파블리코프스키는 말했다.

"그땐 우리 모두가 함께 정상에 오른 기분이었습니다. 우리 대신 정상에 올라줘서 정말 고마웠지요. 베이스캠프에 있던 사람들 거의 모두가 진이 빠졌거나 포기한 상태였으니까요. 모두 실패했다는 낙담에 빠져 있었습니다. 그런데 비엘리츠키와 치히 덕분에 우리는 최고의 환희를 느꼈습니다."

몇 년이 지난 후, 비엘리츠키는 이렇게 단언했다.

"모든 대원들이 한마음 한뜻으로 에베레스트를 등반한 것으로는 그때가 처음이자 마지막이었습니다. 난 '한 사람은 모두를 위해 그리고 모두는 그 하나를 위해'라는 하나의 원칙을 고수하고 있었습니다. 누가 정상에 오르느냐는 정말 중요치 않습니다. 그냥 그 자리에 있었다는 게 중요한 거지요. 정상에 오르지 않은 사람도 우리처럼 기뻐했습니다. 모두의 승리였습니다. 세상 사람들은 '폴란드인들이 한겨울에 에베레스트를 정복했다'고 말했습니다. 그런데 그 후로 단체 스포츠로서의 등반에 대한 관심이 떨어지게 될 줄은 몰랐습니다. 그때부터 등반에 개인주의가 만연하기 시작했습니다."

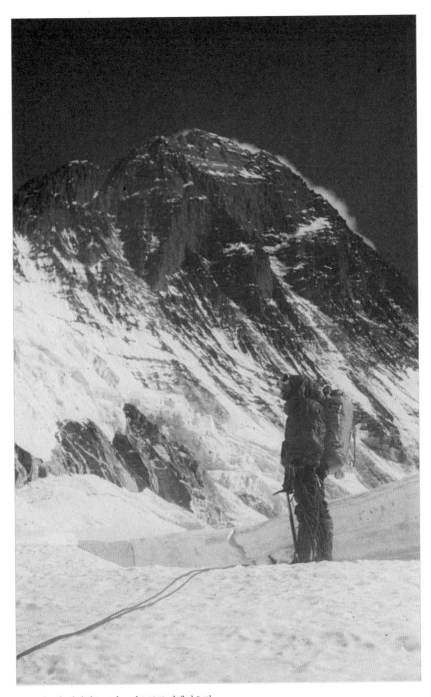

1980년 2월, 에베레스트의 크시스토프 비엘리츠키

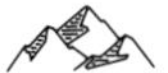

^^^

비엘리츠키와 치히가 히말라야에서 성공을 거둔 후 야체크 자코프스키Jacek Żakowski가 그들과 대화를 나누었고, 그 결과로 나온 책이 바로 『에베레스트에 관한 대화』였다.

만족, 꿈의 실현, 환희, 자신에 대한 가치의 재발견, 일상으로부터의 탈출… 히말라야 등반가들은 이런 느낌을 공유한다.

그러나 이제는 등반에 관한 이야기를 하는 데 진력이 난 것 같았다.

"에베레스트를 보고 기쁨을 느끼는 게 아닙니다." 비엘리츠키는 말했다. "날 기쁘게 하는 건 나 자신입니다. 처음으로 8천 미터급 고봉을 올랐습니다. 히말라야에 가자마자 가장 높은 곳을, 그것도 한겨울에. 그 성공을 거두자, 자이언트 정도는 앞으로도 우습게 오를 수 있을 거라고 생각했습니다. 경험도 많고 훈련도 많이 받은 등반가들을 많이 만나봤지만, 히말라야에 가면 그들은 컨디션이 나빠졌습니다. 에베레스트는 내가 등반가로서의 자질이 얼마나 되는지 확신을 갖게 해줬지만, 그렇다고 해서 내 인생관이 바뀐 건 아닙니다. 난 이전과 똑같은 사람입니다. 최고의 기량을 자랑하던 위대한 선구자들을 전엔 좀 다르게 상상했었습니다. 가끔은 동계등정 기록을 너무 일찍 세운 게 아닌가 하는 생각도 듭니다. 만약 그랬다면 나의 성과에 대한 왕관이 될 수도 있었을 텐데 말이죠. 난 아직도 등반을 하지만 그만둘 생각은 없습니다."

치히가 말을 이어받았다. "열정이란 에베레스트에서 시작하지도, 끝나지도 않는 겁니다."

비엘리츠키가 덧붙였다. "동상으로 얼어버린 손가락보다 더한 것들을 에베레스트와 맞바꾼 사람들도 있습니다."

안제이 '지가' 헤인리흐가 쓴웃음을 지으며 말했다.

"난 에베레스트에 손톱 하나도 내줄 마음이 없습니다."

3장

산은 여전히 나를 유혹한다 마치 중독이나 된 것처럼

영국 출신의 프레디 레이커Freddie Laker는 항상 돈을 추구했다. 그는 돈이 되는 곳이면 어디든 마다하지 않았다. 스물여섯부터 그의 통장에는 백만 달러가 들락거렸다.

1948년 러시아가 서베를린을 폐쇄했다. 그리하여 연합국 지역에 식료품이 부족해지기 시작했고, 미국은 그들에게 필요한 것을 공급해주기로 결정했다. 가토, 템벨호프, 테겔공항에는 3시간마다 물자를 가득 실은 비행기가 도착했다. 레이커는 지인에게 돈을 빌려 구식 폭격기 12대를 구입했다. 1년 동안 그는 동료 파일럿들과 함께 서독까지 5,000회 이상의 비행을 했다.

그 후 그는 유럽에서 생산된 자동차들을 영국으로 항공 운송했다. 오늘날 영국해협을 운항하는 배가 그때는 없었다.

1950년대에 레이커는 민간항공사인 브리티시유나이티드의 사장 자리에

◀ 1981년 뉴질랜드 남알프스에서의 비엘리츠키. 그의 뒤로 6개의 벙커, 주방과 창고가 있는 대피소가 보인다.

올랐지만, 20여 년이 지나자, 이전부터 구상해오던 사업을 하고자 과감하게 퇴사했다.

레이커는 비행기 여행이 기차 여행만큼 싸지기를 바라고 있었다. 그는 세계 최초의 저가 항공사인 레이커에어라인을 설립했다. 승객들은 푼돈으로 비행기에 탈 수 있었지만, 기내에는 공짜 서비스가 없었다. 돈을 내고 음료수를 마셔야 했고, 별도의 돈을 내지 않으면 좌석예약도 되지 않았다.

레이커가 설립한 항공사의 비행기로 대서양을 횡단하는 데는 팬암이나 브리티시에어웨이 비용의 3분의 1밖에 들지 않았다. 그러자 비행기표를 사기 위한 손님들로 항공사 사무실이 북적였다. 그는 처음 1년 동안 어마어마한 이익을 냈다. 그러자 그의 경쟁자들이 저가 항공사업에 뛰어들었고, 전 세계 비행기표 가격이 큰 폭으로 하락했다.

⁂

"등산에 빠지자 여행길이 나를 계속 유혹했습니다. 어느 누구도 우리보다 앞서 오른 적이 없는 산에 오르면 창조주와 더 가까운 자리에 선 최초의 인간이 된다는 생각에 발걸음을 멈출 수가 없습니다. 무척 흥분되는 일이었죠." 레셰크 치히는 말했다.

폴란드인민공화국에서의 삶은 지루하기 짝이 없었다.

"여행을 갔다 서너 달 뒤에 돌아와 직장 동료들에게 무언가 새로운 일이 있었느냐고 물으면 그들은 그저 그렇다고 했습니다. 전부 지루하고 의욕도 없고 기운이 빠져 있었죠." 치히는 이렇게 회상했다. "산에서 내가 보내는 시간은 한결같이 즐거웠습니다. 등산은 내 삶에 활력을 불어넣어주는 통로 같은 것이었습니다. 크시스토프 역시 마찬가지였습니다. 우린 그 친구를 '전자에너지'라고 불렀습니다. 전자는 위치와 속도를 파악할 수 있는 특성이 있습니다. 그런 에너지가 크시스토프를 지탱해주는 힘이었습니다."

^^^

1980년 카토비체산악회의 리샤르드 바레츠키Ryszard Warecki가 비엘리츠키에게 전화를 걸었다.

"이제 비행기표를 싸게 사서 여행할 수 있다는데? 태평양, 오스트레일리아, 뉴질랜드, 어디든지 말이야."

비엘리츠키는 그 말에 귀가 솔깃했다. 예지 쿠쿠츠카 역시 기대가 높았다. 그들은 태평양에서 가장 높은 산을 오른 다음, 뉴기니에 있는 칼스텐츠 피라미드Carstensz Piramid(4884m)에 오르고, 뉴질랜드와 오스트레일리아도 가보겠다는 웅대한 계획을 머릿속에 그렸다. 그렇게 되면 세계의 절반을 도는 셈이었다. 이 얼마나 환상적인가.

비엘리츠키, 바레츠키, 쿠쿠츠카 외에도 야누시 미코와이치크Janusz Mikołajczyk, 루드비크 무쇼우Ludwik Musioł, 리샤르드 파브워프스키Ryszard Pawłowski, 의사인 마레크 루드니츠키Marek Ludnicki와 토마스 슈비옹트코프스키Tomasz Świątkowski, 주간 여행잡지 『폴스카 크로니카 필모바Polska Kronika Filmowa』의 로만 트셰셰프스키Roman Trzeszewski, 그리고 스타니스와프 빌레자웨크Stanisław Wyleżałek도 함께 가기로 했다.

공식적으로는 산악회의 뉴질랜드 등반이었다. 그러나 부차적으로는 이번 기회에 세계를 둘러보는 것이었다.

^^^

돈이 아주 많이 들지 않아 크게 문제될 것은 없었다.

"마레크 쿠쿠츠카와 함께 앉아, 아파트에 페인트를 칠해 돈을 벌어보자는 아이디어를 생각해냈습니다." 바레츠키가 말했다. "아파트 단지의 거주자협회는 기꺼이 우리에게 일을 맡기겠다고 하더군요. 손쉽고 싼 데다 추가비용도

카토비체산악회원들은 슐롱스크에 있는 제철소와 공장, 광산의 굴뚝을 칠하면서 등반 자금을 모았다. 이 일을 위해 비엘리츠키는 티히에 있는 소형 자동차공장의 고위직을 그만두었다.

없었으니까요. 모든 걸 맡겨만 달라고 했습니다." 그들이 이렇게 약속하자 협회 임원들은 그들에게 일할 기회를 주었다. 관리자와 계약을 직접 했으니 돈은 손에 들어온 것이나 진배없었다. 다음 대상은 굴뚝이었다. 공장들과 비싸게 계약을 해서 그때부터는 정말 돈이 제대로 들어오기 시작했다. 굴뚝 하나당 10만~20만 즈워티가 입금되었다. 당시의 평균연금은 4천~5천 즈워티였다. 그들은 심지어 '굴뚝에 환장했다'는 말까지 들었다. 어디든 굴뚝만 보이면 서슴지 않고 공장에 들어가 "멋있게 칠해드리겠습니다."라고 제안했다. 일시적이나마 그들은 코슈추스코제철소와 바토리제철소를 칠할 수 있는 독점권을 손에 넣기도 했다. 시에미이노비체에서 "뚱뚱이 베르타"라고 불리던, 보일러 공장의 거대한 굴뚝은 100만 즈워티 이상의 수익을 안겨줬다.

그런데 진짜 문제는 여권발급이었다. 여권발급 신청은 받아들여지거나, 아니면 거부되거나 둘 중 하나였다. 폴란드인민공화국 시절의 반정부운동가이자 뛰어난 등반가였던 야누시 오니에슈키에비치Janusz Onieszkiewicz는 여권 발급 신청이 서른두 번이나 거부되었다. “10명의 여권을 만들려면 적어도 15명의 신청서를 넣어야 했습니다. 그중에는 분명 발급받지 못하는 사람이 나오니까요.” 오니에슈키에비치는 말했다.

“그래서 선수용 여권을 받으려고 애썼습니다.” 마치에이 파블리코프스키가 말했다. 중앙체육회에는 여권을 발급하는 부서가 따로 있었다. 여권 발급일자가 적혀 있는 부분에는 S자가 찍혔다. 하지만 해야 할 일이 산 넘어 산이었다. “맨 먼저, 산악회는 등반일정을 정했습니다. 그 날짜를 바탕으로 폴란드등산연합회에 여권발급 신청서를 들이밀었습니다. 등산연합회의 공무원은 이 일정이 심의에서 통과된 것인지, 일정에 문제는 없는지 꼼꼼히 확인했습니다. 등산연합회는 중앙체육회에 명단을 제출하고, 그러면 그곳에선 또다시 내무부로 그걸 넘기고….” 파블리코프스키가 말했다. “그런 여권으로는 혼자선 불가능하고 꼭 단체로만 움직여야 했습니다.”

^^^

일반인들은 운동선수와 달리 사정이 만만치 않았다. 자본주의 국가로 가려면 지인이나 친척들로부터 초청장을 받아서, 신청서를 제출하고, 어디에서 무엇을 하는지 세세히 작성하고, 사내 노동부서의 허가를 받아야 했다. 산더미 같은 문서들 중 제일 중요한 것은 초청자가 여행에 필요한 모든 비용을 지불하고 현지 체류를 보장한다는 각서였다.

서류는 모두 모아 각 지역 경찰사령부 내 여권과로 제출해야 했다. 독일연방으로 가려고 하면 신청서가 종종 반려되기도 했다. 그들은 폴란드인민공화국의 가장 큰 적이었기 때문이다.

오르비스여행사를 통하는 것이 가장 편리했다. 여권발급도 쉽고 초청장으로 골머리를 앓을 필요도 없었기 때문이다. 그러나 내무부에선 언제든 누구든 명단에서 삭제할 수 있었다. 게다가 막상 여권도 손에 쥐지 못하는 경우도 있었다. 외국에 나갈 때면 언제나 인솔자가 가지고 있어야 했는데, 사회주의 국가에선 인적사항이 적힌 소위 여행증명서면 충분했다. 단체로 움직일 때는 중앙정부에 보고서를 작성하는 사복경찰이 한 명씩 따라붙었다. '폴란드의 여행문화를 해하는 자'로 지목되면 그다음부터는 어느 나라든 나가는 것이 불가능했다.

오르비스를 통해 여행을 하려면 최소한 만 5천 즈워티가 들었다.(그때는 평균연금이 4천~5천 즈워티였다.) 4인 가족을 기준으로 국가에서 지정한 해외지출금액은 2만 5천 즈워티까지였다.(PKO은행에서 공시환율로 100달러에 살 수 있었다.) 그래도 사람들은 외국여행을 하고 싶어 했다.

1973년 사복경찰이 내무부 여권과에 제출한 보고서는 다음과 같았다.

"유벤투르여행사가 조직한 이집트 여행에서 사람들은 크리스털 68개, 전기다리미 38개, 룰라 시계 21개, 선풍기 17개를 샀음. 제품가격은 모두 5만 2천 즈워티 정도임. 돌아오는 길에 폴란드 관광객들은 금으로 된 물건을 주로 샀는데 대략 50만 즈워티는 될 듯함."

1980년대에는 폴란드 경제가 곤두박질쳤다. 달러 환율은 암시장이 은행보다 십 몇 배나 높았다. 달러가 많으면 부유해 보이던 시절이었다. 서방세계로의 여행허가 신청이 80만 건이 넘었다. 그중 10퍼센트 정도는 반려되었다. 자동차로, 비행기로, 배로 폴란드 사람들은 호박으로 된 귀금속, 보드카, 여우가죽, 고서적, 유리제품, 소련제 사진기, 시계 등을 실어 날랐다. 그리고 나서 달러와 전자시계, 계산기, 껌, 최신 유행의 의류를 가지고 돌아왔다. 폴란드는 모든 것이 부족했다.

^^^

여행을 위한 물류와 기획은 인솔자 격인 바레츠키가 담당했다. 국내 사정은 갈수록 좋지 않았다. 가게마다 고기나 버터, 밀가루, 쌀, 귀리, 보드카, 담배를 사기 위한 줄이 길게 이어졌다. 사람들은 운동선수 여권을 가지고 해외로 나가는 산악인들을 몹시 부러워했다. 불만을 품은 시민이 보낸 편지가 중앙체육위원회에 도착했다.

"온 나라가 어려움에 빠진 지금, 산악인들이 국가의 돈을 챙겨 뉴질랜드로 여행을 하려고 합니다. 뉴질랜드에는 산도 없다는데 그곳으로 등반을 가는 것이 가당키나 합니까?"

그러자 중앙체육위원회 공무원들이 달력에서 등반일정을 삭제했다. 공무원들의 허가가 없으면 여권이 발급될 수 없었다.

이 사태를 쿠쿠츠카가 수습했다. 그는 뉴질랜드 사진첩을 들고 바르샤바행 기차에 올라, 뉴질랜드 섬에는 절벽도 있고 만년설로 뒤덮인 높은 산도 있다는 것을 공무원들에게 설명했다. 그보다 더 중요한 일이 산적한 공무원들은 고개를 설레설레 흔들더니 여행신청서에 도장을 찍어줬다. 그런데 외화를 가지고 떠날 수는 없었다!

여러 가지 대안을 생각할 수밖에 없었다. 일단 짐은 배편으로 보낸다. 그것이 제일 싸게 먹히니까. 그리고 비행기에 한꺼번에 다 탈 수는 없기 때문에 조를 편성해 여러 곳에서 나누어 탄다. 대원들이 모두 합류하는 시간과 장소는 1980년 12월 멜버른. 그곳에서 모두 뉴질랜드로 이동한다.

비엘리츠키는 의사 마레크 루드니츠키, 스타니스와프 빌레자웨크, 영화를 찍는 로만 트셰셰프스키와 한 조에 편성되었다. 그리하여 그들의 여정은 바르샤바 오켄치에공항을 떠나 인도, 태국, 싱가포르로 이어졌다.

첫 번째 환승은 뭄바이였다. 냉방장치가 잘된 식당, 화려한 빌라, 바다가 보이는 아파트들이 지독한 냄새의 슬럼가와 빈곤, 오물, 희망이 없는 미래와 마주하고 있었다. 집 없는 아이들이 관광객들을 따라다니며 돈을 달라고 손을 내밀었다. 어떤 아이들은 동정을 얻고자 일부러 불구가 되기도 한다는데, 차가 신호등에 걸려 서 있으면 어김없이 아이들이 다가와 창문을 두드렸다. 뭄바이는 발리우드의 중심지이자 스타들의 양성소였지만 최대 오물양산소이기도 했다. 도시는 온통 악취가 풍기고, 인구 중 절반은 아예 화장실을 사용하지 못했다. 슬럼가에 가니 화장실 한 칸을 적게는 80명에서 많게는 200명까지 공유하고, 아침에 공원을 돌아다니다 보니 쭈그리고 앉아 용변을 보는 사람들을 자주 볼 수 있었다. 만약 5백만 뭄바이 시민이 매일 한 사람당 500그램의 대변을 길에 배출하면 자그마치 250만 킬로그램의 대변이 쏟아져 나오는 셈이었다. 하지만 시 당국은 손을 놓고 있었다.

명석한 인도 '사업가'들은 머릿속으로, 순진한 사람들을 유혹한다는, 좀 다른 생각을 하고 있었다.

비엘리츠키가 말했다. "어떤 장사치가 나한테 뱀가죽을 사라고 하더군요. 오스트레일리아에 가면 귀해서 못 구하니, 거기선 적어도 다섯 배는 불려서 팔 수 있다고. 심지어는 멜버른의 세인트메리스트리트에 있는 가게 주소까지 알려줬습니다. 거기 가서 돈을 받으면 된다고. 우린 귀가 솔깃했지요. 그래서 공금을 약간 써서 뱀가죽을 샀습니다. 멜버른은 가는 지역마다 세인트메리스트리트가 있다는 사실도 까맣게 모른 채. 그런데 거기서도 뱀가죽에 대해선 전혀 들은 바가 없다더군요. 그래서 그냥 우리가 기념으로 갖기로 했습니다."

뭄바이에서 홍콩으로 가는 길은 방콕을 경유한다. 그 여정에 대해서 비엘리츠키는 이렇게 기록했다.

"깨끗한 도시에, 인도와는 완전히 딴판이었다. 여자들은 사뭇 교양이 있는 것 같았지만 여기저기 호객꾼들도 있었다." 그들은 택시를 타고 호텔로 향했다. "도착하자마자 호텔 매니저가 여자가 필요하냐고 물어서 우리는 공손히 거절했다."

그 대신 폴란드 여행객들은 팟퐁 시장거리를 돌아다녔다. 태국 전통에 따르면, 신부는 순결해야 하지만 신랑은 사랑의 기술이 좋아야 한단다. 창녀촌

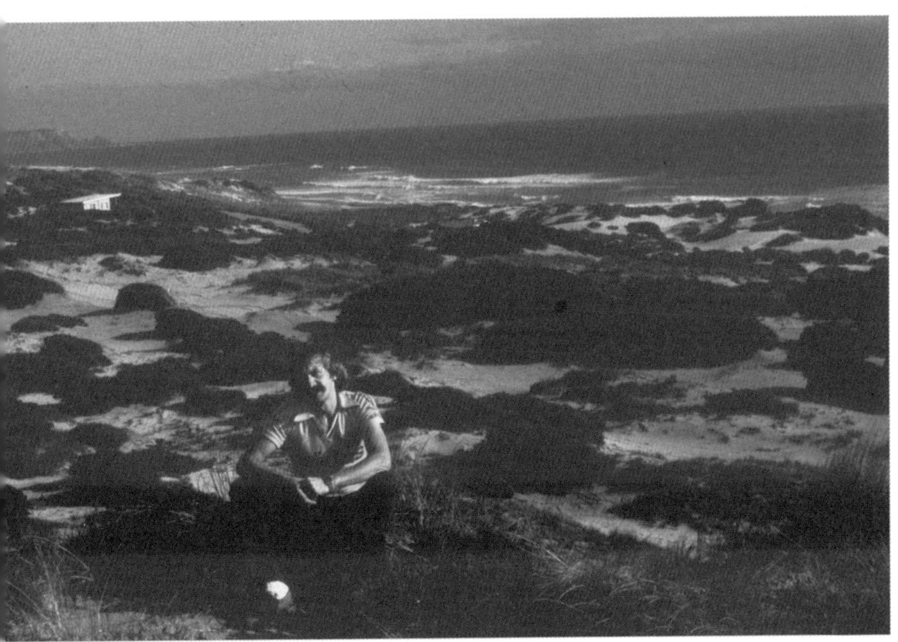

오스트레일리아의 폴란드 이민자들은 슐롱스크에서 온 폴란드 산악인들을 위해 성금을 모으고 여행도 시켜줬다. 멜버른 인근 바닷가의 크시스토프 비엘리츠키

이 아니라면 그 기술을 어디서 터득할 수 있을까?

"이렇게 커다란 창녀촌과 푼돈으로 여자들의 몸을 탐닉할 수 있는 수많은 클럽들은 한 번도 보지 못한 광경이었습니다." 비엘리츠키가 말했다. "길거리에서도 섹스를 한다니 정말 보고도 못 믿을 일이었습니다. 물론 우리도 클럽 여기저기를 돌아다녀봤지만, 딱히 흥분을 느끼지 못해 그냥 구경만 했습니다."

멜버른에 도착하니 집에 온 것같이 편안한 기분이 조금 들었다. 폴란드 이민자들이 '고국에서 온 등반대원들'을 챙겨줬다. 여행을 시켜주고, 먹여주고, 재워주고, 교민들과 만나는 시간도 마련해주고, 게다가 성금까지 모아줬다.

뉴질랜드에는 아는 사람이 전혀 없었다. 비행기는 남섬의 크라이스트처치공항에 착륙했다. 첫째 날 밤은 기내에서 알게 된 뉴질랜드인의 집에서 잤

뉴질랜드에서 크시스토프 비엘리츠키는 아는 사람이 한 명도 없었다. 그는 남섬 크라이스트처치에 도착한 후 공중전화박스에서 전화번호부를 뒤적이며 폴란드 이름을 가진 사람을 찾았다.

다. 잘 곳이 없다는 것을 알게 된 그가 자신의 집으로 초대한 것이다. 공중전화박스에서 전화번호부를 들춰보며 폴란드 이름을 가진 사람을 찾아보니 꽤 있었다. 여기는 어쩌다 오게 된 것일까?

사연은 아주 길다. 1941년 폴란드 망명정부는 소련에 폴란드 군대를 창설한다는 합의를 스탈린으로부터 이끌어냈다. 하지만 러시아인들이 식량을 제대로 공급해주지 않아 폴란드 군인들은 늘 굶주림에 시달렸다. 결국 1942년 브와디스와프 안데르스Władysław Anders 장군은 영국의 지배하에 있던 이란으로 폴란드 군대를 이동시키기로 결정했다. 군인들만 대략 8만 명이었는데, 일반 시민들도 4만 명가량 있었다. 그들을 대체 어떻게 하지? 멕시코와 인도, 동아프리카 국가들처럼 뉴질랜드 역시 733명의 아이들에게 보호소를 마련해주겠다고 약속했다. 그리하여 이곳에서 성장한 그들이 옛 조국에서 온 등

뉴질랜드에 거주하는 폴란드 이민자들은 레흐 바웬사와 러시아제 탱크에 대해 캐물었다. 그들은 등반대원들이 돈을 걸고 카드놀이를 하는 모습을 사뭇 이상하게 쳐다봤다.

반대를 기꺼이 도와주겠다고 한 것이다.

그들은 바웬사와 러시아 탱크에 대해서 물었다. 폴란드 반란군을 옥죄기 위한 탱크가 아직도 국경에 있느냐는 것이었다.

그들은 카드놀이나 하는 폴란드 등반대원들이 러시아 군대에 대해선 아는 것이 전혀 없다며 고개를 갸우뚱거렸다. 그들은 폴란드인들에게 감자 한 자루와 당근, 살구, 사과와 맥주 50병을 선물로 주었다. 그리고 기금복권으로 마련된 돈도 여행에 쓰라며 건네줬다. 성공적인 여행과 공산당과의 싸움에서 이기기를 기원한다며….

"우린 오직 우릴 기다리고 있을 산에 대해서만 생각했습니다." 비엘리츠키는 말했다.

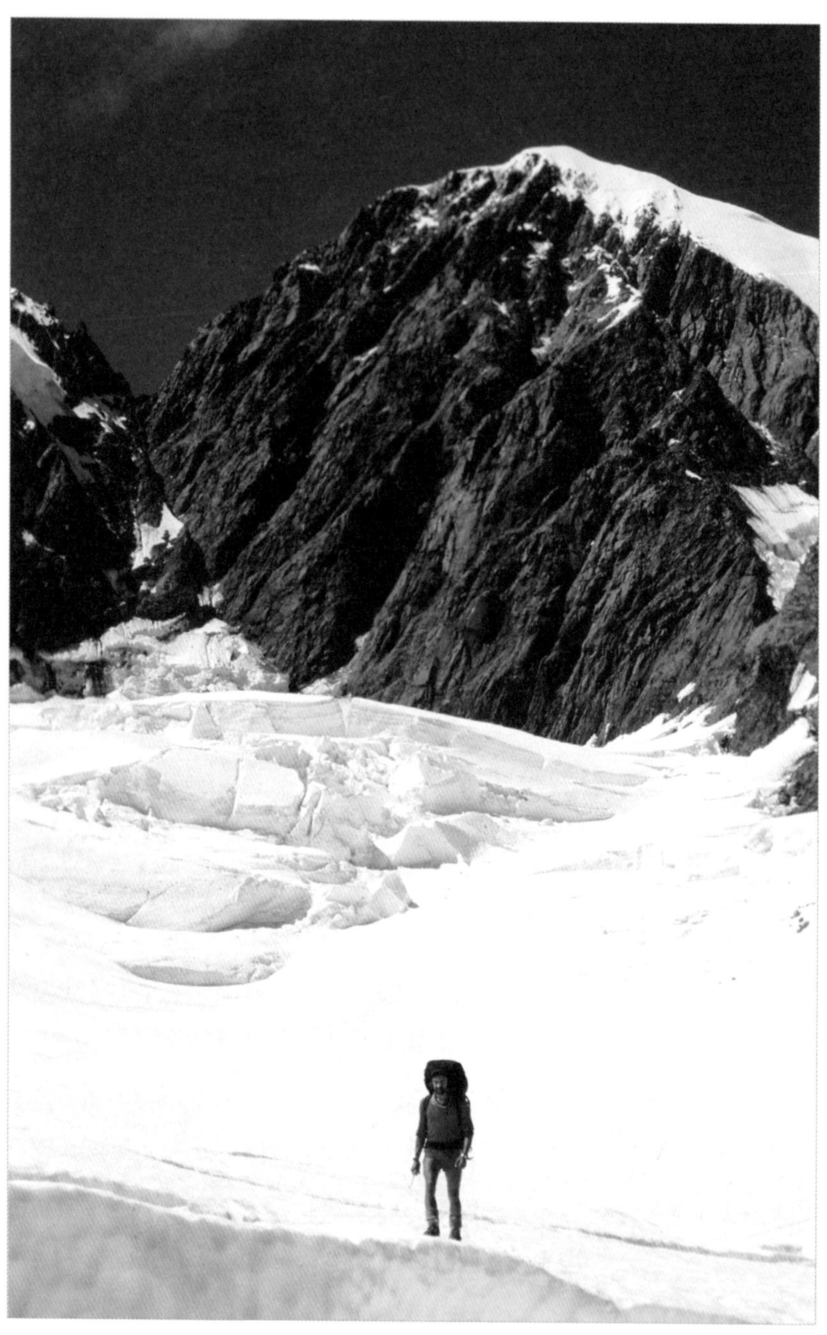

남알프스를 등반 중인 크시스토프 비엘리츠키. 그는 일지에 이렇게 기록했다. "저녁 늦게야 꽤 힘든 능선을 올랐다. 어두워지자 우리는 끝내 콜에 갇혀버렸다."

^^^

마운트쿡Mt. Cook은 남알프스 최고봉이다. 피라미드처럼 생긴 그 산(3,724m)은 아주 높지는 않지만 산세가 무척 험하다. 그리고 날씨가 수시로 급변한다. 마운트쿡은 유명한 등반가들이 훈련하는 곳으로도 잘 알려져 있다. 그중에는 에베레스트를 초등한 오클랜드 출신의 양봉업자 에드먼드 힐러리Edmund Hillary 경도 있다. 폴란드인들의 목표는 서릉을 통한 정상 등정이었다. 꽤 먼 길이지만 그다지 어렵지는 않은 것 같았다. 다만 그들은 대양으로 둘러싸인 이 산의 날씨가 수시로 변한다는 사실을 잘 알지 못하고 있었다. 아침에는 해가 반짝 빛나도, 몇 시간 지나면 눈을 뜰 수 없을 정도로 눈보라가 치기도 했다.

비엘리츠키는 이렇게 말했다. "새벽 3시에 길을 떠날 때는 가랑비가 내렸습니다. 오후도 반나절쯤 지나서야 정상 부근에 도착했는데, 비가 눈과 우박으로 바뀌었습니다. 그리고 끝내는 얼음조각들이 날아다녔습니다. 또 엄청난 폭풍우가 몰아쳤는데, 우린 모두 여름에 자코파네를 오르는 것처럼 가벼운 옷차림이었습니다. 남방과 스웨터와 파카. 다행히도 비박을 할 수 있는 시트를 가져가긴 했었습니다. 20시간 동안, 우린 거기에 쪼그리고 앉아 날씨가 바뀌길 기다렸습니다."

그는 일지에 이렇게 기록했다. "아침이 되자 찬바람이 몰아쳤다. 리샤르드를 끌어안고 눈을 좀 붙이고 싶었지만, 비박용 시트를 덮으면 등이 차갑거나, 아니면 다리가 시렸다. 매 순간 시간을 확인했다. 밤이 지나도록 날씨는 우리에게 자비심을 보이지 않았다."

아침이 되자 안개 뒤로 해가 보였다. 그들은 등반을 계속했다. 그때, 등반 대원들이 여태 살아 있는지 확인하기 위한 구조헬기가 위에서 선회했다. 폴란드인들은 괜찮다는 신호를 보냈다. 그들은 몹시 지쳤지만 정상에 올랐다. 그리고 저녁에는 대피소로 돌아왔다. 마침 그날이 2월 17일, 1년 전 에베레스트

마운트힉스를 등반하고 있는 크시스토프 비엘리츠키(왼쪽) 와 예지 쿠쿠츠카. “쿠쿠츠카가 12미터 높이에서 추락해 자칫 황천길로 갈 뻔했다.” 비엘리츠키는 이렇게 기록했다.

를 오른 바로 그날이었다.

비엘리츠키는 컨디션이 좋지 않았다. "머리가 좀 이상하다. 어제 내려오는 길에 넘어져 머리를 부딪쳐 그런 건가. 구토가 나올 것 같다. 너무 어지럽다. 의사는 뇌진탕 같다고 말한다. 중심을 잡을 수 없어 일어나기가 힘들다. 그냥 뻣뻣이 누워 있을 수밖에 달리 도리가 없다." 그는 이렇게 기록했다. 하지만 그런 증상이 하루가 지나자 괜찮아졌다.

다음 목표는, 암벽이 아주 많아 힘든, 마운트힉스Mt. Hicks(3,216m)였다.

"정상에서 내려올 때 써야 하는 장비가 없었습니다." 비엘리츠키는 그때를 회상하며 말했다. "그래서 마운트댐피어Mt. Dampier를 가로지르기로 했습니다. 거기서부턴 내려가기가 쉬울 거라고 생각한 겁니다. 콜에 이르자 해가 져서 아침에 하산했습니다. 난 리샤르드와 함께 내려와, 예지를 기다렸습니다. 그때 무슨 '쿵!' 하는 소리가 들리길래 보니, 예지가 자신이 설치한 로프를 잡고 아래로 내려오다, 12미터 정도 높이에서 돌출바위 위로 추락하는 것이 보였습니다. 배낭이 충격을 막아주지 않았다면 그는 정말 황천길로 갈 뻔했습니다. 그 상황에선 손을 쓸 수 있는 방법이 없었습니다. 그는 다리와 팔이 아프다면서 계속 신음소리를 냈습니다. 구조대원들과 연락이 되지 않아, 할 수 없이 로프에 매어 끌고 갈 수밖에 없었습니다. 상황이 너무 안 좋았습니다. 그때까지 굴뚝을 칠하고 배수로를 정비하며 들인 노력이 빗물처럼 녹아내리는 듯했습니다. 낙석이 계속 발생했습니다. 60~70미터를 내려오는 데만 무려 7시간이 걸렸습니다. 그 후에는 또 크레바스가 널려 있는 설원을 통과해야 했습니다."

그 후에 비엘리츠키는 이렇게 기록했다.

"좌우로 뒤뚱뒤뚱 걸었다. 이제 틀렸다면서 예지는 자신을 두고 가라고 말했다. 그곳에서 헬기를 기다리겠다는 것이었다. 물론 그대로 두고 갈 수는 없는 노릇이었다. … 땅거미가 질 무렵 우리는 대피소에 도착했다. 엠프레스

Empress는 6개의 벙커와 부엌과 창고가 있는 곳이었다. 다행히 아무도 없어서 우리는 마음대로 쓸 수 있었다."

그들은 구조대를 불렀다.

"우리는 대피소에 남아 있는 음식들을 먹어치웠다. 이틀 동안 아무것도 먹지 못한 우리는 호화로운 저녁 만찬을 차렸다. 온몸이 쑤신다는 예지도 벙커에 누워 치즈와 소시지를 먹었다. 그것은 몸이 괜찮다는 의미였다."

비엘리츠키의 생각이 맞았다. 아침이 되자 예지 쿠쿠츠카를 후송하기 위한 헬기가 도착했다. 병원에선 심하게 부딪쳤을 뿐 어디 부러진 곳이 없어, 곧 건강을 되찾을 것이라고 말했다.

^^^

3월의 마운트쿡 지역 날씨는 등반하기에 좋지 않았다. 비가 억수같이 쏟아지고 바람이 거세게 불었다.

흰색 폭스바겐에 트레일러를 달고, 우리는 왕처럼 행진했다. 의사 루드니츠키는 폴란드 이민자협회에서 자동차를 선물로 받았다. 1962년에 생산되고 40만 킬로미터를 뛴 것이었지만, 그래도 여전히 쓸 만했다.

상황은 전혀 나아지지 않았다. 화강암으로 된 아름다운 산에서 물줄기가 계속 쏟아졌다. 해가 나는 날이 이틀만 돼도 루트 4개를 오르기에는 충분했다. 마운트배리어Mt. Barrier(2,039m)에서 둘, 마운트맥퍼슨Mt. McPherson(1,931m)에서 하나, 그리고 마운트메어Mt. Mair(1,960m)에서 하나를 오른다는 일정이었다.

여행을 하면서 우리는 폴란드에 남아 있는 불쌍한 친구들에 대해 생각했다. 대원들은 테이블에 둘러앉아 남은 달러를 모았다. 얼마 남지 않은 공금이었지만 포커를 하기에는 충분했다. 50달러, 100달러, 200달러! 뉴질랜드인들은 폴란드 사람들이 돈을 제대로 거는지 의심의 눈초리를 계속 보냈다.

여행 도중 우리는 파스칼Pascal을 만났다. 그는 스즈키 오토바이로 뉴질

랜드 전역을 여행하고 있었다. 그러나 고물이 되어버린 오토바이 대신 히치하이킹만으로 크라이스트처치에 당도했다. 그는 비엘리츠키에게 혹시 그 오토바이를 가지고 싶으냐고 물었다.

비엘리츠키는 흔쾌히 좋다고 대답했다. 그런데 그 오토바이는 모터가 무용지물이었다. 연료를 넣어도 소용이 없었다. 속도를 못 내는 것은 두말하면 잔소리. 최대속도는 시속 45킬로미터이지만 100미터 가는 데 연료를 6리터나 소비했다.

"그래서 비가 올 때는 천천히 갔습니다. 기름도 자주 넣어야 했고." 비엘리츠키가 말했다. "잠은 정류장에서 잤습니다. 그 옆엔 화장지가 있는 깔끔한 화장실도 있으니까요. 그 당시 폴란드에선 화장지를 구하기가 정말 힘들었습니다. 뉴질랜드에선 그냥 벤치에 매트리스만 깔고 자면 됐습니다. 좋은 인생 경험이었죠."

비엘리츠키는 뉴질랜드에서 강한 인상을 받았다. 가는 곳마다 아름다운 경치가 펼쳐지는 널따란 시골 마을 같은 곳. 대양과 산, 협곡, 화산, 분화구, 간헐천…. 사회는 모두가 평등했고, 사람들은 매주 200달러씩을 벌었다. 평균 연금은 90달러였다. 실업자들도 60달러어치의 식료품을 제공받고, 자녀가 있는 여자들은 80달러를 받았다. 아파트와 학교는 정부에서 비용을 댔다. 그리고 정원이 딸린 집이 어디에나 있었다.

비엘리츠키는 이렇게 적었다.

"여기는 분명 공산주의 국가이거나 사회주의 혁명을 이룬 곳이다. 그렇다면 우리는 대체 뭐지?"

4장

동료의 안타까운 죽음, 그렇다고 변하는 것은 아무것도 없다

"K2는 '내게 허락된' 산이 아닙니다." 비엘리츠키는 이 산에 회한이 많았다. "그곳에서 가장 많은 시간을 보낸 건 사실입니다. 하지만 그 산에서 축배를 들진 못했습니다."

"이 사실은 우리를 낙담시켰습니다. 모든 게 기억납니다. 1950년대와 1960년대는 K2 등반의 전성기 같았습니다. 모두가 그 산에 달라붙었는데, 우리만 그 산을 오르지 못하고 있었습니다. 1980년 우리는 좀 더 큰 야망을 품고 등반 목표를 세웠습니다. 바로 K2가 그 야망을 실현해줄 수 있는 산이었죠. 하지만 K2는 내게 큰 과제만 남겼습니다. 여전히 답을 찾아가고 있는 중입니다만, 그건 바로 절체절명의 선택과 나 자신에 대한 새로운 인식이었습니다. 만약 그 산이 없었더라면 난 어떤 인생을 살고 있을까, 그리고 산이 없는 인생을 사는 게 가능할까, 하는 것이었습니다."

≺1977년에는 폴란드에서만 22개의 원정대가 힌두쿠시로 떠났다. 크시스토프 비엘리츠키는 브로츠와프 산악회원들과 함께 코-에-샤크와르Koh-e-Shakhawr 등반을 떠났다.

1968년 겨울, 카르코노셰Karkonosze 스키 답사 때의 크시스토프 비엘리츠키

^^^

1972년 엔지니어 학위를 딴 크시스토프 비엘리츠키는 브로츠와프에 있는 공과대학을 졸업했다. 하지만 짐을 싸서 티히로 돌아가는 수밖에 인생의 다른 대안이 없었다.

그리하여 비엘리츠키는 근로계약서에 서명했다. 광산용 전자기기공장에는 이름보다 '폭풍'이라는 별명으로 더 유명한 전기기술자가 있었는데 그가 폴란드의 대학들을 방문해 학생들을 끌어모으고 있었다. 그는 학생들에게 한 달에 700즈워티씩 장학금을 주겠다고 제안했다. 당시 학생들의 수준으로는, 고작 200즈워티 정도로 버티는 상황이었으므로, 그것은 아주 큰돈이었다. '폭풍'은 실내에서 일하며, 높은 연금도 보장되고, 최신기술을 실시간으로 접할 수 있는 좋은 직장이라고 선전했다. 그는 직접회로를 보여줬다. 그러자 학생들의 눈이 번쩍였다. 그것은 이론서적에서나 본 것이었다.

"이게 다 여러분 겁니다." '폭풍'은 약속하듯 말했다. 하지만 문제는 받은 장학금을 갚아야 한다는 것이었다. 필수 근무기간은 최소 2년이었다.

"굉장히 고민했습니다." 비엘리츠키는 말했다. "5년 뒤에 무슨 일이 벌어질지는 아무도 모르니까요. 700즈워티는 등반하기에 충분한 돈이었습니다."

그해 비엘리츠키를 비롯한 15명이 '폭풍'과 계약했다.

^^^

모든 것이 순탄했지만, 하마터면 공부를 끝내지 못할 뻔한 시기도 있었다.

1967년 11월 바르샤바국립극장에선 「선조들의 밤Dziady」이 카지미에츠 데이메크Kazimierz Dejmek의 연출로 무대에 올랐다. 그런데 연출자의 귀에 폴란드 정부가 이 작품이 무대에 오르는 것을 못마땅해한다는 말이 들렸다. 반러시아, 반소련 그리고 종교적인 성격이 있다는 이유에서였다. 연극 광고포스

터가 내려지고 공연이 1월 30일로 연기되었다. 관객들은 데이메크의 이름을 외치며 검열 없는 예술의 자유와 「선조들의 밤」의 무조건적 공연 등을 요구했다. 그 후 200여 명의 사람이 극장에 집결해 크라코프스키에 프셰드미에시치에Krakowskie Przesmieście 거리에 있는 아담 미츠키에비치Adam Mickiewicz 동상까지 시위를 벌였다. 그러자 경찰들이 투입되었고, 35명이 공공질서문란이라는 죄목으로 체포되었다. 당시 대학생이었던 아담 미흐니크Adam Michnik와 헨리크 슐라이페르Henryk Szlajfer가 프랑스의 『르 몽드』 특파원과 시위의 정당성에 대해 인터뷰를 했는데, 그 내용이 자유유럽방송을 통해 전파를 탔다. 그들은 이런 이유로 바르샤바대학교 역사학과에서 퇴학당했다. 그러자 학생들의 반대시위가 교내에서만 수천 명이 모이는 대규모로 확대되었다. 경찰은 집회 참가자들을 무자비하게 해산했다.

학생들의 시위는 바르샤바에만 그치지 않고 크라쿠프, 루블린, 그단스크, 포즈난, 우츠 등으로 확산되었다. 브로츠와프에선 공과대학의 주도로 시위가 벌어졌다.

공산당은 시위대 문제를 해결할 방안을 곧바로 마련했다. 그리하여 경제학부의 경제이론학과, 경제학과, 계량경제학과, 철학부의 철학과와 사회학과, 교육학부의 심리학과가 직격탄을 맞았다. 그리고 시위 주동자로 의심되는 학생은 군대 징집명령을 받았다. 브로츠와프에선 학생들이 매일같이 학장실로 불려갔다.

"기숙사 입구의 게시판에 전보로 받은 내용이 매일 걸렸습니다. 형형색색의 핀으로 꽂아 놓았는데 달랑 이름만 있었습니다. 당시 1학년이었던 크시스토프와 나도 그 명단에 있었지요." 크시스토프의 형 즈비그네프 비엘리츠키는 당시를 이렇게 회상했다.

학장실에는 학생들이 줄을 지었다. 학장실의 교직원들은 명단에 있는 학생들의 학생증에 '퇴학생'이라고 썼다. 그리고 나선 학생들에게 "학생 선서에 걸맞은 행실을 하겠다."라는 서약서에 서명하라고 종용했다. 그리고 서명을 한 학생들에게는 학생증에 "학생 신분 복귀"라는 도장을 찍어줬다.

"우리에게 그건 사뭇 자랑스러운 일이었습니다. 학생증에 그런 단어가 쓰인다는 건 정말 영광과도 같았죠." 크시스토프는 말했다. "학생증에 그런 도장을 받지 못하면 정상적인 교우관계가 불가능할 정도였습니다. 5월 3일 시위에는 학부생 모두가 참가했습니다. 약속된 시위 장소에 도착해, 옷 밑에 감춰 둔 현수막을 꺼냈습니다. '『슈비에르시치크Świerszczyk』*라도 읽어라. 적어도 거짓말은 하지 않는다.', '석방22(3월 시위로 투옥된 학생들의 수)' 등의 문구가 적혀 있었죠. 그곳엔 러시아인들도 많이 있었는데, 비록 우리말을 이해하지 못해도 그들은 큰 박수를 쳐줬습니다. 경찰은 우릴 그룬발트광장까지 끌고 갔습니다. 우린 거기서 '우린 경찰 여러분을 사랑합니다.', '경찰은 우리 편입니다.' 하고 노래를 불렀습니다."

"보안부에서 나온 자들이 사진을 찍었습니다. 모든 게 기록되었고, 얼굴도 가차없이 사진 찍혔습니다." 즈비그네프가 이렇게 덧붙였다.

이제 정부는 시위대에 지나치게 집착하지 않았다. 시위에 참가한 학생들이 대거 입대할 예정이라 우려할 이유가 없었기 때문이다.

1968년 12월 『가제타 로보트니차Gazeta Robotnica』는 다음과 같이 보도했다.

"브로츠와프 대학생을 중심으로 한 300여 명의 학생들이 사회주의 폴란드인으로서의 의무를 명시한 학생선서에 반하는 행위를 했다. 정부는 해당 학생들의 행위와 관련해 단호한 결정을 내렸다. 훈육위원회는 45명의 학생을 제명했다. 그중 일부는 2년, 또 일부는 3년 동안 복학이 금지되었다. … 복학의 기회를 얻은 학생들은 산업현장에서 2년이나 3년을 근무해 현장근무가 상

* 1945년부터 발간되고 있는 유서 깊은 아동잡지

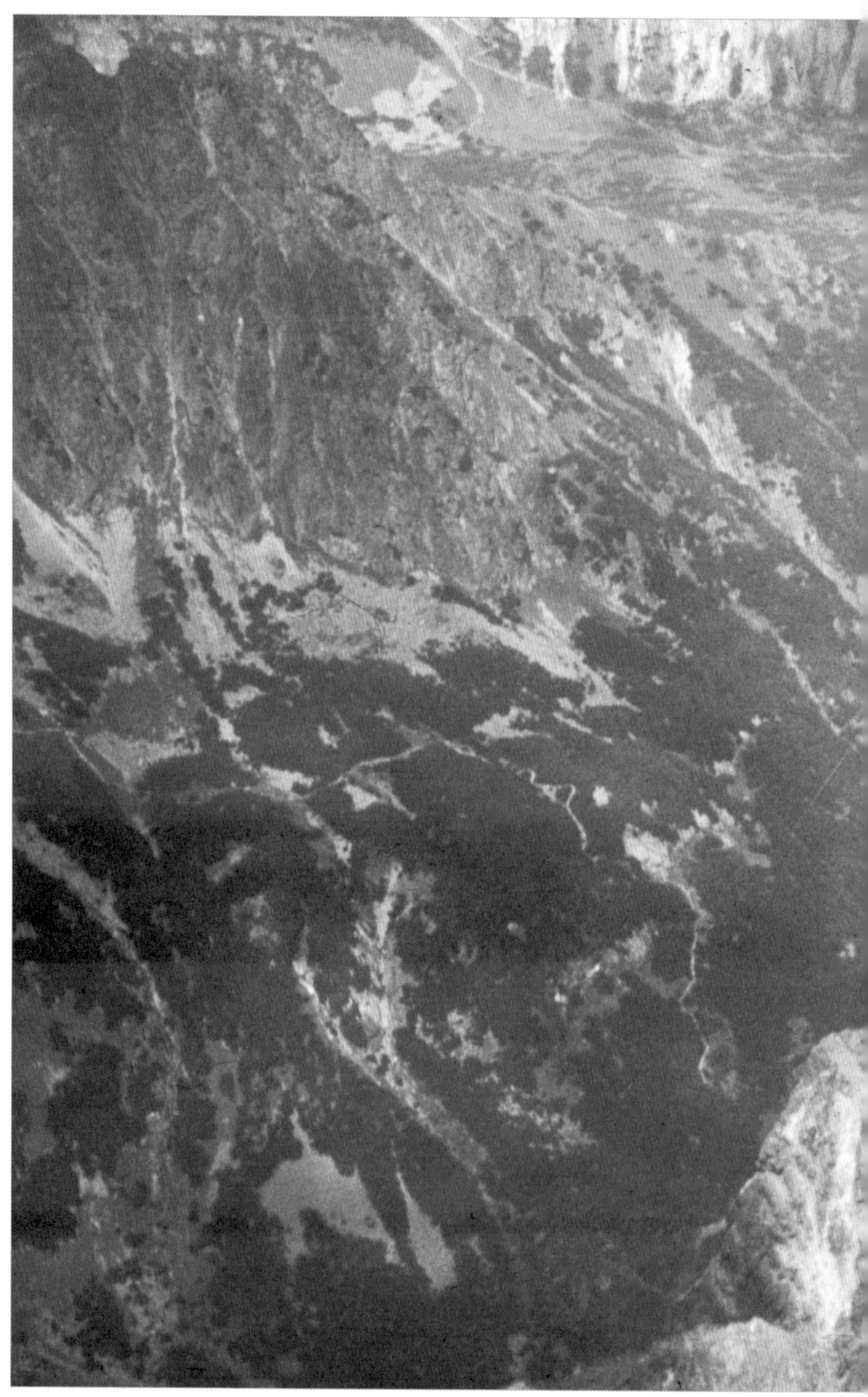

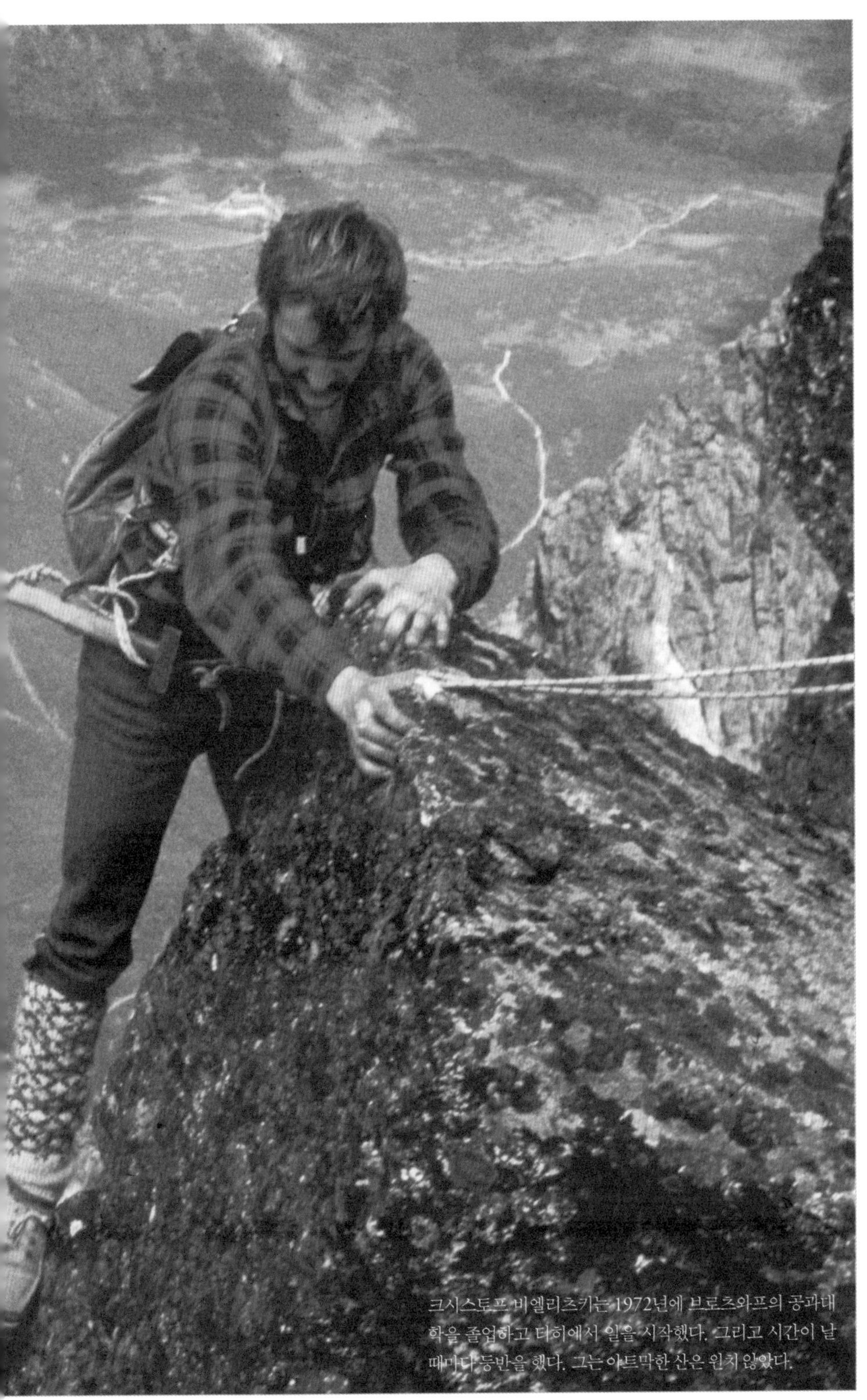

크시스토프 비엘리츠키는 1972년에 브로츠와프의 공과대학을 졸업하고 티히에서 일을 시작했다. 그리고 시간이 날 때마다 등반을 했다. 그는 아트막한 산은 원치 않았다.

위권으로 평가되면 학교로 복귀할 수 있다. 이것은 권리와 의무의 상호의존적 관계를 잘 보여주는 사례이다."

즈비그네프 비엘리츠키는 이렇게 말했다.

"크시스토프와 나는 보안부 사진에 정확히 찍혔습니다. 그런데 영문은 잘 모르지만, 우린 학교에서 제명당하지 않았습니다."

^^^

시위가 끝나자 비엘리츠키는 시험을 치렀고, 그 후에는 야영생활을 하러 보이스카우트 캠프에 참가했다. 그때 아담한 키에 검은 머리카락, 아름다운 눈동자, 그리고 사랑스럽고 부드러운 미소를 지닌 한 여자가 그의 눈에 들어왔다. 그녀는 오스트셰슈프 출신의 욜란타 프롱츠코프스카Jolanta Frąckowska였다. 그리고 고등학생에 비엘리츠키보다 두 살이 어렸다.

"크시스토프는 품격이 넘쳤고 명석했지만, 약간은 이기적인 데다 자신만의 세계에 갇혀 있었어요." 욜란타는 말했다. "그런데 그는 필요할 땐 언제나 매력을 과시했고 굉장히 사교적인 성격으로 금세 바뀌었어요. 사람들은 크시스토프와 함께 있는 걸 언제나 좋아했죠."

사랑이 시작되었다. 하지만 만나지 못하는 사랑은 편지로 이어졌다. 욜란타의 부모는 비엘리츠키가 딸을 데리고 산에 갈까봐 걱정했다. 비엘리츠키에게 산보다 중요한 것은 없었으니까.

주말이 되면 욜란타는 먼 하늘만 쳐다봤다. 나는 오스트셰슈프에 있는데 내 님은 어디에 있을까? 비가 오면 산에 가지 못해 비엘리츠키가 올 가능성이 높았다. 날씨가 좋으면 비엘리츠키가 올 확률은 거의 없었다. 분명 어딘가에서 암벽등반을 하거나, 아니면 타트라산맥에 있을 터였다.

"크시스토프의 이모가 지브누브 인근 미엔지보지에에서 휴양시설을 운영하고 있었어요. 대학 시험을 끝내자마자 크시스토프는 나를 데리고 그리로 갔죠. 며칠 정도 참는가 싶더니 끝내 자신은 산에 가야 되겠다고 하더라고요."
욜란타는 이렇게 기억하고 있었다.

^^^

1972년 비엘리츠키는 처음으로 서유럽을 방문했다. 그리고 학생캠프에 참가하기 위해 간 샤모니에서 프랑스 가이드들과 함께 알프스의 봉우리들을 올랐다. 그는 프랑스에 매료되었다. 색깔, 건축, 향기 등 모든 것이 좋았다. 파리는 황홀했고, 샤모니는 자코파네와 비슷했지만 좀 더 알록달록했다. 등산장비로 가득한 매장이 특히 인상적이었다. 폴란드에선 전혀 보지도 듣지도 못한 것들이었다.

그런데 아침식사가 조금 불만이었다. 메뉴로 나오는 것이 고작 잼을 바른 크루아상 하나였다. 사나이들에게는 간에 기별도 안 갈 정도였다. 저녁식사 역시 양이 그렇게 많지 않았다. 샐러드에 올리브투성이였다. 저녁식사가 조금 좋아지나 싶었는데, 그의 말에 따르면 거의 날것이거나, 아니면 겉만 살짝 익은 음식이 나왔다.

알프스에 오르려면 이런 사소한 일은 감수해야 했다. 그리고 처음으로 빙벽등반을 했다.

그는 일지에 이렇게 기록했다.

"크램폰이 멋지게 들어맞았다. 셔츠도 얼음만큼 축축했다. 크레바스도 제대로 찾았다. 빙하는 정말 놀랄 만했다. 산에는 세락이 있었다. 끝마칠 때쯤이 되자 몸이 더 적응을 했는지 여러모로 수월했다. 정말 많은 것을 배웠다."

프랑스에서 돌아온 그는 시즌 전체에 타트라에서 터득한 경험보다 알프스에서 보낸 2주일 동안 등반에 대해서 더 많은 것을 배웠다고 말했다.

1년 후 그는 돌로미테에 갔다. 폴란드등산연합회 보험회사가 주최한 등반에는 카토비체와 브로츠와프의 산악회원들이 참가했다. 비엘리츠키의 절

친한 친구 보그단 노바치크Bogdan Nowaczyk도 함께 갔다. 7월 초 그들은 치베타 입구에서 비박을 했다.

그날에 대해 비엘리츠키는 일지에 이렇게 적었다.

"인생이 평화롭게 흘러가네."

그들은 저녁이면 모닥불을 피우며 와인을 마셨고, 다음 날에는 그의 말마따나 산에 달라붙었다.

그리고 또 이렇게도 기록했다 .

"지독하게 어렵다. 매일 붕대를 감아야 한다. 돌로미테는 손이 베일 정도로 날카롭다."

위에서 돌멩이들이 떨어졌다. 그런데 그중 하나가 비엘리츠키의 헬멧을 때렸다. 그날의 사고에 대해 그는 이렇게 적었다.

"힘이 완전히 빠졌지만 기절하지는 않았다. 피가 뚝뚝 떨어졌다."

절벽을 따라 아래로 내려오는 길의 고통은 이루 말할 수 없었다. 그렇게 내려가다가는 정말 더 큰일을 겪을 것 같았다.

"빨리 정신을 차려야 했다. 머리를 휴지로 둘러 감고 나서 그 위에 헬멧을 썼다."

시간이 한참 지나고 나서야 의사가 상처 부위를 소독하고 꿰매줬다. 그리고 적어도 사흘은 등반을 하지 말라고 주의를 주었다.

돌로미테는 그 계절만 되면 날씨가 험악해진다. 거의 매일같이 비가 내리고, 바위가 미끄러워 등반이 더 힘들어진다. 하지만 폴란드인들은 여전히 시도를 했다. 날씨가 그토록 변화무쌍한데도 그들이 바위에서 내려올 생각을 하지 않자 이탈리아인들은 놀란 눈치였다. 비엘리츠키와 노바치크는 포기할 생각이 없었다.

폴란드인들이 비박을 할 때쯤 해가 났다. 비엘리츠키는 화가 났다.

"젠장. 겨우 이제야 날씨가 좋아지다니."

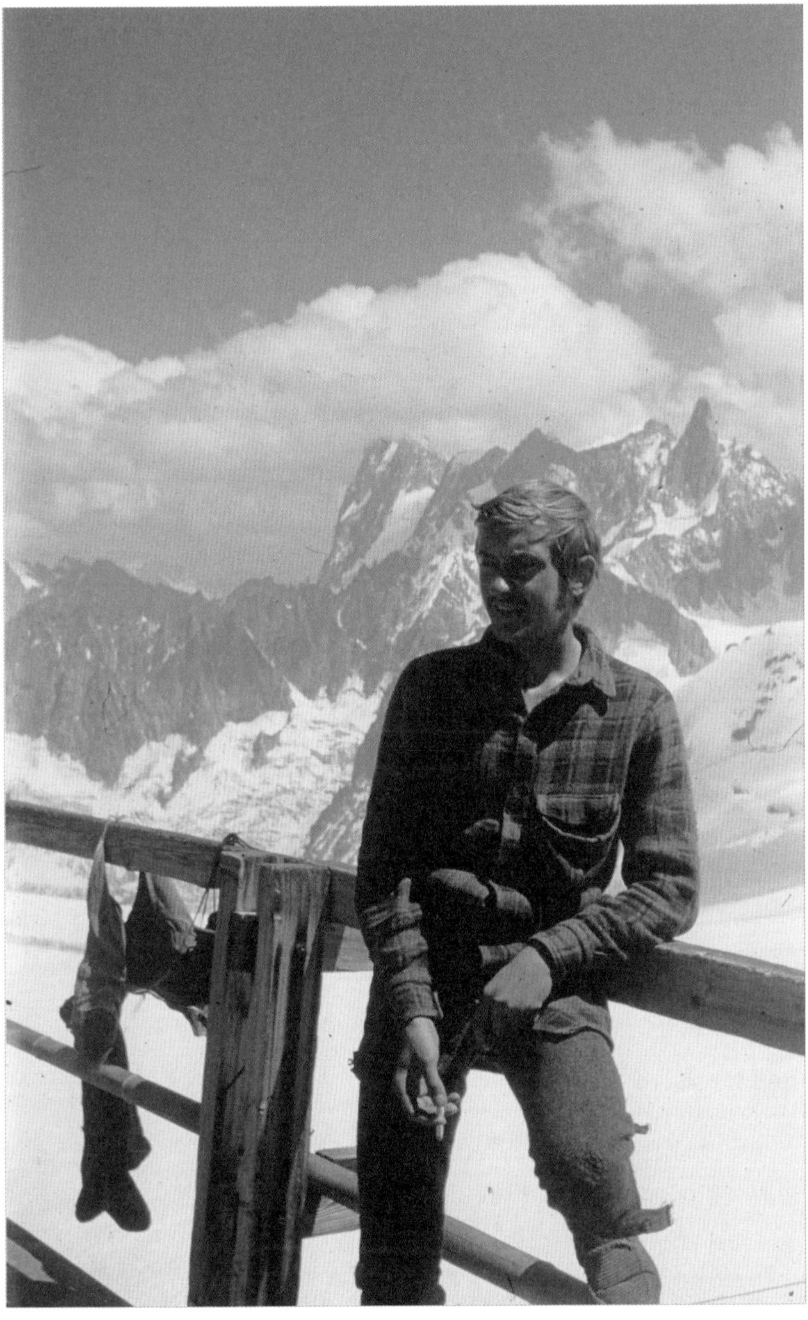

1972년 크시스토프 비엘리츠키는 난생처음 서유럽에 갔다. 그리고 프랑스 가이드들과 함께 샤모니에 있는 알프스의 봉우리들을 올랐다. 그는 프랑스의 색깔과 건축, 향기에 매료되었다.

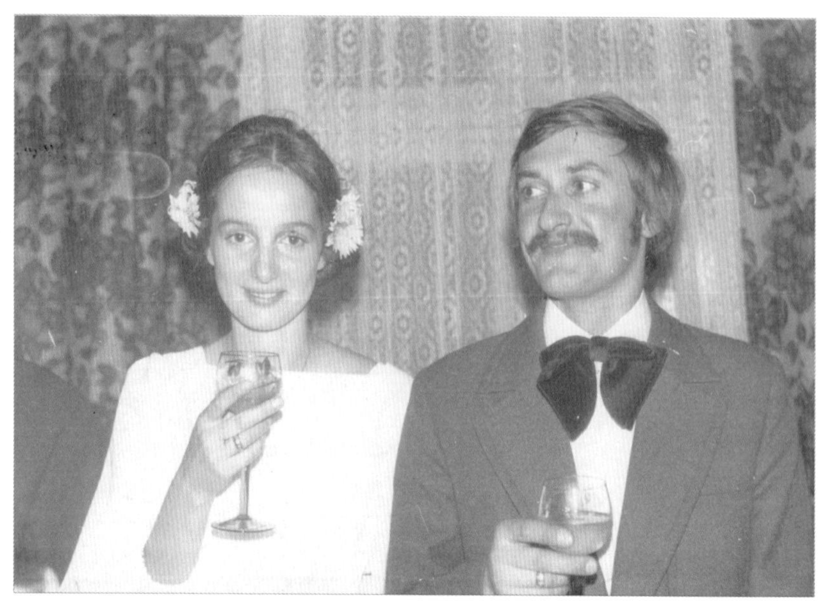

대학을 졸업한 크시스토프 비엘리츠키는 두 살 연하의 욜란타 프롱츠코프스카와 만났다. 그들은 1974년에 결혼식을 올렸다.

그때 욜란타는 무엇을 하고 있었을까?

남자 친구는 언제나 여행 중이고, 여자 친구는 줄곧 기다린다. 그런 상태의 데이트는 오래갈 수 없는데, 그래도 나름대로 잘해나가는 중이었다.

"광산전자장비 공장에선 약속을 대부분 지켰습니다. 최신 장비, 직접회로, 미제 컴퓨터로 일을 했거든요. 3시에 교대가 끝나지만, 그래도 회사에서 나가기가 싫었습니다." 비엘리츠키는 이렇게 회상했다. "나갈 이유도 별로 없었습니다. 회사에서 직원들에게 기숙사를 제공해줬거든요. 방은 친구들과 함께 썼는데, 우리 세대는 침대 위에 부모님의 결혼사진을 걸어놓는 게 유행이었습니다. 미래의 인생은 정해진 거나 다름없었습니다. 졸업을 하고, 결혼하고…."

비엘리츠키는 여자친구에게 프러포즈를 했다. 1974년 그들은 결혼식을 올렸다. 그 신혼부부는 아파트만 빼고 다 있었다.

^^^

티히 외곽에 최신식 시설을 갖춘 공장들이 속속 들어섰다. 경량자동차 FSM도 그중 하나였다. 독립적인 주조공장, 제철소, 기술부서, 도색업체 등에 모든 생산라인이 자동화되었다. 이곳에서 생산되는 피아트126은 이탈리아 기술이었지만, 굳이 이탈리아까지 가서 부품을 구해올 필요가 없었다. 이탈리아에서 기술사용권을 이전받아 현지에서 생산했기 때문이다.

회사는 전문가가 필요했다. 전기기술자들은 아파트가 공짜로 제공되었으며 몸값은 천정부지였다. 누군가는 생산을 관장하는 컴퓨터를 다뤄야 했다. FSM의 고위임원 중 하나가 비엘리츠키에게 이런 제안을 했다.

"이탈리아에 다녀와서 우리 직원들 교육을 맡아주게."

비엘리츠키는 광산전자장비 공장에 휴가를 내고 이탈리아에 다녀왔다. 그가 폴란드로 돌아오자마자 티히의 공장에서 전화가 왔다.

"언제부터 우리 직원들 교육할 거야?"

그리고 그 고위임원은 이런 미끼를 던졌다.

"그 광산전자장비 회사 그만두고, 우리 쪽으로 오는 게 어때? 장학금 의무계약도 종료되었잖아. 우리한테 오면 한 달에 3만 5천 즈워티를 줄게."

비엘리츠키가 말했다. "아파트도 주시죠." 그러자 인사부장은 동의했다.

비엘리츠키는 아내를 데리고 나우코브스카 거리에 있는 아파트로 이사했다. 그리고 자동차회사에선 자동화 및 정보화 부서의 책임자가 되었다. 그곳은 컴퓨터와 제조 장치를 관리하는 곳이었다. 컴퓨터가 옷장만 하고 하드디스크의 용량이 20기가바이트였다. 세탁기처럼 보였지만 그래도 당시로선 최첨단 기술이었다.

그 후 FSM에선 1만 명의 직원을 추가로 고용했다. 그리하여 도시에 새로운 인구가 유입되었다. 광산과 제강소, 제철소는 새로운 일손이 계속 필요

했다. 이제 티히는 거대한 베드타운이 되었고, 새로운 주거지역과 유치원, 학교 등이 속속 건설되었다. 티히 공장 내 폴란드 연합노동자당 대표 안토니 후체크Antoni Huczek는 주간 여행잡지 『크로니카 필모바』에 자신의 고장에 대해 이런 자랑을 늘어놓았다.

"단언컨대 우리 도시는 이미 대단히 현대적인 사회로 진입했습니다."

^^^

비엘스코-비아와 공장은 1973년형 신 모델 '말루히Maluchy*'를 생산해, 1975년 티히에서 첫 시승행사를 열었다. 천만 폴란드인들이 꿈꾸던 자동차는 길이는 3미터도 안 되고, 높이는 134센티미터에 불과했다. 문 두 개와 23마력의 모터에 트렁크의 부피는 600세제곱센티미터로 짐 하나를 겨우 실을 만한 공간이었다. 무게는 600킬로그램, 연비는 5리터에 100킬로미터. 피아트126은 이제 모든 사람들의 선망의 대상이 되었다.

첫 신차발표회는 바르샤바의 데필라광장에서 열렸다. 그러자 전시된 10여 대의 자동차를 보겠다며 수천 명의 사람들이 몰려들었다. 경찰은 혹시 누가 몰래 올라타는 사람은 없는지 감시하느라 바빴다.

인파 위로는 이런 현수막이 걸려 있었다.

"폴란드 생산 자동차 피아트126. 코발스키들을 위한 자동차**"

차량가격은 6만 9천 즈워티였다. 평균연금의 20배였지만 회사는 이 문제를 해결할 아이디어가 있었다. 정부에서 할부로 구매를 할 수 있도록 허락을 해준 것이다. 사람들은 그 꼬맹이 자동차에 매달 할부금을 내는 것을 마다하지 않았다. 경품행사도 열어 자동차를 무료로 받을 행운의 주인공들을 매달

---

* '꼬맹이'라는 뜻

** 코발스키Kowalski는 폴란드에서 가장 많이 분포된 성씨로 분류된다. 이 말은 많은 대중들이 살 수 있는 자동차를 의미한다.

뽑았다. 일부 상품은 배급증으로 공급되기도 했다. 폴란드 연합노동자당의 서기관들은 이 회사의 근로자들을 가장 선망받는 일꾼이며 훌륭한 장인정신과 문화적 자질을 갖춘 사람들로 추앙했다. 국가가 돈을 지불한 배급증이 회사로 전달되었고, 자동차를 상으로 받았다. 색깔이 어떻든 내부 장식이 최신이든 구식이든 전혀 상관이 없었다. 컨베이어벨트에서 생산되는 꼬맹이 자동차는 대중의 주요 교통수단이 되었다. 티히 자동차공장에서 생산된 자동차를 가지고 자동차시장으로 바로 가는 이들도 생겼다. 그곳에 가면 작은 피아트 한 대가 공시가격보다 몇 배는 더 나갔다. 이제 이 꼬맹이 자동차는 안 다니는 곳이 없었다.

^^^

비엘리츠키는 처음 두 달 동안 산에 대한 이야기는 뻥끗도 하지 않았을 정도로 자신이 하는 일에 상당히 만족했다. 하지만 그는 부활절 연휴에 친구들과 함께 피엔치유 스타부브 스피스키흐 계곡에 가서 꽤 어려운 루트 두 개를 등반했다. 춥고 지치고 힘이 들었지만 그는 행복하다는 느낌을 받았다. 비엘리츠키는 티히로 돌아가고 싶지 않았다.

"아이, 대출, 가구로 장식된 벽, 빛이 나는 의자, 안락의자, 작은 피아트 자동차, 해변에서의 휴가 같은, 우리 회사의 여느 직원들이 누리는 평범한 삶이 나를 기다리고 있었습니다. 하지만 그건 내가 원하는 게 아니었습니다." 비엘리츠키는 말했다.

그는 1974년과 1975년 여름을 카프카스의 "작은 히말라야"라고 불리는 베징 빙하지역에서 보냈다. 그곳은 끔찍한 날씨에 등반 거리가 꽤 되는 곳이었다. 산은 5천 미터 정도로 그리 높지 않았지만 얼음으로 덮여 있었다. 비엘리츠키는 어려운 루트를 더 좋아했다.

러시아인들은 폴란드인들의 실력을 믿지 않았다. 그들은 크룸코와

크시스토프 비엘리츠키(맨 오른쪽)는 1974년과 1975년 여름을 카프카스에서 보냈다. 그는 안제이 파블리크, 안제이 미에제예프스키와 함께 디흐타우(5,205m)에 올랐다.

Krumkoła(4,676m) 지역의 사진과 그림을 보여주며, 그곳이 훨씬 더 어렵다고 겁을 주었다. 여기서 셋, 저기서 열하나, 또 저기서 다섯이 죽었다는 것이다. 그리고 산악 민족인 스위스인들도 견디지 못해 시신을 산에서 끌어내려야 했고, 불가리아와 체코 등반대원들도 추락했다고 말했다.

폴란드인은 가장 어려우면서도 아직 사람의 발길이 닿지 않은 곳이 어디냐고 물었다.

"이제 그런 곳은 더 이상 없어." 러시아인들이 으스대며 말했다.

"그래도 더 있을 것 같은데…."

"있다 해도 그건 우리의 비밀이야. 러시아 체육협회에만 알려져 있는 곳이지."

비엘리츠키는 안제이 파블리크Andrzej Pawlik, 안제이 미에제예프스키Andrzej Mierzejewski와 함께 카프카스에서 두 번째로 높은 디흐타우(5,205m)에서 시작해 어려운 루트 중 하나인 북서벽을 통해 올라갈 계획을 세웠다. 등반 거리만 거의 2킬로미터였다. 날씨는 끔찍했다. 올라가는 데 사흘, 내려오는 데 이틀이 걸릴 터였다.

러시아인들은 비밀을 지키려고 안달이었다. 그리고 폴란드 등반가들의 손에 지도를 넘겨주려 하지 않았다. 그날 그들은 이런 조언만 해줬다.

"빙하 절벽을 따라가. 그다음에는 콜을 하나 넘어 빙하를 건너. 그럼 다시 콜이 나와. 그게 더 높지. 거기서 콜을 하나 더 넘어서 12킬로를 아래로 내려가면 베이스캠프야."

폴란드인들은 길을 잃었다. 콜로 올라섰지만, 거기서 내려갈 곳이 없어, 다른 길을 찾아 능선을 따라 내려왔다. 그들은 같은 길을 오르락내리락 헤맸다. 그러다 베이스캠프로 가는 길을 찾았다.

비엘리츠키는 그 산에 매료되었다.

"카프카스가 바로 그런 곳이더군요. 알프스의 벽은 알록달록하게 그려진 그림으로 비유되지만, 이곳은 발걸음마다 놀라움이 가득했습니다. 여러 극한의 경험을 한 후에 느낄 수 있는 기분 좋은 몸살기 같다고나 할까요. 어떤 일이든 처음 하는 게 제일 두렵죠. 그다음부터는 더 심한 극한상황도 극복할 수 있습니다."

폴란드 등반대원들의 실력에 놀란 러시아인들은 그들을 초대해 와인과 맥주와 보드카를 대접했다. 술잔이 끊임없이 이어졌다. 무사 등반을 축하하는 의식이었다. 비엘리츠키는 제대로 설 수도 없을 만큼 술에 취했다. 러시아인들도 그런 것 같았다. 폴란드 국기를 거꾸로 걸 정도로….

^^^

폴란드에선 카라코람에서 벌어진 일을 이미 다 알고 있었다. 보그단 노바치크, 마레크 켕시츠키Marek Kęsicki, 안제이 시코르스키Andrzej Sikorski가 브로드

보그단 노바치크(왼쪽)는 크시스토프 비엘리츠키의 가장 친한 친구였다. 비엘리츠키는 그가 브로드피크의 전위봉에서 하산 중 사망한 사실을 카프카스에서 돌아온 후에 알게 되었다.

피크 전위봉에서 하산하던 중 사망한 것이다.

욜란타는 충격에 빠졌다. 비엘리츠키에게 보그단은 '영원한 파트너'였을 뿐 아니라, 온 가족의 친구였다. 등반을 함께하고, 그 생각을 나누고, 그 계획을 함께 실행했다.

"편지가 와 있었어요." 욜란타가 말했다. "보그단이 죽고 난 후 며칠 뒤 편지함에서 발견했는데, 카라코람에서 보낸 것이었습니다. 공격조에 선발되어 아주 행복하다고, 모든 것이 완벽하고 여행은 환상적이라고, 크시스토프와 다음 원정을 준비하고 있지만, 어디로 가야 할지 아직은 모르겠다고도 했어요. 베이스캠프를 출발하기 전 마지막으로 보내는 편지라고 적혀 있었습니다. 그는 다른 이들을 모두 사랑으로 대하는 사람이었어요."

그의 죽음은 욜란타의 마음을 뒤흔들었다.

"어린 자식을 놔두고 젊어서 세상을 하직하는 이들이 항상 안쓰러웠어요. 그래서 보그단의 죽음이 더 큰 충격으로 다가왔나 봐요. 보그단은 우리와 정말 가까운 사람이었어요. 그때서야 산에선 누구나 죽음에 직면할 수 있다는 사실을 깨달았어요. 죽는 것이 정말 순식간이다 싶더라고요."

비엘리츠키로부터는 연락이 없었다. 대체 그는 어떻게 된 것일까? 임신 6개월인 욜란타의 걱정은 커져만 갔다. 하지만 남편으로부터는 아무런 연락이 없었다.

비엘리츠키는 카프카스 등반을 마치고 바르샤바에 도착해서야 친구의 죽음을 알게 되었다. 그는 일지에 이렇게 기록했다.

"그 소식을 들은 나는 움직일 수가 없었다. 아, 보그단! 5년을 함께 살다시피 했는데. 우리가 함께 걸은 길과 함께 지낸 밤이 얼마나 많은데. 기쁘고 슬픈 순간을 얼마나 많이 함께했는데. 왜 여기서 모든 것이 끝나야 한단 말인가. 히말라야 첫 원정에서 어떻게 그런 일이 일어날 수 있단 말인가. 더 오래 살아야 하는 권리를 누가 앗아간 것인가. 부인 조시아와 6개월 된 핏덩이 크시스는 어쩌란 말인가. 우리가 세운 계획은? 기쁠 때나 슬플 때나 언제나 나의 친구였는데. 아아, 자연의 아름다움을 본다고 혹독한 대가를 치렀네."

그날 기차를 타고 슐롱스크로 향한 그는 저녁에 티히에 도착했다. 슬픔에 빠진 욜란타가 그를 껴안았다.

"그날 밤은 아내에게 가장 힘든 날이었을 것이다. 내 탓도 있다. 이런 모든 것들을 너무 늦게 이해하게 되었다." 비엘리츠키는 일지에 이렇게 기록했다.

"마치 죄인처럼 느껴졌습니다." 비엘리츠키는 말했다. "아내가 받을 심적 고통을 조금이라도 줄여주고 싶었습니다."

1975년에 아버지가 된 그는 두문불출했다. 아침에 출근한 후 오후에 집에 돌아와 아들 마르친과 놀아줬다. 그는, 이제 다시는 등반에 나설 필요가 없다고, 이제는 산의 유혹을 거부할 수 있다고, 산은 더 이상 자신을 부르지 않는다고 자기최면을 걸었다. 그리고 이제 등반 가능자 명단에서 자신을 빼달라는 편지를 산악회에 보냈다. 파미르에 함께 가자는 친구들의 유혹도 뿌리쳤다.

대신, 가끔 짧은 일정으로 차르티 시칫, 카잘니아, 비엘리츠키 바슈타 등과 같은 타트라산맥에 다녀오는 것이 전부였다. 그리고 그때부터 일지의 내용이 바뀌기 시작했다.

1976년 7월 10일 토요일. 비가 퍼붓는다. 아이들과 함께 놀아준다.

1976년 7월 11일 일요일. 비가 퍼붓는다. 아이들과 함께 놀아준다.

1976년 7월 15일 목요일. 이제 내 시간이 돌아왔다. 집에 간다.

하지만 그런 시간이 오래가지 못하리라는 사실을 그는 어느 누구보다도 잘 알고 있었다.

^^^

마음이 심란했지만 이제는 더 이상 거절할 수가 없었다. 더 이상…. 1977년, 아버지가 된 이후 처음으로 그는 이국적인 곳으로 여행을 떠났다. 힌두쿠시는 폴란드 산악인들에게 인기 있는 산이었다. 그해만 해도 22개 원정대가 힌두쿠시로 향했다. 모스크바나 타지키스탄의 두샨베를 경유하면 아프가니스탄에는 어렵지 않게 도달할 수 있었다.

그곳은 국경에서 처음 마주치는 아무다리강부터 이국적인 장면을 연출한다. 아프가니스탄의 국경수비대원들은 여행허가증, 여권, 세관신고서 등은 아예 보려고도 하지 않는다. 그들은 손을 내저으며 다시 러시아 쪽으로 내몰려고 한다. 그곳은 그들이 지배하는 세상이므로, 누가 국경을 넘을 수 있는지 없는지는 그들이 결정한다.

그들은 분명 폴란드인들을 달가워하지 않는 것 같았다. 별다른 방법이 없었다. 그냥 뇌물을 주는 수밖에.

비엘리츠키는 아프가니스탄에 매료되었다. 그가 받은 첫인상은 이랬다.

"음악 그리고 평화. 풀 한 포기 자라지 않는 민둥산 근처에선 아무것도 찾아볼 수 없다. 집들은 진흙과 모래로만 지어졌다."

1976년 티히에서의 크시스토프 비엘리츠키와 아들 마르친

그는 그곳에서 새로운 향기와 맛과 의상과 언어뿐 아니라 새로운 시간관념도 체득했다.

"거리에서 차를 기다립니다. 아무리 급해도 그 사람들은 눈 하나 깜짝 안 합니다. 아프가니스탄 사람들은 급하다는 게 뭔지 전혀 이해하지 못합니다. 그래서 그 사람들이 오늘 갈지, 내일 갈지, 아니면 그다음 주에 갈지 아무것도 알 수가 없습니다." 비엘리츠키는 말했다.

카불에선 싸구려 호텔에서만 묵었다. 호텔 주인은 러시아어로 자기 이름이 유레크라고 했는데, 직원 하나가 오더니 주인 이름을 리셰크로 부르라고 했다. 마당에 나가니 물담배 냄새가 자욱했다. 리셰크는 파이프를 피우지 않았다. 아마도 텃밭에 인도산 대마를 재배하는 것 같았다.

알레크 르보프는 일지에 다음과 같이 적었다.

"보드카를 마시면 입냄새가 많이 난다는 단점이 있다. 파이프로 대마를

조금 흡입하면 세상이 형형색색으로 변한다."

비엘리츠키도 시도해봤다.

"대마가 정말 쌌어요. 싸다고 듣긴 했는데 그 정도일 줄은…. 그래도 금방 정신을 되찾았습니다."

일지에는 자신이 경험한 일을 더 자세히 기록했다.

"속은 아무런 문제가 없다. 갑자기 웃음이 나고, 기억이 사라지고, 집중하기가 어렵고, 사물들이 어지럽게 움직이고, 눈앞에 보이는 것들이 땅으로 푹 가라앉고, 세상이 희미해진다."

원정대 규모가 아담하다는 것 또한 더할 나위 없는 조건이었다. 대원 여섯과 의사 하나. 모두 등반에 목말랐던 터라 다툼 같은 것이 있을 수 없었다. 당장이라도 등반에 돌입할 수 있을 것 같았다. 모두에게 동기부여가 충만했다. 하나가 모두를 위하여, 모두는 하나를 위하여. 국가를 대표해 나가는 원정에서 돈 걱정은 별로 하지 않아도 되었다. 그것은 대장이 할 일이었다. 그런데 이번같이 규모가 작은 원정대의 경우는 아무리 적은 돈이라도 얕잡아보면 안 되었다. 시장 사정도 굉장히 안 좋았지만, 하루가 다르게 물가가 치솟았다.

"벙커 같은 방 하나를 빌리는 데 리셰크에게 30아프간을 주었다."

"카나바드로 가는 버스표는 1인당 150아프간을 지불했다. (버스가 일정보다 일찍 출발해버려 그만 놓치고 말았다. 그래서 1,200아프간을 내고 도요타를 빌려야 했다.)"

"당장이라도 부서질 것 같은 소련제 볼가Volga를 타고 가는 데 200아프간을 지불했다. (장정 여섯 명, 장비가 가득 든 배낭 여섯 개, 텐트 두 개, 그리고 작은 배낭 몇 개를 더 실어야 했다.)"

"숙박비로 다시 30아프간."

"파이자바드로 가는 버스표를 사는 데 110아프간."

"여권을 검사하는 경찰에게 돈을 건넸다. 1인당 40아프간씩."

"파이자바드 호텔 방 하나당 100아프간. 샤워실은 별도."

"코-에-샤크와르 베이스캠프로 이동하는 데 필요한 트럭 렌트 비용 5,000아프간."

다행히도, 카불에서 밀수품을 모두 20,000아프간에 팔 수 있었다. 그중에는 병당 500아프간을 받고 스카치위스키를 판 돈도 포함되어 있었다.

^^^

이전 방식으로는, 즉 조를 편성해 베이스캠프에서부터 차근차근 전진해나가는 방식으로는 더 이상 등반할 수 없었다. 그러기에는 인원이 너무 적었다. 그리하여, 언제부터인가 보이테크 쿠르티카Wojtek Kurtyka가 제안한 방식을 시도해볼 수 있는 기회가 되었다. 고산을 알파인 방식으로 오르는 것이다. 한 조에 3명을 넘기면 안 되고, 배낭을 최대한 가볍게 하고, 재빨리 오른 다음, 그보다 더 빨리 내려오는 것이다.

코-에-샤크와르(7,084m)는 5일이면 충분했다. 친구들은 비엘리츠키의 날렵함에 놀랐다. 그는 알렉 로보프보다 30분, 예지 피에트키에비치보다는 1시간 먼저 정상에 도착했다. 친구들은 흥분에 사로잡힌 비엘리츠키와 같은 걸음걸이로 가는 것은 불가능하다고 말했다. 그는 숨이 헐떡거릴 때까지 뛰듯이 걷다가, 잠시 쉬고 나선 또다시 내달렸다.

"친구들과 함께 천천히 보폭을 맞춰 가보려고 했는데, 그게 잘 안 됐습니다. 그럼 더 힘들었거든요. 내 몸이 더 빨리 가길 원하는데, 그 욕구를 어떻게 누를 수 있나요?" 비엘리츠키는 말했다.

^^^

아시아에 온 비엘리츠키는 아들을 그리워했다. 무슨 생각을 하고 있을까? 아빠를 기억은 하고 있을까? 일정보다 집에 빨리 도착할 수 있게 된 것이 그나마 다행이었다. 그의 일지에는 이렇게 쓰여 있었다.

1997년 힌두쿠시의 코-에-샤크와르 등반 중 예지 피에트키에비치(왼쪽)와 크시스토프 비엘리츠키

"날개를 달고 우리 '꼬맹이'에게 간다. 모스크바 시간으로 새벽 4시에 타슈켄트에서 모스크바로 가는 비행기를 탄다. 3시간 45분이 걸린다. 그리고 택시를 타고 도모데도보공항으로 향한다. 거기서 오후 1시에 바르샤바로 가는 비행기를 타고 도착해, 5시에 특급열차 '구르니크Górnik'*를 타고 집으로 향한다. 집에 도착하는 시간은 오후 10시 15분. 이제, 자고 있을지도 모르는 마르친과 만나는 시간이다. 그러면 다음 날은 가족과 함께 시간을 보낼 수 있다."

욜란타는 자신이 아무리 뜯어말려도 남편은 아랑곳하지 않는다는 사실을 잘 알고 있었다. 타트라로 가는 빈도가 잦아졌다. 이제 주말은 으레 타트라에서 보냈다. 1978년 그는 다시 파미르에 갔다. 그리고 발렌티 피우트, 크시스토프 판키에비치, 안제이 초크Andrzej Czok와 함께 피크 코르제네브스카야Peak Korzhenevskaya에 올랐다. 피크 코뮤니즘에선 기록적인 속도로 정상에 올랐다. 그 봉우리를 이틀 만에 올랐다는 것을 러시아인들은 전혀 믿지 않았다. 다른 팀들은 텐트를 쳐가며 등반을 하는 데도 몇 주 동안 기를 써야 했다. 폴란드인들은 가벼운 배낭 두 개만 들고, 하산까지 포함해 3일 만에 7,000미터에 도달했다. 해발 7,495미터인 코뮤니즘봉은 비엘리츠키가 가장 높이 오른 기록이었다.

그는 일지에 이렇게 기록했다.

"소련의 최고봉에서 보는 풍경은 정말 아름답다. 여기에 작은 모형의 스탈린 인형을 남겨둔다."

여기저기서 크시스토프 비엘리츠키를 초청하고 싶어 안달이었다. 초청장이 몰려들었다. 옐레니아 구라Jelenia Góra 산악회는 1979년 4월에 안나푸르나 남봉(7,219m)에 함께 가자는 제안서를 내놓았다. 물론 거절할 수가 없었다. 회사 사장은 6월 9일까지 무급휴가를 달라는 신청서에 서명을 해줬다. 첫

---

* '산사람'이라는 뜻

정찰에서 비엘리츠키, 마리안 피에쿠토프스키, 유제프 코냐크Józef Koniak는 능선을 따라 안나푸르나 남봉과 히운출리를 잇는 콜에 진입했다. 하산을 할 무렵에는 비엘리츠키가 위에서 다른 대원들을 확보해주기로 했다. 피에쿠토프스키가 맨 먼저 내려갔다. 그는 80미터마다 한 번씩 피치를 끊었다. 그다음은 코냐크 차례였다. 평탄한 곳에서 시작했으나 경사가 가팔라졌다. 위에선 로프를 타고 내려간 사람들이 보이지 않았다. 그때 갑자기 코냐크가 밑에서 기다리고 있던 피에쿠토프스키 위로 떨어졌다. 로프가 피에쿠토프스키 발에 걸렸다. 그러자 그는 순식간에 10여 미터 아래로 나가떨어졌다. 정신을 잃은 피에쿠토프스키가 거꾸로 매달렸다. 잠시 후 정신을 다시 차린 그는 배낭을 벗고 발에 꼬인 로프를 풀었다. 그러고 나서 단단히 고정된 로프를 타고 반 정도를 올라갔다. 20센티미터 위 가슴 높이에 코냐크가 로프에 매달려 있었다. 하지만 그는 전혀 움직이지 않았다.

맨 위에 있던 비엘리츠키는, 로프에 하중이 너무 많이 실린다고 느꼈을 뿐, 상황을 파악하지 못했다. 그는 벽에 기대어 동료들을 불렀다. 하지만 아무런 대답이 없었다. 시간이 속절없이 흘러갔다. 이상한 낌새를 느낀 그는 아래로 내려갔다.

피에쿠토프스키는 바위 턱에 앉아 있었고, 유제프 코냐크는 죽어 있었다.

비엘리츠키가 동료의 시신을 살펴봤다. 헬멧이 없어 머리가 깨져 있었다. 귀에선 피가 흘렀고, 장기도 손상된 것 같았다. 로프가 꼬이면서 갈비뼈를 조여 숨을 쉬지 못했을 수도 있었다. 시신을 내리는 것은 불가능했다. 그는 피톤으로 코냐크의 몸을 절벽에 고정했다.

내려가는 길에서도 드라마가 펼쳐졌다. 베이스캠프까지 내려오는 데만 3일이 걸린 것이다. 비엘리츠키의 배낭에는 먹을 것이 많지 않았다. 그러다 보니 금방 힘이 빠졌다. 그는 발을 헛디뎌 20여 미터 아래로 추락했다. 하지만 다행스럽게도, 부드럽게 쌓여 있는 눈더미에 머리부터 떨어졌다. 그런데 그나마 가지고 있던 식량과 장비, 침낭이 사라져버렸다.

그들은 일본 팀이 쳐놓은 텐트를 겨우 발견했다. 일본인들은 비엘리츠키에게 핫초코를 주면서 조금만 더 내려가면 자신들의 베이스캠프가 있다고 알려줬다. 그리고 그곳에서 만난 셰르파들은 그에게 먹을 것을 주었다.

비엘리츠키는 이렇게 기록했다.

"심한 눈보라를 무릅쓰고 우리는 2시간 만에 안나푸르나 베이스캠프에 도착했다. 텐트가 서너 동 있었고, 셰르파 몇몇과 주방장이 따뜻한 수프를 마시고 있었다. 우리가 기다리는 동안 그들은 수프를 더 떠 담으려 했지만 더 이상 없다. 그들은 친구들과 나눠먹을 것이 없다며 안쓰러운 표정을 지었다. 실망감이 역력했다. 셰르파들은 우리가 어떤 상황인지 너무나 잘 알고 있었다. 위로도 올라왔었고, 일본 팀의 텐트에도 왔었다. 주방장이 끝내 우리에게 준 것은… 아이스크림이었다. 나는 더 이상 참지 못하고, 시계와 신발 등 줄 수 있는 것은 다 주었다. 그러자 그제야 말라비틀어진 빵 한 조각이 나왔다."

그들은 베이스캠프에 도착해 코냐크의 사고 소식을 알렸다.

안나푸르나 남봉을 오르기 위해 이토록 고생했는데 여기서 일정을 끝내야만 하나? 예지 피에트키에비치가 투표를 하자고 제안했다. 결과는? 비엘리츠키와 피에쿠토프스키가 가장 많은 표를 받았다. 그들은 등반을 계속하기로 했다.

동료의 죽음은 안타깝기 그지없었다. 그렇다고 변한 것은 아무것도 없었다. 그들이 할 일은 그를 기억하며 그 산을 계속 오르는 것이었다.

^^^

폴란드인들의 목표는 안나푸르나 남봉 서벽이었다. 안전책임자와 동급이라고 해서 야쿠베크라는 귀여운 별명을 가진 통신담당은 비엘리츠키와 피에쿠토프스키가 베이스캠프를 떠나는 것을 원치 않았다. 코냐크도 목숨을 잃은 판

인도와 네팔 국경선에 선 폴란드 등반대원. 왼쪽부터 유제프 코냐크, 마리안 피에쿠토프스키 그리고 크시스토프 비엘리츠키

국에 상부에서 내려오는 지시를 기다려야 하지 않느냐는 것이었다. 대원들은 가야 한다고 말했지만 통신담당 역시 뜻을 굽히지 않았다. 그런데 의사가 그의 고집을 꺾었다. 의사에게 언제나 존경심을 품고 있던 통신담당은 두 대원이 베이스캠프를 떠나는 데는 동의했지만, 그래도 관광성에서 어떤 연락이 오면 언제라도 다시 돌아올 각오를 하라고 당부했다. 말을 잘 듣겠다고 약속하는 수밖에 별 도리가 없었다.

"물론이고말고요. 약속합니다. 꼭 그러겠습니다!"

비엘리츠키와 피에쿠토프스키, 카지미에지 시미에시코Kazimierz Śmieszko, 그리고 겨우 열여덟밖에 안 돼 '애송이'라고 불리는 즈비그네프 치제프스키Zbigniew Czyżewski, 이렇게 넷이 올라가기 시작했다. 하지만 등반을 시작하자마자 마리안 피에쿠토프스키가 복통이 점점 더 심해져 힘들다고 호소했다. 장내 기생충으로 맹장에 염증이 생긴 것이다. 그는 무조건 돌아서야 했다.

말할 것도 없이 힘들고 가파르고 위험한 데다 날씨마저 험악했다. 나이가 많고 경험이 풍부한 비엘리츠키가 눈보라와 강풍 속에서 진두지휘를 했다. 그리고 7,000미터에서 마지막 비박에 들어갔다. 하지만 앞으로의 등반 계획보다 더 위급한 일이 생겼다. 상태가 계속 나빠지는 치제프스키를 어떻게 해야 하지? 그는 자꾸만 정신줄을 놓았다. 물어도 대답이 없었다. 정신이 완전히 나간 것일까? 그는 먹는 족족 토했다.

"그때 처음으로 고산증을 직접 목격했습니다." 비엘리츠키가 말했다.

어떻게 하지?

정상이 멀지 않은데 이 친구를 놔두고 우리만 다녀와야 하나? 아니면 정상을 포기하고 그를 구해야 하나?

정상 등정과 동료의 구조 사이에서 결정을 내리지 못했다. 정상이 바로 눈앞에 보이고 지대도 완만했다.

"그 친구가 떨어지지 않게 그곳에 묶어놓고, 먹을 것과 침낭을 옆에 놔둔 다음, 올라가기로 했습니다. 정상에 빨리 갔다 와서 그를 도와주면 되니까요." 비엘리츠키가 당시를 회상하며 말했다.

그는 일지에 이렇게 적었다.

"우리는 행동을 개시했다. 다리에 감각이 없었다. 가죽으로 된 부츠가 도리어 얼음을 가두는 덫이 되어버렸다. 땀이 얼어붙고, 제대로 움직이지 못하는 다리는 체온이 모두 밖으로 빠져나갔다. 등반을 마치면 원래대로 다시 돌아갈 것이라고 믿는 수밖에 도리가 없었다. 로프와 카메라, 깃발만 챙겼다. 2시간 안에 정상에 오를 것 같았다. 서벽을 통한 알파인 스타일 등반의 첫 번째 구간이 우리 뒤에 있었다. … 풍경에 정신을 팔 여유가 없었다. 애송이가 걱정되어 시간을 재촉했다."

그는 살아 있었지만 여전히 정신이 혼미한 채 기력이 없었다. 최소 몇백 미터라도 아래로 데리고 내려가야 하는데…. 그러면 기압도 오르고 산소도 많아져서 상태가 훨씬 좋아질 터였다. 그리고 더 아래에 내려가면 동료들의 도

움을 받아 산소통도 받아올 수 있었다.

그들은 치제프스키를 침낭 안에 넣고 로프로 묶었다. 그리고 대원 하나가 아래로 내려가 자리를 만들었다. 그러면 또 다른 대원이 환자를 조심스럽게 아래로 끌고 갔다. 아래로 내려가는 데는 7시간이나 걸렸다.

1미터를 내려갈 때마다 환자의 상태가 나아졌다. 아무런 문제가 없을 것 같았다. 단지 다리에 동상을 조금 입고, 꼴이 말이 아닐 뿐이었다. 비엘리츠키와 시미에시코는 남아 있는 힘을 모두 소진했다.

그러는 동안 그들이 '피에트카'라고 부르는 예지 피에트키에비치와 율리안 리즈나르Julian Ryznar가 북서쪽에서 정상으로 향했다. 따뜻하게 입지도 못하고 장비도 제대로 갖추지 못한 채….

그들이 등반루트에 들어서자 야쿠베크가 허가기간이 끝나가니 곧장 텐트를 철수하라고 요구했다. 그럼 '피에트카'와 리즈나르는 어떻게 하지?

비엘리츠키는 동상에 걸린 손가락을 쳐다봤다. 말라비틀어진 막대기처럼 끔찍해 보였다. 검푸르게 변한 손가락은 감각이 없었다. 베이스캠프에선 피에트키에비치와 리즈나르의 생존 가능성에 대해 이야기하고 있었다. 바보 같은 것들은 천벌을 내리기도 힘드니 하나님께서 보호해주실 것이라며 농담들을 하고 있었다. 저 인간들이 정신이 제대로 박히도록 기도해야 하지 않을까? 베이스캠프 철수는 어떻게 하지?

등반대장은 포터를 불렀다. 그런데 현재 남아 있는 돈으로는 겨우 이틀치 임금밖에 줄 수가 없었다. 나머지 돈은 '피에트카'가 가지고 있었다. 그럼 그 사람들을 어떻게 해야 하나?

포터를 써야 했다. 대원들이 피에트키에비치의 소지품들을 하나둘 살폈다. 돈이 없었다. 돈을 가지고 올라간 것일까?

비엘리츠키는 포터들과 함께 가장 가까운 마을로 향했다. '피에트카'와 리즈나르가 그곳에 있을지도 몰라서. 하지만 애석하게도 그 둘을 본 사람은 아

안나푸르나 남봉 원정 중 크시스토프 비엘리츠키가 동상에 걸린 발가락을 녹이고 있다. 그는 베이스캠프에 돌아와서야 기초적인 치료를 받을 수 있었다.

무도 없었다.

"피에트카의 행방이 갈수록 더 암울해져갔다."

그들은 포카라에서 홍정을 했다. 텐트와 로프, 침낭, 매트리스 등 필요 없는 것들은 전부 내다 팔았다.

"손가락이 아파 호수에서 수영을 할 수도 없었다. 손톱이 빠져나오고 괴사 증상도 보였다. 오후가 되어 장비 몇 개를 인도인들에게 맡겼다. 피에트카는 여전히 감감무소식이었다."

구조대가 포카라에 도착했지만 피에트키에비치와 리즈나르는 이번에도 보이지 않았다. 일본인들은 북서벽의 중간쯤에서 그들을 본 것 같은데, 바로 안개 속으로 모습을 감추었다고 말했다. 더 이상 그들을 본 사람들은 없었다.

"대체 왜 간 거지? 누가 가라고 지시한 거야. 아, 피에트카, 제발 무사하길…."

비엘리츠키는 이렇게 기원할 수밖에 없었다.

여전히 소식은 들려오지 않았다. 그들을 찾기는 이제 틀린 것 같았다.

폴란드에선 난리가 났다. 기자들의 질문공세가 이어졌다. "정상에 오르자고 중태에 빠진 동료를 버리는 게 제정신입니까?" "안나푸르나 남봉 등정이 세 명의 목숨과 맞바꿀 만큼 귀중한 겁니까?" "책임은 누가 집니까?"

비엘리츠키는 이번 사태에 대해 할 말이 별로 없었다. 손가락끝 맨살에 뚫린 구멍은 아물 기미가 보이지 않았다. 그는 손가락 피부 이식수술을 받기 위해 자브제에 있는 병원으로 이송되었다. 의사는 허벅지에서 피부를 떼어다 이식한 후 이상증상이 없는지 확인했다. 이것은 시간도 오래 걸리고 똑같은 치료를 계속 반복해야 하는 일이었다. "비엘리츠키 피부"라고 적힌 유리병을 계속 보는 것이 힘들었다. 하지만 참아야 했다. 그래야 산에 계속 갈 수 있으니까.

^^^

폴란드 전역이 시위로 몸살을 앓았다. 1980년 여름 대형 공장들은 거의 모두 시위에 들어갔고, 티히에 있는 FSM 역시 이에 동참할 준비를 하고 있었다. 시위대장은 비엘리츠키의 친구이자 후배로, 자동화 및 정보화 부서에서 근무하는 젊은 엔지니어 레셰크 발리셰프스키Leszek Waliszewski였다.

티히에 있는 테아트르 마위에서 발리셰프스키는 FSM 내 자유노조연맹 조직을 위한 회의를 소집했다. 그러자 그곳은 조직에 참여하고자 하는 이들로 장사진을 이뤘다. 안전부에선 아래와 같이 기록했다.

"FSM에는 대략 9,000명의 직원이 근무하고 있음. 그중 7,100명이 자유노조에 가입했음." 그중에는 비엘리츠키도 있었다.

발리셰프스키는 승승장구했고, 곧 슐롱스코-동브롭스키 지역 자유노조위원장으로 선임되었다. 그러자 보안부가 작전을 펴기 시작했다. 그들은 발리셰프스키를 감시하며 이런 보고서를 작성했다.

"저 꼭두각시는 정부의 결정을 비판자들에게 몰래 알렸다. 정치조직, 특히 폴란드 연합노동자당에 대해 삐딱한 시선을 갖고 있다. 사회주의 국가연맹, 그리고 무엇보다 소련에 대해 서슴없이 비판한다. 그는 소련이 우리의 경제를 농락하고 있다고 주장한다. … 그는 자유노조가 노동자를 실질적으로 대표하는 기관이며, 따라서 정치적·경제적 영향력을 지닐 수 있도록 활동해야 한다고 역설한다. 그리고 정치적 활동을 했다는 이유로 수감된 이들의 석방운동을 지지한다. 더불어 폴란드독립연합 활동가들과의 사적·공적 연락을 이어가고 있다."

1981년 9월 그단스크의 할라 올리비아에서 열린 제1차 자유노조 집회에는 전국 각지의 노조 대표들이 수천 명 참가했다. 그중에는 산악인들도 꽤 있었다. 폴란드등산연합회장 안제이 파츠코프스키Andrzej Paczkowski는 출판 관련 업무를 담당했다. 야누시 오니에슈키에비치는 언론과 연락을 취하며, 사실상 자유노조의 대변인 역할을 했다. 이 외에도 얀 도브기아워Jan Dowgiałło, 마레크 야나스Marek Janas, 헨리크 부예츠Henryk Bujec, 안제이 그비아즈다Andrzej Gwiazda, 카롤 모젤레프스키Karol Modzelewski, 예지 밀레프스키Jerzy Milewski 등의 산악인들도 참가했다.

"사람들은 등반을 단순한 익스트림 스포츠로만이 아니라, 폴란드인들의 민족적 가치를 응축해 보여주는 것으로 여겼습니다. 자유에 대한 사랑, 견고함, 인내, 용감함, 그리고 불가능한 것들을 실현할 수 있는 환상이 그 안에 녹아 있습니다." 수년이 지난 후 비엘리츠키는 이렇게 말했다.

당시 그는 티히에 있는 FSM 자유노조의 주요 활동인물 중 하나였다. 하지만 그에게 산은 그런 정치적 활동보다 우선하는 것이었다.

^^^

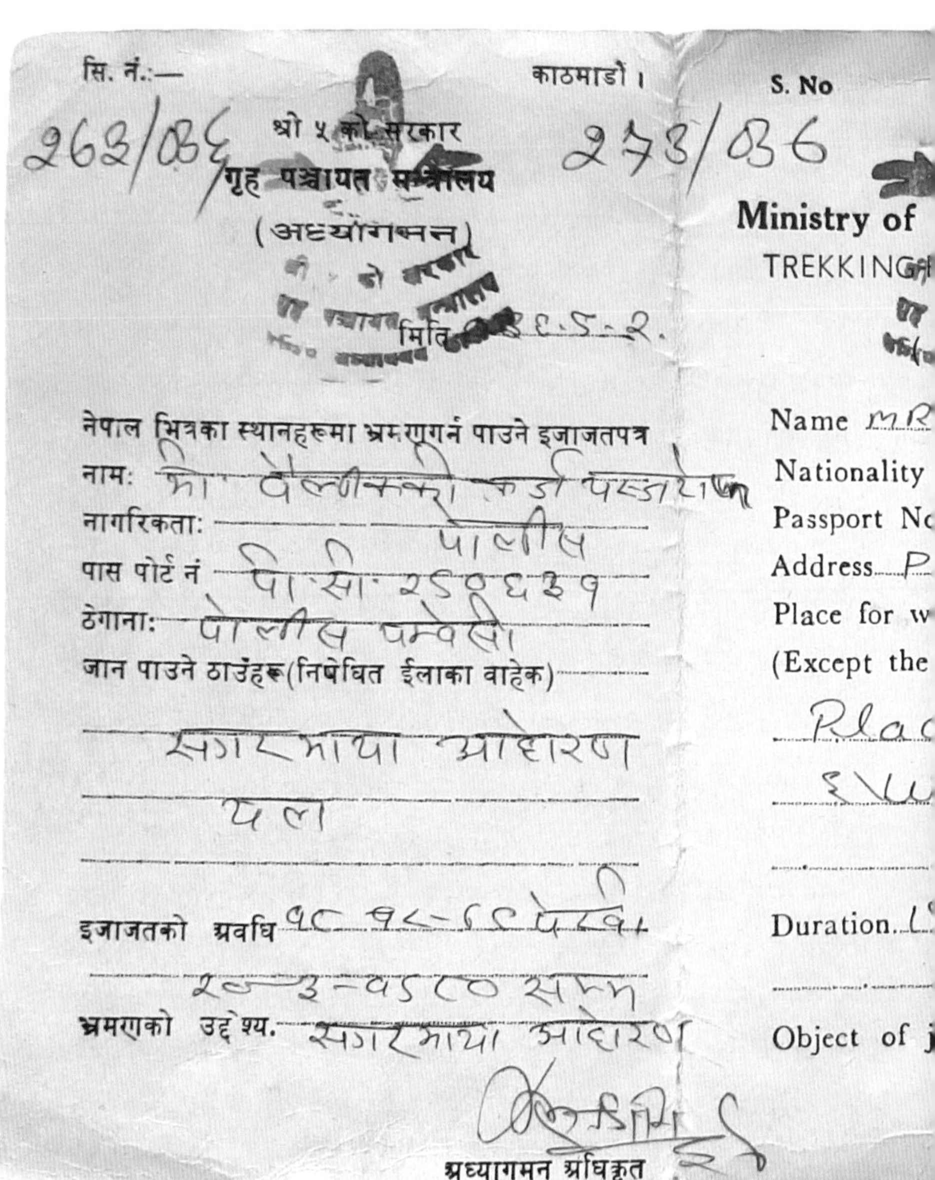
सि. नं.:— 263/036 काठमाडौं । 273/036

श्री ५ को सरकार
गृह पञ्चायत मन्त्रालय
(अध्यागमन)
मिति

नेपाल भित्रका स्थानहरूमा भ्रमणगर्न पाउने इजाजतपत्र
नाम:
नागरिकता: पोलीस
पास पोर्ट नं
ठेगाना:
जान पाउने ठाउँहरू(निषेधित ईलाका वाहेक)
सगरमाथा आरोहण
दल
इजाजतको अवधि
भ्रमणको उद्देश्य. सगरमाथा आरोहण
अध्यागमन अधिकृत

S. No
Ministry of
TREKKING
Name MR
Nationality
Passport No
Address P
Place for w
(Except the
Duration
Object of

네팔 정부가 발급해준 에베레스트 등반허가서

KATHMANDU.

Date 17.12.79

anchayat Affairs

R PLACES INSIDE

ATION)

ZICKI. KRZYSZTOF

OLISH

290631

EMBASSY

permit is valid

l Areas)

route to

expedition

20-3-1980

EVEREST EXPEDITION

RATION OFFICER

थप म्याद र ठा[illegible]को निमित्त

(Extension of the period and places)

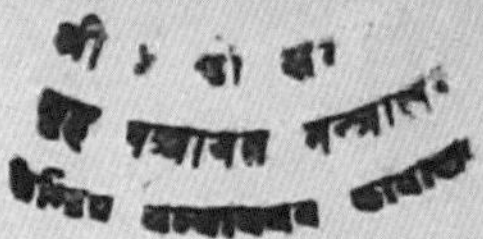

클리비체산악회는 마칼루에 대한 자료를 수집하고 있었다. 한편 야누시 쿠르차브Janusz Kurczab는 세계 제2의 고봉인 K2를 향한 국가적 차원의 원정에 필요한 절차를 마무리짓고 있었다. 사람들은 모두 비엘리츠키가 함께 가주길 원했다.

하지만 그는 원정을 떠나기 전에 가정문제를 해결해야 했다. FSM에선 일회용주택건설위원회가 창설되었다. 그 위원회에 가입을 하면 누구나 혼자서 집을 지을 수도 있고, 회사 장비도 사용할 수 있었다. 하지만 시멘트와 벽돌, 철근, 창문, 대문 등 모든 것을 혼자 해결해야 했다. 그리하여 위원회 회원들은 아침에는 회사에서 일하고, 오후에는 집을 지었다. 회원들끼리 서로 도와주는 시스템이었다.

1981년 7월 비엘리츠키는 접착제를 사용해 도끼통을 만들고 있었다. 그런데 그만 바닥에 날카롭게 부딪치며 미끄러지는 바람에 왼손바닥의 힘줄이 끊어졌다. 손가락을 움직일 수 있을까? 피켈을 잡을 수 있을까? 그는 걱정이 태산 같았다.

작업현장에는 전화기가 없었다. 동료가 그를 차에 태워 병원으로 이송했다. 손바닥에서 피가 솟구쳤다. 늦은 오후라 병원에는 외과의사가 없었다. 대신 의사 하나가 간호사들과 커피를 마시며 무료하게 시간을 보내고 있었다. 비엘리츠키의 손을 본 의사는 곧바로 수술실로 옮기도록 했는데, 진료카드에 적힌 이름을 발견했다.

"아, 에베레스트에 다녀오신 바로 그분이군요." 하고 그가 소리쳤다. "전문의에게 전화를 하겠습니다. 피아니스트와 등반가에게 손은 생명이잖아요?"

치료는 성공적으로 끝났다. 혈관과 근육이 잘 붙도록, 비엘리츠키는 몇 달 동안 고무공을 쥐고 있어야 했다. 상처는 흉터 하나 남지 않고 잘 아물었다.

^^^

가족이 하나 더 늘었다. 1981년 8월 15일 토요일, 첫째 딸 안나 마리아가 세상에 나왔다. 비엘리츠키는 일지에 이렇게 기록했다.

"그렇게 기다리던 딸이다. 아직은 작지만 건강하다. 나와 꼭 닮았다. 이 아이는 커서 뭐가 될까? 욜란타, 정말 고마워. 정말 수고 많았어."

1980년대의 폴란드는 아이를 키우는 것이 결코 쉽지 않았다. 무엇이든 배급증이 있어야 했고, 그것을 가지고 있다고 해서 모든 물품을 다 구할 수 있는 것도 아니었다. 가게에 가서 몇 시간씩 줄을 서 있어야 했다. 분유가 없었다. 신생아를 위한 유아용품도 기저귀도 없었다.

상황은 점점 더 악화되어갔다. 폴란드 연합노동자당 서기 에드바르드 기에레크Edward Gierek가 축출되었다. 스타니스와프 카니아Stanisław Kania가 잠시 그의 후임을 맡았지만, 총리이자 국방부 장관직을 맡아온 보이체흐 야루젤스키Wojciech Jaruzelski가 신임 서기로 추대되었다. 그 이전에는 어느 누구도 한꺼번에 그런 다양한 보직을 맡은 사람이 없었다. 자유노조와의 불화는 시간문제였다.

야루젤스키는 '내부질서의 확립'을 주요 정책기조로 삼았다.

1981년 12월 13일 폴란드 전역에 계엄령이 선포되었다. 거리에 탱크들이 깔렸고, 해가 지면 통행이 금지되었다. 특별한 허가가 없으면 집에서 한 발짝도 나올 수 없었다. 전화는 불통이 되었고, 모든 편지가 검열 대상이 되었다. 경찰은 자유노조 활동가들의 집을 찾아다니며 유치장에 수감했다. 레셰크 발리셰프스키를 포함해 FSM과 관계있는 사람들은 모두 자브제 유치장에 갇혔다.

비엘리츠키는 무사했지만, 12월 22일 카토비체에 있는 지역시민경찰사령부에 출두하라는 명령을 받았다. 그는 두려움과 동시에 희열을 느꼈다.

"마침내 나의 존재를 알아보다니. 투쟁의 의지가 불타오르기 시작했다. 나는 승리할 것이고, 나의 생각을 거침없이 말할 것이다. 나의 투쟁 의지가 높

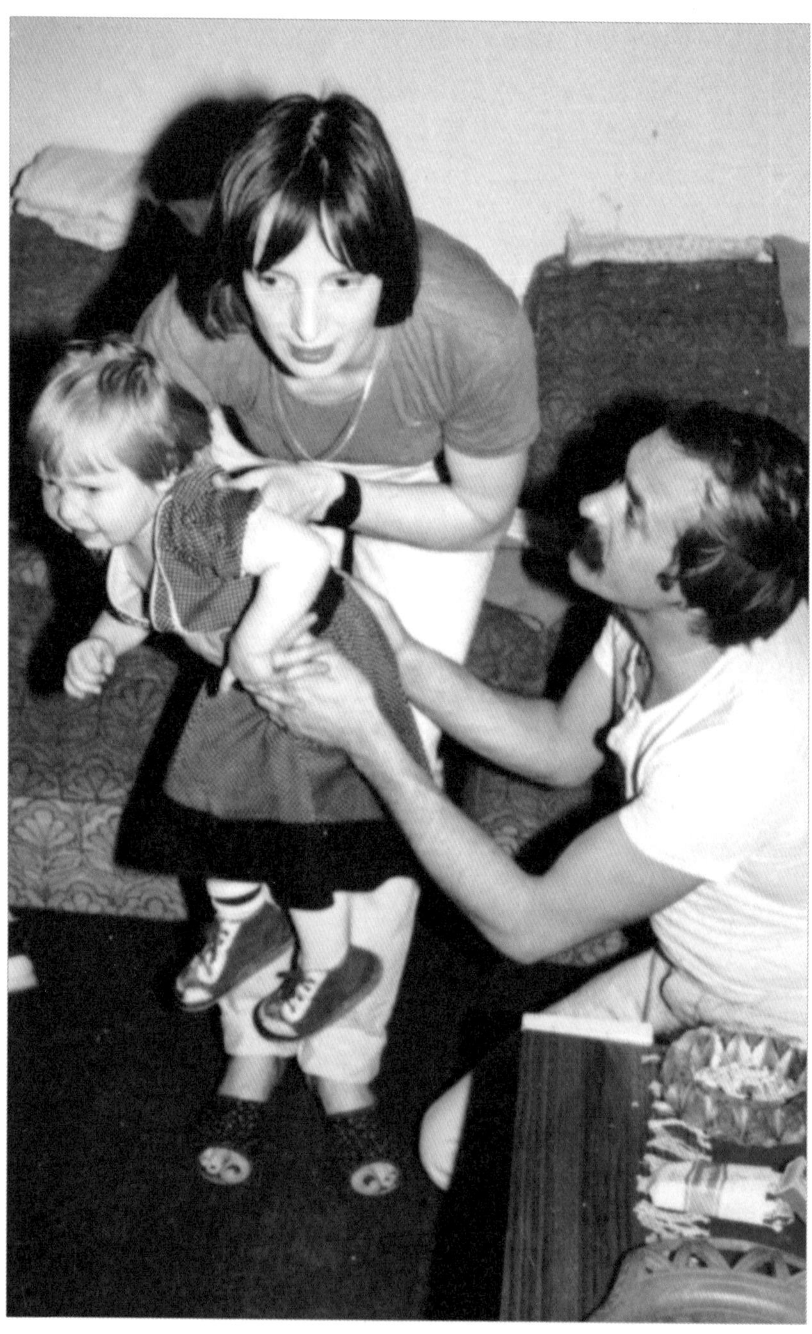

1981년 비엘리츠키 가족에게 식구가 하나 늘었다. 안나 마리아가 세상에 태어난 것이다. 하지만 비엘리츠키가 더 자주 등반을 떠나자 육아는 온전한 부인의 몫이 되고 말았다.

이 평가되어, 현재 투옥되어 있는 동료들과 함께 있을 것이다. 그것이 아니라면, 일개 회원인 나에게서 자유노조의 정보를 빼내려는 것이 아닐까?" 그는 일지에 이렇게 기록했다.

욜란타는 최악의 상황을 준비했다. 그녀는 남편에게 칫솔, 치약, 수건, 속옷과 따뜻한 옷 몇 벌을 건네줬다. 그들은 말없이 서로를 꼭 끌어안았다. 오랫동안 못 볼 수도 있으니까. 이웃 하나가 사령부까지 승용차로 데려다줬다. 정상 정복을 앞두고 있는 것처럼, 그의 머릿속에는 다양한 시나리오가 펼쳐졌다. 12월 13일, 살을 에는 날씨에 원정대원들이 티히 곳곳을 돌아다니며, 보안부에 끌려가 고초를 당할 수 있으니 조심하라고 말하고 다닌 것은 무슨 연유에서였을까? 심문을 받게 되는 것일까? 티히 공장의 노조 관련 비밀문서가 어디에 숨겨져 있는지 추궁당하게 되는 것일까? 입을 다물어야 한다. 우리 노조의 문서들은 경리부 사무실 바닥에 숨겨져 있다. 고문도 당하게 될까?

보안부 담당관은 놀랄 만큼 친절했다. 제복도 입지 않았고, 곤봉 같은 것도 가지고 있지 않았다. 그는 차를 마시며 서류철을 뒤적였다. 심문은 성과 이름, 주소, 직업 등 의례적인 내용으로 시작되었다. 비엘리츠키는 조금 더 난감한 질문을 기다렸다.

"당신은 기계·산업부 장관으로부터 에베레스트 정복에 대한 대가로 컬러 TV를 받고 수령증에 서명한 적이 있습니까?"

전혀 뜻밖의 질문이었다.

담당관이 설명을 해줬다. TV를 도난당한 공장이 있어서 현재 수사 중이라고. 담당관은 비엘리츠키의 노조활동에 대해선 전혀 관심이 없었다. 그는 단지 도난사건의 범인을 찾고 있을 뿐이었다.

그제야 비엘리츠키는 노조활동에 가담한 동료들에 관한 것이 아님을 눈치채고 마음을 놓았다. 그는 아무 말 없이 심문확인서에 서명했다.

"이제 가도 됩니다." 보안부 담당관이 말했다.

돌아가는 길은 버스를 탔다. 욜란타가 문을 열어줬다. 그녀는 눈물과 기쁨을 주체하지 못했다. 하지만 비엘리츠키는 노조의 선봉에 서지 못한 것이 몹시 아쉬웠다.

"한 것이 없는데 그만한 대접을 받을 리가 있나." 그는 일지에 이렇게 적었다.

^^^

국경이 모두 폐쇄된 계엄기간에 비엘리츠키는 폴란드등산연합회로부터 편지 한 통을 받았다.

"귀하는 K2의 국가적 원정대 참가자격을 획득하였습니다."

카라코람에서 가장 높은 산이자 세계 제2의 고봉인 K2는 자이언트 중에서 등반이 가장 힘든 곳이다. 정상은 3,000미터가 넘는 절벽으로 둘러싸여 있다.

"그 산에는 이루 말할 수 없는 기쁨과 비극, 땀, 눈물, 그리고 투쟁의 흔적이 남아 있다. 범접할 수 없고 견고하기 짝이 없는 그 산의 위용은 사람의 혼을 빼놓는다. 그러나 무모하게 도발하는 이들에게는 자비를 베풀지 않는다." 비엘리츠키는 이렇게 적었다. 그래서 K2는 죽음을 부르는 산이라고 불렸다.

이 초청을 받아들여야 하나? 마르친은 이제 겨우 일곱 살에, 안나는 태어난 지 몇 달밖에 되지 않았다. 집을 짓는 계획도 물 건너갈 것이고, 회사에서 무급휴가를 줄지도 알 수 없는 노릇이었다.

폴란드 사태는 점점 더 악화되어갔다. 예술가들은 라디오와 TV 방송 출연을 거부했다.

"협력자들이란 원래 자신의 이름과 얼굴, 목소리, 재능을 빌려 폭력을 정당화하고 선동하는 자들을 말한다. 우리의 입장에서 협력자들은 무대와 TV와 라디오 방송에 참여해 우리의 계획을 실현하는 자들이다." 연극영화예술가

자유노조는 이렇게 선언했다.

이름 있는 배우들이 방송 출연을 거부했다. 당시 유명 연속극의 배우 스타니스와프 미쿨스키Stanisław Mikulski는 시위를 우습게 여기고, 라디오와 TV에 출연했다. 그러자 테아트르 포프셰흐니 극장에선 그가 무대에 오를 때마다 사람들이 야유를 보냈다.

히말라야 원정대를 보는 시선 역시 그와 비슷했다. 산악인이자 직업군인인 즈비그네프 스코칠라스Zibgniew Skoczylas는 폴란드등산연합회에 이번 원정을 포기하라고 압박했다. 이런 계엄기간 중에 50만 즈워티가 넘는 비용을 들여 원정을 한다는 것이 부끄럽다는 것이었다.

하지만 어쨌든 그들은 가기로 했다. 올림픽에 출전하기도 한 폴란드 궁정검 경기épée de cour의 최고 선수 야누시 쿠르차브Janusz Kurczab가 실력이 뛰어난 사람들로 원정대를 꾸렸다. 로만 베바크Roman Bebak, 그제고지 벤케Grzegorz Benke(의사), 에우게니우시 흐로바크Eugeniusz Chrobak, 즈비그녜프 두드라크Zbigniew Dudrak, 마레크 그로호프스키Marek Grochowski, 얀 홀니츠키, 타데우시 카롤차크Tadeusz Karolczak, 알레크산데르 르보프, 크시스토프 판키에비치Krzysztof Pankiewicz, 보구미우 스와마Bogumił Słama, 리샤르드 우르바니크Ryszard Urbanik, 시몬 브도비아크Szymon Wdowiak(촬영담당), 크시스토프 비스니에프스키Krzystof Wiśniewski(등반대장), 보이체흐 브루즈Wojciech Wróż, 그리고 크시스토프 비엘리츠키가 대원이 되었다. 이들에 대해 이견을 가진 사람은 아무도 없었다. 폴란드에 남는 사람들은 그들 중 누가 영혼의 안식처를 찾아 떠나, 조국에 돌아오지 않을까 내기를 했다.

원정을 떠나는 사람들에게도 일말의 양심은 존재했다.

"계엄기간에 우리는 산에 있었다. 사람들은 우리가 정부와 협력한다고 생각할지 모른다. 그래서 어쩌란 말인가? 배우들은 무대에 서지 않고, 작가들은 붓을 꺾었다. 우리도 그런 이유로 원정을 그만두어야 하나? 폴란드에 남아서 더 나은 미래를 위한 투쟁에 동참해야 하나? 하지만 우리가 할 수 있는 것은 산에 오르는 것뿐이다. 그리하여 정부와 적절한 관계를 유지하는 것이다. 다른 사람들이 어떻게 말하든 상관없다. 우리는 관계 개선이 필요하다." 비엘리츠키는 일지에 이렇게 기록했다.

알레크산데르 르보프는 전자부품 저항기가 달린 점퍼를 입고 자랑스럽게 오켄치에공항 출국장 안을 행진했다. 저항기가 공산당 정부를 반대하는 신념의 상징이라는 사실은 모두가 알고 있었다.

정부는 별로 신경 쓰지 않았다. 여권검사대에서 르보프의 저항기를 보고는 비꼬는 투로 물었다.

"그런다고 뭐가 되겠습니까?"

^^^

폴란드인이 카라코람에 도착하자 멕시코 등반대원들이 합류했다. 루치오 카르데나스Lucio Cardenas, 마뉴엘 카사노바Manuel Casanova, 안토니오 코르테스Antonio Cortes, 후고 델가도Hugo Delgado, 엔리크 미란다Enrique Miranda, 에두아르도 모스쿠에다Eduardo Mosqueda가 그들이었다. 그들은 폴란드 원정대에 참가하는 대가로 1인당 7,000달러를 냈다. 이것은 소중한 자산이었다. 폴란드 등산연합회가 이번 원정의 예산으로 10,000달러만 책정했기 때문이다.

이번 목표는 북서벽을 통한 정상 등정이었다.

반다 루트키에비치 역시 정상에 올라갈 야망을 품고 있었다. 여성들로만 구성된 원정대 역시 쿠르차브가 기획한 것과 비슷한 방식으로 올라갈 계획이었다. 사람들의 솔직한 심정은 이랬다.

"폴란드는 혼란에 빠져 있는데, 여자들은 산에 가겠다고 돈을 모은다. 우리가 짊어져야 하는 난관을 그렇게 피하려고 한다."

이런 상황 속에서 등반허가를 받기 위해 정부로부터 어떤 혜택을 받았느냐는 질문이 쇄도했다.

루트키에비치는 그런 질문에는 신경을 쓰지 않았다. K2는 이전부터 준비해온 프로젝트였기 때문이다. 계엄령이 떨어진 것이 그녀의 잘못은 아니었다. 꽤 많은 사람들이 이번 원정에 연관되어 있어서, 루트키에비치는 그만둘 수도 없었다. 그녀에게는 K2 등반이 가장 중요했다. 여성 등반대원들은 초등 루트인 아브루치 능선을 따라 정상에 가기로 했다.

여성 원정대에 예지 쿠쿠츠카와 보이테크 쿠르티카가 촬영담당으로 합류했지만, 그들은 K2를 남쪽에서 오르고 싶다는 의지를 감추지 않았다.

"카라반 비용을 지불하세요. 그리고 어디에 있든 각자 알아서 하세요. 우리의 길을 가로막으면 안 됩니다."

반다의 이런 요구에 그들이 동의했다.

그리하여 K2 아래에는 모두 3개의 폴란드 원정대가 대기하고 있었다. 따라서 누가 먼저 정상에 설 것인가 하는 보이지 않는 경쟁이 벌어졌다. 루트키에비치가 이끄는 여성 원정대? 쿠르차브의 팀? 쿠쿠츠카와 쿠르티카?

남성들과 여성 원정대는 걸어서 2시간 걸리는 거리에 있었다. 루트키에비치는 서유럽에서 후원을 받았다. 그들은 오스트리아제 햄, 이탈리아제 모르타델라 소시지와 파스타, 그리고 과일 캔을 먹었다. 남성들의 베이스캠프에선 가루스프, 캔에 든 멜론 등 타트라산맥 스타일의 음식이 나왔다. 마음이 급해진 크시스토프가 바위 사이를 뒤졌다. 이전에 등반했던 일본인들과 미국인들이 남겨둔 식량이 있을지도 몰라서. 그는 아르헨티나산 소고기, 소시지, 잼, 땅콩버터, 그리고 그 외에도 인스턴트커피 같은 귀한 것들을 찾아냈다. 그런 제품들은 아직 폴란드에 없었다.

커피 한 잔에 모든 고통이 녹아 없어졌다. 이번 원정 때 먹으려고 의사가 가지고 온 스피릿이 상했다. 코를 쥐어뜯을 정도로 악취가 났다. 한 번 걸러내 봤지만 소용이 없었다. 그는 냄새도 맡지 말고 인상도 쓰지 말고 그냥 한 번에

들이키라고 했다.

"의사는 이것이 정말 중요한 소독약이라는 사실을 잘 몰랐던 모양이다. 단지 외상치료만을 위해 개발된 것이 아니라는 것을." 비엘리츠키는 이렇게 기록했다.

^^^

이번 사고는 정말 좋지 않은 결말을 가져올 수도 있었다. 7월 10일, 1캠프를 칠 수 있는 장소를 찾으라며 등반대장이 첫 번째 조를 절벽으로 보냈다. 날씨가 좋은 것이 오히려 좋지 않은 징조였다. 크레바스가 더 벌어질 수 있기 때문이다. 비엘리츠키는 치히와 로프를 묶고, 조심스럽게 발을 내디디며 항상 선두에 섰다. 벌어진 크레바스에 살짝 덮인 살얼음이 그들 발밑에서 부서졌다. 비엘리츠키가 아래로 떨어졌다. 로프가 길어 느슨했다. 치히는 뾰족한 수를 찾지 못했다. 그의 친구는 12미터 아래 스노브리지 위에 서 있었는데, 그곳은 틀림없는 덫이었다.

비엘리츠키는 '정말 동화 같은 세상이네.' 하고 생각했다.

그는 금세라도 무너질 듯한 스노브리지 위에 서서 버텨보려 했다. 하지만 상태가 좋지 않았다. 동료들이 로프를 크레바스 속으로 던져 배낭을 끌어당겼다. 비엘리츠키는 혼자 힘으로 올라왔다. 르보프가 사진을 찍으려고 할 때 크레바스 가장자리에 로프가 걸렸다. 비엘리츠키를 빼고 모두 웃음을 터뜨렸다. 사지와 발목이 다 부었다. 그런데도 그는 베이스캠프로 돌아갈 생각이 없었다. 남쪽으로 가니 1캠프를 칠 만한 곳이 나왔다. 6,050미터 고도였다. K2의 절벽이 눈에 잘 들어왔다.

월드컵에서 폴란드가 프랑스를 3 대 2로 이기고 있었다.

다음 날은 휴식을 취했다. 발목이 보라색으로 돌아온 것을 보니 쉰 보람이 있었다. 의사는 연고를 바르고 탄력붕대로 감으라고 조언했다.

저녁이 되자, 월드컵에서 이탈리아가 독일을 누르고 우승했다는 뉴스가 나왔다.

^^^

쿠르차브 원정대의 베이스캠프는 긴장감이 감돌았다. 조 편성이 시작된 것이다. 비엘리츠키와 치히, 르보프와 파키에비치, 흐로바크는 브루즈와 카롤차크, 스와마는 두드라크와 짝을 이뤘다. 멕시코인들은 뒷전으로 밀렸다.

쿠르차브는 자신이 구상한 계획을 포기하자고 주장했다. 비엘리츠키는 이 상황을 못마땅하게 생각했다. 아직 구체적인 양상이 드러나지는 않았지만, 그래도 등반을 하고 싶었다. 하지만 쿠르차브가 가로막았다. 계획한 대로 실행하는 것이 세상에서 제일 중요한데….

화가 난 비엘리츠키는 이렇게 기록했다.

"위로 올라가려는 것을 쿠르차브가 막는다. 내일 그저 산책 정도나 하다가 내려오라는 말이다. 무전기로 아무리 말해봐야 소용이 없다. 정말 화가 난다."

베이스캠프에선 대장이 대원들을 편애한다고 원성이 높아졌다. 보이체흐 브루즈와 에우게니우시 흐로바크는 이전부터 서로 의지하기도 했지만, 동시에 치열한 경쟁자이기도 했다. 흐로바크는 주위 사람들은 아랑곳하지 않고 발부터 내미는 성격인 데 반해, 브루즈는 생각이 많고, 쇠약해진 동료들을 보면 심리적으로 고통을 많이 받는 편이었다.

끔찍한 날씨도 한몫했다. 몬순의 눈보라가 텐트를 덮친 것이다. 아침에 일어나 눈을 퍼내야 했다. 난폭한 바람이 침낭을 여기저기로 날렸다. 날씨는 전혀 예측할 수 없었다. 인공위성이 없던 때였다. 쿠르차브는 이슬라마바드와 교신하기 위해 베이스캠프에 머물러야 했다. 하지만 파키스탄과 아무리 대화를 나눠봐도 K2를 오르는 데는 아무런 도움이 되지 않았다.

고집이 센 폴란드인들이 산을 1미터씩 정복해나갔다. 해발 6,900미터의

벽에서 비엘리츠키는 결코 행복하다고 할 수 없는 상황과 맞닥뜨렸다. 눈이 겨드랑이까지 쌓여, 탱크가 와도 길을 뚫기가 어려울 정도였다. 비엘리츠키 뒤에는 로프로 연결된 치히가 따라오고 있었다. 비엘리츠키는 한 발씩 걸음을 뗄 때마다 발밑에 거대한 판상이 있다는 것을 느꼈다. 눈사태가 아래에 있는 치히를 덮쳤다. 어마어마한 충격이 다리 아래쪽에 전해졌다. 그는 달리는 기차의 속도로 벽에서 미끄러졌다. 비엘리츠키가 피켈을 들어 미친 듯이 휘둘렀다. 이제 다 끝이 난 것도 같았는데, 눈사태는 멈출 줄을 몰랐다. 그는 눈 밑을 파보고서야 상황을 파악했다. 눈사태는 두 방향으로 나뉘었다. 첫 번째 것은 완만한 사면으로 흘러내려갔고, 두 번째 것은 절벽 아래로 700미터까지 폭포처럼 떨어졌다. 만약 두 번째 방향에 있었더라면, 아무도 찾지 못할 곳으로 휩쓸려 내려갔을 터였다.

7월 25일은 비엘리츠키의 명명일이었다. 비엘리츠키는 이렇게 적었다.

"눈이 계속 내리기도 하고 가끔씩 그치기도 한다. 얀 쿠르차브는 절벽을 따라 가야 한다고 고집을 부린다. 그런데 이런 오후에 어떻게 가야 하나? 거기는 보이체흐 브루즈가 가야 한다. 벽에 쳐놓은 2캠프의 텐트가 날아갔다. 브루즈가 잘못 친 것이 틀림없다. 침낭 두 개와 장비들과 매트리스가 사라졌다. 대장과는 더 이상 대화를 나눌 수가 없다. 이미 너무 심하게 싸웠다. 레셰크는 아주 냉정하다. 살얼음이 얼기 시작하는 오후 4시가 되어서야 밖으로 나올 수 있었다."

여성 대원들이 그의 기분을 풀어줬다. 명명일 기념으로 "K2 여성 원정대 '82"라는 로고가 박힌 카드에 축하의 말을 적어서 비엘리츠키에게 건네준 것이다.

"사랑하는 크시셰크*. 여성대원들이 키스를 담아 명명일 축하인사를 보냅

---

* 크시스토프의 애칭

니다. 항상 건강하길!"

마침내 남성대원들로부터 기쁜 소식이 들려왔다.

"여기에 있는 우리 모두는 여러분들과 함께 이 위업을 달성했습니다. 지금 K2 정상에 있습니다."

그 소식은 모두에게 큰 힘이 되었다. 그들은 하산 도중 7,100미터 지점에 설동을 2개 파서 3캠프를 만들었다. 텐트 바닥의 3분의 2만이 눈에 붙어 있고, 나머지는 아래가 보이지 않는 절벽에 매달려 있었다.

대장과 다시 말다툼이 벌어졌다. 다음 대원들이 더 높이 올라가겠다고 말해봤지만, 쿠르차브가 베이스캠프로 내려오라고 명령한 것이다.

"그 사람을 도무지 이해할 수가 없네." 비엘리츠키는 일지에 이렇게 적었다. "그냥 확 밀어버릴까."

^^^

여성 베이스캠프에서 비극이 일어났다. 1982년 7월 30일, 할리나 크뤼게르-시로콤스카Halina Krüger-Syrokomska와 안나 오코핀스카Anna Okopińska가 K2의 측면에서 2캠프를 향해 피곤한 발걸음을 옮기고 있었다. 할리나는 이런 상황에서도 농담을 했다.

"여긴 가셔브룸이 아닙니다, 안나 씨. 여기서 더 올라가야 해요." 할리나가 동료에게 말했다.

2캠프가 베이스캠프와 교신했다.

"내일 날씨가 어떨 것 같나요?"

"신에게 물어보세요."

오코핀스카는 감기에 걸릴까봐 아스피린을 먹고 텐트에서 잠을 청했다. 그리고 오후 5시쯤 일어났다.

"기분이 어때요?"

할리나가 물었다. 그런데 할리나는 곧바로 정신을 잃더니 숨을 쉬지 않았다. 오코핀스카는 무전기로 베이스캠프를 불렀다. 여성 원정대의 의사인 욜란타 마치우흐Jolanta Maciuch가 응급처치 방법을 알려줬다. 바로 옆에선 오스트리아 원정대가 비박하고 있었다. 오코핀스카는 그들을 불러 도움을 요청했다. 가슴압박, 인공호흡, 산소주입 등 여러 가지 방법을 써봤지만 아무 소용이 없었다.

모두 오코핀스카의 말에 귀를 기울였다. 남성 원정대원들은 그냥 행운을 빌어줄 뿐 도움을 주지 못했다. 그들은 할리나가 다시 숨을 쉬기만을 기다렸다.

알레크산데르 르보프는 이렇게 기록했다.

"20분쯤 지나자 욜란타가 거친 숨을 몰아쉬며 무전기로 이제는 틀렸다고 말했다."

반다 루트키에비치가 할리나의 시신을 아래로 운구해달라고 간곡히 부탁했다.

"우리 좀 도와줄 수 없어요?"

무전기를 통해 반다가 울먹였다. 흐로바크, 치히, 홀니츠키, 르보프, 판키에비치와 비엘리츠키가 여성 베이스캠프로 달려갔다. 반다는 눈물을 흘리며 남성 원정대원들을 맞았지만 장례식을 제대로 치르기 위해선 시간이 촉박했다. 그들은 할리나의 시신이 있는 곳으로 올라갔다.

오스트리아인들은 시신을 오렌지색 침낭에 넣은 다음 로프로 묶어 그 자리에 두었다. 그것을 폴란드인들이 넘겨받았다. 해가 지기 전에 비박을 준비해야 했다. 모두 힘이 쏙 빠졌다. 다음 날 멕시코 등반대원들과 쿠쿠츠카와 쿠르티카가 합류했다. 시신은, 몇십 미터마다 한 번씩 순서를 바꿔가며, 네 명이 번갈아 들어 옮겼다. 빙하는 상당히 위험했다. 위험을 직감한 대원들 입에서 욕이 터져 나왔다.

르보프는 이렇게 기록했다.

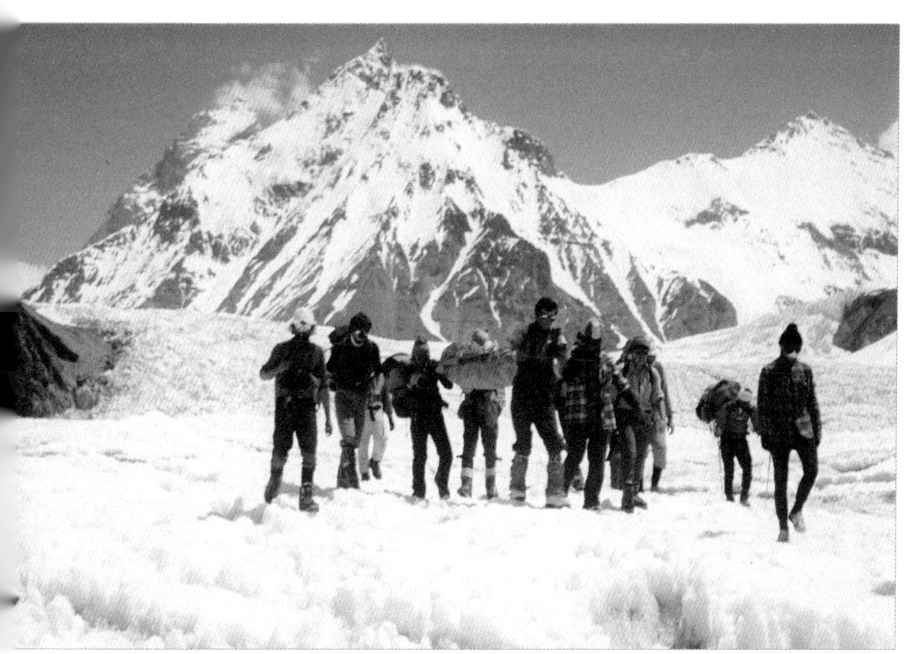

1982년 K2 여성 원정대원이었던 할리나 크뤼게르-시로콤스카가 목숨을 잃었다. 그리하여 반다 루트키에비치의 요청으로 남성 원정대원들이 할리나의 시신을 베이스캠프까지 운구했다.

"할리나는 아마 상상도 하지 못했을 것이다. 욕을 입에 달고 산 그녀는 파이프도 많이 피웠다. 한번은 할리나가 눈에 대해 새롭고도 도발적인 정의를 내린 적이 있었다. 자신의 생각에 가치가 하찮은 눈에 대해 정의를 내려보려고 한 것은 그때가 처음이었다. 그녀의 정의는 바로 계란* 밑 막대기였다.'

비엘리츠키도 욕을 많이 했지만, 다른 이들은 그에 대해 뭐라고 하지 않았다. "반다의 요청으로 운구를 하고 땅을 팠습니다. 도움을 주고 싶었거든요."

사람들은 할리나의 시신 위에 돌을 두껍게 쌓아올렸다. 그리고 그 위에 히터의 겉 뚜껑으로 만든 동판을 하나 세웠다.

루트키에비치가 투표를 제안했다. 그들은 계속 올라가야 할지 말지를 결

* 폴란드어로 남성의 고환을 의미하기도 한다.

정해야 했다. 오코핀스카만 빼고 모두 동의했다. 그리하여 힘든 싸움을 계속 이어갔지만, 그들은 모두 기운이 빠져 있었다.

^^^

산에서 두 달을 보내자 모두 정신적·육체적으로 많이 지치고 말았다. 비엘리츠키, 치히, 브루즈, 흐로바크가 정상을 공격할 준비를 했다. 대장은 혹시라도 안 될 것 같으면, 주저하지 말고 즉시 돌아서라고 신신당부했다.

높이 올라갈수록 상황이 좋지 않았다. 7,600미터 지점으로 다시 내려오자, 강풍으로 텐트 폴이 부러졌을 정도로 4캠프가 거의 망가져 있었다. 그들 넷은 돌멩이와 얼음덩어리를 옮겨왔는데, 그 와중에 일본 원정대가 버리고 간 산소통도 발견했다.

강력한 눈보라가 그들을 벽에서 날려버릴 것만 같았다. 흐로바크의 행동이 이상했다. 아무런 대답도 없이 그냥 멍하니 서 있기만 했다. 정신이 완전히 나간 것 같았다. 치히와 비엘리츠키가 매트리스를 깔고 정신이 나간 흐로바크를 안으로 밀어 넣었다. 그런 다음 그들은 텐트 폴을 세웠다. 2인용 텐트에 뼛속까지 얼어버린 남자 넷이 쭈그려앉았다. 고도는 8,100미터. 정상까지는 수직으로 511미터가 남아 있었다.

어두웠다. 산소가 필요했는데, 마침 하나를 찾았으니 얼마나 다행인가. 흐로바크의 얼굴에 마스크를 씌우고 1분에 3리터씩 산소를 넣어줬다. 바람은 텐트를 찢으려고 했지만 장정 넷의 무게 역시 만만치 않았다. 물을 끓여 차를 마시면 좋을 텐데, 휴대용 스토브를 잃어버렸다. 텐트가 좁아서 모두 쭈그려앉았다.

"어떻게 해야 할까. 배낭에는 누더기가 된 텐트가 있었지만, 머릿속에선 아무 생각도 나지 않았다. 무언가 마시고 싶었다. 그러나 주변은 온통 눈뿐이었다." 비엘리츠키는 이렇게 기록했다.

흐로바크가 그제야 정신을 차렸다. 하지만 그를 데리고 정상으로 향하는 것은 자살행위나 다름없었다. 그를 데리고 아래로 내려가야 하는데, 브루즈는 여전히 정상을 정복해야 한다고 주장했다. 어떻게 해야 하나? 누가 흐로바크를 데리고 아래로 내려갈지 투표라도 해야 하나?

비엘리츠키가 나섰다. 날씨가 이토록 험악한 밤에 정상을 공격하는 것은 위험 앞에 발가벗고 나서는 것이나 마찬가지였다. 그의 판단이 옳았다. 치히와 브루즈는 8,200미터를 넘어서지 못하고 아래로 다시 내려왔다.

여자대원들은 등반을 포기했다. 쿠쿠츠카와 쿠르티카 역시 몇 번이나 산을 오르려 해봤지만 날씨가 허락하지 않았다. 그해에는 아무도 K2 정상에 서지 못했다.

^^^

대부분의 폴란드인들은 비행기로 돌아갔다. 여행용 트럭으로 이동하는 사람들도 있었다. 비엘리츠키는 다른 사람들과 함께 아시아를 경유했다. 그리고 델리에선 대사관에 머물렀다. 대사관 정원에는 수영장도 있었다. 게다가 아침, 점심, 저녁 내내 위스키가 제공되었다. 그렇게 천국에서 열흘을 보내고, 파키스탄으로 향하는 여정에 올랐다. 그곳은 음주가 금지되었지만 젊은이들도 술을 권하면 사양하지는 않았다. 폴란드인들은 위스키로 값을 치르고 대마를 피웠다. 파키스탄 사람들도, 폴란드 사람들도, 모두 만족스러워했다.

이란 국경에 이르자 술로 문제가 생겼다. 마약과 포르노물 소지자는 사형에 처한다는 것이 이란 정부의 정책이었다. 이런 현실을 무릅쓰고 국경을 넘어야 하는가? 버리는 것은 너무나 아까웠다. 그리하여 폴란드인들은 국경에 이르기 전에 대마가 담긴 과자를 모두 먹어치웠다. 완벽한 맛이었다. 모두 신의 은총을 받았는지, 국경수비대가 차 안을 샅샅이 뒤져도 대마는 나오지 않았다.

터키에선 장터를 돌아다녔다. 청바지와 남방 같은 것들은 폴란드에서 내놓는 즉시 팔린다. 소피아에 이르자 트럭 여행이 지겨워졌다. 비엘리츠키는 마침내 비행기를 타고 바르샤바에 도착해, FSM에 5개월 동안의 무급휴가를 마치고 무사히 돌아왔다고 보고했다.

회사 사장은 비엘리츠키가 그렇게 오랫동안 자리를 많이 비운 것에 불쾌한 표정을 지었다. 직원들은 여전히 보안부로 불려 가고, 인력이 부족한데 위에선 자동차를 더 만들라고 난리였다. 게다가 군인들이 모든 것을 일일이 감시하고 있었다.

회사로 돌아온 지 얼마 되지 않아 비엘리츠키는 산에 대한 꿈을 다시 품기 시작했다.

"그럼 당신 말이야, 그렇게는 우리 회사에서 일 못해!" 화가 난 사장이 삿대질을 했다.

그러나 에베레스트 정상에 오른 직원을 해고할 수는 없었다.

^^^

1983년 비엘리츠키는 여권신청서를 제출했다. 그는 외화도 충분히 있고, 여행일정도 충분히 소화할 수 있으며, 그 돈으로 현지 체류와 의료서비스를 받기에도 충분하다고 말했다. PKO은행은 비엘리츠키 계좌에 200달러가 있다는 증명서를 발급해줬다.

이번 원정의 목적지는 네팔 히말라야의 가네시히말이었다. 원정대의 조직은 카토비체산악회의 야누시 마예르Janusz Majer가 맡았다.

욜란타도 별 말이 없었다. 아이들이 셋인데 남편이 원정을 갔다 올 때마다 달러를 가지고 오니까. 그 돈이면 몇 달은 충분히 먹고살 수 있었다.

^^^

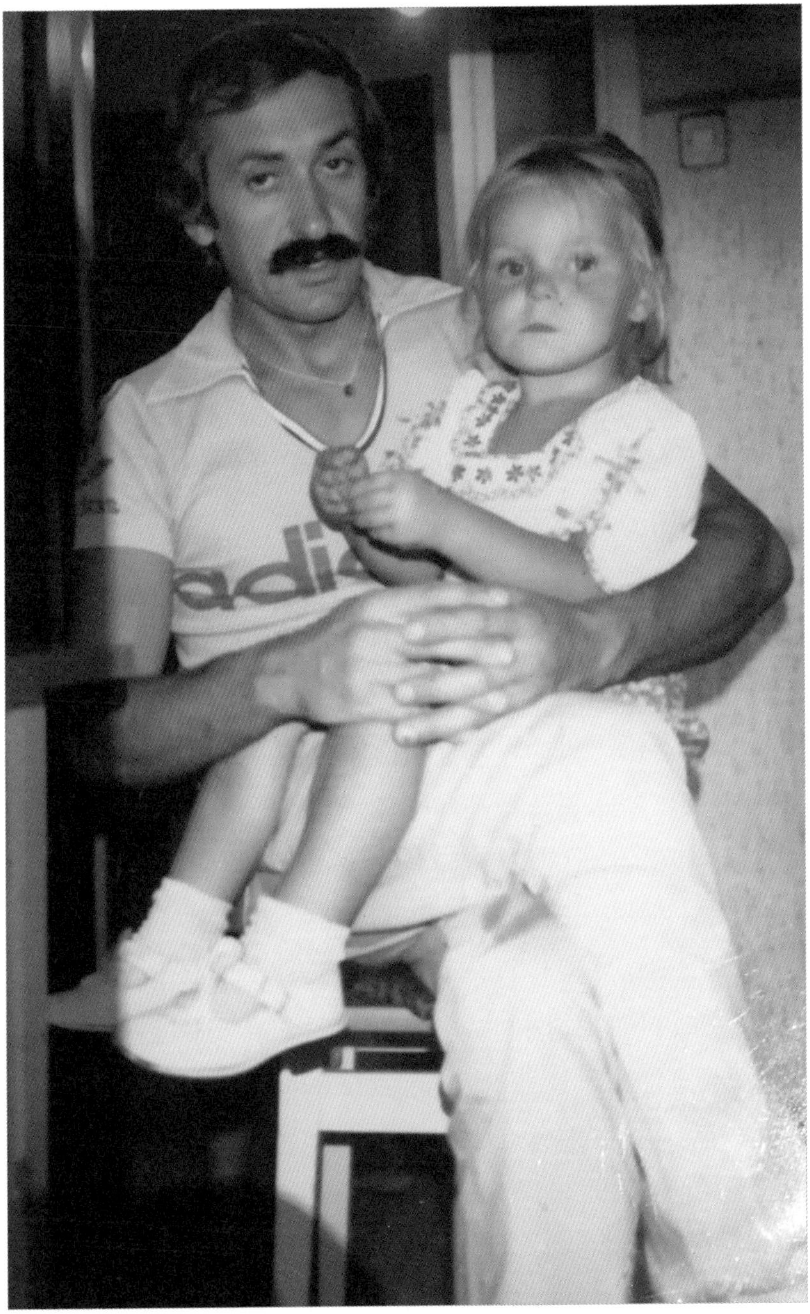

셋째인 마르타는 막내딸이다. “그 애는 아빠의 열정을 이해하고 받아들이는 데 시간이 많이 걸렸습니다.” 비엘리츠키는 말했다.

그들은 비행기로 이동했다. 트럭은 짐이 많이 늦는다는 단점이 있었다. 그리하여 이번에는 고정로프를 설치하는 대신, 한 달 동안 카트만두 시내를 구경하기로 했다. 시내와 근처를 둘러보고, 다른 원정대원들과 파티도 즐기고, 카지노도 방문했다. 긴장을 풀기 위한 약간의 일탈이랄까.

비엘리츠키와 마에르는 오토바이를 빌려 200킬로미터 떨어져 있는 포카라로 떠났다. 머리에 띠를 두르고 검은 선글라스를 낀 채 달리는 모습은 마치 미국의 폭주족 같았다. 그들은 힘껏 엑셀을 밟았다. 자유를 만끽한 것은 좋았는데 시간이 많지 않았다. 먹구름이 몰려들고 있었다. 휘몰아치는 폭풍우 속에서 전조등은 자꾸 꺼지고 타이어는 땅에 긁혔다. 가장 가까운 정비소까지는 여전히 10여 킬로미터를 더 가야 했다.

"오토바이를 타고 싶은 마음이 싹 사라졌습니다." 마에르가 말했다.

폴란드 원정대는 알파인 스타일로 재빨리 오르기로 했다. 그러니까 가네시2봉(7,118m)과 가네시4봉(7,104m)에선 등반용 텐트를 치지 않을 셈이었다. 하지만 베이스캠프까지는 무조건 가야 했다. 그런데 그 길이 쉽지 않았다. 그들은 길도 없고, 칼을 가진 포터도 없이 정글을 통과해야 했다. 하지만 가네시2봉의 남서벽은 그동안의 고생을 다소나마 보상해줬다.

"그토록 아름다운 광경은 처음 보았다." 슐롱스키대학교에서 물리학을 전공한 안제이 하르트만Andrzej Hartman은 이렇게 기록했다. 그들은 6일 동안 고투를 벌였고, 비엘리츠키와 파브워프스키가 앞장서서 남서벽을 공략했다. 정상이 손에 닿을 것 같았는데 산소와 식량이 떨어졌다. 피로에 찌든 그들은 정상으로 가는 루트를 연구했다. 눈이 상당히 쌓여 있을 터였다. 더구나 계획대로 추진하기에는 힘도 너무 딸렸다. 돌아서는 수밖에 달리 도리가 없었다.

그들은 60미터 로프를 타고 아래로 내려왔다. 비엘리츠키가 선두에 섰다.

"눈에 박아 앵커로 쓰는 장비를 데드맨deadman이라고 합니다. 일종의 쇠갈퀴 같은 것인데, 쇠줄과 구멍이 뚫려 있어 등반가를 보호해줍니다."

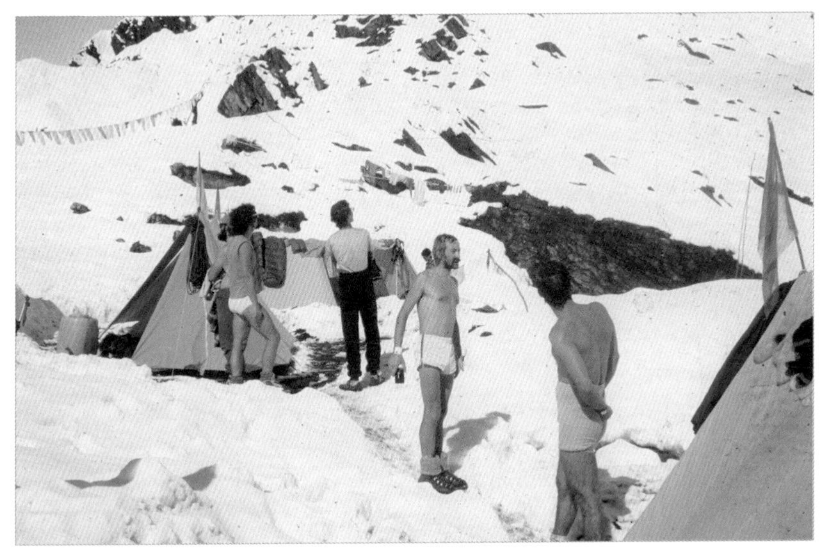

1983년 크시스토프 비엘리츠키(오른쪽에서 두 번째)는 카토비체산악회의 야누시 마에르와 함께 히말라야의 대산맥에서 뻗어나간 가네시히말을 찾았다.

베르크슈룬트까지 안전하게 내려간 비엘리츠키는 뒤따라 내려오는 하르트만에게 자리를 내주기 위해 옆으로 물러섰다. 그런데 데드맨이 그들의 하중을 지탱하지 못했다. 하르트만이 로프에 매달린 채 절벽에서 떨어졌다.

"하르트만이 내 1미터 앞을 지나쳐 떨어졌습니다." 비엘리츠키는 그때처럼 큰 소리로 말했다.

그는 동료를 찾아봤다. 널브러진 텐트 잔해와 핏자국이 눈에 들어왔다. 하지만 정작 그의 모습은 어디에도 보이지 않았다. 무전기도 로프도 없었다. 그런데 몇십 미터 위의 파브워프스키가 거꾸로 매달려 있었다. 소리를 질러봤지만 대답이 없었다. 그는 그 자리에서 더 이상 움직일 수 없었다. 아주 어려운 구간이라 로프가 없으면 추락할 수도 있었다. 어떻게 해야 하지?

비엘리츠키는 그를 위에 놔두고 구조를 요청하기 위해 혼자 내려가는 쪽을 선택했다. 밤이 되자 눈보라와 바람이 엄청나게 거세졌다. 눈이 콧구멍으로 세게 들이쳐 숨쉬기조차 어려웠다. 그 구간은 눈사태가 한 번 지나간 곳이

었다. 그래도 비엘리츠키는 전혀 상관하지 않았다. 기력이 다 빠진 그가 베이스캠프에 도착했다. 모두 충격에 빠졌다. 다른 대원들이 가네시4봉에 붙어 있는데 어떻게 하지?

"지금 리샤르드가 절벽에서 옴짝달싹하지 못하고 있습니다. 로프도 먹을 것도 없습니다. 얼른 가서 내려줘야 합니다." 비엘리츠키가 보고했다. 구조대는 그제야 출발했다.

파브워프스키는 절벽에 사흘 밤낮을 매달려 있었다. 비엘리츠키는 베이스캠프에 앉아 망원경으로 그곳을 지켜봤다. 빨간 바지를 입은 파브워프스키가 눈에 잘 들어왔다. 그런데 나흘째 되던 날, 그 빨간 점이 보이지 않았다.

'아, 떨어졌구나.' 하고 비엘리츠키는 생각했다.

파브워프스키는 몹시 지쳤다. 그래도 그는 그 지옥 같은 순간을 모면해보려고 애썼다. 그때 위로 천천히 올라오는 동료들이 눈에 들어왔다. 마음이 놓였다.

해가 지자 구조대원들은 더 이상 전진하지 못했다.

"리샤르드, 오늘은 더 올라갈 수가 없어. 아침까지만 버텨!" 구조대가 소리쳤다.

"이 개자식들아!" 파브워프스키가 말을 받았다.

텐트도 로프도 없이, 셔츠 밑에 달랑 플라스틱 물통 하나만 있는 상황에서 그는 눈에 덮여 있었다. 의지할 수 있는 것은 물뿐이었다.

"그날 밤, 대원들이 나에게 살금살금 다가오더니 물통을 가져갔습니다. 꿈이었습니다. 난 놀라서 잠에서 깨어났습니다." 몇 년이 지난 후 그는 이렇게 말했다.

탈진한 파브워프스키는 구조대원들에 의해 베이스캠프로 이송되었다. 기력이 다 빠지고 온몸이 얼음덩어리가 된 그는 동료들에게 분노를 느꼈다. 동료들은 비엘리츠키를 지목하면서, 그에게 속삭였다. "저 자식이 널 버려두고 왔어."

비엘리츠키는 이렇게 회상했다.

"내가 안 내려왔으면 리샤르드는 죽었을 겁니다. 그런 상황에서 동료를 버린 것으로 오해할 수도 있지만, 어쨌든 모든 일이 잘 끝났습니다. 그리고 도의적인 책임을 물을 시간도 지났습니다. 행복한 결말을 보면 내 결정을 이해하겠지요."

"크시스토프의 말에 동감하지 않는 것도 아닙니다. 하지만 나라면 동료를 혼자 내버려두진 않았을 겁니다." 파브워프스키는 이렇게 말했다.

"구조도 시도해보지 않고, 그 자리에서 둘 다 죽어야 하나요?"

지금의 비엘리츠키는 이렇게 되물었다.

^^^

비엘리츠키에게 이 일은 더 이상 논쟁거리가 아니었다. 그의 머릿속은 다른 생각들로 가득했다. 산에서 그는 서유럽에서 온 친구들을 만났다. 그들은 후원사를 두고 책도 내고 광고계약도 하고 있었다. 그들은 돈이 있어서 산에 가고 싶을 때면 언제든 산으로 갔다. 세계적인 알피니스트 라인홀드 메스너Reinhold Messner는 1982년도에 발행된 『알파인 매거진Alpine Magazine』에 후원 등반에 대해 이렇게 썼다.

> 적어도 일주일에 한 번은 왜 그런 '프로산악인'이 되었냐는 질문을 받는다. 나는 수많은 '아마추어 선수'의 모델이 되고 싶지는 않다. 나는 할 수 있는 한 내가 가진 모든 것을 시장에 내보인다. 나는 무역을 공부해본 적도 없고, 에이전시를 가지고 있지도 않다. 그런 광고를 내가 직접 할 수 있어서 정말 자랑스럽다. 내 물건 중에서 사고 싶은 것이 하나라도 있으면 누구라도 말만 해라. 꿈을 이루기 위해서 나는 무엇이든 팔 준비

가 되어 있다. 사진과 날짜가 있는 카드, 루트가 정리된 책자, 아니면 등반 중 겪은 어려운 일에 대해서도 이야기해줄 수 있다. 나는 광고를 할 때도 내 취향과 맞는지 보고 대본을 읽고 촬영에 임한다. 그래야 내가 원하는 개런티를 받을 수 있다. 단지 한 가지 팔 수 없는 것은 내 죽음이다. 나는 살아남고 싶다.

그는 돈을 아주 많이 받는 '백만장자' 등산가들과 '깨끗한' 알피니스트들에 대해서도 이야기했다. 그리고 이상주의자와 천민들에 대해서도 말했다. 그리고 이렇게 결론을 내렸다.

난 어마어마한 윤리의 바다에서 존경받는 창녀가 되고 싶지, 거짓부렁이나 하는 주말 등산가가 되고 싶지는 않다.

크시스토프 비엘리츠키의 생각은 어땠을까? 그는 티히에 집도 있고 자식도 셋이나 있었다. 그리고 FSM에선 사장 대우를 받고 있었다. 그리고 직원교육을 위해 이탈리아에 자주 다닌 덕분에 이탈리아어도 영어만큼 유창하게 구사했다. 그의 앞에는 어떤 미래가 기다리고 있을까? 무엇을 얻고 무엇을 잃게 될까? 번쩍번쩍한 가구들로 가득 찬 벽? 자동세탁기? 접이식 소파? 사장이 눈을 부릅뜨고 쳐다보는데도 여전히 산에 갈 수 있을까? 히말라야에 간다면 무엇을 얻을 수 있을까? 등산이 과연 직업이 될 수 있을까?

가네시히말에 갔다 온 후 비엘리츠키는 아내에게 이렇게 말했다.

"여보, 나 FSM 그만뒀어."

5장

본능적인 구역질, 그리고 시간과 벌이는 하찮은 투쟁

"어때? 할 수 있지? 컨디션도 끝내주잖아. 네가 아니면 누가 하겠어!" 보이테크 쿠르티카가 비엘리츠키에게 말했다.

1984년 브로드피크 남벽 베이스캠프. 원정대가 둘 있었지만 사실은 하나라고 봐도 무방했다. 카토비체산악회(발렌티 피우트, 야누시 마예르, 리샤르드 파브워프스키, 크시스토프 비엘리츠키)는 남벽으로 정상에 오른다는 계획으로 이곳에 왔다. 예지 쿠쿠츠카와 보이테크 쿠르티카는 폴란드등산연합회에서 기획한 소규모 원정대를 이끌고 왔는데, 일정이 카토비체산악회와 같았다.

열흘 전부터 시도하고 있었지만 남쪽에서 불어닥치는 눈보라로 그들은 전진을 하지 못하고 있었다. 북서쪽에서 올라가는 것 역시 불가능했다. 눈사태가 끊임없이 일어났다.

쿠르티카는 이제 남벽은 포기하고 북쪽에서 시도해보자고 주장했다. 물

◀ 1984년 브로드피크로 가는 카라반 도중의 크시스토프 비엘리츠키

론 쿠쿠츠카를 설득하는 데 시간이 좀 걸리긴 했지만, 점차 쿠르티카의 말이 맞는 것으로 드러났다. 북쪽에서 접근하는 것이 훨씬 더 쉬웠기 때문이다.

브로드피크는 정상 능선에 봉우리가 몇 개 있다. 그중 가장 높은 주봉은 해발 8,051미터, 그보다 약간 낮으면서 바위로 된 전위봉은 8,028미터, 중앙봉은 8,011미터, 북봉은 7,490미터, 그리고 카루트캉그리Kharut Kangri는 6,942미터다. 쿠쿠츠카와 쿠르티카는 어느 누구에게도 밝히지 않은 비밀 계획을 세웠다. 사실 그들은 브로드피크의 기존 루트에는 별 관심이 없었다. 대신 다른 봉우리들을 거쳐 정상을 정복할 작정이었다. 둘이서만 파트너가 되어 아주 재빨리.

그래서 쿠르티카가 비엘리츠키를 설득하려 든 것인지도 모른다.

"너도 할 거지? 네가 아니면 누가 하겠어. 능력이 아깝잖아? 브로드피크를 단독으로 오르는 거야!"

비엘리츠키도 그것이 얼마나 무모한 발상인지 알고 있었다. 쿠르티카는 단지 그를 굴복시키고 싶을 뿐이었다. 하지만 그렇다고 해보지 않을 이유도 없었다.

^^^

카토비체에서 온 동료들은 이전의 원정대원들이 오른 루트를 따라 올라갔다. 그들은 6월 내내 산에서 헤맸다. 6월 22일 1캠프를 설치하고, 이틀이 지나 6,500미터에 2캠프를 쳤다. 그리고 6월 28일에는 7,200미터에 3캠프를 쳤다. 비엘리츠키가 3캠프까지 오르는 데는 6~7시간이 걸렸다. 이 정도면 할 수 있을까?

의학적으로 보면 고산등반에 최적의 조건이란 존재하지 않는다. 평균적으로는 키가 170센티미터에서 177센티미터여야 한다. 풍부한 폐활량과 심장 활동 역시 보통 이상이어야 하지만, 근육이 꼭 많을 필요는 없다. 비엘리츠

총구Chongu에서의 노천온천. 왼쪽부터 크시스토프 비엘리츠키, 야누시 마예르

키는 키가 169센티미터밖에 안 된다. 스위스 의사들의 테스트에 따르면, 그의 혈중산소는 보통 이상이고, 맥박은 1분당 50회다. 게다가 그는 힘이 있고 날렵하며 무엇보다도 정신력이 강하다. 그런데 척추에 조금 문제가 있다. 등반을 하려면 항상 무거운 배낭을 등에 져야 하는데, 큰 부상도 한 번 당했다. 요추에 문제가 있다는 것은 보통 통증을 겪고 나서야 깨닫게 된다.

고산등반 전문의 레흐 코르니셰프스키Lech Korniszewski는 이렇게 말했다.

"원정을 떠나기 전 우리는 바르샤바의 코노프니츠카 거리에 생체검사를 할 수 있는 장소를 마련했습니다. 의사들은 거기서 등반가들의 신체능력, 적혈구, 산소 부족에 대한 세포의 대응능력 등 다양한 검사를 수행했습니다. 소련 방식을 따른 이 검사 결과지는 최고에서부터 최저까지 순위별로 기록되어 나왔습니다. 비엘리츠키는 최상위권이 아니었습니다. 그리고 유명한 쿠쿠츠카도 하위권 쪽이었습니다. 야누시 멍츠카의 검사결과가 제일 좋았지만, 그는

브로드피크로 가는 카라반 도중의 크시스토프 비엘리츠키

히말라야에서 한 번도 성공을 거두지 못했습니다. 인간이 만든 기준은 산에서 전혀 쓸모가 없습니다."

^^^

1984년 비엘리츠키는 셋째를 얻었다. 딸인 마르타Marta가 건강해서 비엘리츠키는 마음을 크게 쓰지 않고 산에 다닐 수 있었다.

^^^

7월 5일 그는 첫 번째 도전에 나섰다. 카토비체 사람들이 먼저 출발하고 비엘리츠키는 능선에 남았다. 7월 7일 카토비체 사람들이 3캠프에 도착했는데 비엘리츠키가 곧장 따라붙었다.

바람이 한층 거세지고 기온이 더 떨어졌다. 정상으로 치고 올라가는 데 힘이 많이 들었지만, 그래도 비엘리츠키는 의지를 굽히지 않았다. 하지만 그는 캠프를 떠난 지 2시간 만에 다시 돌아왔다. 눈이 너무 깊은 데다 확보용 앵커가 더 이상 없었기 때문이다.

바람이 폭풍설로 변했다. 그리하여 모두 하산을 시작했다.

^^^

7월 13일 쿠쿠츠카와 쿠르티카가 베이스캠프에서 나왔다. 그들은 PZA에 짧은 보고서를 보냈다.

"북벽으로 오르겠습니다. 이틀 뒤에는 북봉에 올라섭니다. 북쪽 콜에서 비박하고, 7월16일에 중봉의 벽을 횡단하고, 중봉 정상에는 오후 3시쯤 오를 계획입니다."

하지만 말처럼 쉽지 않았다. 중봉에서 콜로 내려오는 길에 아주 드라마틱한 광경이 펼쳐졌다. 바람은 미친 듯이 불고, 앵커는 약하고, 발밑의 크러스트들은 너무 바스락거렸다. 비박은 오후 6시경이 되어서야 가능할 것 같았다. 날씨가 점점 험악해졌지만, 정상이 바로 눈앞에 보였다. 그들은 브로드피크 정상에 오전 10시에 올랐다. 바람이 점점 더 거세어졌다. 아차 하면 날아갈 판이었다. 쿠쿠츠카는 2캠프로 바로 돌아갔지만 동료가 보이지 않았다. 텐트에서 1시간 정도 기다린 그는 어떻게 해야 할지 종잡을 수 없었다. 그런데 마침내 쿠르티카가 나타났다. 그는 공포에 질린 모습이었다.

"왜 이렇게 오래 걸렸어?" 쿠쿠츠카가 물었다.

"여기서 이렇게 살아 있다는 게 얼마나 다행인지 몰라. 하마터면 정말 죽을 뻔했다니까." 쿠르티카가 대답했다.

보고서에는 이렇게 적혀 있었다.

"낡은 고정로프가 끊어져 텐트에 거의 다 와서 죽을 뻔했다. 6미터를 추락했으나 있는 힘을 다해 피켈을 휘둘렀다. 다행히 나는 사면에 붙어 있었다."

^^^

7월 12일 슐롱스크의 사나이들이 베이스캠프를 출발했다. 이틀 후 3캠프에 도착한 그들은 7월 14일 새벽 5시 구름 한 점 없이 쾌청한 날씨에 정상을 향해 떠났다. 그리고 오후 3시쯤 브로드피크 정상에 올라서서 등정 보고를 했다.

7월 13일에서 14일로 넘어가는 밤을 비엘리츠키는 서벽과 가까운 베이스캠프에서 보냈다. 그는 정상을 등정하고 나서 곧바로 하산해 그날 베이스캠프로 돌아온다는 계획을 세웠다. 세상의 어떤 등반가도 그런 시도를 해본 적이 없었다.

잠이 오지 않았다. 물론 고산에선 당연한 일이었다. 뇌에 산소가 충분히 공급되지 않으면 잠을 제대로 잘 수가 없다. 그리고 자주 깨게 되면 상념이 더 많아진다. 그의 머릿속은 오만가지 생각으로 뒤죽박죽이었다. 날씨는 좋아질까? 시간은 얼마나 걸릴까? 멀쩡한 정신으로 고도를 잘 유지할 수 있을까? 신

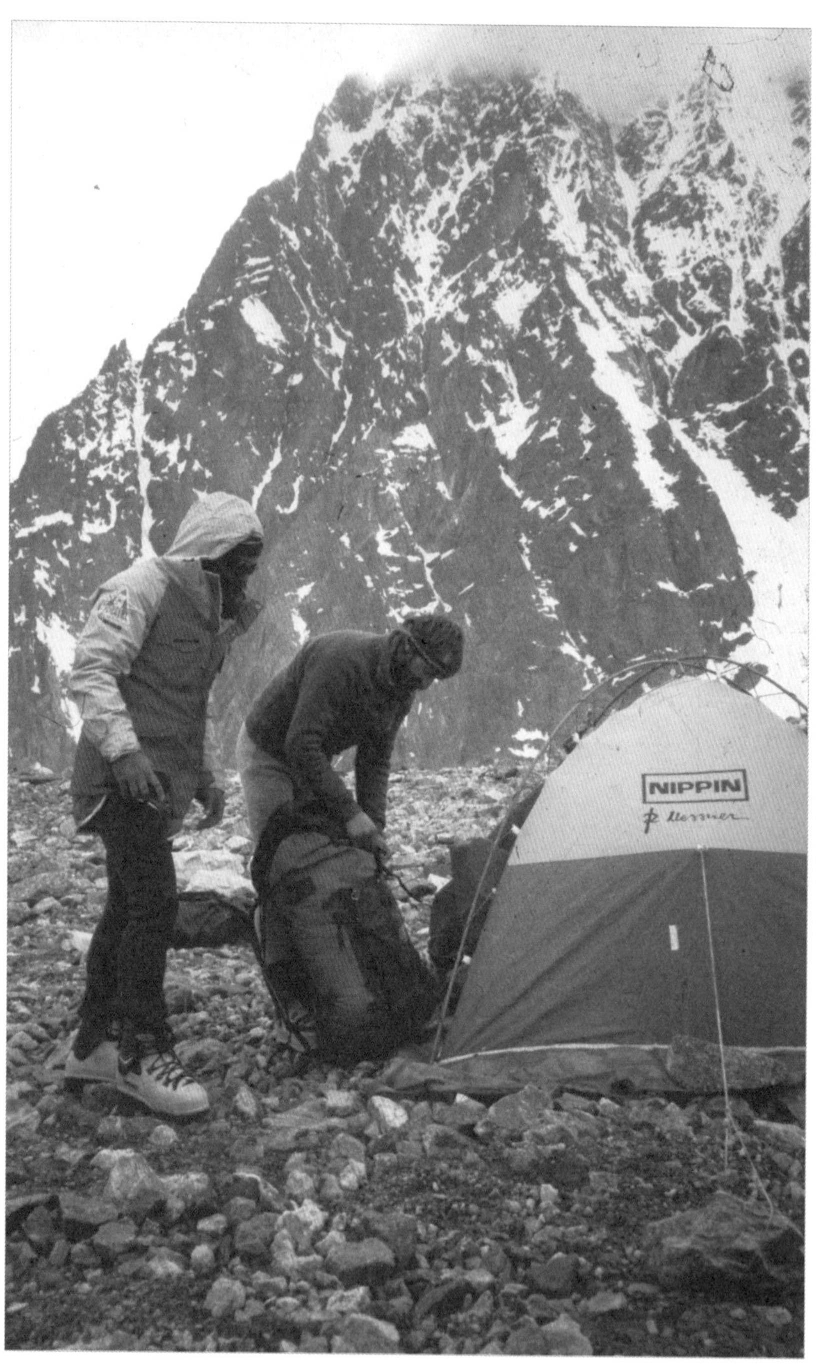

브로드피크 베이스캠프. 야누시 마예르와 크시스토프 비엘리츠키(오른쪽)

체가 어떤 위험을 감지하고 신호를 보내는 것은 아닐까? 그것이 뭘까? 그 신호를 알아차릴 수 있을까? 체조경기장에서 본 광경이 생각났다. 선수들이 최고의 속도로 내달린다. 누군가 스위치를 꺼버린 결승선 앞에서 쓰러진다. 그 다음에 그 선수는 어떻게 된 걸까?

만약 내가 의사라면 인간의 신체가 산에서 겪는 위험들을 변화시킬 수 있을까? 고소증, 저체온증, 과도한 자외선, 습기, 바람, 먹을 것도 마실 것도 부족한 상황들….

만약 내가 물리학자라면 분자기압을 제대로 이해하고, 또 히말라야 정상에 서면 산소가 부족하다는 것이 다 낭설이라는 사실을 알 수 있을까? 고도와 상관없이 바람은 21퍼센트가 산소로 이루어져 있다. 기압이 그 열쇠다. 고도가 올라갈수록 기압이 낮아진다. 바람을 만드는 가스들은 모두 분자기압을 가지고 있고, 기압의 합은 주변 환경 기압과 동일하다. 허파에는 공기가 가득 담길 수 있지만, 분자기압이 줄어들수록 피로 전해지는 산소의 양도 적어진다.

비엘리츠키는 등반의 속도를 올리고 싶었다. 1,000미터 올라갈 때마다 산소 내 분자기압은 13밀리미터수은주(mmHg)로 떨어진다. 5,500미터에 올라가면 해수면의 반이다. 8,000미터는 그 수치의 30퍼센트에 불과하다. 이에 대해선 이미 많은 연구결과가 나와 있다. 우리의 신체는 산소를 간절히 원하고, 두뇌는 호흡을 더 빨리 하라고 명령한다. 우리가 숨을 한 번 내쉴 때마다 수분이 빠져나간다. 그러면 몸의 수분이 더 빨리 떨어진다. 혈액이 응고되어 허파나 뇌에 부종이 온다. 심한 경우 동시에 올 수도 있다.

가장 중요한 문제는 바로 허파이다. 아주 높은 곳에 올라가면 양쪽 허파에 물이 차는 사람들이 있다. 숨이 가빠지고 쉬는 도중에도 숨을 쉬지 못할 수 있다. 피가 섞인 점액이 묻어나는 젖은 기침을 하거나, 허파 안에서 꾸르륵 소리가 난다. 입과 혀, 그리고 손톱이 파래지면서 머리가 아파오기 시작한다. 자칫하면 무호흡증으로 이어져 세상을 바로 하직할 수도 있다. 그래서 의사들이 산악인들에게 하는 이야기는 항상 똑같다. 환자가 발생하면 같이 있어줘라. 그리고 최대한 빨리 아래로 데리고 오고, 몸을 따뜻하게 해주고, 산소와 약을 공급해줘라.

그런데 만약 혼자 있으면 어떻게 되지?

뇌 이야기도 한 번 해보자. 산소가 부족해지면 뇌가 부을 수 있다. 그때 나타나는 증상으로는 심한 두통, 균형감각 상실, 갑작스러운 성격 변화, 구토, 시력·청력·사고력 감퇴, 정신혼란, 졸음, 혼수상태 등이 있다. 이런 뇌의 문제를 자각하는 방법이 몇 가지 있다. 손으로 코끝을 만질 수 없으면 그때는 바로 하산해야 한다. 100에서 1까지 거꾸로 세어보는 방법도 있다. 만약 할 수 없다면 건강에 이미 심각한 손상을 입은 것이다.

기온도 문제가 된다. 기온은 150미터 올라갈 때마다 1도씩 떨어진다. 강한 바람과 낮은 습도에선 동상에 쉽게 걸릴 수 있다. 바람은 허기를 더 느끼게 만들고, 정신적으로도 심한 고통을 준다. 정신이 나가버리게 만드는 그런 바람에 대해서도 심리학자들이 연구를 많이 했다. 끊임없이 부는 바람은 사람의 정신력을 나약하게 만든다. 의지도 약화시키고 불안감을 증폭시키며 깊은 충격에 빠지게도 한다.

비엘리츠키는 과연 어땠을까?

"나도 그렇게 자제력을 잃을까봐 걱정을 많이 했습니다. 지금은 최신 사진과 지도, GPS 등이 있지만 당시는 그 지역에 대해 아는 것이 없었습니다. 초등을 한 원정대가 남긴 1950년대 후반의 자료가 전부였죠." 그는 말했다.

비엘리츠키는 다른 동료들이 3캠프에서 나와 정상으로 향하면, 그때 베이스캠프를 출발할 계획이었다. 그러면 도중에 동료들과 만나게 될 것이고, 올라가는 길목에 폴란드, 스위스, 이탈리아 텐트가 있어서 안전을 담보할 수도 있을 터였다. 단독등반을 잘 수행하기 위해서도, 능력을 잘 발휘하기 위해서도 전략이 필요했다.

그는 자정이 되기 전에 배낭을 꾸렸다. 여분의 양말, 방풍 옷, 바라클라바, 방한 옷, 카라비너 두 개, 드라이버 하나, 테이프 세 개, 카메라와 필름, 여분의 배터리, 먹을 것, 2리터짜리 주스. 이런 정도면 충분하지 않을까.

7월 14일 그는 베이스캠프를 떠나 북쪽을 향해 20분 정도 걸었다. 구름 한 점 없는 하늘에는 둥근달이 떠 있었다. 쥐죽은 듯 고요한 가운데 안개가 피어올랐다. 그는 심호흡을 세 번 한 다음, 다시 길을 나섰다.

^^^

모든 것이 계획대로 진행되었다. 조건도 여러모로 잘 맞아서 5,800미터의 전진베이스캠프는 그대로 통과했다. 새벽 2시. 그 루트에서 맨 처음 맞게 되는 난코스가 눈앞에 펼쳐졌다. 얼음으로 뒤덮인 가파른 사면이다. 200미터만 위로 올라가면 동료들이 먼저 설치해놓은 고정로프가 있을 터였다.

더 추워졌다. 아무래도 2캠프에서 쉬어야 했다. 다리에 감각이 없었다. 그는 텐트에 앉아 차를 따뜻하게 데웠다. 그리고 스토브로 발을 녹였다. 동상 연고도 발랐다. 하지만 휴식도 30분이 끝이었다. 새벽 4시 40분. 그는 길을 다시 떠났다. 조금 더 위로 올라가니 거대한 눈과 세락이 있었고, 그곳을 통과하니 7,200미터에 3캠프가 있었다. 아침 8시였지만 서벽은 여전히 어둠에 묻혀 있었다. 해가 떠오르면 다시 발을 녹일 수 있을까. 오전 10시 첫 햇살이 텐트를 비추었다. 이제 더 따뜻해지겠지….

동료들이 저 위에 있었다. 비엘리츠키는 그들이 남긴 발자국을 따라갔다. 하지만 그것도 잠깐 동안만 부릴 수 있는 꼼수였다. 조금 지나니 바람이 모든 발자국을 지워버렸다. 콜까지는 그리 멀지 않았다.

그는 일지에 이렇게 기록했다.

"반쯤 갔을까, 정상 등정을 포기하고 내려오는 한스 셸Hans Schell과 마주쳤다. 그가 말했다. '난 나이가 너무 많아. 8,000미터는 이제 끝이야.'"

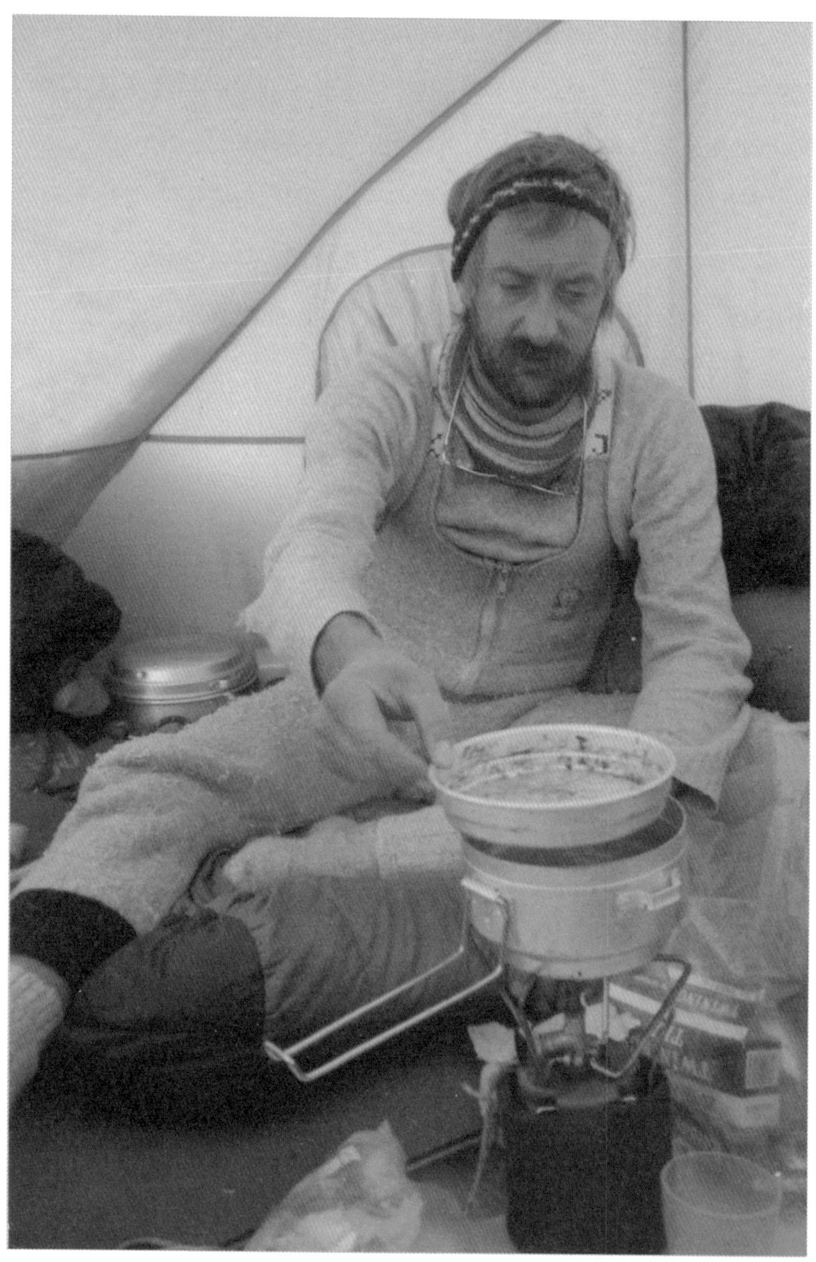

"겨우 6,300미터인 2캠프에 머물렀다. 이미 새벽 4시였다. 더 이상 쉬지 않고 가는 것은 무리였다. 발가락에 감각이 없었다. 텐트에 들어가 부츠를 벗고, 동상 연고를 다리에 바르고, 차를 끓였다. 해가 뜰 때까지 견딜 수 있도록 최대한 많이 마셔둬야 했다." 브로드피크 정상으로 가는 외로운 단독등반 길에서 크시스토프 비엘리츠키는 이렇게 기록했다.

참 이상한 일이었다. 셸은 오스트리아에서도 알아주는 등반가이며, 낭가파르바트도 오른 사나이였다. 그는 아직도 쌩쌩한 마흔여섯에 불과했다. 비엘리츠키는 서른여섯이 되던 해 유제프 니카Józef Nyka에게 이런 편지를 보냈다.

"브로드피크는 무엇보다 나의 체력을 점검하고, 나이가 들어가는 사람들의 능력을 시험한 곳이었습니다."

그런데 이것은 나중 이야기였다. 지금은 우선 계획에 따라 움직여야 했다.

계획에 따르면 콜에는 오후 3시 전까지 도착해야 했다. 그러지 않으면 정상까지 가기에는 너무 늦게 될 터였다. 콜에 도착하니 오후 2시라서 그는 사뭇 흥분했다. 그러면 15분 정도는 다리를 풀고 갈 수 있을 터였다. 그의 신체에서 첫 번째 안 좋은 신호를 보냈다. 머리를 쥐어짜는 고통이 더 거세진 것이다. 고소에 너무 빨리 오르면 나타나는 현상이었다. 파라노이드가 도움이 되었다.

정상을 향해 능선을 타고 올라갔다. 루트에 눈들이 고드름처럼 매달려 있어 아주 위험했기 때문에 고도의 집중력이 필요했다. 발을 조금만 잘못 디뎌도 추락할 수 있었다. 능선 위에 사람들의 형상이 보였다. 앞서 떠난 동료들이 정상에 서 있는 것이 틀림없었다. 이제 됐다. 더 이상 오르지 않아도 되니까.

그런데 이것은 브로드피크가 숨기고 있는 가장 큰 함정이다. 많은 사람들이 그곳을 정상으로 착각한다. 물론 그것도 봉우리이기는 하지만 전위봉일 뿐이다. 이 산을 초등한 사람 중 하나인 쿠르트 딤베르거Kurt Diemberger는 이렇게 기록했다.

"극도의 피로로 인해 사람들은 살짝 기쁨의 환각에 빠지기도 한다. 나는 정상에 있다. 정말로 브로드피크에서 가장 높은 곳에 와 있다. 길고 완만한 능선이 남쪽으로 이어진다. 아, 그런데 그곳에 가면 눈 덮인 봉우리가 반짝인다. 더 높다!"

^^^

하산하는 동료들이 20미터만 더 올라가서 아래로 내려가면 정상으로 가는 루트가 나온다고 알려줬다. 도중에 높은 봉우리인 전위봉을 또 지나야 하기 때문에 힘을 절약해야 했다.

오후 4시. 비엘리츠키는 이제 정상에 서 있었다. 혼자 쟁취하는 승리는 그 맛이 더 쓸쓸하다고 그는 일지에 적었다. 감정을 나눌 수 있는 누군가와 함께 있는 것이 훨씬 더 낫다는 것이었다.

지금은 이리저리 생각할 여유가 없었다.

어떻게든 빨리 내려가 전위봉을 지나고 콜로 내려가야 계속 아래로 내려갈 수 있을 터였다. 이런 속도라면 그날 내로 귀환할 가능성이 높았다. 힘을 더 내야 했다. 신체가 미쳐가고 있었다. 그는 일지에 이렇게 기록했다.

"내가 마지막이다. 모두가 나보다 앞장서서 가고 있다. 콜로 재빨리 내려가야 한다. 차를 끓여 마실 수 있는 도구를 도중에 버린다."

동료들은 3캠프에서 밤을 보냈다. 하지만 비엘리츠키는 그럴 수 없었다. 오후 7시 그는 2캠프를 향해 내려갔다. 눈이 들러붙기 시작했다. 내려가는 길이 너무 힘들었다. 발을 내딛을 때마다 피켈이 부츠에 부딪쳤다. 한 발짝, 그리고 피켈이 부딪친다. 툭 툭 툭. 오후 8시 10분 그는 2캠프에 도착해, 배낭에서 차와 간식을 꺼내 먹었다. 벽이 끝나는 곳까지는 여전히 1,500미터가 남아 있었다.

아직 힘이 있다는 사실이 놀라웠다. 온 힘을 다해 정상에 오른 사람은 내려갈 때 힘이 금방 빠지기 마련이다.

"난 여전히 에너지가 넘쳤습니다. 희열을 느끼고 있었지요." 비엘리츠키는 말했다.

그리고 그는 일지에 이렇게 적었다.

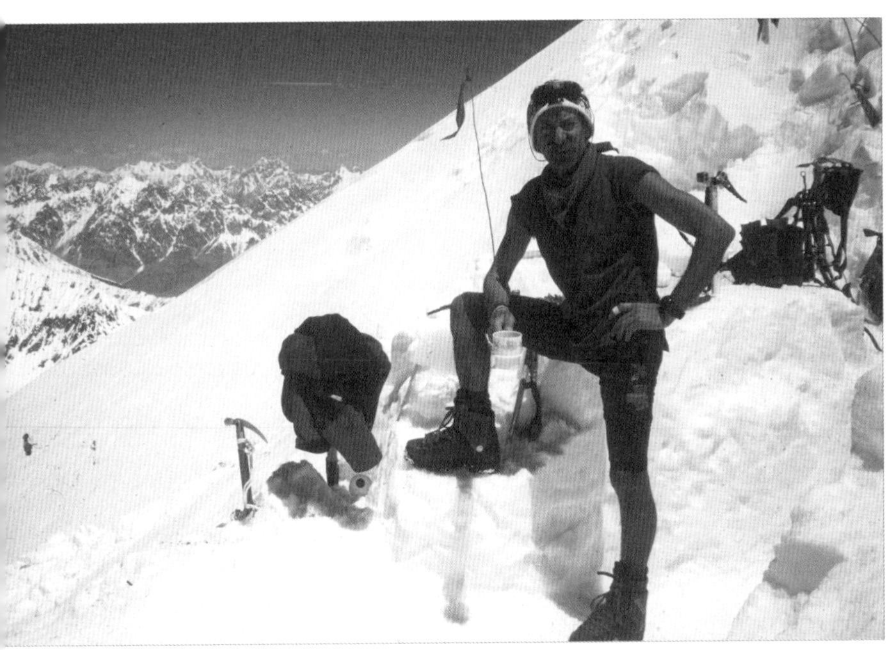

크시스토프 비엘리츠키는 브로드피크를 홀로 등정했다. 그가 정상까지 갔다가 돌아오는 데는 22시간이 채 걸리지 않았다. 이 등반 이후 그는 '하늘을 나는 말flying horse', 즉 페가수스라는 별명을 얻었다. "원래 이름과 성보다 발음하기가 훨씬 쉽네." 그는 일지에 이렇게 기록했다.

"베이스캠프로 돌아오는 길은 본능적인 구역질, 그리고 시간과 벌이는 하찮은 투쟁이었다. 나는 자정 이전에 귀환하고 싶었다."

밤 10시 30분, 그는 눈 밖으로 조금 삐져나온 텐트에 앉았다. 그리고 다시 기록했다.

"크램폰도 풀지 않고 매트리스 위에 쓰러졌다. 내가 해냈다는 사실이 믿기지 않았다. 하지만 시계는 거짓말을 하지 않을 것이다."

브로드피크 정상에 오른 뒤 베이스캠프로 다시 돌아오기까지 22시간이 걸렸다.

『타테르니크Taternik』 잡지와의 서면 인터뷰에서 그는 이렇게 말했다.

"텐트 안은 내가 아침에 놔둔 그대로였다. 아무것도 변한 것이 없었다. 단지 세상이 조금 밝아졌다고나 해야 할까."

^^^

비엘리츠키의 성취에 대한 소문이 모든 등반가들에게 퍼졌다. 한스 셸은 그에게 '하늘을 나는 말flying horse', 즉 페가수스라는 별명을 붙여줬다.

7월 15일 아침, 비엘리츠키의 텐트 앞에 위대한 쿠르트 딤베르거가 앉아 있었다. 쉰 살의 이 오스트리아인은 폴란드 등반가의 손을 잡고 축하한다는 말을 하고 싶어 했다. 파트너 줄리 툴리스Julie Tullis와 함께 다시 정상에 선다는 포부를 가진 그는 준비를 완벽히 끝낸 상태였다. 그는 대장간에서 방금 전에 만든 듯한 구식 크램폰을 신고 있었다. 마치 과거에서 미래로 온 듯이….

6장

이성과 광기 사이의 가늘고 붉은 로프

비엘리츠키의 장남 마르친은 어린 시절에 대한 질문을 받을 때마다 늘 이렇게 말했다.

"집에 안 계셨습니다. 적어도 제 기억 속에는. 그런데 잠깐 들르실 때는 카고백에서 귤과 바나나, 사탕, 장난감 같은 것들을 잔뜩 꺼내주셨어요. 그때만 해도 폴란드는 그런 것들이 흔치 않았습니다. 배낭은 축축하고 지저분했지만 레몬향 냄새로 그나마 조금 나았어요. 아주 끔찍한 정도는 아니었죠. 어린 여동생들은 아빠를 항상 보고 싶어 했는데, 나중에 친구 분들이 우리 집에 놀러 와서, 등반 도중 누가 어쩌다 죽었다는 얘기를 많이 하니까 고개를 끄덕이기도 했어요. 그중에는 영영 보지 못한 분들도 있지요. 그 후로 다신 오지 않았으니까요. 그러자 아빠에 대한 걱정이 생기기 시작하더군요. 혹시 아빠도…?

◀ 1984년 10월 마나슬루 등정을 마친 후의 알레크산데르 르보프(왼쪽)와 크시스토프 비엘리츠키(오른쪽)

자신의 열정을 실현하기 위해선 가족과 떨어져 사는 게 숙명이라던데 우리 가족도 그런 대가를 치르고 싶은지 묻는 사람은 아무도 없었어요. 여자들은 등반가들의 삶이 어떤지 알고, 그래서 평생 생명의 위협과 마주하는 것을 각오하고 결혼을 하잖아요. 여자들은 알아서 결혼을 한다고 쳐요. 그런데 애들은요? 우린 선택의 여지가 전혀 없었습니다. 대가를 치른다고요…. 아빠 없이 우리끼리만 둘러앉은 크리스마스이브 식탁이 아빠의 성공에 대한 대가인가요? 산수 문제를 풀 수 없어서 아빠가 옆에서 도와주셨으면 좋겠는데, 산에만 계세요. 등반가들은 한 가지 목표에만 집중하니 자신이 치러야 할 대가는 그리 많지 않을 거예요. 아버지와 그런 얘기를 한 적은 한 번도 없어요. 내 생각에, 아빠는 아시면서도 일부러 우릴 그렇게 놔둔 거 같아요. 아빠가 어떤 위험에 처해 있는지 세 살배기가 뭘 알겠어요. 열 살이 되면 뭔가 본능적으로 깨닫고 겁을 내기 시작해요. 언제나 우리의 뇌리 속에서 서성이고 있는 두려움이 무슨 변화라도 불러올 것 같나요? 만약 내가 아빠처럼 익스트림 스포츠 선수라면 과연 가족을 꾸릴 수 있을까 하는 고민을 가끔 해봐요. 아마 꾸리지 않을 것 같습니다."

^^^

아들 걱정으로 잠을 이루지 못하는, 비엘리츠키의 어머니 게르트루다 비엘리츠카는 산에 간다는 아들을 말리지 않고 내버려두는 욜란타를 이해할 수 없었다.

"돈을 벌어야 할 거 아네요."

욜란타는 항상 이런 식이었다.

"욜란타가 왜 그럴까? 나도 이해해보려고 했습니다. 나도 모험을 사랑하고, 등산이 사람의 식견을 넓혀준다는 것도 잘 알아요. 살면서 보지 못한 공간과 새로운 문화를 만나는 건 커다란 가치가 있지요. 고산에 다

크시스토프 비엘리츠키의 가족사진. 뒷줄 왼쪽부터 아내 욜란타 비엘리츠카와 막내딸 마르타, 게르투르다 Gerturda 비엘리츠카, 에드문드Edmund 비엘리츠키, 그라지나Grażyna(형수), 앞줄 왼쪽부터 크시스토프 비엘리츠키, 조카 바르테크Bartek, 아들 마르친과 딸 안나, 형 즈비그녜프와 조카 프셰메크Przemek

녀왔다는 게 사람을 얼마나 고결하게 만드는지 폴란드 산악인들을 보면 알아요. 내가 알고 지낸 산사람들은 정말 각양각색이었지만, 그래도 자신만 아는 속 좁은 사람들은 아니었습니다. 학생이건 교수건 산악인들을 만나면 정말 공경하는 마음가짐으로 대했고, 모두 똑같이 평등한 사람으로 봤어요. 그 사람들과 함께 인도의 가르왈 원정에 한번 간 적이 있었는데, 정말 믿기 힘든 모습을 봤습니다. 다리가 하나밖에 없는 사람들이 비행기에 탔어요. 그런데 타자마자 얼굴에 웃음기가 어리며 생기가 돌더군요. 그동안 있었던 일들은 모두 공항에 두고 온 것 같았습니다. 그런데 연이어 사고소식이 들리면서 등반이 단지 아름답거나 고결한 것만이 아니라, 자칫 인생의 마지막이 될 수 있는 여행이라는 걸 제대로 깨달았습니다."

비엘리츠키는 부인과 이런 대화를 주고받지 않았다. 이런 주제로는 이야기하고 싶어 하지 않았기 때문이다. 그녀는 비록 남편 친구들로부터 더 많은 이야기를 듣기는 했지만, 그것만으로는 제대로 파악하기가 힘들었다. 무언가 좀 알아들을 만하다 싶으면 이야기가 곧 딴 데로 빠졌다.

"안제이 하르트만이 가네시2봉에서 하산 중 추락사한 지 2년이 지나고 나서야, 그전에 이혼한 부인이 나에게 묻더군요. 그때 왜 아무도 구조에 나서지 않았냐고요." 욜란타는 말했다. "남편한테 그 질문을 전했습니다. 그랬더니 엄청 짜증내면서 대답하더군요. 그럴 필요가 전혀 없었다고. '안제이는 바로 우리 눈앞에서 바닥으로 추락했어.' 그게 다예요. 더 이상은 한마디도 안 했어요. 아이고, 하느님!"

남편이 그렇다고 하면 그런 것이었다. 욜란타는 비엘리츠키의 머릿속에 말뚝처럼 박혀 있는 소위 이성이라고 부르는 이상한 것 때문에 남편이 죽은 동료들의 시신을 찾아 떠나는 것이라고 믿었다. 남편은 산에서 겪게 될 위험이나 사고에 대해 말하는 법이 없었다. 집에선 금기사항이었다. 욜란타는 남편이 별 탈 없이 등반을 마치고 돌아오리라 믿고, 그가 없어도 살림을 잘 꾸려 나갔다. 남편은 자신이 겪고 있는 두려움에 대해선 단 한 줄도 편지에 쓰지 않았다. 욜란타는 편지에 이렇게 에둘러 말했다.

"고장이 나니까 기계지 안 그러면 그게 기계예요? 세탁기, 청소기, 자동차 다 고장이 났고, 전화는, 뭐 좋게 말하자면, 끊겼어요. (돈을 못 냈다는 말이죠.)"

아니면 이런 식이었다.

"집은 모든 게 예전 그대로예요. 세탁기가 완전히 맛이 가서 손빨래를 하고 있어요. 돈이 생기면 그때 새로 사죠, 뭐."

그리고 시어머니에게는 이렇게 말했다.

"크시스토프도 이제 가장인데, 가족한테 책임감을 가져야 해요."

안나는 전화기가 울리기만 해도 "아빠, 아빠."라면서 수화기를 들었다. 딸들은 아빠 사진에다 뽀뽀했다. 아빠가 상상에서만이 아닌, 완전체로 곁에 있다고 생각하는 모양이었다.

이별이 더 힘들어졌다. 욜란타는 흐느끼고, 아이들은 달려와 다리를 붙잡고 놓아주려 하지 않았다. 이웃들도 집에서 나와 같이 울먹였다. 그렇다고 뭐가 달라질 수 있을까?

욜란타가 말했다.

"그랬더니 우리가 잠들길 기다렸다 나가기 시작하더군요."

^^^

등반은 등반일 뿐이었다. 브로드피크에 다녀온 후 비엘리츠키는 히말라야로 다시 갈 준비를 하기 위해 잠시 집에 머물렀다. 미하우 야기에워Michał Jagiełło는 그때의 비엘리츠키를 보면 이렇게 말했을 것이다. 그가 등반의 발정기에 있다고.

브로츠와프의 친구들이 세계 제7위의 고봉인 마나슬루에 가자고 유혹했다. 1980년에는 푼젠 빙하 쪽에서 시작되는 남벽의 까다로운 신루트 등반을 성공하지 못했다. 6,300미터 지점에 이르자 눈사태가 발생해 그들은 발걸음을 돌려야 했다.

"눈사태가 두 번 발생했는데, 첫 번째 것은 정말 강력했습니다. 빙하 하나를 몇 미터 두께의 눈과 데브리와 스크리로 완전히 덮어버리더군요." 당시 브로츠와프 팀의 리더였던 야누시 페렌스키Janusz Fereński가 말했다.

이제 브로츠와프 사람들이 다시 나섰다.

1984년 가을, 비엘리츠키를 제외하고 스타니스와프 아니오우Stanisław Anioł, 의사 보이체흐 요나크Wojciech Jonak, 알레크산데르 르보프, 스위스에서 온 안드레아스 뮐러Andreas Müller, 크시스토프 판키에비치, 루드비크 빌친스

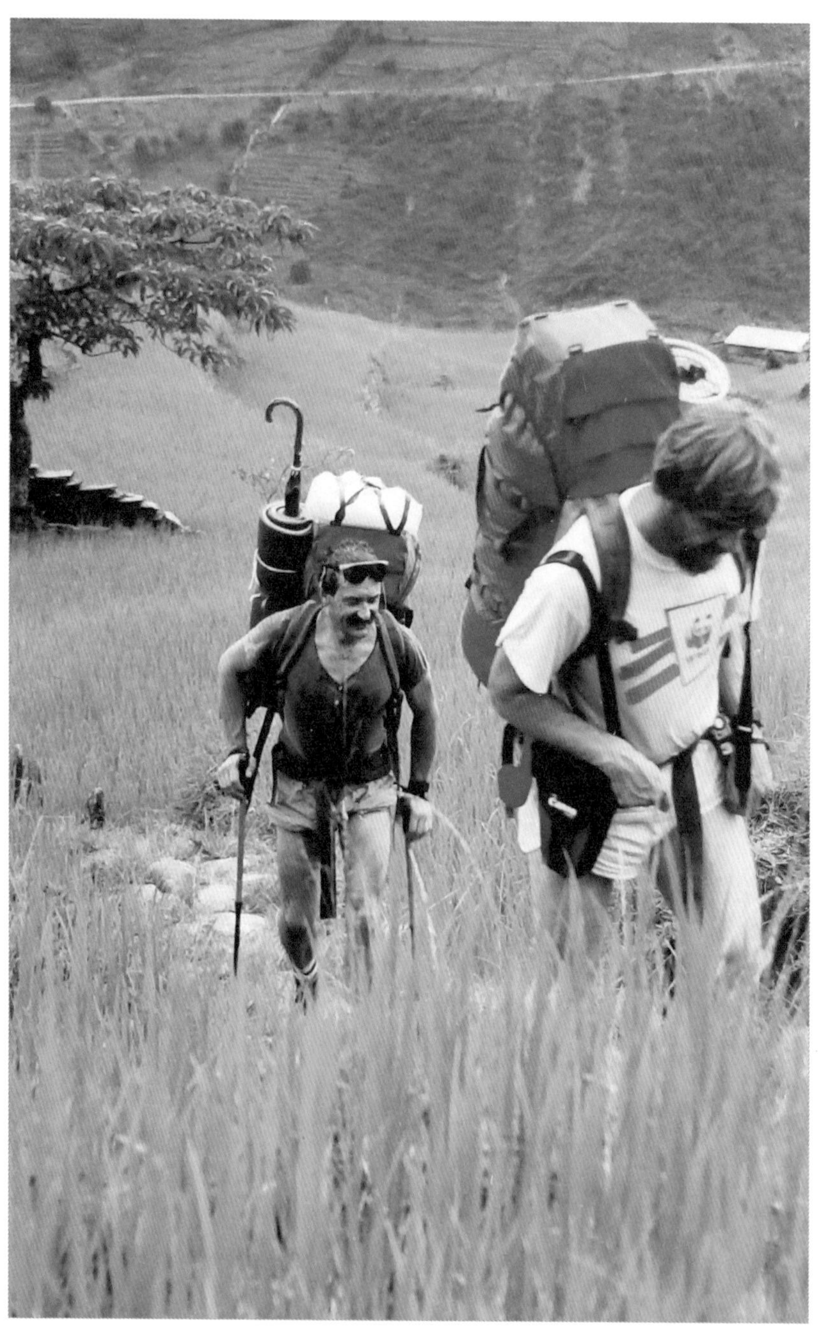

마나슬루로 향하는 크시스토프 비엘리츠키. 곧 날씨가 더 험악해지고, 베이스캠프가 눈에 덮일 것이라고는 꿈에도 생각하지 못하고 있다.

키Ludwik Wilczyński가 합류했다. 대장은 야누시 쿨리시Janusz Kuliś였다. 베이스캠프는 푼젠 빙하의 모레인 위에 구축했다. 등반이 아주 잘될 것으로 믿은 그들은 재빨리 1캠프를 치고 나서, 콜로 이어지는 쿨르와르의 빙벽에 고정로프를 설치했다. 베이스캠프에선 망원경으로 그들의 고투를 지켜봤다. 11월 8일 르보프와 비엘리츠키가 콜에 텐트를 쳤다. 그곳은 아무도 올라가본 적이 없는 곳이었다. 일단은 가장 힘들고 위험한 구간을 넘어선 셈이었다. 베이스캠프에서 환호성이 터져 나왔다. 의사는 약국에서 가져온 스피릿을 한 잔씩 따라줬다.

하지만, 안 좋은 징조가 여러 차례 나타나 기쁨은 오래가지 못했다. 인도는 상황이 좋지 않았다. 힌두교 국가인 인도와 이슬람을 믿는 파키스탄 국경 인근 지대인 펀자브주에 사는 시크교도들 때문이었다. 1983년, 극단적인 시크 분리주의자 자르나일 싱 빈드란왈레Jarnail Singh Bhindranwale가 펀자브의 주도인 암리차르의 황금사원 스리 하르만디르 사히브를 점령하고 성전을 선포했다. 그리하여 인도군이 배치되었는데, 황금사원을 탈환하기 위한 36시간의 전투에서 400여 명이 사망했다. 그중에는 자르나일도 있었다. 그에 대한 복수로 시크교 분리주의자들은 인디라 간디에게 테러를 자행했다.

파키스탄은 인도와의 국경을 폐쇄했다. 이제 아시아를 통해 물건을 실어 나르는 것이 불가능하게 되었다. 비용을 더 많이 들여 화물비행기를 이용하는 수밖에 없었다.

공항에선 트럭운전사가 짐만 실은 채 대원들은 기다리지도 않고 델리로 떠나버렸다. 그리하여 그들은 만원 버스에 시달리며 카트만두로 향했다. 델리에서 그곳까지는 대략 70시간이 걸렸다.

통신담당 시드자파티 싱Sidjapati Singh은 그냥 일하는 척만 하는 사람이었다. 게다가 일을 하면서도 항상 무언가에 화가 난 표정이었다. 그의 별명은 라로laro였다. 그 뜻은 네팔말로 남자의 성기를 의미했다.

마나슬루로 걸어 들어가는 알레크산데르 르보프(왼쪽)와 크시스토프 비엘리츠키

짐꾼 하나가 판키에비치의 개인물품이 들어 있는 파란 플라스틱 드럼통을 부리 간다키강에 빠뜨리고 말았다. 그러자 그 통은 강물을 타고 흘러내려갔다.

사실은 브로츠와프에서부터 불운이 원정대를 따라다녔다. 통관을 하지 못한 짐들이 스타니스와프 아니오우의 집 지하실에 있었다. 원정대원들이 그 짐을 오켄치에공항으로 가져와 풀었다. 그때 세관원들이 트럭 옆면을 봉해버리는 바람에 그것들을 가지고 나갈 수가 없었다. 통속에는 등반에 필요한 것 말고도, 인도에 가서 곧장 달러로 바꿀 수 있는 물건들이 잔뜩 들어 있었다. 테니스화, 운동화, 주스메이커, 소련제 사진기, 크리스털 화분, 조니 워커, 헤어드라이어기 등. 세관원들이 밀수품을 찾지 못한 것이 그나마 다행이었다. 대원들은 그것을 기념해 파티를 벌였다. 그때 아니오우의 이웃 하나가 들어왔다. 그는 아니오우가 지하실에 놔둔 파란 플라스틱 드럼통 15개에 대해서 물었다. 어떻게 하지?

짐은 세관을 통과해 도장까지 받았으니 이제 모든 것이 끝난 셈이었다. 지하실에 있던 파란 플라스틱 드럼통들은 이웃사람도 까마득히 잊고 있었다. 달리 도리가 없었다. 드럼통의 내용물을 나누어 쌀 수밖에. 그들은 초과된 중량에 대한 돈을 내고 기내로 가지고 들어갈 수밖에 없었다.

현지에 도착하자 꿈부터 뒤숭숭했다. 꿈속에서 비엘리츠키는 크로스컨트리 경기에 참가하고 있는데, 스키가 없었다. 폭설을 예고하는 것으로 해몽하면 될까? 그런데 11월에는 눈이 자주 내리지 않는다. 눈이 온다고 믿어야 하나?

네팔인 주방장 라추Lacchu는 폴란드 단어들을 재빨리 익혔다. 모든 징조를 신봉하는 그는 좋은 날씨를 내려달라고 신들에게 기도하고 나서, 의식에 대해 시주를 하라고 요구했다. 그런데 지금은 하늘을 쳐다보며 손을 힘없이 벌리고 진지하게 폴란드 욕을 해댄다.

조금씩 내리던 눈이 이제 더 많아지면서 눈발도 굵어졌다. 그러더니 길을 완전히 덮어버렸다.

르보프와 비엘리츠키는 베이스캠프에서 콜로 올라갈 시간을 기다렸다. 날씨가 금방 풀리리라 믿고 싶었다. 비엘리츠키는 그날의 눈에 대해 이렇게 적었다.

"하얀 깃털이 온 세상을 이불처럼 촘촘히 덮어버렸다." 그는 집으로 돌아가는 상상을 했다. 벽난로에서 이글이글 불타고 있는 장작의 타닥거리는 소리가 들리는 곳으로. 고양이 '가프치아Gapcia'와 함께 눈 내리는 풍경을 창문으로 바라보는데, 고양이는 눈을 감고 조용히 골골 소리를 내고 있다.

눈이 끊임없이 세상을 덮었다. 베이스캠프로 돌아가야 했다. 그런데 그것도 쉽지 않았다. 쿨르와르를 따라 내려갔다. 습기가 없어 분설 눈사태가 계속 일어났다. 조금 전에 눈사태가 난 곳 위를 횡단했다. 피로에 지친 그들이 베이스캠프로 들어왔다. 그리고 일주일 동안의 휴식.

1984년 11월 마나슬루의 폴란드 원정대 베이스캠프. 식량이 가득 담긴 수십 개의 파란 플라스틱 드럼통을 정리하는 데는 별다른 마음가짐을 가질 필요가 없었다. 원정대의 네팔인 주방장은 폴란드 욕을 잘했다.

^^^

비엘리츠키는 제임스 존스의『가늘고 긴 선』을 읽었다. 요지는 이러했다.

"이성과 광기 사이에는 가늘고 긴 선만 있을 뿐이다."

그 문장이 뇌리에서 떠나지 않았다.

'이게 정말인가. 우리의 일에 이 내용을 적용해보고 싶다. 그 선이라는 것은 아주 굵거나, 아니면 두 줄로 되어 있는 것처럼 보인다. 이성에서 이어지는 선 하나, 그리고 광기에서 이어지는 선 하나. 상상력을 가진 사람들에겐 그 사이에 거대한 공간이 존재한다. 그러나 모든 사물을 이름으로만 인식하는 사람들에겐 그 공간이 작을 수도 있다. 그 선들의 위치를 파악하는 것은 아주 주관적인 행동이며, 우리가 섣불리 결정할 수 있는 문제가 아니다.'

우리는 왜 산을 오르며, 왜 위험을 감수하는가. 경험을 얻거나 난관을 극복하기 위해서? 우리 자신을 위해서, 아니면 타인을 위해서? 그는 여러 가지 상념들로 머리가 복잡했다.

양차대전 사이에 활약했던 조지 맬러리George Mallory는 영국에서 가장 유명한 고산등반가 중 하나다. 에베레스트 원정을 세 번이나 간 그는 아마도 이렇게 대답할지 모른다.

"왜 산에 가느냐고 묻는 사람들은 대답을 해도 알지 못해."

영국의 고산등반가이자 작가, 사진가, 식물학자인 프랭크 스마이드Frank S. Smythe는 혹시 이런 답을 제시해주지 않을까?

"고산등반가인 우리조차도 잘 모르는데 그런 질문에 어떻게 대답한단 말인가. 어려움을 이기고, 난관을 극복해나가며, 경이롭고 아름다운 산의 풍경을 보는 것만으로도 그동안의 고생에 대한 보답을 받는 것 아닌가?"

폴란드 산악인 시몬 그로홀스키Szymon Grocholski라면 진실을 조금 더 가깝게 인식했을지 모른다. 그는 이렇게 기술했다.

“노력이 없다면 휴식도 없다. 위험이 없다면 공포도 없고, 안식이 없다면 고통도 없으며, 최선이 없다면 최악도 없다.”

반다 루트키에비치는 이렇게 말했다.

“삶의 기쁨은 그것을 잃어버린 후에야 비로소 느낄 수 있다. 산을 오르면 우리는 여러 가지 기쁨을 느낀다. 살아 있다는 사실, 한 잔의 뜨거운 차, 짧은 휴식의 달콤함, 따스한 햇살, 햇볕에 데워진 바위의 냄새. 이 외에도 수천 가지는 더 된다.”

원정대원들을 진단해본 적이 있는 정신과의사 즈지스와프 얀 린Zdzisław Jan Ryn은 확신을 가지고 이렇게 말했다.

“최악의 경우 죽음으로까지도 몰고 갈 수 있는 등반의 부정적인 결과에 대해 그들은 모두 완전히 인식하고 있었다. 그들이 산에 오르는 이유는 정신적 필요성을 잠재우기 위한 것이다. 등반은 약보다 더 효과적이다. 정상에서 경험하는 극한의 쾌락이 주는 강렬한 느낌 때문에 산에 오른다. 대부분의 등반가들에게 인생은 최고의 가치를 가진 것이 아니다. 이런 필요를 해결하는 것이 자기보호 본능보다 더 강하다.”

비엘리츠키의 장성한 딸 마르타와 안나는 왜 아버지가 항상 산을 선택했는지 아직도 이해하지 못했다.

“우린 아빠가 무얼 하는지, 무얼 경험하는지 전혀 알 수 없었습니다. 경험을 나누거나 털어놓으신 적도 없었고, 모험에 대해 얘기해주시지도 않았어요. 사람들이 아버지가 겪은 일에 대해 얘기 좀 해달라고 졸라대는 게 정말 싫었습니다. 아는 게 하나도 없다고 하면 내가 바보 같잖아요? 그런 주제가 나오지 않도록 항상 신경 썼어요.” 안나는 말했다.

그들이 기억하는 어린 시절은 이랬다.

“공항에서 손을 흔들고, 이별을 하면서 울고, 그런 거요.”

“아빠가 한 발자국도 못 움직이게 다리를 꼭 붙잡고 놓아주지 않았던 거요.”

짓는 데만 거의 10년이 걸린 집 앞의 비엘리츠키 부부(1995년 티히). 그는 '알파 로메오Alfa Romeo'차에 유독 마음이 약했다고 한다.

"우편배달부가 가져다준 네팔과 인도, 파키스탄의 이국적인 풍경이 담긴 알록달록한 엽서요. 그 뒤에는 '사랑하는 스머페트에게'로 시작해서 몇 줄 적혀 있지도 않았어요. 그냥 가족을 생각하고 사랑한다는 그런 말들. 그런 얘길 집에서도 해줬으면 좋았을 텐데요."

"민트로 채워진 초콜릿. 면세점에서 산 단단한 토블레로네Toblerone 초콜릿."

"아빠가 항상 옆에 있는 친구들을 부러워했던 거요."

욜란타는 말했다. "크시스토프가 우리 걱정을 많이 한 건 사실이에요. 상금을 받아서 집에 가지고 오면 아이들에게 뭐라도 좀 사주라고 하더라고요. 저는 그 냄새 나는 신발이나 좀 버리고 새로 사라고 했어요. 그럼 그걸 어떻게든 고쳐 와요. 또 한번은 통에다가 이국적인 과일들을 잔뜩 담아서 집에 가져왔어요. 오렌지, 포도, 바나나 같은 것들이요. 같은 아파트에 사는 애들하고 다 나눠 먹었어요. 물론 그 맛있는 음식이랑 선물은 무엇과도 바꿀 수 없다는 거 잘 알아요. 방학 동안 온 가족이 함께 간 여행은 딱 두 번뿐이에요. 꼬맹이 자동차를 타고 헝가리 발라톤Balaton 호수에 간 거랑, 결혼 20주년 기념으로 인도의 고아Goa에 함께 갔다 온 거요. 마르친은 어릴 때 지나가는 남자만 보면 다리를 끌어안곤 했어요. 그렇게 아빠가 그리웠던 거죠. 마르타도 기억할 거예요. 남편에게 우릴 사랑하면 여기에 남으라고 말했던 거요. 남편은 아이를 한 번 안아주곤 비행기에 올랐어요."

집에 돌아오면 항상 이런 질문이 이어졌다. 도대체 산에는 왜 가냐고.

도대체 왜?

마르타는 이렇게 말했다.

"어릴 적에 그런 질문을 하면 그냥 가야 한다는 말만 되풀이하셨어요. 시간이 지나서야, 그건 무슨 외적인 요소에 의한 것이 아니라, 아빠의 자발적인 선택에 의한 것이라는 사실을 알게 됐어요. 한데 그 사실을 알게 된 후 마음의

두 딸 안나와 마르타 그리고 크시스토프 비엘리츠키

상처가 더 심해졌습니다."

우리는 편지 한 통을 딸들에게 보여줬다. 1984년 마나슬루에서 쓴 것이었다. 그때 세 살이던 안나에게 비엘리츠키는 이렇게 썼다.

"지금은 아빠를 잘 이해하지 못할 거야. 하지만 네가 이 세상을 제대로 바라보면 주변에 많은 가능성이 있다는 것을 알게 될 거야. 우리 딸이 아빠의 열정과 사랑을 알게 되면 나를 조금이나마 이해할 수 있겠지. 산에서 돌아가면 그때 함께 산으로 놀러 가겠다고 약속하고 싶었다. 겨울에는 약속했던 스키장도 가고 말이야. 그런데 혹시 아빠가 너를 내버려둔 것을 머릿속 깊은 곳 어딘가에 쌓아두는 것은 아니니? 네가 일어났는데 아빠가 없으면 뭔가 속은 느낌이 드니?"

딸에게 쓴 편지에서 그는 이별이란 인생의 꿈과 열정을 실현하는 데 꼭 따라오는 대가이며, 단 하루라도 삶의 길을 아무 느낌이나 감정 없이 살지 말고 평생을 적극적으로 살라고 말했다. 그리고 이런 인사로 끝마쳤다.

"이 모든 경험이 몇 년 안으로 끝났으면 좋겠구나."

놀란 안나는 떨리는 마음으로 천천히 읽어 내려갔다. 그리고 머리를 내저었다.

"이런 편지는 처음 봐요. 아무도 이 편지를 저에게 보여주지 않았어요. 근데 정말 잘 쓰시지 않았나요?"

그러고는 마르타에게도 편지를 보여줬다.

"편지를 이렇게 잘 써서 보내주신 적이 한 번도 없었는데."

"이 편지를 왜 안 보내신 거지? 섭섭하게." 마르타가 편지를 심각한 표정으로 읽으며 말했다.

"정말 충격적이었어요. 이렇게 마음을 터놓은 적이 자주 없었으니까요. 제가 대학에 가고 난 후에는 마음이 좀 열렸나 봐요. 저에게 이메일을 보냈어요. 답장을 보내는 게 좋겠죠?"

^^^

마나슬루에선 어떻게 되어가고 있었을까? 제임스 존스의 책을 읽은 탓이었을까, 아니면 좁아터진 텐트 탓이었을까. 비엘리츠키의 머릿속에 이상한 생각이 떠올랐다. 그는 정신이 나간 듯 무언가를 잔뜩 써 내려갔다. 그런데 사랑과 이기주의라는 단어들이 유독 눈에 띄었다.

"사랑과 이기주의. 겉으로 보기에는 아무런 공통점이 없어 보이지만 사실은 그렇지 않다. 사랑은 이기적으로만 할 수 있다. 육체적이고 심리적인 신뢰란 바로 이 이기주의에서만 나오는 것이 아닐까. 첫사랑을 만나자마자 인생의 반쪽에 대해서 생각을 하는가? 아니다. 그런 생각을 하는 것은 우리 자신일 뿐이다. 성숙한 이후에야 동반자를 찾게 된다. 하지만 그것은 이전과는 전혀 다른 생각일 것이다. 사소한 일상과 이기주의에 빠져버린 감정이 변해간다. 사

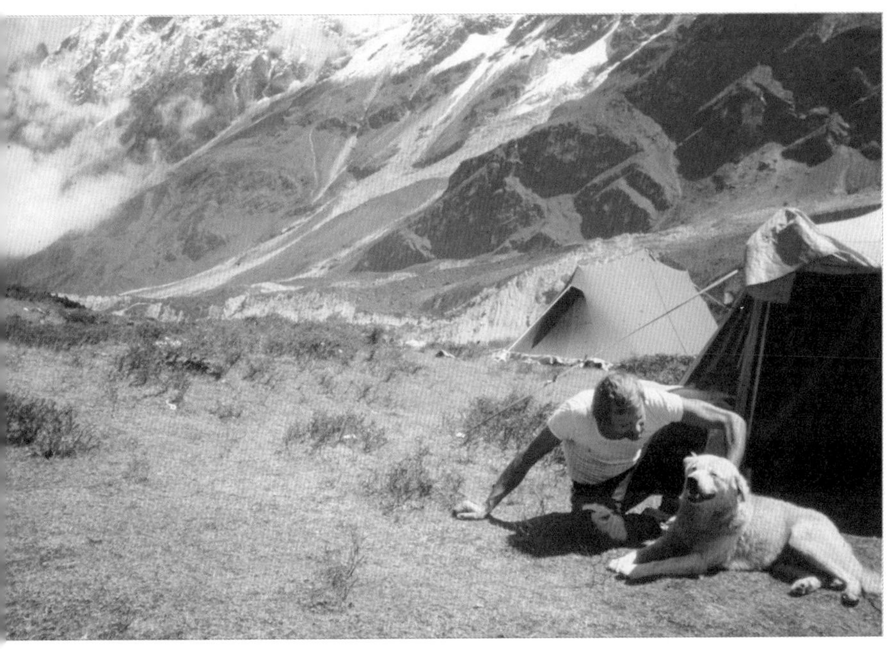

근처를 어슬렁거리던 개 한 마리가 마나슬루 원정의 마스코트가 되었다. 이 개는 폴란드 등반가들을 아주 좋아했다. 이것이야말로 교감이 아닐까? 그들은 먹을 것을 서로 나누어 먹었다.

람이란 기쁨을 왜 그리 쉽게 느끼는 걸까?" 그는 이렇게 생각했다.

'홀딱 젖은 난 허기지고 지친 채 텐트에 들어갔다. 이틀 전에 마시다 말고 놓아둔 차를 데우고, 소시지를 조금 잘라서 마른 빵 위에 올린 다음, 걸신들린 듯 먹었다. 누군가에게 쫓기듯이. 하지만 만족감은 최고였다. 입에서 빵이 아삭아삭 부서졌다. 이런 기본적인 욕망을 채우는 것이 진정한 기쁨이 아닐까? 방광이 가득 찼을 때 소변을 보면 행복하지 아니한가? 우리 같은 평범한 사람들만 그렇게 느끼는가? 박물관에서 일하는 사람들이나 교수들도 소변을 볼 때 즐거움을 느끼는가? 그렇지 않다면 그들은 전립선에 문제가 있을지도 모른다.'

그리고 빛에 대해선 이렇게 말했다.

"빛이란 그냥 눈에 보이는 현상인가, 아니면 눈을 위한 양식인가? 우리의

감각과 정신은 빛으로 더 풍족해진다. 태양의 빛과 촛불은 엄연히 다르다. 태양은 세상을 모두 연결하지만 촛불은 가장 가까운 사람에게만 빛을 비춰준다. 빛의 힘이란 그 빛이 연결해주는 사람들의 수에 비례한다. 촛불이 얼마나 많은 사람을 비춰줄 수 있나? 아마 두 명 정도. 인구수를 촛불로 잴 수 있을까?"

"이런 영감은 인간을 감싸고 있는 영혼의 꼭짓점에 대해 생각하게 만든다. 취향이란 무엇이고, 왜 사람들마다 다 다를까? 과연 이 영혼의 꼭짓점은 무슨 역할을 하는가?"

그는 47이라는 숫자에 대해 생각했다. '왜 47이라는 숫자가 날 따라다니지?'

하지만 생각을 정리했다. '이제 됐어. 이러는 동안 10만 개의 뇌세포가 죽어나갔네.'

미쳐가는 것이었을까? 이번 등반일지의 표지에는 이렇게 적혀 있었다.

"마나슬루 1캠프. 5,650미터."

이것은 그냥 높이만을 말하는 것은 아닐 터였다.

^^^

11월 16월. 마침내 눈이 그쳤다. 비엘리츠키, 빌친스키, 판키에비치, 그리고 르보프가 텐트를 나섰다. 한데 1캠프의 텐트가 눈에 보이지 않았다. 그곳은 50센티미터의 눈으로 덮여 있었다. 쿨르와르에 설치한 고정로프도 눈에 묻혀 얼어 있었다. 자를 수밖에 없었다. 바로 옆에서 난폭하게 달리는 기차처럼 굉음을 내며 연이어 떨어지는 눈사태 앞에서 우리는 의연해야 했다.

1캠프에서의 밤을 비엘리츠키는 이렇게 회상했다.

"그때 유행하던 빌리 조엘Billy Joel의 명곡 「언 이너슨트 맨An Innocent Man」을 들었다. 음악의 선율을 따라 마음이 흘러갔고, 그러더니 폭발하듯 내 가슴을 울렸다."

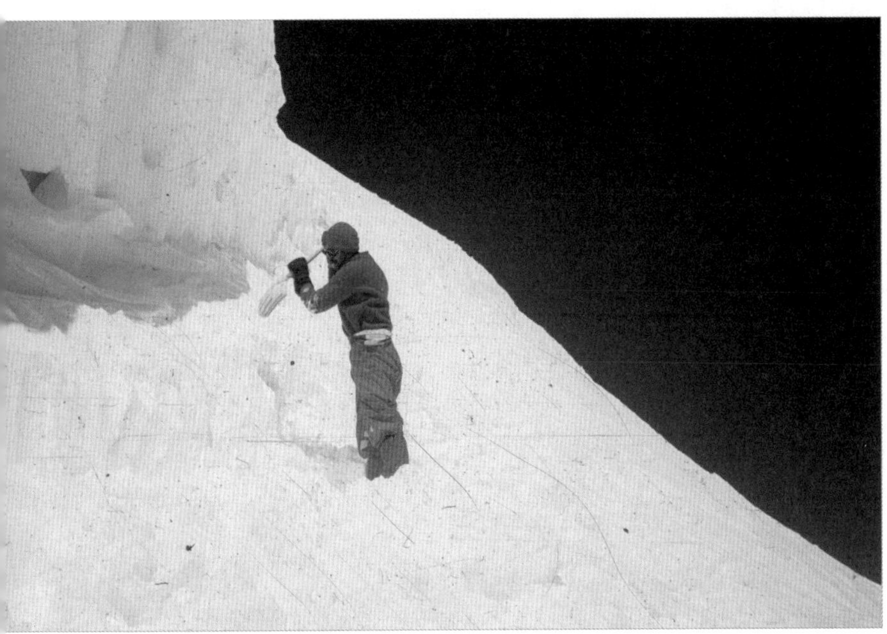

1984년 마나슬루의 크시스토프 비엘리츠키

르보프는 이렇게 기록했다.

"다행히도, 작은 눈사태들이 쿨르와르를 따라 올라가는 우리의 등반을 더 다채롭게 만들었다. 햇볕을 받은 벽들이 얼음 옆에 양각되어 있는 홈통을 타고 떨어지는 눈을 밖으로 밀어냈다. 잘 살펴보고 있다가 적당한 때를 잡아 뛰어야 했다. 위험했지만 우리 넷은 함께 콜로 향했다."

다음 날 동이 틀 무렵, 비엘리츠키와 빌친스키는 간단하게 짐을 꾸려 정상으로 곧장 올라가려 했다. 그들은 세락들이 시시탐탐 노리고 있는 7,400미터까지 올라갔다가, 11시쯤 콜로 돌아왔다. 어떻게 해야 하지?

텐트에서 토론이 벌어졌다. 그리고 텐트 하나에 침낭 두 개를 가지고 넷이 알파인 방식으로 정상을 공략해보자는 데 합의했다. 11월 19일 캠프를 출발한 그들은 세락의 장벽까지 갔다. 어떻게 통과해야 하나? 비엘리츠키와 르보프가 정찰에 나섰다. 그리고 통과해 나갈 만한 곳을 찾아냈다.

"3시간 동안 설원에서 헤매다, 오후에서야 편안한 장소를 찾았다. 하나는 알렉산데르 것이었고, 또 하나는 내 것이었다. 그곳은 그냥 호텔이었다." 마나슬루를 등반하던 비엘리츠키는 이렇게 기록했다.

힘겨운 밤이었다. 장정 넷이 작은 텐트 안에서 둘씩 한 침낭에 누워 있으니, 휴식 따위는 꿈조차 꿀 수 없었다. 판키에비치와 빌친스키는 몸이 좋지 않아 동행하지 않고, 비엘리츠키와 르보프만이 길을 나섰다.

11월 20일 새벽 4시쯤 그들은 정상 도전에 나섰다. 시간이 아주 많으니 정상에 일찍 도착할 수 있을 것 같았다. 하지만 그것은 잘못된 생각이었다. 여전히 그늘진 사면은 지옥처럼 추웠다.

비엘리츠키는 일지에 이렇게 적었다.

"새벽이 되자 아주 난폭한 폭풍설이 몰아쳤다. 얼음이 가루처럼 흩뿌리는 가운데 동쪽 하늘도 붉게 변했다. … 이미 딱딱하게 굳은 발가락을 체중으로 눌렀다. 혹시 감각이 되돌아올지도 모르니까."

해가 비치길 기다렸다. 피켈로 가파른 벽에 스텝을 파냈다. 부츠에 붙은 얼음을 떼어내고 1시간 동안 발을 녹이며 주먹으로 쳤다. 오전 11시, 그들은 발걸음을 이어갔다. 비엘리츠키는 이렇게 썼다.

"오른쪽과 왼쪽이 번갈아 가팔랐다. 태양이 나에게 힘을 주고, 정상을 차지할 수 있다는 확신을 더해줬다. 이제 벽에 도착했다."

바람이 엄청난 힘으로 그들을 가격했다. 그렇다고 해서, 성공에 대한 굳센 의지를 앗아갈 수는 없었다. 바위 밑으로 숨어들 곳을 찾아, 초콜릿을 하나 먹고, 스토브로 눈을 녹여 차를 한 잔씩 마셨다. 그러고 나서 대부분의 장비를 그곳에 두고, 정상을 향한 고된 발걸음을 이어갔다.

비엘리츠키는 이렇게 기록했다.

"나는 아래를 내려다보지 않았다. 나 자신도 보지 않았다. 알렉산데르가 어디에 있는지도 알지 못했다. 불어오는 바람은 등으로 고스란히 받았다. 높이 올라갈수록 바람이 더 거세지고, 허파에 산소가 부족했다. 바위지대를 그대로 지나 정상에 이르는 벽과 싸움을 했다. 벽이 길을 가로막았다. 그래서 산등성이의 서쪽을 따라 돌아갔지만, 그곳도 바람은 여전히 강했다. 산이 자신을 방어하기 위해선 어쩔 수 없는 노릇이었을까?"

12시 45분. 그들은 마나슬루 정상에 섰다. 텐트를 떠난 지 8시간 만이었다. 르보프는 비엘리츠키 덕분에 빨리 올라갈 수 있었다고 말했다. 정상 부근의 아주 힘든 쿨르와르에 설치할 고정로프의 대부분을 비엘리츠키 혼자 지고 갔기 때문이다.

"그는 단연코 이번 등반의 선두주자였다."

비엘리츠키에게는 세 번째, 르보프에게는 첫 번째 8천 미터급 고봉이었다.

"8,000미터에 서 있는데도 뭔가 특별한 일은 일어나지 않는다는, 놀라움과 의기양양함이 뒤섞인 듯한, 이상한 느낌이 나를 휘감았습니다." 로브프는 말했다. "숨쉬기도 편했고 기분도 좋아서, 마치 어제도 온 것 같은 느낌이 들었습니다."

비엘리츠키는 이런 생각이 들었다.

'행복이란 이런 건가?'

사진을 찍어야 해서 장갑을 조심스레 벗었다. 그러자 금세 손바닥이 딱딱해지고 손가락이 얼음처럼 차가워졌다. 사진은 겨우 몇 장밖에 찍지 못했다. 기념으로 돌멩이 몇 개를 배낭에 넣었다. 이제 빨리 그 자리를 떠나야 했다.

아래쪽에서 먹구름이 올라오고 있었다. 정상은 이제 눈을 토해냈다.

비엘리츠키는 이렇게 기록했다.

"시야는 거의 제로에 가까웠다. 바람이 불지 않는 쪽으로 아무리 빨리 달아나려 해도 그 바람은 우리를 덮치는 눈보다 더 빨랐다. 두려움에 휩싸인 우리는 기차 같은 속도를 내어 아래로 내려갔다. 오후 3시 30분, 우리는 마침내 텐트에 도착했다."

판키에비치가 그곳에서 친구들을 기다리고 있었다. 컨디션이 좋아진 그는 혼자라도 정상에 올라가고 싶은 마음이 굴뚝같았다. 하지만 날씨가 허락하

지 않았다. 작은 텐트에는 셋이 함께 들어갈 공간이 없었다. 그리하여 비엘리츠키는 1캠프로 내려갔다. 피로에 젖은 그는 침낭 속으로 파고들었다. 그리고 이렇게 기록했다.

"잠이 오지 않았다. 기분 탓이었을까? 수면제를 먹고 자야 한다고 계속 되뇌었다. 텐트를 덮친 눈사태도 나의 잠을 깨우지는 못했다."

그는 심지어 꿈조차 꾸지 않았다.

7장

지옥은 나를 원하지 않았고 천국은 나를 거들떠보지도 않았다

1988년 벨기에 산악인들은 폴란드인들의 발자국을 따라 에베레스트를 동계 등정하고 싶어 했다. 헤르만 데티엔Herman Detienne이 이끄는 벨기에 히말라야 원정대는 안제이 자바다에게 도움을 요청했다. 자바다는 레셰크 치히와 크시스토프 비엘리츠키도 함께 가는 것이 어떻겠느냐고 제안했다. 그러자 벨기에인들도 그의 의견에 적극 찬성했다.

"얼음의 전사 셋을 초청한 건 정말 잘한 일이었습니다." 비엘리츠키는 말했다. "좋은 사람들이라서 흔쾌히 동의했습니다. 우린 벨기에로 가서 함께 맥주를 마시며, 에베레스트를 오르는 데는 별 관심이 없다고 털어놨습니다. 등반을 도와주고 루트를 알려주는 대신 에베레스트와 인접한 로체의 동계등반 비용을 대달라고 했습니다. 그들은 그러겠다고 하더군요. 1만 달러가 필요했는데, 우리에겐 엄청 큰돈이었지만, 그들에겐 크게 어려운 문제가 아니었습니다."

◀ 1989년 로체에서의 크시스토프 비엘리츠키

1988년 초여름이었다. 벨기에 원정대는 겨울이 되어야 떠날 수 있기 때문에 그때까지 무엇이라도 해야 했다. 그들은 9월에 인도 북부의 가르왈에 있는 바기라티(6,512m)로 향했다. 아름다운 그곳은 수직에 가까운 벽이 하늘을 찌를 듯 솟아 있어 등반이 아주 어려운 곳이었다.

아담한 규모의 카토비체산악회 원정에는 촬영기사 안나 피에트라셰크Anna Pietraszek도 함께하기로 했다. 바구니에는 수직으로 솟은 2,000미터의 바위 사진과 젤리, 장비 그리고 제비뽑기 성냥이 담겨 있었다. 그리하여 가장 짧은 성냥을 뽑은 사람이 제일 먼저 오르기로 했다.

벽이 건조해지면 끔찍한 일이 벌어질 수 있다. 바로 돌멩이들이 쏟아지는 것이다.

등반 5일째. 미로스와프 동살Mirosław Dąsal이 선등을 서고, 다레크 쿠비크Darek Kubik가 확보를 보고 있었다. 비엘리츠키는 카메라 필름을 갈고 있었고, 얀 노바크Jan Nowak는 200미터 아래에서 로프에 매달려 있었다. 그때 갑자기 바윗덩어리가 비엘리츠키 머리 위로 떨어져, 그의 헬멧이 깨졌다.

"엄청나게 아팠습니다. 의식을 잃었죠. 얼마간 정신을 잃은 후 깨어나 보니 얼굴을 만지고 있는 다레크가 눈에 들어왔습니다." 비엘리츠키가 당시를 회상하며 말했다.

"그러더니 그는 내 허벅지를 손톱으로 찔렀습니다. 다리에 감각이 있는지 보려고."

그 바윗덩어리는 떨어지면서 대원 중 스무 살로 나이가 가장 어린 얀 노바크의 이마를 가격했다. 그는 로프에 매달린 채 움직이지 않았는데, 머리가 힘없이 흔들리고 있었다. 마레크 라가노비치Marek Raganowicz에 따르면, 노바크는 이미 호흡이 없었고, 눈동자가 빛에 반응하지도 않았으며, 귀에선 피가 흐르고 있었다고 한다. 동료들도 그의 죽음을 인정할 수밖에 없었다. 사고 수습에 나선 동료들은 그의 시신을 빙하로 내려 크레바스 속으로 집어넣었다.

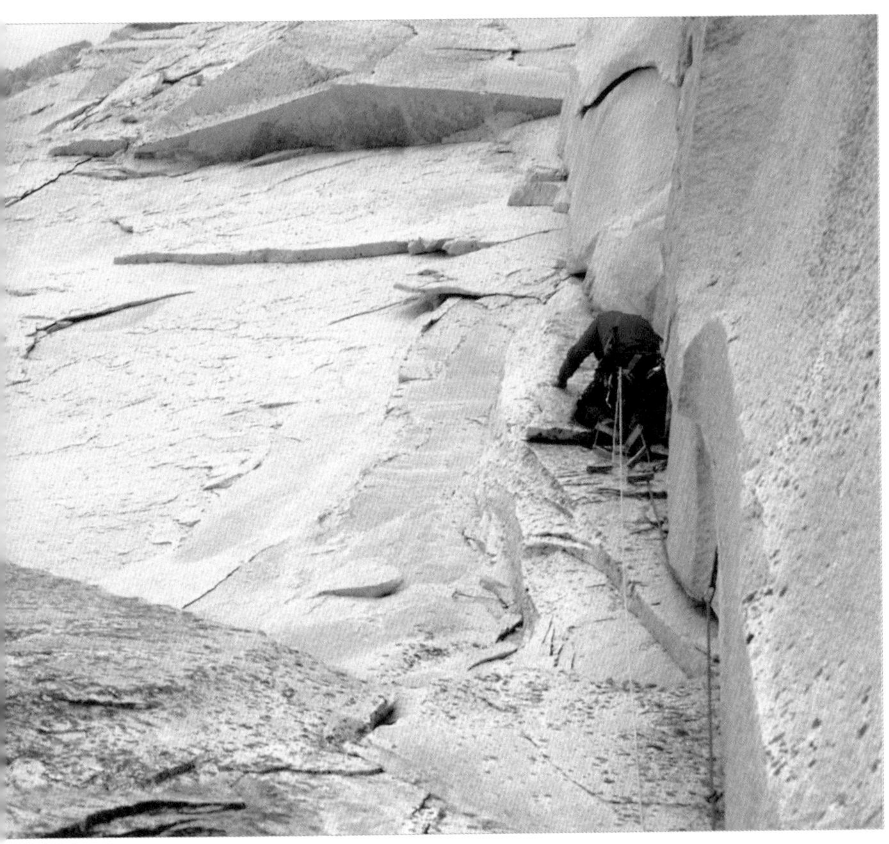

1988년 바기라티2봉을 등반하던 크시스토프 비엘리츠키와 얀 노바크 위로 돌멩이들이 눈사태처럼 쏟아졌다. 비엘리츠키는 큰 부상을 당했고, 노바크는 그 자리에서 즉사했다.

미로스와프 동살은 로프에 매달린 비엘리츠키를 그냥 놔두고 위로 올라갔다. 하지만 위에 있다 보니 아래쪽 상황을 제대로 파악할 수 없었다. 비엘리츠키는 혼자 해결해야 했다. 그런데 쉽지가 않았다. 로프가 엉덩이를 조였다. 뜨거운 통증이 느껴졌다. 그들은 그날 밤 테라스에 비박텐트를 치고 잠을 잤다.

"매트리스 위에 조심스럽게 누웠는데 온몸이 쑤셨다. 다리를 접어 옆으로 자는 것이 제일 나은 것 같았다." 비엘리츠키는 일지에 이렇게 기록했다.

다음 날 동료들은 텐트에 있는 물건으로 임시변통의 들것을 만들었다. 그리고 그는 헬기로 후송되었다. 8번째 늑골 압박으로 인한 흉부 부상. 간단히

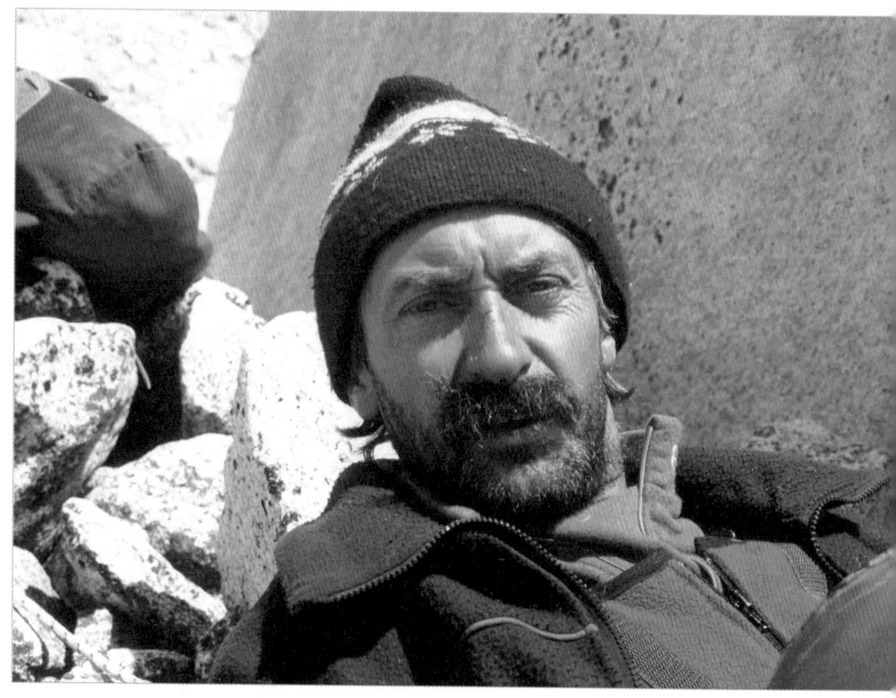

바기라티2봉을 등반하던 비엘리츠키는 사고로 8번 늑골에 부상을 당했다. 그는 매트리스 위에 몸을 조심스럽게 뉘어봤지만 온몸이 아팠다. 그리하여 할 수 없이 다리를 모으고 옆으로 잤다.

말하면 추락으로 인한 부상이었다. 쐐기 모양의 척추체가 신경을 누르고 있었다. 따라서 서 있을 때나 걸을 때 갑작스럽고 날카로운 통증이 느껴졌다.

잘게 쪼개진 척추 조각은 척추관이나 추간공에 침투할 수도 있다. 그러면 부전마비나 감각상실 등이 올 수 있다.

그는 목뼈를 비롯해 척추가 움직이지 않도록 해주는 특수 코르셋을 차고 다녀야 했다. 그리고 약을 복용하면서 휴식을 취하고 누워 있어야 했다. 힘을 쓰거나, 배낭을 메거나, 산에 오르는 것은 꿈도 꾸지 못할 일이었다.

그런데 누군가 로체에 가자고 부추기면 어떻게 해야 하지?

^^^

1988년 겨울. 자바다는 벨기에 에베레스트 원정대 베이스캠프에서 아내에게 편지를 썼다.

"11월 20일. 오늘은 날씨도 아주 좋아. 주위는 고요하기만 하고. 그래도 어떤 일이 벌어질지는 몰라. 1974년 로체에 갔을 때는 10월에 최악의 비바람이 몰아쳤었는데, 그에 비하면 지금은 완전히 여름 날씨야. 날씨는 도무지 알 수가 없어. 오후에는 셔츠만 입고 다녔어. 베이스캠프는 훌륭해. 140킬로그램이 나가는 커다란 텐트에는 주방과 식당도 있으니까. 식당에는 사람들 수만큼 안락의자도 있고. 텐트는 한 사람마다 하나씩. 이 외에도 창고텐트, 의료텐트, 전력시설, 풍력 발전기, 그리고 태양열 발전기까지 있어. 분위기는 화기애애하고 기분도 나름 괜찮아."

벨기에인들은 에베레스트를 오를 채비를 갖추었고, 폴란드인들은 로체에 오를 준비를 했다.

그러나 두 번의 시도에도 불구하고, 비엘리츠키에게는 로체 동계등정의 운이 따르지 않았다.

^^^

1985년 9월의 마지막 날, 그는 첫 번째 도전에 나섰다.

카토비체산악회는 쿰부 빙하 아래에 베이스캠프를 쳤다. 연일 비가 내리더니 로체는 두꺼운 구름이불을 뒤집어썼다. 미로스와프 '팔코' 동살은 이곳에 도전한 체코와 유고슬라비아 원정대에 흠칫 놀랐다. 이전에 그들이 겨울바람과 추위로 고생만 하다 식량이 떨어져 돌아온 모습은 폴란드인들에게 커다란 충격이었다. 그들은 먼지와 돌뿐인 풍경에는 별 관심이 없었다.

팔코는 이렇게 기록했다. "여기는 약간의 풀과 바위와 간교한 물줄기가 있다. 심지어는 수영을 할 만한 연못도 있다."

주방텐트를 치고 짐을 정리했다. 때때로 고개를 들어 하늘을 쳐다봐도 로

체는 여전히 구름 속에 숨어 있었다. 사람들은 눈과 얼음으로 뒤덮인 거대한 사면을 따라 주로 북쪽에서 올라갔다. 하지만 폭이 11킬로미터에 정상으로 이어지는 수직의 절벽이 3킬로미터에 달하는 남벽은 고산등반가들에게 거부할 수 없는 유혹이었다.

1973년 일본인들이 최초로 시도했지만 그들은 곧 철수했다. 2년 후에는 위대한 라인홀드 메스너가 이끄는 이탈리아 팀이 도전에 나섰다. 그러나 그들 역시 7,400미터에서 발길을 돌려야 했다. 1981년의 유고슬라비아 팀은 그보다 약 900미터를 더 올랐으나, 그들 역시 낭패를 봤다. 1984년에는 그 유혹이 체코인들에게 넘어갔다. 그들은 뚜렷이 드러난 벽의 오른쪽을 따라 곧장 위로 올라간다는 작전을 세웠다. 하지만 51일 동안 공략을 펼친 그들은 힘만 빼고 말았다.

이제 이곳에 폴란드인들이 와 있었다.

날씨가 변하자 안개가 물러갔다. 비엘리츠키는 이렇게 기록했다.

"누군가 텐트 밖으로 나가더니 큰 소리로 떠들어댔다. 그 소리를 들은 다른 대원들이 속옷 바람으로 뛰쳐나갔다. 그들 앞에는 어마어마한 벽이 떡 하니 버티고 있었다. 산이 보이는 곳으로 천천히 다가가면, 그 산의 광경에 역시 천천히 길들여지는 것이 보통이라, 그 벽의 모습은 우리에게 무척 인상적이었다. 거대한 벽이 느닷없이 나타났으니까. 누구라도 로체 남벽 밑에 있다면 그런 느낌을 받을 것이다. 그 벽은 몇 시간을 쳐다봐도 지겹지 않았다."

호기심에 찬 사람들이 망원경을 꺼냈다. 정상으로 가는 길이 어디지? 길은 체코 루트와 유고슬라비아 루트 둘뿐이었다.

폴란드인들은 세 부류로 나뉘었다. 유고슬라비아 루트로 도전하자는 이들이 첫 번째 부류였다. 벽의 한가운데를 뚫고 올라가야 하는 그 길은 정말 지옥같이 보였다. 체코 루트로 도전하자고 하는 부류는 놀림감이 되었다. 왜냐하면 더 쉬운 데다 옆으로 치우쳐져 있고, 주봉이 아닌 로체 샤르로 가기 위해

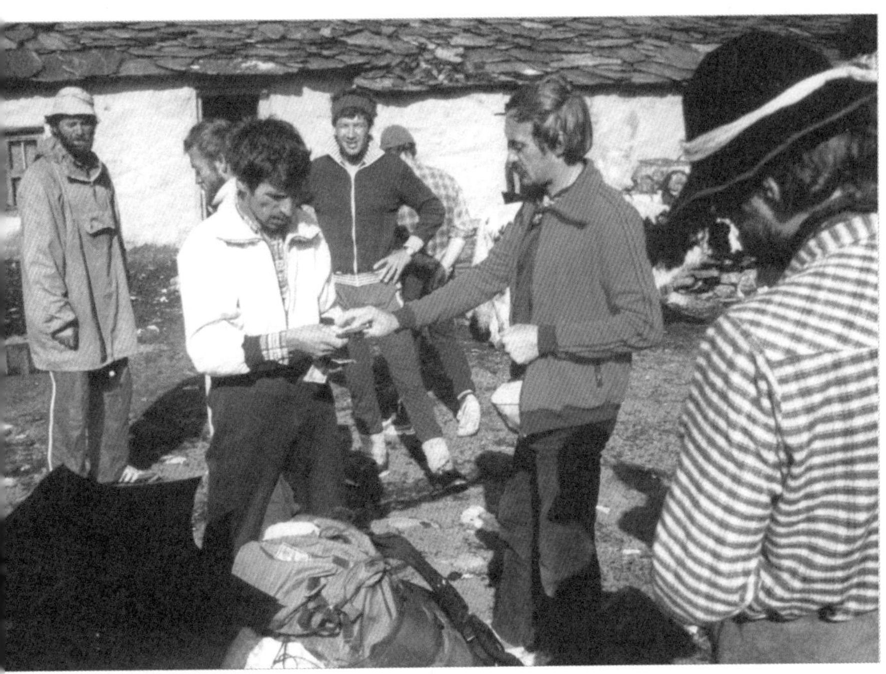

1985년 로체 남벽으로 향하는 카토비체산악회원들의 카라반. 왼쪽부터 미로스와프 팔코 동살, 야누시 나브르달리크Janusz Nabrdalik, 발렌티 피우트, 얀 노바크, 크시스토프 비엘리츠키

뚫어놓은 길이었기 때문이다. 그곳은 눈사태가 계속 발생하는 유고슬라비아 루트보다는 훨씬 더 안전해 보였다.

세 번째 부류는 결정을 내리지 못하는 이들이었다.

대원들은 혼란에 빠졌다. 하지만 빨리 결정을 내려야 했다. 유고슬라비아 루트로 가자는 이들은 어려울수록 더 높이 평가받는다고 우겼다.

체코 루트에 모든 것을 건 동살은 산 자체가 좋지, 다른 등반가들과의 경쟁에는 별 관심이 없다고 말했다.

"혹시라도 내가 메스너를 이긴들 무슨 소용이 있겠어."

비엘리츠키는 이쯤에서 논쟁을 끝내고 싶었다.

"그럼 이제 다 결정됐으니 더 이상 이 문제를 들먹이지 말지?"

리샤르드 파브워프스키 역시 지지 않았다.

"너희들 말은 들을 필요도 없어."

그는 유고슬라비아 원정대가 1캠프를 친 곳을 손가락으로 가리켰다.

"난 저리로 갈 거야."

그러나 최종 결정은 산의 몫이었다. 파브워프스키가 자신의 의도를 말하자마자, 유고슬라비아 루트에서 눈사태가 발생해, 벽의 아랫부분이 눈과 얼음과 바윗조각의 잔해들로 완전히 덮여버렸다. 체코 루트 역시 만만치 않았다. 등반이 조금 쉬울 것이라고 생각한 체코 루트는 흔적이 남아 있지 않았다. 눈사태와 낙석들로 자취를 감춘 것이다. 진눈깨비가 내려 옷도 금세 축축해졌다. 등반 팀은 매번 바뀌었다. 비엘리츠키는 동살과 함께 움직였다. 그는 팬티까지 홀딱 젖었다. 그리고 겨우 1미터를 오르는 데도 시간이 꽤나 걸렸다. 불안해지기 시작했다. 야누시 마예르는 경험도 적고 나이도 어린 비엘리츠키가 원정대를 통솔하는 상황이 마음에 안 들어 잔소리를 해댔다. "여기저기 끼어드니 바쁘지." "가스가 아까우니 더운 물로 목욕하는 건 좀 자제해." "기름이 부족한데 텐트의 등도 아껴서 켜야 할 거 아냐?" 게다가 그는 아침형 인간이라서, 그가 일어나면 다른 사람들 역시 일어날 수밖에 없었다. 그는 무게와 길이 하나하나를 꼼꼼히 기록했다. "벽을 오르기 위해 누구는 무엇을 했나?" "정상으로 향할 때 배낭에 얼마나 많은 장비를 넣었나?"

몇 년이 지난 후 파브워프스키는 우리에게 이렇게 털어놓았다.

"그때 난 크시스토프가 정말 마음에 안 들었습니다. 자기가 무슨 대스타라도 되는 양 다른 사람들 말은 전혀 귀담아 듣지 않았습니다."

하지만 어느 누구도 비엘리츠키의 말에 토를 달지 않았다. 전진하는 탱크가 따로 없었다. 그는 그냥 정상만 보고 앞으로 나아갔다. 그리고 9월 11일 6,200미터에 동살과 함께 2캠프를 쳤다. 날씨가 점점 더 험악해졌다. 온통 눈에 연이어 눈사태가 일어났다. 날씨가 좋아질 때까지 기다려야 했는데, 그것 역시 고역이었다. 동살은 일지에 이렇게 기록했다.

"(텐트 안에서) '하사'와 체스를 뒀다. 베이스캠프와 교신을 하거나, 먹고 마시는 시간을 빼고는 계속 체스를 뒀다. 땀을 흘리는 것, 팔을 아무렇게나 뻗고 반쯤 길게 누워 간혹 자세를 바꿔주는 것 외에는 할 일이 아무것도 없었다."

비엘리츠키는 어떻게 하사란 별명을 얻게 되었을까?

그의 동료 즈비그네프 테를리코프스키Zbigniew Terlikowski는 '소'라는 별명으로 불렸다. 비엘리츠키는 아주 엄격한 사람이었다. 그는 냉혈 지도자 같은 느낌을 갖게 하고, 혼자만의 세계에 갇혀 있는 듯했다. 사람들과 어울리는 일이 드물었다. 아마도 그래서 하사라는 별명이 붙었을지 모른다. 그런데 속으로는 아주 낭만적이고 부드러운 사람이었다. 그가 다른 이들에게 엄격하게 군 것은 사실이었다. 하지만 자신에게는 더욱 엄격했다.

미로스와프 '팔코' 동살은 이렇게 회상했다.

"크시스토프 하면, 거짓말을 못 하고 누구보다 많이 안다고 젠체하는 놈이란 모습이 떠오릅니다. 그는 변덕스럽고 신경질을 자주 부립니다."

크시스토프의 형 즈비그네프는 이렇게 말했다.

"우리 둘은 모두 하사 같은 성격을 가지고 있었습니다. 몇 년 동안 난 회계부장으로 일했는데, 한참이 지난 후에야 사람들이 나에 대해 뭔가 안 좋은 생각을 갖고 있다는 걸 깨달았습니다. 누군가 문제점을 갖고 내게 오려면 세 번을 고민해야 했답니다. 난 뭐라도 부족한 걸 참지 못했거든요. 직원이 찾아와서 뭐가 안 된다고 얘기하면 욱하고 화가 났습니다. 난 보통 이렇게 대꾸했습니다. '뭐가 안 되는지, 어디가 문제인지, 왜 안 되는지 자세히 말해봐.' 그럼 불쌍한 직원들은 땀을 삘삘 흘렸습니다. 크시스토프도 나와 똑같았습니다."

리샤르드 파브워프스키는 이렇게 언급했다.

"토론을 할 때면 무슨 말이든 꼭 해야 직성이 풀렸고, 또 항상 주도권을 갖고자 했습니다. 등반에 관한 한 아무도 자신을 따라잡을 수 없다고 생각하면서, 세상을 약간은 이기적으로 봤습니다. 그 친구에게 하사라는 별명을 이유

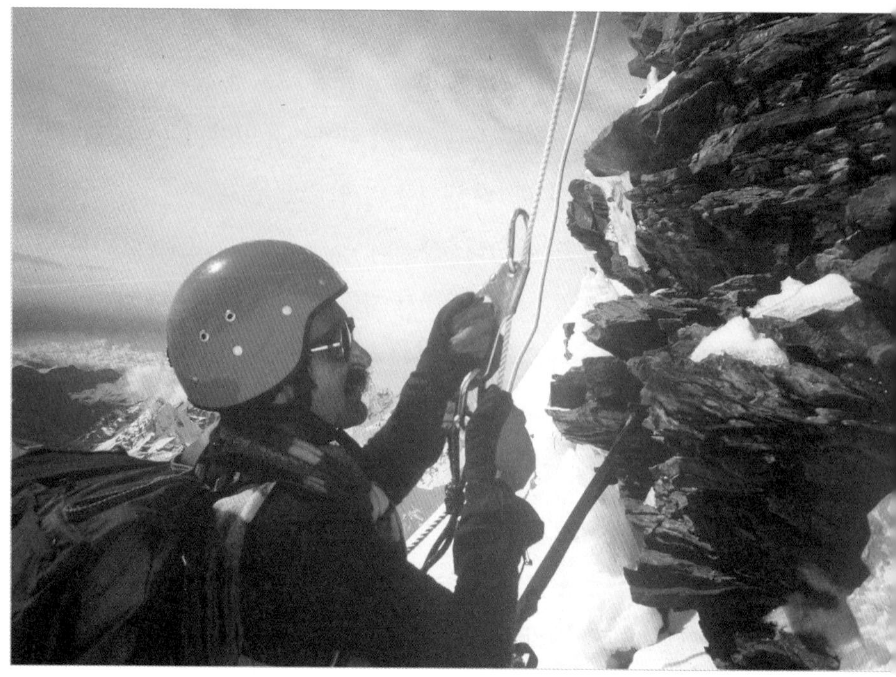

로체 남벽에서의 크시스토프 비엘리츠키

없이 붙여준 게 아닙니다. 막내아들이 태어나니까 그제야 조금 부드럽게 변했는데, 이젠 하사라는 별명이 어울리지 않는 사람이 됐습니다."

사람들을 괴롭히던 한 달이 지난 후인 9월의 마지막 날, 그들은 7,400미터에 5캠프를 쳤다. 체코인들이 남긴 기록에는 그곳에서부터는 쉬운 길만 남아 있다고 쓰여 있었다. 하지만 그렇지 않았다. 8,000미터에 올라가니 커다란 암벽이 가로막고 있었다. 이런 젠장!

그런데 희망도 있었다. 9월 30일, 뜻밖에도 예지 쿠쿠츠카가 베이스캠프로 찾아와 모두가 기뻐했다. 사람이 많아지면 더 힘이 솟는 법이니까.

비엘리츠키와 팔코가 5캠프에서 7,700미터로 올라가 장비를 은닉했다. 이제 바위로 된 봉우리가 한눈에 들어왔다.

비엘리츠키는 아이디어를 하나 생각해냈다. 봉우리 밑을 길게 횡단하면 어떨까?

그런데 날씨가 여전히 호락호락하지 않았다. 동살은 일지를 짧게 썼다.

"날마다 하루하루가 똑같다." "아침, 눈, 침낭, 책." "젠장, 날씨가 또 구리다. 이런 개고생이 언제 끝날까?"

10월 22일 그들은 정상 등정에 나섰다. 길이 열릴 것 같았다. 비엘리츠키의 예상대로 봉우리 밑을 횡단할 수 있는 길이 있었다. 비엘리츠키가 앞장서고, 그다음으로 팔코가 뒤를 따랐다. 150미터의 침니는 엄청 까다로웠다. 아르투르 하이제르와 발렌티 피우트가 뒤에서 힘을 보탰다.

"이제 어려운 구간으로 들어섰어. 위쪽으로 전진할게." 비엘리츠키가 말했다.

동료들은 필라의 한가운데를 따라 올라가는 그의 모습을 가슴 졸이며 바라봤다. 그런데 그곳에서 마법 같은 일이 일어났다.

"정말 그게 끝인 줄 알았습니다."

비엘리츠키가 팔을 뻗었다. 고도계에 8,181미터라는 숫자가 찍혔다. 정상까지는 이제 300미터. 하지만 거대한 커니스가 능선에 아슬아슬하게 걸려 있어 통과할 수가 없었다. 바위로 된 봉우리를 넘어가는 수밖에 달리 방법이 없었다. 그래도 시도는 해봐야 하지 않을까?

^^^

죽음이 저녁처럼 평온한 시간에 찾아왔다. 마침 날씨가 좋아서 '팔코'는 더러워진 옷을 빨고 있었다. 발렌티 피우트는 더운물로 목욕하고 있었다. 그는 온몸을 담갔다. 의사는 곧 연료도 떨어질 텐데 무슨 짓이냐며 소리를 질렀다.

주방장이 저녁을 먹으러 오라고 불렀다. 그는 마지막 남은 닭 한 마리에 쌀을 넣고 수프를 끓였다. 다른 사람들은 책을 읽거나, 체스를 두거나, 코를 후비거나, 각자 하고 싶은 일을 하고 있었다.

로체 남벽의 베이스캠프에서 체스를 두고 있는 크시스토프 비엘리츠키(왼쪽)와 레셰크 치히(오른쪽)

그때 갑자기 무전기가 울렸다.

"베이스캠프 나와라. 안 좋은 일이 생겼다. 라파우가 추락했다. 이상."

카토비체산악회원인 스물여덟 살의 라파우 호우다Rafał Chołda는 히말라야가 처음이었다. 그의 사고소식에 모두가 할 말을 잃었다. 어떻게 이런 일이 일어났지? 쿠쿠츠카와 호우다가 정상 직전의 암벽에 고정로프를 설치하고 나서 캠프로 돌아온다. 쿠쿠츠카가 앞장서고 호우다는 20미터쯤 뒤에서 따라 내려온다. 텐트에서 멀지 않은 곳에 이르렀을 때 쿠쿠츠카의 눈에 배낭과 장갑 그리고 눈에 박힌 피켈이 20미터쯤 아래에서 보인다. 호우다는 이미 온데간데없다. 사고는 이런 식으로 일어나지 않았을까?

이런 추측도 가능했다. 6캠프로 내려오다 발을 헛디뎌 추락한 것은 아닐까?

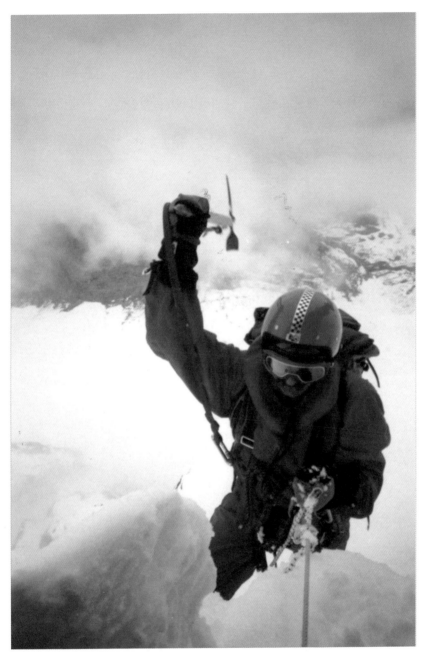

1985년 10월 22일 폴란드인들이 정상 도전에 나섰다. 위쪽에서 횡단하기로 한 비엘리츠키는 중앙 필라의 기둥을 타고 올라갔다. 고도계가 8,181미터를 가리켰다. 정상까지는 이제 300미터. 하지만 거대한 커니스가 능선에 아슬아슬하게 걸려 있어 지나갈 수가 없었다.

눕는 일도, 빨래를 하는 것도, 체스를 두는 것도, 코를 후비는 것도 끝이었다. 모두가 절벽 아래에서 호우다를 찾았다. 하지만 흔적이 없었다. 벽에는 갈라진 틈이 수도 없이 많았다. 그렇다면 분명 그곳 어딘가에 떨어졌을 터였다.

저녁식사 자리에선 모두 말없이 밥만 먹었다. 그런데 비엘리츠키만이 이렇게 물었다.

"라파우가 몇 살이지?"

^^^

동료가 사고를 당하면, 등반가들은 잠시 자신의 행동을 되돌아보게 된다. 비엘리츠키는 로체 남벽 등반이 이제 불가능하다는 사실을 깨달았다. 날씨는 날마다 험악해져가고, 눈사태도 더욱 잦아졌다. 다른 대원들의 생각도 마찬가지였다.

호우다의 죽음으로 마음에 커다란 상처를 입은 발렌티 피우트는 하루라도 빨리 집으로 돌아가고 싶어 했다.

"이번 등반은 여기서 끝내지?" 비엘리츠키가 말했다.

그러자 동살도 동의했다. 파브워프스키는 열이 심했다. 그가 어떤 선택을 할지는 물어보나마나였다.

하이제르는 그래도 한 번은 더 해봐야 되지 않겠느냐며, 쿠쿠츠카와 프랑스인 뱅상 핀Vincent Fine을 설득하려고 노력했다. 핀은 폴란드인들과 함께 로체에 오르기 위해서 그곳에 와 있었다.

비엘리츠키는 그들의 결정을 도무지 이해하지 못했다.

"고산을 언제 공략할진 나름대로 잘 알고 있어. 원정등반을 이미 몇 차례 했으니까."

비엘리츠키가 하이제르에게 다가가서 등을 두드리며 말려봤다.

"야, 이 사람아. 이렇게 순진할 데가… 정말 제정신이야? 지금 니들이 하려는 짓이 뭔지 알긴 알아?"

하지만 그들은 길을 떠났다. 동살도 생각을 바꾸어 다시 도전해보기로 했다. 그는 통을 챙긴 다음 배낭을 등에 메는 크시스토프 비엘리츠키를 쳐다봤다. 동살은 이렇게 적었다.

"하사를 쳐다봤다. 그의 속셈을 전혀 알아차릴 수 없었다. 그도 우리가 모르는 척 쳐다본다는 것을 알고 있는 것 같았다. 그런데 저 벽은 우리의 벽이 아니었다. 안타까워도 포기할 걸 그랬나?"

비엘리츠키는 이렇게 적었다.

"이곳으로 다시 돌아와야 한다. 이 벽은 정말 엄청나다. 내가 이전에 오른 산들은 아무것도 아니다."

^^^

"팔코 명심해. 이 벽은 어디 가지 않고, 이 자리에 계속 남아 있을 거야." 작별을 하며 비엘리츠키가 말했다.

벽의 위쪽에선 바람이 더 강하게 불었다. 하지만 프랑스인 펀과 하이제르는 조금도 물러날 생각이 없었다.

그러나 결국 그들은 쿠쿠츠카와 동살이 기다리고 있는 텐트로 돌아왔다. 이제 더 이상 등반하고 싶은 마음이 없었다. 정말 불가능했다. 쿠쿠츠카는 화가 났다. 시도해봐야 소용이 없다는 것을 그는 잘 알고 있었다.

"사람들이 신나게 떠들어대겠네." 쿠쿠츠카는 말했다.

이번에는 정말 끝이었다.

^^^

1988년 여름 바기라티2봉에서 사고를 당한 후 비엘리츠키는 특수 코르셋을 차고 지냈다. 그리고 피에카리 실롱스키에Piekary Śląskie 병원의 외상전문의들

은 눌린 늑골 부위가 제대로 움직일 수 있도록 재활치료를 했다. 천천히 아주 조심스럽게. 힘을 너무 주면 금방 균형을 잃었다. 의사들은 원인을 찾지 못했다. 목동맥에 충격이 가해진 것 같았지만 뢴트겐 사진으로는 아무 문제가 없었다. 손을 놓을 수밖에 없는 상황이었다.

도움의 손길은 뜻밖에도 스위스에서 찾아왔다. 고산등반 내과전문의인 오스발트 욀츠Oswald Oelz에게 누군가가 비엘리츠키의 상태를 알려준 것이다. 그들은 이미 안면이 있는 사이였다. 1987년 욀츠 교수는 고도가 두뇌의 변화에 미치는 영향에 대해서 연구했다. 단기기억이 어떻게 작용하는지 궁금했던 그는 고도와 산소 부족이 기억 공백을 유도한다는 자신의 학설을 증명하고 싶어 했다. 그는 비엘리츠키와 예지 쿠쿠츠카와 반다 루트키에비치를 사흘 동안이나 들들 볶았다.

비엘리츠키는 이렇게 말했다.

"그 의사는 우리에게 이런 글을 읽어줬습니다. 예를 들면 말이죠, 1월 13일 아침 6시 10분 함부르크에서 260톤의 배가 침몰했습니다. 어린이 16명과 어른 31명이 숨진 사고였습니다. 선원 중에는 여자 7명과 남자 15명이 있었습니다. 오후 1시가 되어 47명의 구조대원들이 현장에 도착했습니다. 그리고 구조 과정에서 3명이 더 사망했습니다. 우리는 이 내용을 기억해 그대로 말해야 했습니다. 예지는 자신이 걱정한 대로 숫자를 모두 틀렸습니다. 저녁이 되니까 피곤해서 아무도 그 내용을 기억하지 못하고 있었는데, 반다가 방문 옆에 서 있었습니다. 그러곤 물었습니다. 그때 죽은 구조대원이 몇 명이었냐고요. 참 대단하지 않습니까?"

두뇌의 기억 공백 이론을 증명하지는 못했지만, 검사결과 비엘리츠키의 혈중산소는 평균 이상이었고, 맥박은 분당 50번을 뛰었다. 높은 폐활량과 크지 않은 신장 조건 역시 산에서 압박을 견디기에 알맞았다.

욀츠 교수는 유머감각이 있는 폴란드인들을 무척 좋아했다. 검사결과 쿠쿠츠카에게는 심장에 문제가 있었다. 욀츠 교수는 거리낌 없이 말했다.

"부정맥이 있네요."

"혹시 나도…" 비엘리츠키가 말했다.

"비엘리츠키 씨도 부정맥이 있습니다."

검사결과가 그렇게 나왔다.

"산에 가면 항상 같이 잡니다. 아마 거기서 옮았나 봅니다." 비엘리츠키가 농담했다.

루트키에비치에게는 부정맥이 없다고 욀츠가 말했다. 그러자 쿠쿠츠카가 그의 말을 받았다.

"그녀는 우리와 함께 자지 않거든요."

욀츠 교수는 그들을 진정시키려 이렇게 말했다.

"걱정 마세요. 심한 운동을 하는 사람들은 다 부정맥에 걸릴 수 있습니다."

루트키에비치가 불안한 듯 말했다.

"뭐라고요? 교수님, 다시 한번 검사해주세요. 난 분명히 부정맥이 있습니다."

^^^

교수는 전화를 걸어, 왜 어지러움을 느끼는지 검사를 받아보라며, 비엘리츠키를 취리히로 불렀다.

취리히에 있는 병원에서 MRI검사가 진행되었다. MRI(자기공명 영상장치)는 폴란드에선 꿈도 꾸지 못할 장비였다. 실제로 이것은 1990년에야 바르샤바의 미엔지레시에Międzylesie에 있는 철도중앙병원에 처음으로 설치되었다.

천성이 엔지니어인 비엘리츠키는 윙윙 돌아가며 머리를 스캔하는 이 장비에 그만 홀딱 빠지고 말았다. 의사는 결과가 나올 때까지는 시간이 조금 걸리니, 그동안 시골에 가보자고 제안했다.

"어디서 자나요?" 비엘리츠키가 물었다. "방에서 자나요, 아니면 지하 와인창고에서 자나요?"

그는 다시 묻지 않았다. 방금 들어온 프랑스 와인들은 아무리 세도 끝이 없었다. 그는 아침에 비행기를 타고 폴란드로 돌아와 잠이 들었다. 그러고 나서 일어나보니 어지러움이 온데간데없이 사라졌다.

그는 윌츠에게 전화를 걸었다.

"박사님, 대체 이유가 뭘까요?"

"뭔들 어떻습니까." 교수가 말했다. "프랑스 와인 덕분이 아닐까요?"

비엘리츠키는 이렇게 상태가 호전된 기회를 살리고 싶었다. 그해 10월, 그는 짐을 꾸려 자바다와 함께 로체로 향했다. 그는 고무 코르셋을 차고 있었지만, 의사에게는 가도 되는지 물어보지 않았다.

아내가 이마를 쳤다.

^^^

1988년 12월 18일. 자바다는 에베레스트 베이스캠프에서 아내에게 편지를 썼다.

"원정대는 계획을 거의 반 정도 완수했어. 사우스콜에 두 번이나 올라갔는데 날씨가 변덕을 부려 성공하지 못했지. 우리에게 이런 것은 늘 있는 일인데 벨기에인들은 실망이 큰가 봐. 그들은 아직도 아마추어 수준이야. 사우스콜로 단번에 올라간 후 그다음 날 산소통을 메고 에베레스트 정상까지 갈 것으로 생각할 정도이니."

날씨로 계획이 틀어지자 벨기에인들이 지친 나머지 돌아갈 준비를 하고 있다는 말도 그는 덧붙였다.

다음 편지에선 이렇게 썼다.

"이번 공격조는 루디(반 스니크Van Snick)와 루츠(베쿠Beccu)가 될 거야. 루디는

1988년 12월 네팔 히말라야의 로체 원정을 앞두고 크시스토프 비엘리츠키(왼쪽)와 안제이 자바다(트랙터 위)

잘 알지? 원리원칙대로만 하는 사람이잖아. 유머감각도 없고. 그런데 운동을 하면 제일 두각을 나타내는 사람이야. 루츠는 아주 착하긴 한데 경험이 많지 않아 물가에 혼자 놔둔 아이 같아."

그리고 폴란드 사람들에 대해선 이렇게 말했다.

"우리는 지금 로체에만 집중하고 있어. 하지만 기다리는 수밖에 별 도리가 없어. 에베레스트가 제일 중요하지. 그다음에 벨기에인들이 우리에게 산소와 셰르파를 건네줄 거야."

그들은 끈기 있게 기다렸다. 크리스마스 전날, 루디 반 스니크는 셰르파 앙 리타Ang Rita, 락파 도르제Lhakpa Dorje와 함께 에베레스트로 향했다. 루디의 짝인 락파는 아직 어린 데다 경험이 많지 않았다. 게다가 날씨에 적응도 하지 못해 한 발짝을 움직일 때마다 쓰러질 듯한 모습을 보였다. 사우스콜에 오

른 벨기에인들은 락파의 상태를 확인하고 나서, 돌아가기로 결정했다. 하지만 많이 내려가지 못했다. 그날은 하루 종일 그곳에서 보냈다. 어린 셰르파는 안타깝게도 그날 저녁 목숨을 잃었다.

이제 벨기에인들은 등반을 그만둘 수 있는 핑곗거리가 생겼다. 그들은 크리스마스를 집에서 보내고 싶어 했다. 그리하여 약속한 대로 폴란드인들에게 산소, 텐트, 주방텐트와 주방장을 넘겨줬다. 하지만 여성 산악인 잉그리드 베이옌스Ingrid Baeyens는 남기로 했다. 그녀는 비엘리츠키, 치히, 자바다와 함께 로체를 오르고 싶어 했다. 벨기에인 원정대장 헤르만 데티엔은 폐색전이 의심되어 전부터 카트만두에 머물고 있었다. 그의 조수는 셰르파들에게 필요 없는 장비들과 식량을 폴란드 사람들에게 넘기라고 말했다.

비엘리츠키는 이렇게 기록했다.

"셰르파들은 각자 그런 것들을 챙기느라고 정신이 없었다. 그들은 심지어 2캠프까지 올라가서 싹 쓸어왔다. 우리가 로체에 간다는 것을 알고 있었던 것이다. 아침에 일어나 텐트 밖으로 나가니 셰르파들이 위로 올라가는 모습이 보였다. 손에 잡히는 것은 다 집어넣을 셈이었다. 셰르파들은 가뿐한 반면, 우리는 배낭을 메기도 해서 그들을 따라잡을 수가 없었다. 2캠프에 도착했을 때 우리는 말 그대로 남아 있는 것만 챙겨야 했다. 천만다행으로, 몇 가지 꼭 필요한 장비를 건지기는 했다."

로체는 자비로운 듯했다. 햇빛도 비쳤다. 정상 부근에는 바람이 좀 불었지만, 폭풍설 정도는 아니어서 대체로 견딜 만했다. 하지만 다른 문제가 있었다. 치히가 열이 심해 항생제를 먹었는데, 바이러스가 자바다와 베이옌스에게까지 침투했다. 그들은 등반은 고사하고 뻗어 누울 수밖에 없었다.

그때 비엘리츠키가 나섰다.

"혼자라도 가겠습니다!"

^^^

12월 30일, 비엘리츠키는 3캠프로 향했다. 떠나기 전에, 그는 코르셋을 차고 있으니 더 따뜻할 것이라며, 배낭 무게는 척추가 먼저 알 것이라고 농담했다.

벨기에 팀이 사용한 3캠프는 2주 전부터 텅 비어 있었다. 혹시 뭐라도 남은 것은 없을까? 7,400미터에선 바람이 인정사정없이 불었다. 하지만 그 정도는 자비로운 편이었다. 폴이 부서지고, 텐트 바닥이 누더기처럼 구멍이 숭숭 뚫려 있었다. 비엘리츠키는 두 개의 텐트를 모아 하나로 급조했다. 한쪽 벽은 매트리스로 대신했다. 그는 안으로 들어가, 물을 끓여 차도 마시고, 잠시 졸기도 했다. 그리고 새벽 3시 다시 정상으로 향했다.

'신이시여, 이번엔 꼭 성공하게 해주소서. 두 번째가 제발 마지막이 되게 해주소서.'

^^^

1987년 이른 가을. 비엘리츠키는 로체의 북쪽 사면 아래에 있었다. 이번에는 그가 원정대장이었다. 하지만 카토비체산악회에서 분란이 발생했다. 몇몇 사람들에게 가장 빛나는 별로 추앙받는 쿠쿠츠카가 원인 제공자였다. 모든 것이 쿠쿠츠카가 유리한 쪽으로 진행되었다. 그들은 라이홀드 메스너와의 경쟁을 부추기며, 쿠쿠츠카가 히말라야와 카라코람의 왕관을 먼저 차지하기를 바랐다.

그럼 나머지 사람들은 어떻게 해야 하나? 그들의 야망과 꿈은? 1985년에도 카토비체 사람들은 남벽을 오른 다음, 로체로 다시 돌아가야 한다고 주장했었지만, 산악회의 고참들은 쿠쿠츠카의 편을 들어, 그가 오르지 못한 8천미터급 고봉인 시샤팡마로 가는 것을 더 원했었다.

로체 원정대를 직접 꾸려야 했던 비엘리츠키와 피우트와 동살은 기분이

1987년 폴란드인들은 두 번째로 로체 남벽 도전에 나섰다. 원정대장은 크시스토프 비엘리츠키였다. 그들이 망원경과 카메라를 갖고 벽을 정찰하고 있다. 어디로 올라가야 정상에 도달할 수 있을까? 루트는 둘이었다. 유고슬라비아 루트? 아니면 체코 루트? "우리는 최고가 되고 싶었다. 히말라야로 많은 원정을 갔지만 우리도 등산역사에 기록을 남길 수 있다는 것을 증명하고 싶었다." 비엘리츠키는 이렇게 기록했다.

좋지 않았다. 비엘리츠키는 마치에이 파블리코프스키, 표트르 코노프카Piotr Konopka, 안제이 오시카Andrzej Osika 등 자코파네 사람들과 손을 잡았다. 외화는 멕시코인 엘사 아빌라Elsa Avila, 카를로스 카르솔리오Carlos Carsolio, 이탈리아인 알로이스 브루게르Alois Brugger, 쿠르트 발데Kurt Walde, 영국인 앨런 힝크스Alan Hinkes가 맡았다. 체스와프 야키엘Czesław Jakiel이 원정대 의사였다.

우선 시샤팡마를 선택한 아르투르 하이제르는 등반이 끝나는 대로 합류하겠다고 약속했다. 리샤르드 나파우Napał 파브워프스키는 여전히 히말라야에 가고 싶어 했지만, 팔코 동살이 그의 합류에 동의하지 않았다. 이전 원정 때 최선을 다하지 않았다는 것이 이유였다. 그리하여 그는 제외되었다. 쿠쿠츠카에게 부탁해볼까? 하지만 그것은 말도 되지 않았다.

"히말라야와 카라코람의 왕관이라는 프로젝트를 마친 사람이 고국으로 돌아오면 큰 축복과 환영을 받습니다." 비엘리츠키는 원정이 끝난 후 기자들에게 이렇게 말했다.

하이제르는 쿠쿠츠카를 방어했다. 그는 자신의 책『절망의 공격』에서 비엘리츠키는 쿠쿠츠카가 주도권을 잡는 것을 싫어했으며, 종국에는 자신이 움켜쥔 왕관을 빼앗기고 싶어 하지 않았다고 말했다.

결국, 분란을 일으키고 싶지 않았던 쿠쿠츠카는 로체에 가지 않기로 했다.

^^^

1985년과 똑같았다. 베이스캠프를 구축한다. 비가 오는 날 주방텐트를 설치하고, 주룩주룩 떨어지는 빗소리를 배경으로 라디오에서 흘러나오는 음악을 듣는다. 축축하고 으슬으슬하고 떨리지만 팔코 동살은 행복하다. "아, 내 인생이란…." 하고 그는 일지에 적는다.

비엘리츠키가 촬영을 시작했다. 그날 그들은 베이스캠프에서 처음 나왔다.

"자, 모두 나와. 한 명씩 차례로. 여기 쳐다보지 말고." 그는 친구들에게 부탁했다.

그들은 벽 아래의 루트에서 익숙한 곳을 찾아보려 애썼다. 빙하 속의 거무튀튀한 피라미드, 그 이후에는 두 개의 거대한 바윗덩이들이 놓여 있었다.

동살은 이렇게 기록했다.

"얼마 전에 와본 것 같다. 그때의 일을 여전히 이어서 해나가고 있는 것 같다. 이 꼬부랑 길 뒤에 무엇이 있는지, 이 침니가 어떻게 끝나는지 나는 잘 안다. 그냥 안다."

^^^

등반을 시작하기 전 비엘리츠키는 하이제르와 몇 시간 동안 대화를 나누었다. 그들은 1985년의 실수를 분석했다. 벽의 아래쪽에 너무 오래 있으면 안 될 터였다. 정말로 중요한 곳은 정상 바로 아래였다. 그들은 가능하면 가장 부드러운 것으로 6,000미터의 로프를 챙기기로 했다. 그리고 체코 루트로 붙었다. 이번에는 가능할 것이라고 믿으면서….

9월 12일이 되자 벽이 경고를 내렸다. 비엘리츠키와 발데가 1캠프로 내려갔다. 동살과 피우트가 그들을 위에서 내려다봤다. 그들은 그 자리에 그대로 있었다. 작은 점 두 개가 이전에 설치한 고정로프 쪽으로 가고 있었다.

"눈사태로 화들짝 놀랐지만, 얕은 크레바스 속으로 들어가는 데 성공했습니다. 눈사태는 우리 옆으로 지나갔습니다. 강력하진 않았지만 후폭풍이 대단했습니다. 쿠르트는 배낭을 벗어 던져버리자고 했고, 난 싫다고 했습니다. 피켈을 눈에 박고 꽉 붙잡았습니다. 그러자 후폭풍이 더 험악해지더니 잔해들이 여기저기로 날렸습니다. 그리고 2분 정도 후에 잠잠해졌습니다." 비엘리츠키는 말했다.

그의 일지에는 이렇게 쓰여 있다.

"바보 같은 미소가 얼굴에 번졌다. 살아남았네! 위험한 곳만 찾아다니는 고약한 취미 같으니라고."

동살은 위에서 본 광경을 이렇게 기록했다.

"머리 위에서 난데없이 바람소리가 들리더니 눈가루들이 쉬익 소리를 내며 쿨르와르를 따라 흘러내리기 시작했다. 그와 동시에 마치 무성영화처럼 아래쪽 두 점이 갑자기 그 자리에 멈춰 섰다. 나는 가슴을 졸이면서, 눈사태가 난 곳에서 벗어나려 애쓰는 것을 바라봤다. 그래봐야 아무 소용이 없었다. 그들은 몇 걸음을 옮기더니 동작을 멈췄다. 거대한 눈구름에 그들이 시야에서 사라졌고, 하얀색이 모든 공간을 채웠다. 나는 조바심을 내며, 그 눈구름 커튼이 빨리 걷히길 기다렸다. 움직임이 없는 검은 점들이 다시 보였다. 그 점들은 잠시 후 다시 움직이기 시작했다. 나는 그제야 마음을 놓을 수 있었다."

비엘리츠키는 연이어 일어나는 눈사태를 보지 못했다. 그는 쿠르트 발데와 함께 높은 곳에 있는 2캠프에 앉아 있었다. 발렌티 피우트, 알로이스 부르게르, 의사 체스와프 야키엘이 베이스캠프에서 출발해, 1캠프에서 산소통을 가져가는 것을 도와줬다. 그곳은 쉬운 루트라 별 어려움이 없었다.

오전 6시. 베이스캠프에 있는 모두가 잠들어 있었다. 그때, 자주 들어서 이제는 익숙해진 눈사태의 굉음이 그들을 깨웠다. 그 눈사태는 거대한 빙하를 따라 내려오다 베이스캠프 가장자리에서 멈췄다. 덕분에 아무도 피해를 당하지 않았다. 모두 무사했다.

굉음은 2캠프까지 들릴 만큼 엄청났다. 비엘리츠키와 발데는 서둘러 아래쪽으로 뛰어 내려갔다. 1캠프가 참혹하게 부서져 있었다. 아래쪽의 움직임이 이상했다. 베이스캠프에 있던 사람들이 빙하를 향해 뛰었다. 부르게르가 손을 흔들며 도와달라고 외쳤다. 그는 약간의 상처로 겁에 질려 있었다. 발렌티 피우트의 상태가 좋지 않았다. 관절을 다친 그는 다리가 이상하게 꼬여 있었다. 게다가 상황파악을 제대로 하지도 못한 채 헛구역질만 했다.

원정대 의사인 체스와프 야키엘은 그 자리에서 미동도 하지 않았다. 그런데 눈이 붉은색으로 물들었다. 그가 머리를 다친 것이다. 아마도 산소통에 맞은 것 같았다. 파블리코프스키가 가슴을 압박하며 응급치료를 해봤지만, 입에서 숨소리 대신 핏방울만 뿜어져 나왔다. 그런 방법으로는 호흡을 다시 되돌릴 수 없었다. 그는 목뼈가 비틀렸고, 뼈도 부러졌다.

비엘리츠키가 베이스캠프에 도착했다. 그가 의사의 시신 옆에 앉았다.

"세상에, 이럴 수가!" 그가 울부짖었다.

"어떻게 이럴 수가… 이런 곳에서."

^^^

발렌티 피우트는 아래로 후송되었다. 의식이 있는 그가 사고 상황을 자세히 설명했다. 그러자 비엘리츠키는 그만 할 말을 잃었다.

"산의 위대함 앞에서 인간의 존재는 아무것도 아니다. 차라리 자갈이나 깃털보다도 못하다. 우리가 단지 무슨 의미가 있는 것으로 착각할 뿐이다. 이곳의 주인이 산이거늘 여기서 무슨 할 말이 더 있겠는가? 산에서 내려올 수 있도록 자비를 베풀어주신 신에게 감사할 따름이다. 그렇다면 산이란 인정사정 없는 존재일까? 당연히 그렇다. 산은 감정도 없고, 누가 왜 무엇 하러 산에 오르는지 관심조차 두지 않는다. 다만 사람들은 아무것도 모른 채 겁만 내고 있다." 비엘리츠키는 이렇게 기록했다.

사고가 나면 대원들은 늘 같은 고민에 빠진다.

"계속해야 하나, 아니면 그냥 끝내야 하나?"

이번만큼은 비엘리츠키도 할 말이 없었다. 그는 발렌티 피우트와 함께 병원에 있었다. 그는 카트만두에서 통역도 하고, 서류도 작성하고, 부상당한 피우트를 위해 델리까지 가는 비행기표도 알아봤다. 부상당한 환자는 보호자 없이 혼자 비행기를 탈 수 없다고 항공사는 말했다. 그러나 비엘리츠키는 떠날 수가 없었다. 그는 로체 베이스캠프에 있어야 할 터였다. 그런데 우연찮게

천사를 만났다. 한 여성이 기내에서 피우트를 돌봐주겠다고 나선 것이다. 델리공항에 도착하면 폴란드의 연합통신 특파원인 크시스토프 므로지에비치Krzystof Mroziewicz가 마중을 나오기로 했다.

대원들은 텐트에서 열띤 논쟁을 벌였다. 죽음이 친구를 앗아간 인생의 드라마가 이미 한차례 펼쳐졌다는 데는 의견이 같았다. 산에 오르지 않으면 그들은 죽은 것과 마찬가지였다.

9월 17일부터 그들은 다시 등반의 세계로 돌아왔다. 고정로프를 설치하고, 위로 올라가는 조와 아래로 내려가는 조로 편성을 다시 했다. 3, 4, 5캠프가 설치되어 있으니, 벽은 이미 돌파한 것과 다름없었다. 3분의 1만 더 올라가면 될 것 같았다. 산이 그들을 부르고 있었다.

11월 7일, 아르투르 하이제르와 카를로스 카르솔리오가 로체 베이스캠프에 도착해, 쿠쿠츠카가 왕관을 차지했다는 소식을 전했다. 그런데 날씨 탓이었을까? 그들은 그런 소식에도 시큰둥하게 반응했다. 맑은 날씨가 끝나더니 2년 전처럼 눈이 내렸다. 눈이 펑펑 내리는 곳에선 시계가 몇 미터 이내로 줄어들었다. 더구나 눈이 깊어 움직이기조차 힘들었다. 쿠르트 발데가, 로체 남벽이 자신에게는 범접할 수 없는 곳이라는 것을 인정하면서, 두 손을 들었다.

카르솔리오와 하이제르는 추위에 잘 견디도록 채비를 단단히 했다. 6캠프는 그 유명한 암벽 밑에 튼튼하게 설치되었다. 일단, 파블리코프스키와 오시카, 동살과 코노프카, 힝크스와 카르솔리오의 세 조가 번갈아 정상을 공격하기로 했다. 그러나 하나둘씩 등반을 포기해서, 결국 하이제르와 비엘리츠키만 남게 되었다. 그들은 첫째 날에 8,150미터까지, 그리고 둘째 날에 8,300미터까지 올랐다. 이제 그들은 포기할 수가 없었다. 문제의 암벽 가장자리에서 비엘리츠키는 장갑을 벗고 마치 따뜻한 곳인 것처럼 기어올랐다. 기온은 영하 30도였다.

"무슨 고집 같은 게 생겨 포기할 마음이 전혀 없었습니다. 손이 시렸지만 목적을 달성하기 위해선 손가락 몇 개를 포기할 각오가 돼 있었습니다." 그는 원정이 끝난 다음 이렇게 말했다.

다음 날은 하이제르가 앞장섰다.

"피크를 꽂아 넣을 만한 틈바구니도 없었고, 얼음이 너무 얇아 아이스스크루를 박기도 힘들었다." 하이제르는 자신의 자서전에서 이렇게 밝혔다.

오전 8시부터 오후 3시까지 그들은 쉬지 않고 조금씩 위로 올라갔다. 그리하여 마침내 암벽 구간을 끝냈다. 그때 날씨가 변하는가 싶더니 갑자기 봉우리가 모습을 드러냈다. 이렇게 낯설고 안개가 자욱한 곳에선 앞으로 나가기가 힘들었다. 위험을 감수해야 하나, 아니면 돌아가야 하나?

정상까지는 200미터도 안 될 것 같았다. 그들은 능선에 쌓인 눈에 설동을 팠다. 바람을 피하기에는 딱 좋아 보였다. 하지만 설탕처럼 쌓이는 눈이 사정없이 얼굴에 들이쳤다. 입구를 막을 수가 없어, 배낭을 앞으로 메고 앉아서 기다릴 수밖에 없었다. 그들은 서로의 겨드랑이 밑에 다리를 놓았다.

아침에는 좋아질 것이라는 기대에도 불구하고 날씨가 더욱 나빠졌다. 능선에는 폭풍설이 휘몰아치고, 쌓이는 눈이 거대한 커니스를 만들었다. 더 이상 할 말이 없었다. 정상으로 가는 길이 그날은 막혀버린 것이다.

6캠프로 내려온 그들은 베이스캠프에 무전으로 보고했다.

"우린 모두 건강하다. 하산하겠다."

"올라갔나?"

"아니, 못 갔다."

^^^

1988년 12월 31일. 비엘리츠키는 여전히 그때의 아쉬움을 잊지 못하고 있었다. 로체만 어느덧 세 번째였다.

그는 일지에 이렇게 기록했다.

"새벽 3시 40분. 더 일찍 일어나려고 했으나 편안하고 따뜻한 텐트 속 침낭이 나를 아름다운 꿈나라로 데려간 것이 확실했다. 나는 마치 늦잠을 자서 기차를 놓친 사람처럼 벌떡 일어났다."

일어나야 했다. 정상까지 가려면 가파른 사면을 따라 적어도 1,000미터는 가야 했다. 고무 코르셋이 조금 아팠다.

"앞으로 2년 동안 배낭 메는 것은 꿈도 꾸지 말라던 의사가 옆에 없어서 정말 다행이었다. 히말라야에서 내가 하는 짓을 보면, 그는 분명 나를 정신병원으로 보내겠지?" 그는 일지에 이렇게 적었다.

동이 트기 전에 길을 나서니 달빛이 밝았다. 그는 심호흡을 했다. 정말 마지막 결심이었다.

'이대로 올라가기만 하지, 결코 돌아서진 않을 거야.'

아주 멋진 보상을 받을 터였다. 로체 동계초등! 고독은 그에 따른 덤이었다.

한 발씩 앞으로 내딛었다. 단단한 얼음 위에선 크램폰도 별 소용이 없었다. 봉우리 세 개가 있는 능선을 지나면 정상일 터였다. 눈으로 된 둥그런 돔 두 개가 눈에 보였다. 오른쪽 것이 더 컸다. 힘들고 외롭게 등반을 했는데도, 정상에 올랐다는 것을 어떻게 증명하겠느냐는 말이 나올지 몰라, 그는 주변을 가능한 한 자세히 기억하려고 노력했다. 정상에 오를 때마다 돌멩이를 챙기지만 이곳은 눈뿐이었다. 그렇다면 돌멩이는 쿨르와르에서 챙긴 것으로 충분할 것 같았다. 서둘러야 했다. 2시간 뒤면 해가 지고, 얼음처럼 차가운 바람으로 인해, 몸이 말을 듣지 않을 것이다. 척추 위에 뜨거운 쇳덩어리가 놓여 있다고 배낭이 내게 알려줬다. 걸음을 내딛을 때마다 누군가 척추를 때린다는 느낌이 들었다. 100발짝을 간 후 잠시 멈춰 얼음에 피켈을 박고, 그 위에 몸을 기댄 다음 잠시 쉬려고 했다. 하지만 100발짝도 무리였다. 10발짝만 가도 날카로운 통증으로 인해, 척추가 더 이상 가지 말라고 신호를 주었다. 정신이 몽롱해진 비엘리츠키는 무기력증에 빠졌다.

“잠을 좀 자면 괜찮아집니다. 모든 고통이 이제 끝났다는 황홀감이 들죠. 따뜻하고 부드러운….”

이래서 사람들이 얼어죽는 것일까?

하지만 비엘리츠키는 결코 나약하지 않았다. 강인한 그의 몸이 그로 하여금 영원한 잠에 빠지도록 허락하지 않았다. 그는 순간순간 정신을 차렸다. 그리고 누군가 자신을 찾으러 나와 주기를 바라는 기도를 올렸다.

비엘리츠키의 간절한 기도 신호를 레셰크 치히가 받은 것일까? 하지만 동료를 찾으러 나온 치히를 비엘리츠키는 알아보지 못했다. 원정이 끝난 후 그는 기자들에게 이렇게 말했다.

“누군가 나를 향해 오는 것이 보이자 힘이 솟기 시작했습니다. 육체적으로는 그가 나를 도와주지 못할지언정, 심리적으로는 그가 있다는 것만으로도 큰 힘이 되었으니까요. 누군가 나를 도와주러 오고 있다는 사실이 내 정신을 강하게 사로잡았습니다. 힘을 내서 텐트로 가니, 레셰크가 있었습니다. 잉그리드가 아니어서 조금 실망했습니다. 마침 그날이 12월 31일이라, 여자와 함께 시간을 보낸다면 더 좋지 않았을까요?”

^^^

등산잡지를 통해 비엘리츠키의 등정 사실을 알게 된 의사는 물론이고, 많은 사람들이 이 사실을 알게 되었는데, 몇 년 후 우연히 만난 의사는 손가락을 끄덕이면서 핀잔을 주었다.

예지 쿠쿠츠카는 ‘폴란드와 세계에서의 7일’이라는 라디오 방송 프로그램에서 이렇게 말했다.

“어제 우리나라 사람들이 히말라야에서 엄청난 일을 또 해냈다는 사실을 알게 됐습니다. 지구에서 네 번째로 높은 로체를 최초로 겨울에 올랐으니까

요. 크시스토프는 분명 자기 스타일로 올랐을 겁니다. 혼자서 말입니다. 동계 등반에선 어느 나라도 폴란드와 견줄 수 없다는 것이 여실히 증명됐습니다."

공항에는 폴란드 국영방송의 대표적인 정보 프로그램인 'TV신문'의 기자가 카메라를 들고 그를 만나러 나와 있었다.

"그 배낭 속에 무엇이 있습니까?" 기자가 물었다.

"감동과 함께 여러 산들의 정상에서 가져온 돌멩이들이오. 내가 수집하는 겁니다. 의미가 있는 것들이라 모두 기억하고 있습니다."

"이제 계획이 어떻게 되나요?"

"3월이 되면 비행기를 타고 다시 로체에 가려고 합니다. 그때는 남벽에 도전해볼 생각입니다. 두 번 실패했는데 세 번째는 되겠지요."

다시 로체에 간다고? 무엇 때문에? 운명의 유혹과 위험을 감수해야 하는 이유에 대한 질문은 아무리 물어도 대답이 똑같다.

"산에서 느끼는 행복과 경험이 나를 더 나은 사람으로 만들어줍니다. 마지노선까지 자주 가곤 합니다. 그런데 내가 그 지점에 있는지, 아니면 벌써 지나왔는지 알 수가 없습니다. 그 느낌은 정말 주관적입니다. 행복은 확신과 함께 찾아옵니다. 산에선 죽을 고비를 수도 없이 넘겼습니다. 어쩌면 이미 죽었어야 할 팔자인진 모르겠지만, 난 여전히 살아 있습니다."

1988년 12월 31일 그는 일지에 이렇게 적었다.

"내 인생의 마지막 날이 되는 줄 알았다. 하지만 지옥은 나를 원하지 않았고, 천국은 나를 거들떠보지도 않았다."

^^^

히말라야와 카라코람의 왕관을 차지한 라인홀드 메스너는 무엇이든 거절하는 법이 없었다. 뛰어난 성과를 거둔 그는 이탈리아에서 알피니스트의 아이콘이자 철학자가 되었다. 그는 남 티롤에 성을 하나 가지고 있는데, 그곳에는 전설 같은 이야기가 있다. 메스너는 사람을 자신의 성에 초대받는 영광을 누리는 사람과 그런 기회를 잡지 못한 사람으로 나눈다. 그가 가진 재산이 전부 등산으로 번 것이라는 말도 떠돈다. 그의 책은 1,700만 부나 팔렸고, 유료 강연은 언제나 인산인해를 이뤘다. 그는 여러 명품시계의 광고도 찍었다. 그는 호텔과 포도주 창고도 몇 개 가지고 있다. 2018년 이탈리아의 한 방송은 그의 재산을 수천 만 달러로 추산했다. 그의 이미지와 사업은 에이전트가 관리한다. 기자들은 그와 인터뷰하기 위해서 동분서주하고, 가능하면 그를 카메라 앞에 앉히고 싶어 한다. 그가 하는 말은 한마디 한마디가 엄청난 센세이션을 일으킨다.

1989년 봄, 메스너는 로체 남벽을 21세기에나 오를 수 있는 대과제라고 천명했다. 그는 국제 원정대를 조직해 히말라야 경험이 있는 유명 스타들을 초청했다. 그는 이 조직에 "유럽합중국원정대"라는 어이없는 이름을 붙였다.

그리하여 이탈리아의 한스 카머란더Hans Kammerlander, 롤란도 로소Rolando Loso, 프랑스의 브루노 코르미에Bruno Cormier, 크리스토프 프로피Christoph Profit, 실비안느 타베르니에Sylviane Tavernier 그리고 스페인의 미첼 아리치Michel Arizzi와 엔리크 루카스, 스위스의 풀비오 마리아니Fulvio Mariani가 이 원정대에 합류했다. 물론 크시스토프 비엘리츠키 역시 초청받았다.

쿠쿠츠카를 부르지 않은 이유가 무엇이었을까? 메스너에게 물으니 그는 이렇게 대답했다.

"이건 내 원정대입니다. 따라서 누굴 부르고 말지는 내가 결정합니다."

"난 그 등반에 마음에 맞는 동료를 하나 데려갈 수도 있었습니다."

크시스토프 비엘리츠키는 이렇게 말했지만, 정작 쿠쿠츠카에게는 함께 가자고 말하지 않았다. 쿠쿠츠카와의 관계가 썩 좋지 않아, 아마 메스너는 개인적으로도 그가 오는 것을 못마땅하게 여겼을지 모른다. 하지만 오해를 받을 수도 있어, 비엘리츠키는 이런 말을 대놓고 하지는 않았다. 그는 기자들에게

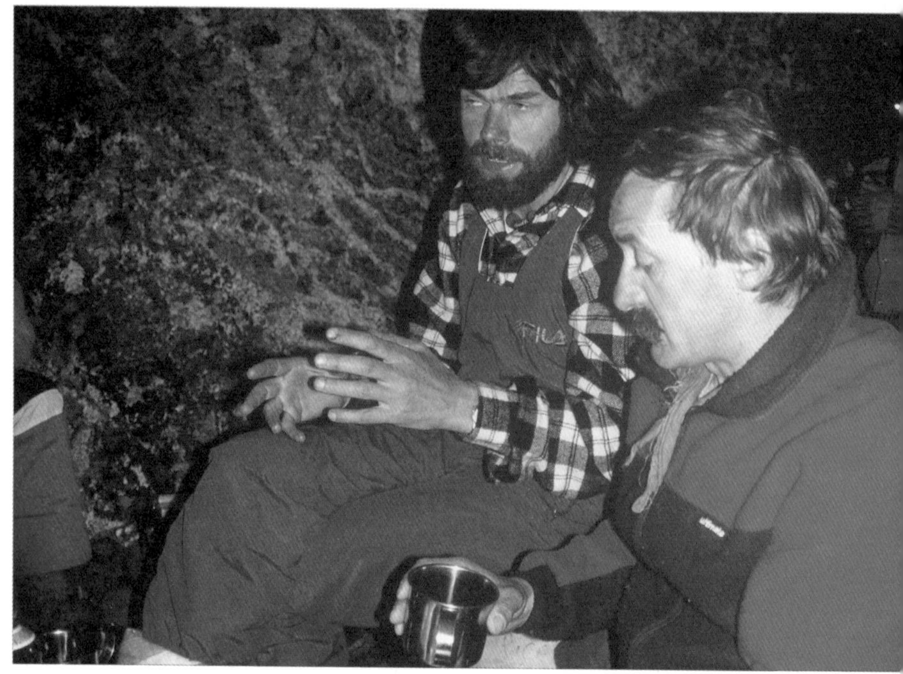

1989년 봄 라인홀드 메스너(왼쪽)는 로체 남벽 국제 원정대를 조직했다. 그는 세계의 유명 등반가들을 초청했는데, 그중에는 크시스토프 비엘리츠키도 있었다.

쿠쿠츠카가 칸첸중가를 종주할 계획을 이미 세워놓았기 때문에 참가할 수 없다고 둘러댔다.

비엘리츠키는 아르투르 하이제르와 함께 가기로 했다. 하이제르는 『절망의 공격』에 이렇게 썼다.

“전설적인 메스너와 함께 원정을 가고 싶었다. 나는 깊이 생각하고 말고 할 것도 없이 바로 가겠다고 대답했다.”

^^^

이제 루트를 선택해야 했다. 비엘리츠키는 폴란드와 체코 원정대가 오른 루트로 가자고 주장했지만, 다른 대원들은 이 제안을 ‘미친 짓’이라며 귀담아듣지도 않았다. 원하는 것이 다들 제각각이었다. 그 필라를 따라가면 안 된다는 둥, 이리로 가야 저기보다 편할 것이라는 둥, 자기 말을 들으라는 둥, 자기 말이 맞는다는 둥…. 그러나 최종 결정은 메스너의 몫이었다. 그는 개념도 위에 로체 샤르로 가는 벽의 오른쪽 가장자리를 따라 붉은 선을 그렸다. 그 루트를 따라 간 후, 거대한 암벽을 아래쪽으로 횡단해 넘어간다는 복안이었다.

1989년 4월 9일 원정대는 베이스캠프를 구축했다. 그리고 선발대가 벽을 오르기 시작했다. 비엘리츠키는 원정일지에 여름은 유별나게 건조하며, 사면에는 눈도 얼음도 많이 없다고 기록했다. 다시 말하면, 루트가 위험하긴 하지만, 어쨌든 4월 27일까지 대원들이 벽의 세 곳에 캠프를 치고, 돔처럼 생긴 로체 샤르 정상 아래쪽까지 간다는 것이었다.

비엘리츠키는 이렇게 말했다.

"솔직히 엉망진창이었습니다. 이름값 좀 한다는 슈퍼스타들이 다들 자기 생각만 관철하려 했습니다. 그러다 보니 일이 전혀 진행되지 않았습니다. 사람들이 자기 생각에만 빠지자 메스너조차 통제하기가 힘들었습니다. 그는 회의에도 참여하지 않고, 정찰을 하겠다며 자주 밖으로 나가곤 했습니다. 메스너는 이번을 마지막으로 두 번 다시 등반하지 않겠다고 어머니에게 약속한 상태였습니다."

어느덧 5월 10일이었다. 등반은 진전이 거의 없었다. 남벽을 통해 정상으로 가는 것이 불가능하다고 모두가 생각했지만, 드러내놓고 말하는 사람은 없었다.

비엘리츠키가 묘안을 생각해냈다. 그는 하이제르와 함께 체코-폴란드 루트를 따라가겠다고 선언했다. 그러자 메스너는 '미친 짓'이라는 반응을 보였다. 그는 손을 내저으며, 갈 테면 가라는 식이었다. 그들은 로프와 피톤, 아이스스크루, 취사도구, 가스, 카트리지 8개, 그리고 5~6일 동안 버틸 수 있는 식량을 쌌다. 텐트에 깔 용도로 하이제르가 직접 만든 시트는 무게가 겨우 0.5

로체 남벽으로 가는 스타들의 원정에서 비엘리츠키는 아르투르 하이제르를 파트너로 선택했는데, 그는 전혀 망설임이 없었다.

킬로그램 정도로 가벼웠다. 그리고 성공하면 베이스캠프로 내려오지 않고, 봉우리를 넘어 반대 방향으로 하산할 작정이었다.

그들은 확신에 차서 올라갔다. 중간에 낡은 로프가 보였다. 정상까지는 오래 걸리지 않을 것 같았다. 그러나 7,500미터에 오르니 날씨가 급변했다. 얇고 작은 텐트가 바람에 금방 무너졌다. 비엘리츠키는 일지에 이렇게 적었다.

"눈이 텐트를 순식간에 덮어버렸다. 당번으로 정해진 사람이 2~3시간마다 밖으로 나가 쌓인 눈을 퍼냈다. 이런 조건에선 아주 공평한 일이었다. … 피톤에 고정된 확보줄에 몸을 맡기고 잠을 잤다. 시도 때도 없이 눈사태 소리가 들렸다. 벌써 6일 동안이나 오리털 파카를 벗지 못했다. 하지만 습기가 너무 차서 이제는 추위에 별 도움이 되지 않았다."

텐트에서 보내는 시간 동안 이전의 등반에 대한 평가가 이어졌다. 1년 전에는 8,300미터까지 올랐어도 정상 등정에 성공하지 못했다. 지금은 그보다도 1,000미터나 아래에 있고, 일주일 동안 옴짝달싹하지 못하고 있었다.

8일째가 되자 날이 맑아지기 시작했다. 하지만 식량이 다 떨어지고 없었다. 가스도 이틀분 정도만 남아 있었다. 돌아서야 했는데 그것 역시 만만치 않았다. 안전하게 하산할 장비가 없었다. 유일한 방법은 이전에 로체 샤르 밑에 설치해놓은 고정로프를 이용하는 것뿐이었다. 그러자면 몇 미터를 옆으로 이동한 다음, 벽을 횡단해야 했다. 신설이 유발하는 눈사태가 쿨르와르를 따라 끊임없이 떨어지고 있었다. 모든 것이 위험했다. 서로 로프를 연결하는 것이 좋을까? 그렇게 하면 다른 쪽으로 더 쉽게 도달할 수 있을 것 같았다. 잘하면 되지 않을까? 짧은 성냥을 고르는 사람이 먼저 가기로 하고 제비뽑기를 했다.

하이제르가 짧은 성냥에 걸렸다.

"이런, 내가 가야겠군."

그가 고정로프 하나에 안전하게 다가가나 싶었는데, 아뿔싸 균형을 잃고 말았다. 그는 추락했다. 하지만 다행스럽게도 고정로프에 걸렸다. 로프가 충격을 버텨줬다.

비엘리츠키는 그 장면도 보지 못한 채 쿨르와르와 사투를 벌이고 있었다. 한 번도 해본 적이 없는 그 일은 이제 겨우 시작에 불과했다. 그는 일지에 이렇게 적었다.

"우리 앞에는 쿨르와르가 두 개나 있었다. 그중 하나에선 아르투르가 20미터를 추락했지만, 다행스럽게도 고정로프가 버텨줬다. 이제 내가 앞장서야 했다. 우리는 서로 로프를 묶었다. 로체 샤르 정상 아래에선 바닥이 보이지 않는 크레바스의 가장자리를 따라서 조심조심 횡단하기로 했다. 눈에서 러셀을 하자니 힘이 몹시 들었다. 나는 천천히 이동했다. 그때 다시 눈이 내리기 시작했다."

그들은 텐트로 돌아왔다. 그리하여 이제는 고정로프를 이용해 베이스캠프까지 안전하게 내려갈 수 있게 되었다. 그들은 로체에는 두 번 다시 돌아오지 않겠다고 다짐했다. 그리고 그 약속을 지켰다.

8장

모든 것들이 머리 위에 앉은 듯했다

비엘리츠키는 반다 루트키에비치에 대해 이렇게 말했다.

"대단한 여성 산악인이었습니다. 반다가 겪은 비극은 바로 고독이었습니다. 대스타들만이 겪을 수 있는 그런 것 말이죠. 바르샤바 시내 어디를 가도 사람들이 모두 그녀를 알아봤지만, 막상 집에 가면 혼자였습니다. 동반자를 만들기엔 성격이 너무 까칠했습니다. 안정적인 직업과 모성애를 진즉에 포기한 반다는 가족이 없는 대가를 치렀습니다. 그녀의 인생에 남은 건 오직 하나, 바로 산이었습니다. 그것 외에는 아무것도 없었습니다. 산에서 돌아오자마자 나한테 전화를 걸어, 다음 등반을 의논할 정도였으니까요."

그들은 어떻게 친해지게 되었을까? 비엘리츠키는 브로츠와프산악회에 가입하고 나서 1년 정도 지나 루트키에비치를 만났다. 경험으로만 따지면 산악회에서 몇 손가락 안에 든 그녀는 신입회원들을 관리하는 역할을 맡고 있었

◀ 안나푸르나 정상에서 하산한 후 베이스캠프에서의 크시스토프 비엘리츠키(왼쪽)와 보그단 스테프코

다. 그녀는 신입회원들을 따뜻하게 챙겨주었고, 거절하는 법 없이 잘 가르쳐 주었으며, 다른 이들과도 살갑게 지냈다. 성품은 온화했지만 한편으로는 고집도 셌다. 하지만 누구든 자신의 길을 가로막지만 않으면 따뜻하게 대해주는 사람이었다. 따라서 신입회원들과는 문제될 것이 전혀 없었다.

그러고 나서 비엘리츠키는 바르샤바로 떠났다. 그런데 그녀의 우스갯소리와 다양한 이야기들이 그의 머릿속을 떠나지 않았다. 역사학자 안나 체르빈스카Anna Czerwińska는 이렇게 말했다.

"파이주에서 포터들이 돈을 더 주지 않으면 한 발짝도 움직이지 않겠다며 파업했습니다. 그런 사태에 진절머리가 난 반다는 한 푼도 더 줄 수 없다고 못 박았습니다. 그때의 모습이 기억납니다. 포터들이 저만치 서성이는데, 반다는 아랑곳하지 않고 우산 밑 간이의자에 앉아, 마스크를 쓴 채 손톱을 정리하고 있었습니다. 그런 모습을 본 포터들은 승산이 없다는 걸 깨닫고 정신을 차렸습니다. 강철 같은 침묵이 승리한 순간이었지요."

사람들은 루트키에비치를 좋아했을까? 그쪽 세계에서 인기를 얻은 것은 아니었을지 몰라도 속으로는 좋아했을 것 같다.

"여성 원정대는 남성들을 쥐락펴락할 수 있는 능력이 있어야 합니다. 산에서 반다는 다른 역할을 하고 싶어 하지 않았습니다." 비엘리츠키는 말했다. "그녀는 동료들의 발자국을 따라 정상에 오르는 것에는 관심이 없었습니다. 여성 산악인들이 산에 오르고자 하는 욕구는 바로 여기서 나오는 것일지도 모릅니다. 오로지 자신들의 능력만 믿은 채 대원들을 통솔하는 리더십을 하찮게 취급하지는 않았거든요. 사람들이 반다와 연락하는 것을 주저했던 것이 대하기 어려운 성격 때문만은 아니었습니다. 그녀는 야망이 대단했고, 자신의 의견을 피력하거나 사람들을 설득하는 데 거침이 없었습니다. 게다가 아주 예쁘기까지 했습니다. 모두 다 반다를 사랑했죠. 단지 반다가 그들의 마음을 받아주지 않았을 뿐입니다."

그들은 서로의 가치를 높이 평가했을까? 물론, 그랬다.

"꿈꾸던 것을 해내고, 서로에게 행운을 기원해주는 것은 정말 행복한 일입니다."

이것은 크시스토프 비엘리츠키와 레셰크 치히가 에베레스트 동계초등에 성공했다는 소식을 듣고 반다 루트키에비치가 한 말이다.

그들은 정말 가까이 지냈을까? 이런 표현은 조금 부담스러울지도 모른다. 그냥 알고 지내는 정도?

아니면, 등반 파트너? 하지만 그것도 아주 드문 일이었다.

^^^

1986년에서 1987년으로 넘어가는 겨울. 그들은 안나푸르나 아래서 만났다. 그것은 아슬아슬한 여정이었다. 바르샤바산악회가 네팔 관광성으로부터 허가를 받았는데, 마지막 순간에 일본 원정팀이 두 손을 들었기 때문이다. 일본인들이 아니면 달러도 없고 등반일정도 깨질 터였다.

바르샤바산악회는 8천 미터급 고봉 14개 완등 기회를 노리고 있던 쿠쿠츠카에게 허가를 양보하려고 했지만, 그것은 쿠쿠츠카가 혼자서 히말라야 등반 계획을 세워야 하는 문제가 있었다. 시간이 많지 않았다. 등반허가는 2월 15일까지였고, 어느덧 11월 말이었다.

다른 원정대는 벌써 고소텐트를 치고 있었다. 그러나 쿠쿠츠카는 아직 한 일이 아무것도 없었다. 그는 아르투르 하이제르에게 전화를 걸어 함께 가자고 제안했다.

하이제르는 어떤 일이든 거침이 없는 사람이었다. 크시스토프 비엘리츠키와 리샤르드 바레츠키도 마찬가지였다. 바르샤바 출신의 의사 미하우 토카제프스키Michał Tokarzewski도 그들의 원정에 동행하기로 했다.

중앙체육회는 원정에 필요한 비용을 대주겠다고 약속했지만, 외화는 없어서 주지 못한다고 못을 박았다. 그런데 한 가지 가능성이 있었다. 루트키에비치가 오스트리아의 한 TV 방송국으로부터 히말라야 영화를 찍자는 제안을 받은 것이다.

쿠쿠츠카는 말했다.

"이건 현금이 있다는 뜻이었죠. 그래서 함께 데려가기로 했습니다."

비엘리츠키와 하이제르는 이를 못마땅하게 여겼다.

"만약 반다를 여자로 본다면 맨날 싸우겠지." 쿠쿠츠카는 말했다.

하지만 히말라야로 가려면 루트키에비치와 함께 원정대를 꾸려야 했다.

예산은 여전히 3,600달러가 부족했다. 돈은 야체크 파우키에비치Jacek Pałkiewicz가 가지고 있었다. 여행가이자 기자로 이탈리아에 거주하는 그는 생존학교를 창립했다. 그리하여 쿠쿠츠카와 함께 안나푸르나에 오르기 위해 초록색 지폐 수천 장을 건넸다.

쿠쿠츠카는 주저했다. 외국 등반가들은 폴란드 원정대에 동참하는 것을 마다하지 않았고, 게다가 경비를 모두 경화로 지불했다. 폴란드인들은 그들을 두 팔 벌려 환영했다. 그래도 나름 전문가들이 아닌가? 파우키에비치는 아마추어였고, 안나푸르나는 극도로 잔인한 산이었다. 8천 미터급 고봉 중 인간의 발길이 처음 닿은 이 산의 정상에는 이미 300여 명이 섰지만, 그만큼의 사람들이 목숨을 잃었다. 다시 말하면, 누군가가 성공하면 누군가는 목숨을 잃었다.

파우키에비치도 이제 성인이니 함께 가는 것 외에는 별다른 방법이 없었다. 그들은 그의 돈이 필요했다.

^^^

제야에 여행길에 오른 그들은 1987년 새해를 비행기에서 맞이했다. 그들은 기내에서 샴페인을 강이 범람하는 것처럼 마셔댔지만 모두 멀쩡했다.

네팔에 도착하자 또 다른 난관이 기다리고 있었다. 폴란드의 안나푸르나 등반이 취소된 것이다. 원정대 명단을 제때에 제출하지 않은 것이 원인이었다. 조건이 충족되지 않은 허가서는 한낱 종이쪼가리에 불과했다.

네팔은 되는 것도 안 되는 것도 없는 나라이다. 그러나 문제를 해결하기 위해선 어떤 인맥을 통해야 좋을지 잘 파악해야 한다. 작은 나라인 네팔의 이웃 인도는 중요성과 영향력이 상당하다. 루트키에비치는 아이디어가 하나 떠올랐다. 그녀는 인도대사관 직원을 알고 있었다. 대사관에 찾아가 도움을 요청하면 어떨까? 루트키에비치의 이름을 대니 대사관 문이 활짝 열렸다. 문제를 해결하려고 인도 대사가 네팔 관광성을 방문하자, 공무원들은 태도를 누그러뜨리고 필요한 서류에 도장을 찍어주었다. 원정은 그렇게 다시 살아났다.

등반가들은 안나푸르나 북쪽은 위험하고, 북서쪽은 가팔라 힘들고, 남쪽은 위험한 데다 가팔라 힘들다고 말한다. 바위와 얼음이 뒤섞인 500미터의 벽을 두 번이나 넘어야만 한다. 그들은 남쪽으로 가서 초등에 도전할지, 아니면 기존의 북쪽 루트를 따라야 할지 결정해야 했다. 지금 같은 계절에는 눈사태가 자주 일어난다. 북쪽으로 가도 문제가 있다. 그늘이 베이스캠프를 가리기 때문이다. 햇볕을 쬐지 않으면 우울해지고, 게다가 기온이 영하 30도 밑으로 떨어지면 제대로 휴식을 취하지도 못한다. 물론 씻지도 못하고, 옷도 벗을 수 없다. 눈사태와 어두컴컴한 조건 중 어느 것을 선택해야 할까?

남쪽으로 올라가는 신루트? 위험부담이 크다. 따라서 등반은 북쪽 사면에서 시작하기로 했다.

카라반은 60명의 포터들이 동원되었다. 그들은 폴란드에서 가져온 내복바지를 입고, 겨울 부츠를 신은 다음, 등에 짐을 걸머지었다.

모든 조건이 최악이었다. 날씨는 얼어죽을 정도로 춥고 눈까지 내렸다. 비엘리츠키의 기억에 파우키에비치는 이런 사람이었다.

"실전 경험이 상당히 부족한 이탈리아 사업가들을 산으로 데려갔습니다. 모험이라는 게 무언지, 어려운 조건에서 살아남으려면 어떻게 해야 하는지 등

1987년의 안나푸르나 원정대. 왼쪽부터 라샤르드 바레츠키, 아르투르 하이제르, 미하우 토카제프스키, 크시스토프 비엘리츠키, 예지 쿠쿠츠카 그리고 반다 루트키에비치

을 가르쳐주려고. 보이스카우트 활동도 무서워서 못하는, 그런 겁 많은 친구들 있잖습니까? 파우키에비치는 그들 중에서 항상 거침없는 데다 목소리도 커서 언제나 주목을 받았습니다. 그리고 사진도 잘 찍었습니다. 트레킹을 하고 있을 때 느닷없이 스키폴을 가지고 빠른 속도로 걸어보랍니다. 왜 그러냐고 물으니 그래야 사진이 좀 더 역동적으로 찍힌다나요. 그는 정말 특이한 스타일이었습니다."

포터들은 걸핏하면 쓰러졌다. 그리하여 끝내는 10명 남짓만 남았다. 그들은 임금을 다섯 배로 받았다.

"파란 플라스틱 드럼통을 버렸으면 문제가 없었을지도 모릅니다." 비엘리츠키는 말했다

1987년 1월 20일 그들은 안나푸르나 베이스캠프에 도착했다. 추위가 발

밑에서 스멀스멀 올라왔다. 빙하가 무너지는 소리가 베이스캠프에서도 들렸다. 그러자 삽시간에 모든 것이 눈구름 속으로 파묻혔다.

"별다를 것 없는 지진이었다. 그런데 벽과 빙하 등 근처에 있는 모든 것들이 쿵 소리를 내며 흔들렸다." 쿠쿠츠카는 일지에 이렇게 적었다.

비엘리츠키는 말했다.

"지진은 히말라야에서도 일어납니다. 하지만 사람들은 이 사실을 심각하게 받아들이지 않습니다."

파우키에비치는 꽤 놀란 모양이었다. 그는 콩팥이 안 좋다고 불평을 늘어놓더니 며칠 뒤 집으로 돌아갔다.

^^^

원정대원들은 정상으로 이어지는 루트를 망원경으로 정찰했다.

"안나푸르나 북쪽 사면은 밤처럼 불쾌합니다. 그곳은 8천 미터급 고봉 중에서 아마도 가장 불쾌한 곳일 겁니다. 모든 것이 삐딱할 뿐 제대로 된 게 하나도 없습니다. 뚜렷한 필라도, 능선도, 쿨르와르도 없습니다. 루트가 지나가는 꼭대기는 모양도 이상합니다." 비엘리츠키는 말했다.

시간이 많이 지나갔다. 이제 시즌이 거의 끝나가고 있었다. 쿠쿠츠카와 하이제르와 루트키에비치는 곧바로 정찰에 나섰다. 그들은 6,000미터가 훌쩍 넘는 곳에 텐트를 쳤다.

"모든 것들이 머리 위에 앉은 듯했다. 베이스캠프를 구축하지도 않았는데 고소캠프만 3개였다. 지난번의 원정대로부터 빌린 방한장비 덕분에 할 만은 했지만, 지금 상태에서 높이 올라가는 것은 상책이 아니었다." 쿠쿠츠카는 일지에 이렇게 적었다.

뼛속까지 추운 것은 베이스캠프에서도 마찬가지였다. 기온이 영하 30도 밑으로 곤두박질쳤다.

"고산등반가들만이 차가운 그늘이 어떤 의미인지 잘 압니다. 얼음이 있는 곳에선 언제나 추위가 몸속으로 파고들고 희망도 없이 우울해집니다. 이런 추위에선 잠시 몸을 피할 수조차 없습니다. 텐트 안도 춥고, 나가도 춥고, 걸어도 계속 춥고…. 그나마 조금이라도 움직이면 몸이 많이 따뜻해지진 않아도 시퍼런 칼날 같은 추위를 살짝 피할 순 있습니다." 쿠쿠츠카는 말했다.

루트키에비치, 하이제르, 비엘리츠키가 4캠프로 올라갈 준비를 하고 있었다. 그들은 누구를 파트너로 할지 열띤 논쟁을 벌였다.

"여자를 데려온 사람이 너니까 네가 알아서 해." 동료들이 쿠쿠츠카에게 일렀다.

비엘리츠키와 짝을 이룬 하이제르는 별다른 불평을 하지 않았다.

"유레크* 쿠쿠츠카처럼 좋은 보물도 없습니다. 더구나 컨디션도 훨씬 좋았습니다. 유레크는 정신력이 아주 강합니다. 다시 말해, 파트너를 유레크에서 비엘리츠키로 바꾸는 것은 마치 디젤의 도요타에서 휘발유의 마쯔다로 바꾸는 것과 같다고 할 수 있습니다."

하지만 팀을 나누는 것은 별 의미가 없었다.

그들은 장비를 챙기고 만약을 대비해 여분을 더 집어넣었다. 짐을 싸느라 분주한 가운데, 주방텐트에 있는 루트키에비치와 비엘리츠키의 대화가 하이제르의 귀에 얼핏 들렸다. 그들은 무엇인가 속삭이고 있었다.

"내가 이 자식들을 좀 알아. 이제 정상에 가려고 할 거야." 비엘리츠키가 말했다.

"정말 그렇게 생각해?" 루트키에비치가 놀란 목소리로 물었다.

"그럼, 기다릴 필요가 없잖아?"

루트키에비치는 하이제르에게 쿠쿠츠카와 함께 가고 싶으냐고 단도직입

---

* 예지의 애칭

적으로 물었다. 그는 대답을 머뭇거렸지만, 쿠쿠츠카와 함께라면 못할 일이 없을 것 같았다. 그는 외교적인 방식을 택했다.

"전 단지 대장의 말을 따를 뿐입니다. 대장이 안 가면 저도 안 가고, 대장이 가면 저도 갑니다. 대장이 돌아서면 저도 그렇게 합니다. 우리 팀에서 결정을 내리는 사람은 제가 아닙니다."

^^^

쿠쿠츠카와 비엘리츠키, 루트키에비치, 하이제르가 베이스캠프를 출발했다. 안나푸르나의 북쪽 사면이 유리처럼 미끄러워 그들은 천천히 걸었다. 얼음이 너무나 단단해 크램폰도 잘 박히지 않았다. 3캠프의 텐트에선 넷이서 침낭 두 개 속으로 들어가 잤다. 비좁기는 했지만 따뜻했다. 한밤중에 그들은 이상한 소리를 듣고 잠에서 깨어났다. 아침에 지나온 쿨르와르에서 쿵 소리가 나며 눈사태가 일어나고 있었다. 그 잔해들이 아래쪽 텐트에 부딪칠 정도로 강력한 눈사태였다. 하지만 비명이나 신음소리가 없는 것을 보니 다행히 아무 일도 없는 것 같았다. 그들은 손에 칼을 쥐고, 눈이 텐트 위에 쌓이면 칼로 텐트 천을 찢을 작정으로, 새벽까지 기다렸다.

다음 날 밤은 6,800미터에서 보냈다. 텐트를 두 동 치고 아침에 베이스캠프로 내려갈 작정이었다. 정상 도전은 다음번에 해야 할 것 같았다. 쿠쿠츠카와 루트키에비치가 눈을 녹여 따뜻한 물을 만들었다. 루트키에비치의 상태가 나빠졌다. 어딘가 감염이 된 것 같고, 고소적응이 안 된다며 그녀는 불평했다. 어느 순간이든 예고 없이 무기력증에 빠질 수 있어, 쿠쿠츠카는 걱정이 컸다.

"난 내일 높이 올라갈 거야. 누가 나와 함께 갈래?" 전혀 예상치 못한 질문이었다.

"저요~~~!" 하이제르가 옆 텐트에서 외쳤다.

비엘리츠키와 루트키에비치는 놀랐다.

"그건 예지가 계획적으로 한 말이었습니다."

지금의 비엘리츠키는 그 일에 대해 이렇게 회고했다.

"만약 정상에 간다고 했으면 반다가 대단히 화를 냈을 겁니다. 우린 모두 하나의 팀이 아닙니까? '높이 올라간다'는 말은 사람에 따라 다르게 받아들이는 표현입니다. 예지가 그때 정말 정상에 오를 의도로 말했는지는 확실치 않습니다. 아르투르가 제일 먼저 함께 가겠다고 말했지만, 난 그들과 함께 가야 할 명분이 없었습니다. 게다가 난 그들의 의도도 정확히 파악하지 못했습니다."

루트키에비치의 상태가 더 악화되었다.

"전형적인 무기력증이었습니다." 비엘리츠키는 그때를 회상하며 말했다. 그는 루트키에비치에게 절대 혼자 놔두지 않고, 함께 베이스캠프로 내려갈 것이라고 약속했다.

"내려가는 것도 쉽지 않았습니다." 비엘리츠키는 말했다. "쪼그리고 앉아서 하는 비박은 엄청 힘들었습니다. 반다가 아무것도 하지 않고 가만히 있으려고만 해서 버럭 소리까지 질렀습니다. 함께 내려가기로 한 건 잘한 선택이었다고 생각합니다. 그러지 않았다면, 정말 안 좋은 결과가 초래되었을지도 모릅니다."

쿠쿠츠카는 비엘리츠키에 대해 이렇게 썼다.

"크시스토프의 머릿속에는 지난번 마칼루 등정의 기억이 깊이 각인되어 있었다. 비극적인 사건이었다. 그때도 지금과 같은 상황이 펼쳐졌었다. 그곳에 동료를 그냥 놔두고 왔다는 것이 그의 머리를 떠나지 않았다. 그 둘은 체온 유지가 제대로 되지 않는다는 것을 알면서도 무리하게 산에 뛰어들었고, 크시스토프는 위로 올라가는 도중 동료에게 단 한 번도 눈길을 주지 않았다. 그때의 상황은 사람들이 크시스토프에게 근거 없는 불만을 갖게 하는 데 일조했다. 그들의 말이 사람을 얼마나 힘들게 하는지 나는 알고 있었다. 칸첸중가와

안나푸르나 정상으로 가는 도중 반다 루트키에비치(오른쪽)의 컨디션이 좋지 않았다. 크시스토프 비엘리츠키는 그녀를 데리고 베이스캠프로 내려왔다.

K2를 다녀온 후에도 오랫동안이나…."

^^^

쿠쿠츠카와 하이제르는 텐트를 출발한 지 14시간 만에 안나푸르나 정상에 섰다. 2월 5일 그들은 베이스캠프로 돌아왔다.

하이제르는 한 가지 일이 마음에 걸렸다.

"안나푸르나 등정으로 크시스토프가 나에게 서운해하는 것은 아닐까? 그래서 마음이 심히 불편했다. 나는 이렇게 생각하며 스스로 위안을 삼았다. '크시스토프 덕분에 강해지는 법을 배웠잖아? 언젠가 칸첸중가에 가도 그는 나를 전처럼 대할 거야.'"

시간이 흐른 후 비엘리츠키는 농담처럼 이렇게 말했다.

"아르투르는 그때 나와의 관계를 정리하고 싶었던 겁니다. 뭐 별거 없습

니다. 성공할 수 있는 기회가 되면 그 친구는 어디든 따라갔습니다. 그렇다고 해서 아르투르에게 불만이 있진 않습니다. 내가 다른 사람들보다 뒤처졌던 유일한 원정이었지만, 정상에 서지 못했다는 것에 크게 개의치 않았습니다. 그보다 더 어려운 일이 앞으로도 많을 겁니다. 우리 원정대는 팀워크가 좋았습니다. 그들과의 등반 자체가 너무 만족스러워서 불만 따위가 없었습니다."

하이제르가 말했다.

"살다 보니 크시스토프를 이기는 날도 있더군요. 다른 원정에선 그가 항상 나를 빼고 정상에 갔거든요."

^^^

루트키에비치와 비엘리츠키는 베이스캠프에서 잠시 휴식을 취한 후 다시 정상으로 향했다. 하지만 4캠프에서 루트키에비치는 더 이상 오를 힘이 없다고 고백했다. 미처 치료를 받지 못한 협심증이 그녀를 다시 괴롭히고 있었다.

"반다가 그런 상황이라, 정상에 오를 기회가 더 이상 없다고 생각했습니다. 정상에 오르지 못한 것이 처음엔 서운하기도 했지만, 그런 감정은 금방 없어졌습니다. 예지가 성공한 사실도 충분히 기뻐할 일이었습니다." 비엘리츠키는 말했다.

루트키에비치는 이렇게 회상했다.

"예지 쿠쿠츠카 같은 대장과 함께 원정에 가는 것만으로도 큰 경험이 되었다. 예지의 기쁨은 그뿐만이 아니라 모든 대원들과 함께 나누고도 남았다."

비엘리츠키가 자신 때문에 정상에 오르지 못했다는 사실에 그녀는 못내 가슴 아파했다.

1987년 4월 22일, 글리비체에서 유명 산악인들의 토론이 열렸다. 그곳에는 반다 루트키에비치와 아담 빌체프스키Adam Bilczewski, 지그문트 헤인리흐Zygmunt Heinrich, 예지 쿠쿠츠카, 크시스토프 비엘리츠키 그리고 안제이 자바다도 있었다.

토론의 목적은 K2에서 발생한 사고 원인을 분석해보려는 것이었다. 1986년 여름, 그곳에선 전 세계에서 몰려든 등반가 중 폴란드 출신인 타데우시 표트로프스키Tadeusz Piotrowski, 보이체흐 브루즈와 도브로스와바 미요도비치-볼프Dobrosława Miodowicz-Wolf를 포함해 총 13명이 목숨을 잃었다.

카메라도 사진기자도 없는 자리이니만큼 글리비체에선 날 선 논쟁이 벌어졌다. 중요한 질문들이 쏟아졌다.

"성공을 위한 열망이 도덕적 가치에 우선하는가?"

"히말라야 등반에는 꼭 죽음이 뒤따라야 하는가?"

"위험을 줄일 수 있는 방법은 없는가?"

"도덕적 의무와 희생의 차이는 무엇인가?"

"두뇌가 정상적인 사고를 할 수 없는 8,000미터에 올라, 인류애와 윤리적 선택에 대해 말할 수 있다고 생각하는가?"

루트키에비치와 쿠쿠츠카가 있는 앞에서, 비엘리츠키는 안나푸르나에서 느낀 자신의 감정을 솔직하게 털어놓았다.

"반다에게 무슨 일이 생길 것 같다는 느낌이 들었습니다. 그래서 반다에게 소리를 질렀습니다. '씨팔, 얼른 정신 차리고 아래로 내려가지 못해!' 그땐 나도 겁이 나서 그랬습니다. 다행히 아무 일도 없었습니다."

루트키에비치가 말했다.

"맞아요, 정말 그렇게 말했습니다."

비엘리츠키가 덧붙였다.

"왜 그랬는지 알아요? 안 그랬으면 사람들이 날 얼마나 못살게 굴었을까요? 기력이 빠진 여자를 혼자 두고 자기만 내려왔다고. 반다는 전혀 약하지도 아프지도 않았습니다. 조금 이상한 증상이 나타났을 뿐이죠. 그래도 겁이 나서 산을 내려왔습니다."

^^^

안나푸르나의 남벽은 전설적인 곳이다. 그곳은 아주 어렵고 힘들고 위험하다. 영국의 등반가 크리스 보닝턴Chris Bonington은 안나푸르나 정복을 꿈꾸면서 그 사진만 줄곧 봤다. 가장 어려운 구간은 벽의 중간을 따라 이어지는 얼음 필라와 루트의 거의 3분의 2 지점을 가로막고 있는 수직의 암벽지대다. 사실 이것만으로도 심장이 두근거릴 정도다.

보닝턴은 마틴 보이슨Martin Boysen, 닉 에스트코트Nick Estcourt, 돈 윌런스Don Willans, 두걸 해스턴Dougal Haston 등 11명의 동료들을 끌어모았다. 1970년 3월 28일 그들은 남벽을 수호하는 빙하분지 안나푸르나 보호구역에서 그곳을 정찰했다. 그곳은 아직도 눈이 엄청나게 쌓여 있었다.

3월 13일 그들은 얼음 필라를 따라 등반을 시작했다. 하지만 눈이 너무 푹신해 등반을 계속할 수가 없었다. 아주 위험했다. 그들은 단단한 얼음으로 뒤덮인 왼쪽 편으로 미끄러져 내려갔다. 다른 방법이 있기는 했지만 눈사태를 조심해야 했다. 필라는 올라갈 만했지만, 그 위가 더 어려웠다. 얼음 세락이 호시탐탐 그들을 노리고 있었다. 바위투성이를 올라가는 것이 이보다 더 어려울까? 100미터가 조금 안 되는 벽을 돌파하는 데 3일이 걸렸다. 5월 7일 그들은 6,800미터의 바위지대 아래에 도달했다. 힘이 다 빠졌다. 조금 더 편한 루트가 있다면 얼마나 좋을까? 하지만 그럴 리는 만무했다. 바위지대를 통과하는 루트는 끝이 없어 보였다. 위협적인 돌멩이들이 계속 떨어졌다.

"지금까지 기획했던 것 중 제일 악마 같은 모험이었습니다. 우리 원정대는 있는 힘을 다해 사투를 벌였습니다." 보닝턴은 말했다.

5월 27일 두걸 해스턴과 돈 윌런스가 정상에 올라섰다.

"정말 이루 말할 수 없는 경험이었다."

보닝턴은 그날의 정상 등정에 대해 이렇게 기록했다.

"산에서 겪을 수 있는 최악의 상황인 광풍과 눈보라 속에서 산소 없이 700여 미터를 오른다고 상상해봐라."

1981년 5월 23일 폴란드인들도 남벽 등반에 성공했다. 그날 마치에이 베르베카와 보구스와프 프로불스키Bogusław Probulski는 안나푸르나 중앙봉으로 가는 신루트를 뚫었다. 그곳에서 50미터만 더 가면 정상이었다.

리샤르드 샤피르스키는 당시의 원정보고서에 다음과 같이 기록했다.

"산에서 겪은 고생과 원정대의 결단력은 경외심을 사기에 충분했다. 이번 원정은 그 어떤 것과도 비교할 수 없었다. 여기서 만난 사람들과 보낸 시간은 즐거웠고, 더할 나위 없는 만족을 주었다. 세상의 모든 원장대장들이 이런 사람들과 계속 함께할 수 있다면 얼마나 좋을까? 좋은 날이 있으면 당연히 안 좋은 날도 있기 마련이지만, 가장 중요한 것은 정말로 최선을 다해 성공의 결실을 거뒀다는 것이다. 다른 사람들이 이 성공에 대해 이러쿵저러쿵하는 말은 듣고 싶지 않다. 세계의 등반역사는 우리의 원정을 1981년 시즌 최고의 결실이자, 히말라야에서 거둔 8번째의 성과로 기억할 것이다."

^^^

비엘리츠키는 영국인들의 영광을 다시 한번 재현하고 싶어 했다. 1991년 가을, 몇 나라에서 모인 10명의 등반가들과 함께 그는 안나푸르나 남벽 밑에 베이스캠프를 설치했다. 숙련된 기술은 두말할 것도 없고, 한 치의 실수조차 용납하지 않는 이 벽은 아이러니하게도 그 매력이 사람을 더욱 끌어당긴다. 비엘리츠키는 노련한 등반가들(리샤드르 파브워프스키, 보그단 스테프코Bogdan Stefko, 잉그리드 베이옌스)은 물론이고, 독일의 뤼디게르 슐레이펜Rüdiger Schleypen, 포르투갈의 곤살루 벨레자Gonçalo Veleza, 영국의 존 케스카John Keska 등 히말라야가 처음인 풋내기들도 불러모았다.

이번 원정에는 포르투갈의 트레킹 팀도 동행했다.

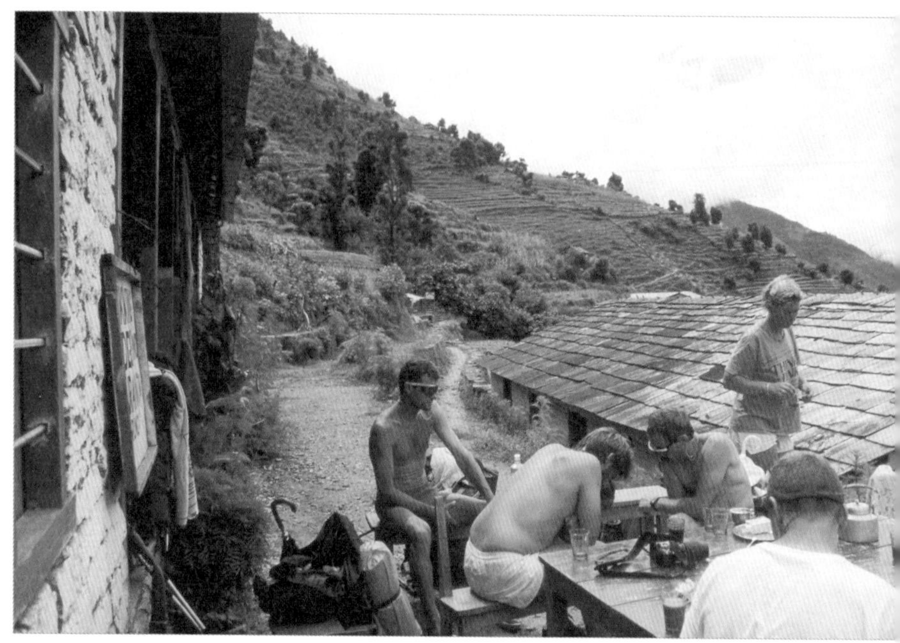

1991년 9월 안나푸르나 남벽으로 향하는 카라반. 크시스토프 비엘리츠키(왼쪽)가 존 케스카와 체스를 두고 있고, 리샤르드 파브워프스키가 옆에서 그들의 한 판을 지켜보고 있다. 분홍색 셔츠를 입은 사람이 잉그리드 베이옌스다.

비엘리츠키는 이렇게 말했다.

"포르투갈 사람들 덕분에 원정 비용을 줄일 수 있었습니다. 모두 14명이 참가했는데, 트레킹도 상당히 성공적이었습니다. 물론 우리의 일은 남벽을 등반하는 것이었죠."

비엘리츠키는 보닝턴 루트로 허가를 받았지만, 영국과 일본의 루트 사이에 신루트를 개척하는 것을 꿈꾸고 있었다. 알파인 스타일로 하면 그리 어렵지 않은 곳이라 빨리 움직일 수는 있지만, 혼자 움직이는 것이 관건이었다. 그 해 가을 안나푸르나 남벽의 하단부는 유독 메말라 있었다. 눈이 덮이지 않는 바위에서 떨어진 돌멩이들이 머리 위에서 비처럼 쏟아져 내렸다. 보닝턴 루트는 더 위험했다.

비엘리츠키는 그 등반에 대해 특별한 모험이 없고 아주 평범했다고 말했다. 하지만 엄밀히 따지면 그것은 사실이 아니었다.

그는 강한 원동력을 바탕으로 등반을 시작했다. 11월 5일 안나푸르나 남벽 베이스캠프에 반다 루트키에비치가 도착했다. 초오유에서 건너온 그녀는 고소적응이 잘되어 있었다. 그녀는 자신의 프로젝트인 '꿈의 여정The Caravan of Dreams'에 따라 히말라야와 카라코람의 왕관을 차지하고 싶어 했다. 따라서 히말라야에선 절대 물러서지 않을 작정이었다. 그녀는 고소에서 머무르는 시간을 최대한 줄이며 8천 미터급 고봉을 또 오르고자 했다. 만약 필요하다면 다른 원정대의 도움도 받을 생각이었다.

루트키에비치는 비엘리츠키 원정대가 6,800미터에 2캠프를 치자마자 등반을 시작했다. 그녀는 다른 이들의 도움을 받지 않고 거침없이 올라갔다. 보그단 스테프코, 마리우시 스프루타Mariusz Sprutta, 체코의 미할 페리나Michal Peřina와 함께 그녀는 잘려 나간 빙판 위에 작은 텐트를 쳤다. 그곳은 해발 7,350미터였다. 따라서 정상 능선으로 이어지는 쿨르와르가 그리 멀지 않은 곳에 있었다. 안나푸르나 정상은 이제 손에 닿을 듯했다.

^^^

영국 원정대의 성과에 대한 언론 인터뷰에서 보닝턴은 분명한 어조로 말했다.

"우린 팀워크 덕분에 성공했습니다."

비엘리츠키는, 마치 일부러 그러는 것처럼, 혼자서 등반하고 싶어 했다.

일요일인 11월 13일 그는 베이스캠프를 출발했다.

그 후에 그는 이렇게 기록했다.

"밤이어서 사방이 어두웠다. 나는 상현달이 뜨는 날을 골랐다. 왜 그랬는지 모르겠다. 무슨 계시였을까? 이곳 사람들의 말에 따르면 가능성은 두 가지였다. 보름달이 뜨는 날이나 상현달이 뜨는 날은 날씨가 맑다는 것이다. 그런데 어느 것도 사실과 들어맞지 않았다."

그는 처음부터 잽싸게 걸었다. 마치 하루 만에 정상에 오르려는 것처럼. 새벽 3시 1캠프에 도착해, 40분 정도 눈을 붙인 다음 복통으로 깨어났다. 진통제가 고통을 줄여주긴 했지만 통증 때문인지 힘이 없었다. 해가 뜨기 전 그는 얼음으로 된 쿨르와르를 올랐다. 그리고 6,800미터의 2캠프에서 잠시 쉰 후 등반을 계속 이어갔다. 컨디션이 좋지 않았다.

그는 일지에 이렇게 적었다.

"안전벨트에 의지해 잠시 눈을 붙였다. 약을 먹어서 그런가? 정상까지 1,300미터가 남았는데, 과연 내가 해낼 수 있을까?"

안타깝게도 복통이 가시지 않았다.

위에서 고정로프를 설치하던 동료들이 내려왔다. 정상 부근은 바람이 엄청나고, 페리나는 정상 도전을 진즉에 포기했다고 알려줬다. 이제 아래로 내려간 사람들은 보이지도 않고, 체코 사람의 뒤를 루트키에비치가 따라 올라오고 있었다.

"얼음이 이렇게 까다로운 상태에선 단 한 번도 성공한 적이 없습니다." 루트키에비치는 말했다.

비엘리츠키도 복통으로 체력이 많이 소진되었다는 것을 느꼈다. 이제 그는 남벽을 혼자 오르겠다는 생각을 포기했다.

그는 일지에 이렇게 적었다.

"가끔은 실패할 때도 있지만 꿈은 높아야 한다."

"시도하지 않으면 승리할 수도 없다."

그날 밤은 캠프에서 보냈다. 작은 텐트가 두 개 있었는데, 한쪽에는 침낭이 없었다.

파브워프스키는 말했다.

"침낭은 반다가 갖고 갔습니다. 어쩌겠습니까? 다시 짐을 싼 다음 크시스토프와 서로 끌어안고 잘 수밖에요."

비엘리츠키는 침낭에 대해 기억하지 못했다. 그는 그 일에 대해 굉장히 시적으로 묘사했다.

"외로움 속에 내던져진 내 텐트에서 파브워프스키에게 갈지 말지 고민한다. 거기는 좀 더 따뜻할까? 나는 마실 것과 먹을 것을 준비해, 텐트 지붕을 강타하는 바람 속에서, 은혜롭게 눈을 붙이고 싶다."

문제는 장비를 다른 텐트에 놔뒀다는 것이었다. 아침에 일어나 보니 그 텐트가 보이지 않았다. 바람 때문에 날려간 것이다. 그곳에 부츠와 카메라가 있었기 때문에 화가 몹시 났다. 7,000미터에서 부츠도 없이 양말만 신어야 하는 상황이 벌어졌다. 무전기가 있어 다행이었다. 이틀 뒤에 동료들이 새 부츠를 가져다줬다.

^^^

루트키에비치는 보그단 스테프코에게 정상에 함께 가자고 졸라댔다. 그러나 11월 18일, 비엘리츠키는 스테프코에게 천천히 내려오고 있는 여성대원들을 뒤따라가는 것이 우선이라고 말했다. 여성대원들은 무전기도 가지고 있지 않아, 직접 가서 상황을 살펴봐야만 했다.

그들은 이제 새로운 계획을 세웠다. 루트키에비치가 아침에 1캠프에서 출발하고, 스테프코는 그보다 위에 있는 2캠프에서 그녀를 기다리기로 한 것이다.

하지만 어느 누구도 예상치 못한 문제가 일어났다. 쿨르와르를 따라 떨어지던 돌멩이가 이미 한 번 부상을 당한 루트키에비치의 다리를 강타한 것이다. 그녀는 고통으로 정신이 오락가락했다. 뼈가 부러지고 상처가 덧나는 것보다 제대로 움직일 수 없는 것이 더 큰 문제였다. 하지만 시간이 지나니 괜찮아졌다.

물론 모든 일은 잘될 터였다. 어떤 이유에서든 등정을 포기할 수는 없었

1991년 9월 안나푸르나 남벽 베이스캠프에서의 반다 루트키에비치와 크시스토프 비엘리츠키.

다. 손으로 고정로프를 잡고, 로프를 팽팽하게 잡아주는 장비인 주마에 의지하며, 그녀는 아픈 다리를 들어올렸다.

로프가 고정된 곳까지 올라갈 수 있을까? 적어도 2~3일은 걸릴 것 같았다. 그때면 다리가 덜 아플까?

그녀는 2캠프까지 간신히 올라갔다. 발에 달린 부츠와 크램폰의 무게가 1톤 정도는 되는 것 같았다. 텐트에 도착하면 스테프코가 기다리고 있을 것으로 예상했는데, 그곳은 텅 비어 있었다.

루트키에비치는 비엘리츠키와 파브워프스키, 독일인 뤼디게르 슐레이펜이 2캠프에서 자신보다 먼저 베이스캠프에 보고했을 것으로 생각했다. 비엘리츠키가 스테프코에게 정상에 함께 가자고 유혹했나? 그녀는 스테프코의 속마음을 이해하긴 했지만, 무전기로 비엘리츠키에게 욕설을 퍼부었다. 절룩거리는 여성과 함께 움직이면 정상에 오를 수 없다는 것은 분명했다. 하지만 비엘리츠키가 동료를 도둑질하는 것을 내버려둘 정도로 관대하지는 않았다.

비엘리츠키의 말은 달랐다.

"정상 도전에 나섰을 때였을 겁니다. 그때는 야스트셍비에-즈드루이 Jastrzębie-Zdrój 산악회 대원 둘에게 어떤 일이 일어났는지 알기 전이었습니다. 만약 그런 일이 일어났다면 분명 스스로 자초한 일이었을 겁니다. 스테프코에게 3캠프로 가서, 텐트 안에 자리가 있는지, 혹시 도움이 필요한지 확인해보라고 했습니다. 스테프코는 무전기로 3캠프에는 아무도 없다고 보고했습니다. 그는 그곳에서 반다를 기다릴 수도 있지만, 그럴 경우 정상에는 가지 못할 것이라고도 했습니다. 그 고도에서 그렇게 기다릴 수는 없습니다. 그런 사유로 보그단 스테프코가 정상에 갈 수 있는 기회를 빼앗아야 할까요? 반다는 원정대가 등반 준비를 어느 정도 마친 후에 합류했습니다."

2캠프에서 출발한 비엘리츠키는 정상으로 향하는 길에 스테프코를 데려가겠다고 마음먹었다. 11월 21일, 날씨까지도 우호적이었다.

"모든 게 잘됐습니다." 비엘리츠키가 말했다. "미할 페리나가 설치한 고정로프를 이용했습니다. 그런데 그 위 얼음 단층에는 상당히 힘든 쿨르와르도 있었습니다. 어쨌든 그건 넘어야 했습니다."

마침내 그들은 안나푸르나 정상에서 등정 보고를 했다. 그런데 루트키에비치의 다리가 조금씩 좋아지고 있었다. 그녀는 혼자 올라갔다. 그리고 정상에서 하산하던 비엘리츠키와 스테프코를 만났다. 그녀는 몹시 화가 났다.

"축하한다는 말을 하면서도 도저히 입에 담지 못할 욕을 했습니다." 비엘리츠키는 말했다.

그러고 나서 그들은 더 이상 말도 하지 않고 서로 휑 하니 헤어졌다.

루트키에비치는 돔처럼 생긴 정상 부근에서 파브워프스키를 만났다. 정상이 어떻게 생겼느냐는 질문에 파브워프스키는 대답을 머뭇거렸다. 나중에 루트키에비치는 친구 에바 마투셰프스카Ewa Matuszewska에게 그런 질문을 해

서 미안했었다고 털어놓았다.

파브워프스키는 루트키에비치에게 낡은 고정로프를 이용하면 정상까지 갈 수 있으니 그것을 찾아보라고 말했다. 날씨가 변덕을 부리더니 바람이 점점 강해졌다. 정상은 구름에 가려 있었다. 루트키에비치는 무게를 조금이라도 줄이려고 배낭을 벗었다. 그리고 헤드램프와 카메라와 무전기만 챙겼다.

정상에선 오래 있을 수 없었다. 사진을 찍으려고 했지만 너무 추워서 그런지 카메라가 작동하지 않았다. 셔터가 걸려 닫히지도 않았다. 그녀는 카메라를 흔들어봤다. 베이스캠프와 교신을 시도했지만, 그마저도 뜻대로 되지 않았다. “이런 일만은 제발 일어나지 않기를 바랐는데….” 나중에 루트키에비치는 이렇게 일지에 기록했다. “시간이 너무 늦은 데다 바람까지 불었다. 혼자 온 것을 후회하지는 않았다. 달빛에 잠긴 산은 환상적일 정도로 아름다웠다. 하지만 동료들에 대한 실망감이 여전히 그늘처럼 남아 있었다.”

사진을 찍을 수 없었기 때문에, 혹시라도 다른 사람들이 증거를 요구할지 몰라 고정로프가 어떤 형태였는지 잘 기억해뒀다.

“하나는 가는 케블러였는데, 중간에 몇 십 센티미터가 눈 속에 박혀 있었다. 다른 것은 흰색에 두껍고, 매듭이 지어져 있었는데, 끊기지 않고 계속 이어져 있었다.”

루트키에비치는 혼자서 천천히 내려왔다. 다리가 다시 아파오더니 한 발을 내딛을 때마다 고통이 심해졌다. 1캠프로 내려오는 길에선 크레바스를 뛰어넘다가 상처가 덧나기도 했다. 고통은 이제 참을 수 없을 정도였다. 빙하에선 기어가기조차 힘들어 베이스캠프를 무전으로 불러 남자들에게 도움을 요청했다. 하지만 그곳에는 스테프코만이 남아 있었다. 모두 카트만두로 떠났기 때문이다.

비엘리츠키는 말했다.

“반다는 일부러 그렇게 했다는 생각이 들었다고 합니다.”

루트키에비치는 나중에 에바 마투셰프스카에게 헬기를 요청했을 때 어떤 일이 일어났는지 들려줬다.

"스테프코가 구조대에 헬기를 요청했어. 헬기가 나흘 후에 왔지. 통증으로 정신이 혼미한 상태에서도 이제 카트만두로 가나 싶었는데, 헬기 소리가 들려 쳐다보니 조종사가 베이스캠프 위를 몇 번 돌고 나선 다시 떠오르는 거야. 나는 태우지도 않고."

하지만 비엘리츠키의 생각은 달랐다.

"헬기는 나름대로의 계획에 따라, 반다가 자신의 프로젝트를 실현할 수 있도록 다울라기리로 데려가려 했습니다. 아마도 그래서 화가 난 건지 모릅니다."

^^^

하지만 진짜 문제는 다른 곳에서 일어났다.

비엘리츠키는 네팔 관광성에 자신과 스테프코가 11월 21일에, 리샤르드 파브워프스키와 뤼디게르 슐레이펜과 반다 루트키에비치가 11월 22일에 3시간의 격차를 두고 안나푸르나를 등정했다고 보고했다. 그리고 11월 23일에는 잉그리드 베이엔스, 곤살루 벨레자, 마리우시 스프루타가 안나푸르나에 연이어 올랐다.

비엘리츠키는 루트키에비치의 면전에 대고 이렇게 말했다.

"네가 정상에 갔다 왔다니까 그렇게 보고하긴 했는데, 난 좀 못 믿겠어."

그러자 폴란드 연합통신이 전보를 날렸다.

"원정대장이 루트키에비치의 등정을 의심함."

그런 의심은 어디서 나온 것일까?

비엘리츠키는 이렇게 말했다.

"그때 난 베이스캠프에서 상황을 예의주시하고 있었습니다. 파브워프스

1991년 11월 21일 크시스토프 비엘리츠키가 안나푸르나 정상에 섰다. 그때 그의 파트너는 보그단 스테프코였다.

키는 정상에 올라 보고를 한 다음 2캠프로 내려왔습니다. 그는 하산 도중 위로 올라가는 뤼디게르와 반다를 봤지만, 아래쪽과는 교신하지 않았습니다. 잉그리드와 곤살루 그리고 마리우시가 정상으로 올라가다 3캠프에 도착했습니다. 텐트 안에는 아무도 없었습니다. 내 기억에 반다는 어느 누구도 자신을 챙겨주지 않았다고 주장했는데, 그건 사실이 아닙니다. 우리는 반다가 무서웠습니다. 그녀는 항상 벌겋게 달아오른 숯덩이처럼 구는 성격이었고, 무전기로 우리와 교신하지도 않았습니다. 아무래도 스테프코가 자신을 기다리지 않았다고 기분이 상했던 것 같습니다."

"아침에 망원경으로 살펴보는데 정상 부근을 올라가는 물체가 보였습니다." 비엘리츠키는 이렇게 덧붙였다. "누군지 정확히 알 수가 없었는데, 잠시 후 마리우시가 연결됐습니다. 그는 정상에 도전하는 세 사람이 쿨르와르 아래 다른 곳에 있다고 했습니다. 뤼디게르는 아래쪽에서 만났답니다. 그렇다면 그 물체는 반다였을 겁니다. 밤에 근처에서 비박하고 정상에 오르나? 잠시 후에 다시 보니, 돌아서서 내려오고 있었습니다. 그래서 포기했다고 생각했죠."

루트키에비치의 말은 이랬다. 내려오다 길을 잃었다. 따라서 능선을 택하는 대신 희미한 발자국을 따라 아래로 내려갔다. 그런데 발자국이 금세 사라졌다. 하지만 능선으로 돌아가지 않고 계속 내려가려 했는데, 경사가 점점 더 가팔라졌다. 빙하 위 어딘가 넓은 공간으로 기억했다. 바람은 사람을 날릴 만큼 강했다. 조금 더 위로 올라가 능선에 도달하자, 그리 넓지는 않아도 비박을 하기에는 적당한 자리가 있었다. 아침에 하산을 다시 시작했다. 다른 곳은 쳐다보지도 않고 그냥 아래로만 계속 내려왔다. 쿨르와르가 끝나는 지점에서 잉그리드와 곤살루와 마리우시를 만났다. 그리하여 그들에게 정상에 올랐다고 말했다.

사진이 있으면 문제는 간단하다. 그녀는 끝내 사진을 인화하는 데 성공했고, 폴란드등산연합회는 루트키에비치가 안나푸르나 정상에 올랐다는 사실을 공식적으로 인정했다.

지금의 비엘리츠키는 이렇게 말한다.

"사진을 보면 정상 부근에 있었다는 건 확실합니다. 그런데 내 생각은 조금 다릅니다. 약간의 차이점이 있는데, 정상에서 찍은 게 아니라 하더라도 사진은 아주 가까이 갔다는 사실을 증명할 순 있습니다. 하지만 그것 말고도 왜 이른 아침에 정상 부근에 있었는지가 설명되지 않습니다. 반다는 아니라고 부인하지만, 그걸 본 사람만 네 명입니다!"

파브워프스키도 루트키에비치의 등정에 의구심을 품었다.

"내가 만났을 땐 너무 낮은 곳에 있었습니다. 다리도 아팠고요. 그런 속도로 정상에 갔을 가능성은 아주 낮습니다. 그런데 정상이 어떻게 생겼는지 나한테 묻기까지 했으니…."

비엘리츠키는 이렇게 말했다.

"올라갔든 아니든… 거짓말이라는 일관된 증거가 없는 한 그 문제는 개인적인 일입니다. 반다가 사진을 가지고 있으니 다행입니다. 그녀가 거짓말을 하지 못하는 성격이라는 건 내가 확실히 압니다."

비엘리츠키는 루트키에비치에게 의심의 눈길을 던진 것은 자신이 아니라고 못박았다.

"난 기자들에게 폴란드 연합통신으로 기사를 다시 보내라고 요구했습니다."

그에 따르면, 정상 등정 의혹은 루트키에비치에 대한 산악계의 평판과 무관하지 않았다. 그녀는 보통 까다로운 성격이 아니었다.

사람들을 만나면 비엘리츠키는 늘 이런 말을 반복한다.

"반다의 야망은 병적일 정도였습니다. 그 야망 때문에 그녀는 등반을 포기하지 못했습니다. 그녀에게 산은 단지 자유로 향하는 길만이 아니었습니다. 정상에 서야지만 자신이 다른 사람보다 훨씬 더 낫다는 것을 나타낼 수 있다는 생각이 오히려 덫이 되어 그녀를 옥죄었습니다. 늙어서 죽는 평범한 사람들의 삶은 살 수가 없었지요. 참 대단한 여자 아닌가요?"

9장

유별난 아름다움은 아름답지 않을 수도 있다

"등반으로 다져진 우정보다 더 오래가는 것은 없다."

이것은 비엘리츠키와 함께 히말라야 원정등반을 여러 번 한 레흐 코르니셰프스키 박사의 말이다.

"함께 고통을 겪고, 성공을 기뻐하고, 실패에 눈물을 흘리고, 위험을 무릅쓰고, 가끔 죽음과도 마주하면 관계가 더욱 굳건해진다."

이런 우정은 자주 놀라운 현상으로 나타나곤 한다.

"언젠가 보이테크 쿠르티카와 텐트를 함께 쓴 적이 있었습니다. 배가 고픈 데다 피곤하기도 하고 추워서 서로의 몸으로 체온을 유지하고 있었지요. 갑자기 그가 우리의 관계가 아주 특별하다면서, 우정에 대한 증거가 있으면 좋겠다고 하더군요. 그러더니, 자기의 심장과 친한 여성을 '메신저'로 보내겠다고 약속했습니다. 무슨 꿍꿍이였는지…."

◀ 1986년, 마칼루 등정을 위한 고소적응 훈련을 하는 크시스토프 비엘리츠키

쿠르티카가 자주 해대는 알맹이 없는 괜한 소리려니 하고, 코르니셰프스키는 이 말을 금세 잊어버렸다.

원정이 끝나고 돌아와, 병원 진료실에 앉아 있는데 쿠르티카로부터 전화가 왔다.

"박사님, 지금 있나요?" 그가 물었다.

그러고 나서 1시간쯤 지나 진료실로 젊고 예쁜 아가씨가 찾아와, 편지 한 통을 전해줬다. 그곳에는 쿠르티카의 글이 짤막하게 적혀 있었다.

"메신저를 보냅니다." 그리고 보이테크 쿠르티카의 서명이 있었다.

코르니셰프스키는 손으로 가슴을 쳤다.

"그 여자도 대체 무슨 일인지는 잘 알고 있었을 겁니다. 보이테크가 꾸며낸 상상에 놀아난 거죠."

박사는 그 '메신저'를 다시 돌려보냈다.

"우리 사이에는 우정 따위가 존재하지 않는다는 걸 증명하고 싶었을까요?" 코르니셰프스키가 웃으며 말했다.

^^^

『트부이 스틸Twój styl』 잡지와의 인터뷰에서 비엘리츠키는 우정에 대해 이렇게 말했다.

"고산은 사람들을 가까워지게 만든다. 법 따위는 모르는 사람들이라서 부담 없이 함께 활동할 수 있다. 산에 가면 평생의 동반자 같은 사람을 찾게 된다. 산에서 나는 동료들에게 한 번도 실망감을 안겨준 적이 없다. 무엇보다 먼저, 동료들과 좋은 관계를 맺은 후에 함께 산으로 간다. 산에 가면 그 사람이 누구인지 알 수 있다. 그러지 못하면 위험한 순간에 목숨을 부지하지 못할 수도 있다. 고산등반가들은 죽음에 대해 생각하지 않는다. 그들은 죽으려고 산에 가는 것이 아니라, 어떤 조건에서도 살아남을 수 있다는 확신과 우리의 삶에서 불가능이란 없다는 믿음을 구하러 산에 간다. 따라서 나는 원정을 가기 전에 단 한 번도 유서를 남기지 않았다. 칸첸중가로 원정을 떠나기 전에 유서를 쓴 안제이 초크는 다시 돌아오지 못했다."

^^^

칸첸중가(8,586m)는 히말라야산맥의 오른쪽 끝에 있는 산이다. 그 산은 인도와 네팔의 국경에 걸쳐 있다. 1848년 영국인들은 이 산이 세계에서 가장 높다는 조사 결과를 발표했다. 하지만 그로부터 3년 후 정밀한 측량작업을 하자, 에베레스트와 K2가 더 높은 것으로 나타났다.

1905년 스위스인들이 정상에 오르려 했고, 그 후 독일인들도 두 번이나 시도를 했다. 그러나 성과를 얻지 못했다. 영국인들도 결국은 두 번째 도전에서 성공을 거뒀다.

글리비체 출신의 안제이 마흐니크Andzej Machnik는 칸첸중가 동계초등이라는 역사를 쓰고 싶어 했다. 1985년 그는 원정 준비를 시작했다. 그런데 그를 곤란하게 만드는 것이 하나 있었다. 폴란드의 동료들이 무산소 등정을 시도하려고 한 것이다. 마흐니크는 수학적으로 머리를 굴려, 장비와 식량과 연료를 얼마나 챙겨야 할지 정확하게 계산했다. 그는 베이스캠프에서 최종캠프까지 가는 데 필요한 것들을 카드에 자세히 적었다.

"그때까지 폴란드 원정은 하나같이 엉망이었습니다. 그래서 난 새로운 에너지를 불어넣고 싶었습니다." 마흐니크는 말했다.

그는 경험이 많은 사람들과 젊은이들을 한데 묶어 원정대를 꾸렸다. 그리하여 표트르 베드나르치크Piotr Bednarczyk, 안제이 초크, 그제고지 피겔Grzegorz Figel, 원정대 의사 로베르트 야니크, 즈지스와바 키셸라Zdzisława Kiszela, 율리안 쿠보비치Julian Kubowicz, 크시스토프 판키에비치, 프셰미스와프 피아세츠키Przemysław Piasecki, 보구스와프 프로불스키, 즈비그네프 크로바 테를리코프

스키Zibigniew 'Krowa' Terlikowski, 크시스토프 비엘리츠키, 루드비크 빌친스키, 그리고 히말라야 8천 미터급 고봉 등정에 만반의 준비가 되어 있던 예지 쿠쿠츠카가 합류했다. 그때까지의 결과를 놓고 보면 메스너가 쿠쿠츠카보다 두 개나 더 앞서 있었다. 만약 쿠쿠츠카가 칸첸중가에 오르면 그 격차가 하나로 줄어들게 될 터였다.

"마흐니크가 원정에 함께 가자고 했을 때 난 마땅히 거절할 이유를 찾지 못했습니다. 그런 대원들과 함께 가게 된다니, 그건 너무나도 달콤한 유혹이었습니다." 크로바 테를리코프스키가 당시를 회상하며 말했다.

^^^

비엘리츠키와 쿠쿠츠카는 이번 원정 준비에 끼어들지 않았다. 그들은 그럴 시간이 없었다. 동료들이 슐롱스크에서 짐을 싸고 있을 때 쿠쿠츠카와 비엘리츠키는 이미 히말라야에서 로체 남벽을 오르고 있었다. 등반은 성공하지 못했다. 1985년 11월 마흐니크는 로체를 등반한 후 카트만두에서 쉬고 있던 비엘리츠키와 쿠쿠츠카를 만났다.

글리비체 출신의 원정대장은 몹시 화가 났다. 폴란드에서 철저하게 준비한 계획이 틀어지기 시작했기 때문이다. 폴란드에서 출항한 브와디스와보보Władysławowo 호의 도착이 상당히 지연되고 있었다. 그곳에는 거의 모든 장비를 실은 트럭이 적재되어 있었다. 그 배가 언제쯤 뭄바이항구에 도착할지는 아무도 알 수 없었다.

마흐니크는 대원들을 두 팀으로 나눴다. 체력이 좋은 사람들이 먼저 칸첸중가로 떠나고, 나머지는 배가 도착하길 기다렸다. 트럭을 가지고 선발대와 합류한다는 복안이었다. 비엘리츠키와 쿠쿠츠카에게도 임무가 하달되었다. 트럭을 맡고 카라반을 이끌라는 것이었다.

하지만 그들은 그의 말을 시큰둥하게 여겼다. 로체에서 내려온 지 얼마

되지 않아, 8천 미터급 고봉이라면 그들은 이제 진절머리가 나 있었다. 그들은 3주 일정으로 고국에 다녀오기 위해 비행기에 몸을 실었다.

"모두가 빈틈없이 일을 잘해야 합니다. 난 고소적응도 유지하고 싶었고, 다른 동료들에게 밉보이고 싶지도 않았습니다. 그리고 가족들과도 함께 있고 싶었습니다. 아빠를 기다리는 어린애들이 있는데, 잠시나마 그 애들에게도 시간을 내줘야 하지 않겠습니까?" 비엘리츠키는 말했다.

마흐니크의 계획은 상당한 차질을 빚었다. 나머지 사람들 중에선 영어를 할 줄 아는 사람이 아무도 없었다. 누가 트럭을 맡지? 결국은 아르투르 하이제르로 결정되었다. 그는 비엘리츠키와 쿠쿠츠카와 함께 로체에 있었지만 폴란드로 돌아가지 않았다. 대신, 칸첸중가 원정에 합류하고 싶어 했다. 마흐니크는 나름대로 계산을 해봤다.

"안 되겠어. 너에게 줄 식량이 없다." 그는 이렇게 거절했다.

하지만 며칠 후, 하이제르가 영어를 할 수 있다는 것을 알게 되자 대장의 마음이 바뀌었다. 그리하여 항구에서 트럭을 찾아 얄룽 빙하 아래쪽에 칠 베이스캠프까지 가져오면 원정등반에 합류시키겠다고 약속했다.

기쁨에 싸인 하이제르는 델리로 달려갔다. 호텔에서 그는 브와디스와보보가 어디에 있느냐는 전보를 뭄바이항구로 보냈다. 답을 받지 못한 그는 다시 한번 전보를 쳤다. 이번에는 자신의 주소를 쓰고 서명까지 했다. 그러나 여전히 아무런 소식이 없었다.

그는 배가 지연되는 이유를 혹시라도 알까 싶어 델리에 있는 폴란드대사관을 찾아갔다. 그러자 대사관 직원이 글리비체산악회가 보낸 전보 내용을 보여줬다. 트럭을 찾으라는 마흐니크의 부탁이 담긴 그 전보는 델리에 남아 있는 표트르 베드나르치크 앞으로 보낸 것이었다.

그 전보에는 이런 내용이 적혀 있었다.

"칸첸중가 동계등반에 대해. 델리의 '투어리스트 캠프Tourist Camp' 98호

실에 스위스 등반가 하이제르*가 묵고 있음. 우리 원정과 트럭에 관심이 많음. 우리와 함께 가고 싶은 것으로 사료됨. 원정에 외화가 필요하니 하이제르를 얼른 만날 것."

배는 그로부터 한 달이 훨씬 지나 항구에 도착했다.

^^^

첫 단추는 잘못 끼워졌지만 그래도 원정은 계속되었다. 선발대는 배에 실려 오고 있는 물건을 담보로 네팔인들에게 돈을 빌렸다. 등반이 끝난 원정대는 폴란드인들에게 로프, 크램폰, 텐트, 침낭 등을 싸게 팔았다. 이것들을 모두 칸첸중가까지 가지고 가야 하는데, 그조차도 다 돈이었다.

얄룽 빙하 초입에 거의 다 이르러, 람세르에서 마지막 야영을 하던 날 포터들끼리 싸움이 붙었다. 그리하여 백여 명이었던 포터들이 열 몇 명으로 줄어들어, 짐을 다 나를 수 없는 상황이 되었다. 체념에 빠진 마흐니크는 일단 그곳에 주 베이스캠프를, 그리고 초입에 추가 베이스캠프를 세우기로 했다. 따라서 대원들이 짐을 직접 지어 날라야 했다.

『타테르니크』 잡지와의 인터뷰에서 그는 이렇게 말했다.

"체력이 좋은 사람들의 노력 덕분이었는지, 그리 많이는 늦지 않았습니다. 그리하여 폴란드에서 원정을 준비하며 쏟아부은 우리의 노력이 헛되진 않은 것 같았습니다."

하지만 혼선이 일어났고, 베이스캠프와의 교신 중에는 특히 더했다.

"여긴 2캠프. 베이스캠프 나와라."

"여긴 베이스캠프다. 그러니까, 주 베이스캠프다."

---

* 글리비체산악회가 폴란드 등반가 하이제르를 스위스 등반가로 잘못 적은 것이다. 폴란드에서는 '하이제르'가 희귀 성인 데다, 글리비체산악회는 외화가 부족해 고민하고 있던 차였기에 하이제르를 외화를 지닌 스위스 사람일 것으로 오해했다. 당시 폴란드에서는 아르투르 하이제르가 델리에 있다는 사실을 아무도 몰랐다.

"내일 아래로 내려간다."

"어디로 내려온다는 말인가?"

"베이스캠프다. 아니, 그러니까, 추가 베이스캠프다."

^^^

비엘리츠키와 쿠쿠츠카가 탄 비행기가 12월 초 델리공항에 착륙했다. 그때 동료들은 칸첸중가에서 1캠프를 세우고 있었다. 초크와 피아세츠키, 판키에비치, 빌친스키가 번갈아가며 산을 올라갔다.

비엘리츠키와 쿠쿠츠카는 난관에 부딪쳤다. 그들은 최대한 빨리 네팔 국경에 도착해 카트만두로 이동해야만 했는데, 여행이 그만 악몽으로 바뀌고 말았다.

"우리도 웬만큼 나이를 먹었는데 '새로운 정보'를 알게 되었다. 델리에서 네팔의 수도까지 상태가 양호한 고속버스가 다닌다는 것이었다. 32시간이면 카트만두에 도착할 수 있었다. 그러나 정작 버스가 좁고 사람들로 미어터져, 즐거운 여행길이 아니라 말 그대로 고생길이었다. 게다가 우리는 짐을 챙기느라 정신이 더 없었다. 그 '고속버스'는 52시간 만에 카트만두에 도착했다." 쿠쿠츠카는 이렇게 기록했다.

카트만두에서 비엘리츠키는 프랑스 원정대가 신은 부츠를 구입했다. 그것은 등반가들 사이에선 명품으로 대접받는 신형 모델이었다.

"완전 새 거군." 쿠쿠츠카가 부츠를 보고 감탄했다. 하지만 크기가 너무 작아, 나중에는 그 부츠에 대고 욕을 해대는 상황이 벌어졌다.

그들은 한동안 모든 교통수단을 이용했다. 그리하여 트럭, 버스, 심지어는 트랙터까지 올라탔다. 비엘리츠키는 각종 장비와 개인용품이 가득 찬 동료들의 파란 플라스틱 드럼통도 관리해야 했다. 어찌 보면 참으로 못할 짓이었다. 하이제르가 맡은 트럭이 마침내 그 둘의 카라반을 따라잡았다. 함께 밤을

칸첸중가 2캠프

보낸 그들은 작별인사를 나누고 각자의 길을 갔다. 하이제르는 화가 났다.

"로체에서 시작된 우리의 우정의 끈은 대체 어떻게 된 것일까? 그들은 칸첸중가를 어떻게든 빨리 등정하려는 욕심을 앞세워 그 우정 대신 다른 곳으로 방향을 틀었다." 그는 자신의 책 『절망의 공격』에 이렇게 적었다.

비엘리츠키와 쿠쿠츠카는 베이스캠프를 찾아 나섰다. 지도에는 허점이 많았다. 어느 마을을 가도 그들은 폴란드 원정대에 대해선 들은 바가 없다고 입을 모았다. 하지만 천신만고 끝에 그들은 람세르에 도착했다. 그곳에는 너저분하지만 몇 사람 정도 들어갈 수 있는 텐트 두어 개와 주방텐트도 있었다. 대원들은 모두 빙하 초입의 추가 베이스캠프에 있었다. 그들은 2캠프를 설치하고 7,000미터에 있는 '거대한 선반Great Shelf'을 공략하고 있었다.

"비엘리츠키와 쿠쿠츠카가 오기 전에 산을 올라가야 한다는 생각이 들었습니다. 그런데 그들은 우리 생각을 속속들이 알고 있는 것 같더군요. 그 둘은 12월 20일 베이스캠프에 도착하자마자 정상 도전에 나서겠다고 말했습니다." 마흐니크는 말했다.

분위기가 이상해졌다. 원정대장은 비엘리츠키와 쿠쿠츠카에게 이미 준비가 된 자신들 안으로 들어오라고 제안했다. 다른 동료들에게 그들은 마치 외부에서 온 이방인처럼 느껴졌다.

"원정은 한 사람의 독점 무대가 아닙니다. 그런데 팀이 전문가와, 중요한 역할 없이 그냥 따라다니기만 하는 비전문가로 나눠졌습니다." 그는 이렇게 털어놓았다.

비엘리츠키는 원정대장에 대해 어떤 생각을 가지고 있었을까. 그는 이렇게 말했다.

"유별난 아름다움은 아름답지 않을 수도 있습니다. 난 여러 대장 밑에서 원정등반을 해봤지만 마흐니크의 통솔 능력은 정말 전혀 도움이 안 되는 수준이었습니다. 나와 예지는 그저 산만 바라보며 우리의 페이스를 유지했습니다. 누구와 정상에 갈지는 그다음에 신경을 써도 될 일이었습니다. 마흐니크와 함께 움직인다면, 우린 원정대의 얼굴마담이나 고작 대장의 짐꾼이 될 것이라고 생각했습니다."

그는 쿠쿠츠카와 함께 위로 올라갔다. 동료들의 심부름 따위 대신 자신의 길을 가는 프로라는 사실을 보여주고 싶었다. 그들의 계획은 이랬다. 장비를 챙겨 빠른 속도로 1캠프까지 올라간 후 2캠프를 지나쳐 7,000미터에 3캠프를 세운다. 그에 맞게 장비와 식량을 미리 준비한다.

캠프로 하이제르가 식량을 가지고 올라와 그들은 기분이 아주 좋았다.

크리스마스이브에 판키에비치가 코펠 뚜껑에 젤리로 케이크를 만들고 나서 캔에서 꺼낸 블루베리로 장식을 했다. 그들이 새로 떠오른 별을 보며 둘러앉아 즐거운 시간을 보내고 있을 때 아! 이런 젠장, 판키에비치가 그만 케이크 위에 주저앉고 말았다. 산에선 음식을 낭비하면 안 되는 법. 그리하여 그들은 판키에비치의 엉덩이에 달라붙은 케이크를 긁어 먹었다. 그 후에 그들은 오프와테크opłatek*를 나눠 먹고, 기도를 하고, 캐럴을 부르며 술을 마셨다.

^^^

크리스마스에는 날씨가 나빠졌다. 거센 바람으로 인해 사람들은 12월 31일까지 꼼짝달싹하지 못했다. 그러나 날씨가 좋아져서 이제는 속도를 내야 했다. 비엘리츠키와 쿠쿠츠카, 초크, 피아세츠키가 위로 올라갔고, 마흐니크가 그 상황을 망원경으로 지켜봤다.

"그들은 사이클경기를 하는 것처럼 쫓기듯 서두르고 있었습니다. 맨 앞에 점이 하나 있었고, 그 뒤를 세 개의 점이 뒤따르고 있었습니다. 마치 선두를 따라가는 기러기 떼들처럼. 맨 앞이 크시스토프였습니다. 그는 남한테 뒤지는

---

* 크리스마스이브에 가족들과 나누어 먹으며 덕담을 하는 하얀색의 얇은 전병

걸 바보라고 여기는 스타일이니, 굳이 얘기를 안 해도 다들 알죠." 마흐니크는 말했다.

비엘리츠키와 쿠쿠츠카의 컨디션은 완벽에 가까웠다. 로체에서의 고소 적응이 여전히 위력을 발휘하고 있었다. 그들은 3캠프를 설치한 다음 곧장 위로 올라가 4캠프를 구축하고 정상에 도전할 작정이었다.

"그런 무모한 생각은 대체 어디서 나오는 걸까요? 아마도 정상에 불어오는 바람에 실린 마법에 걸렸던 것 같습니다."

비엘리츠키의 말에 의하면 이랬다.

도전은 성공하지 못한다. 바람과 눈과 안개로 인해 시계는 거의 제로에 가깝다. 돌아가는 것도 만만치 않다. 3캠프를 찾을 수가 없다.

하지만 긴 사투 끝에 그들은 마침내 베이스캠프에 도착했다.

그로부터 3일 후, 비엘리츠키와 쿠쿠츠카, 초크, 피아세츠키가 다시 4캠프를 향해 떠났다. 그곳에서 정상에 갈 계획이었다. 그런데 초크의 상태가 좋지 않았다. 그는 목까지 쉴 정도로 계속 기침을 했다. 고산에선 건조하고 차가운 공기를 들이마시기 때문에 코가 막히는 것은 지극히 당연한 현상이다. 하지만 초크는 이전과 상당히 달랐다. 그는 다른 동료들보다 속도가 현저히 떨어졌다. 몸이 많이 쇠약해진 그는 4캠프에 맨 마지막으로 겨우겨우 도착했다. 그는 초주검이 되어 있었다. 대체 무슨 일이 있었던 걸까?

"안제이는 카트만두로 오는 길에 기절했는데, 아무도 그 사실을 알지 못했습니다. 그는 체중이 불었고, 육체적으로도 많은 변화가 있었습니다. 그전 겨울에는 독감에 걸려 병원에 입원했습니다. 운동을 하지 않아 아주 토실토실해졌죠. 그런데 아침이 되니 기침도 하지 않고 좋아졌습니다. 저녁에 증상이 다시 도졌는데 약을 먹으니 다시 괜찮아졌습니다. 그러다 목소리가 나오지 않기 시작했습니다. 우린 후두염일 것으로 생각했는데, 폐수종의 초기증상이라는 사실을 까맣게 몰랐습니다." 비엘리츠키는 말했다.

1월 10일 폴란드인들은 4캠프에서 밤을 보냈다. 그런데 초크의 호흡이 이상했다. 약을 먹어도 도무지 효과가 없었다. 그들은 베이스캠프를 무전으로 불렀다. 그러자 푸로세미드를 탄 뜨거운 차를 코펠에 담아 그 김을 들이마시게 해야 한다는 말이 나왔다. 푸로세미드는 고혈압과 부종 치료에 사용되는 이뇨제이다.

"더 올라갈지 말지는 안제이가 판단하라고 의사가 말했습니다." 비엘리츠키가 당시를 회상하며 말했다.

그들은 피아세츠키와 초크, 비엘리츠키와 쿠쿠츠카로 나누어 두 개의 텐트에 들어가 쉬기로 했다.

그때 쿠쿠츠카가 소리쳤다.

"내일은 어떻게 할래?"

초크가 말했다.

"난 정말 힘이 들어서 내려가야겠어."

피아세츠키도 대답했다.

"그럼 함께 내려갈게."

쿠쿠츠카가 말했다.

"그럼 나와 크시스토프는 정상에 도전할게."

^^^

힘든 밤이 이어졌다. 바람은 괴물처럼 사방에서 몰아치고 초크는 기침을 멈추지 않았다. 그들은 쉬는 것을 일찍이 포기했다.

"7,750미터의 울부짖는 바람 속에선 조그만 튜브 같은 텐트에서 잠들지 않는 것이 좋다. 나는 오리털 파카를 입고 예지와 함께 끝없는 무기력으로 천천히 빠져들어간다. 잠들지 않기 위해 우리는 수시로 시계를 보며 그 무기력을 이겨낸다." 비엘리츠키는 이렇게 적었다.

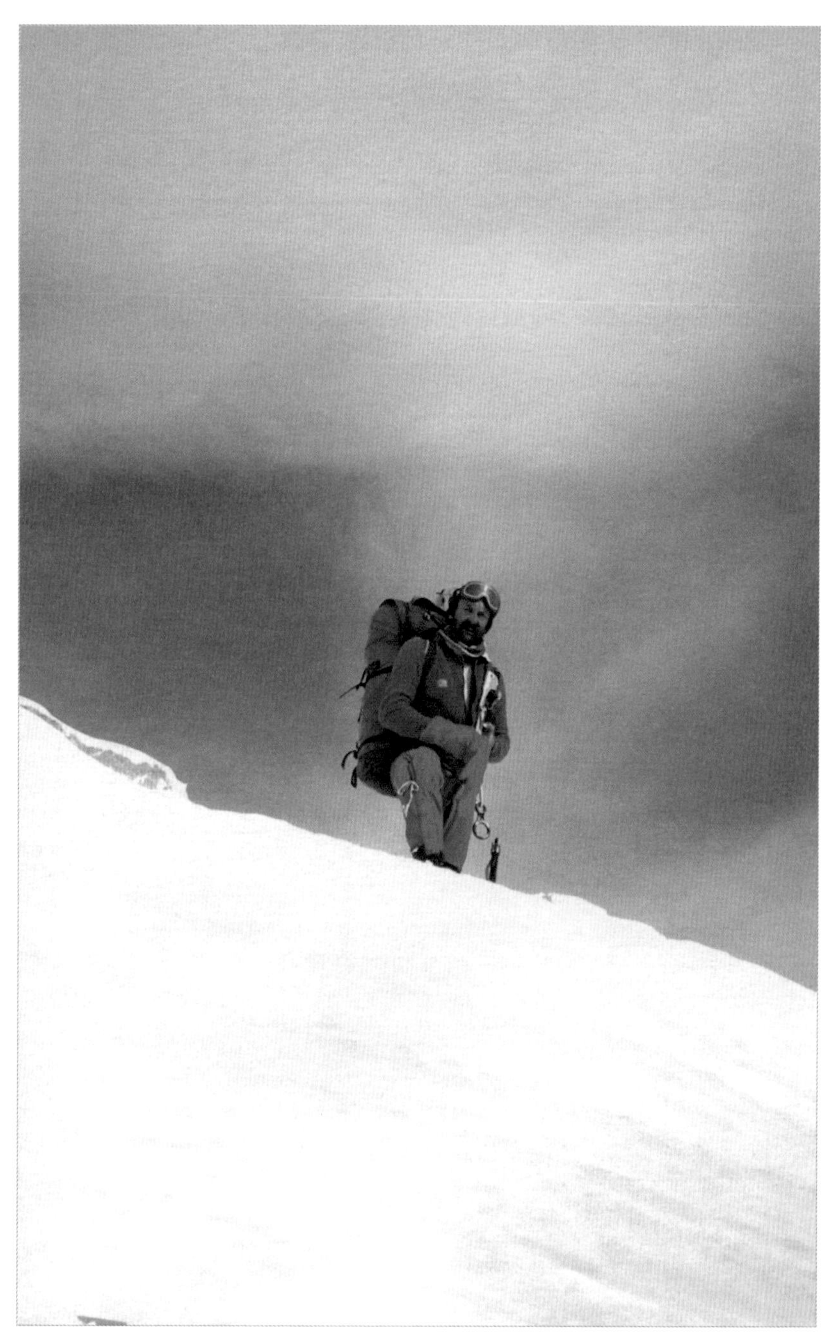

칸첸중가 설원에서의 크시스토프 비엘리츠키. "누가 봐도 영하 40도였다. 다리에서 감각을 느낄 수 없었다." 그는 이렇게 기록했다.

동이 틀 무렵 그들은 자리에서 일어났다. 그리고 새벽 4시쯤 무전기를 챙기고 발을 녹이고 연고를 바르고 차를 만들 물을 끓였다. 영하 40도였다. 새벽 5시 45분 쿠쿠츠카가 밖으로 나왔다. 비엘리츠키도 그와 함께 올라가려고 30분쯤 뒤에 나왔다. 그들은 로프를 묶지 않고 앞서거니 뒤서거니 하며 위로 올라갔다. 8,000미터에 이르자 비엘리츠키가 잠시 주춤하더니, 잔뜩 화가 나서 씩씩거리며 말했다.

"이런 젠장할 프랑스 부츠 같으니라고."

부츠가 너무 꽉 조여 발이 금방 시려왔다. 그가 외피를 벗고 피켈로 발가락 밑을 탁탁 치니 감각이 다시 돌아왔다. 이제 왼쪽 발을 내딛고 피켈로 한 번 내리쳤다. 그런 다음 오른쪽 발을 내딛고 다시 피켈로 내리쳤다. 그는 마치 기계처럼 이런 작업을 수없이 반복했다. 비엘리츠키는 쿠쿠츠카를 뒤로 하고 오후 1시 정상에 올랐다. 이곳 사람들은 이 산을 성스럽게 여기기 때문에 네팔 관광성은 봉우리의 끝에는 올라가지 말라고 당부한다. 그런 사실을 잘 알고 있는 비엘리츠키는 정상에서 몇 미터 떨어진 곳에서 정상 등정을 보고했다.

"정상에는 노란 산소통과 부러진 폴과 룽다 같은 끈이 묶여 있었다. 그것이 다였다. 우리는 한겨울에 이곳에 오른 최초의 인간이 되었다." 그는 일지에 이렇게 기록했다.

쿠쿠츠카가 정상으로 올라오는 것을 보고도 비엘리츠키는 기다리지 않고 곧바로 아래로 내려갔다. 왜 그렇게 했는지는 그 자신도 잘 알지 못했다.

"정상에 45분이나 머물러 있었으면서 몇 분 기다리는 것이 그렇게 힘들었냐고요? 예지가 정상에 다 왔을 때 난 하산을 시작했습니다. 서로 축하한다는 말은 주고받았지만, 우리의 정신은 온통 동상에 걸린 발에 쏠려 있었습니다." 비엘리츠키는 말했다.

^^^

칸첸중가를 정복한 사람들은 그 아래에서 한편의 드라마가 펼쳐지고 있다는 사실을 까맣게 모르고 있었다. 정상에 오른 쿠쿠츠카는 배낭을 뒤졌지만 무전기 배터리를 찾을 수 없었다. 아마도 어디에 빠뜨린 것이 분명했다. 비엘리츠키는 초크와 피아세츠키가 4캠프에서 자신들을 기다릴 것으로 기대했다. 아마 다음 날 정상으로 올라갈지 모르니까.

하지만 헛된 꿈이었다. 피아세츠키는 초크를 데리고 3캠프로 내려갔다. 쿠쿠츠카는 마침내 배터리를 찾아 무전기에 끼우고 베이스캠프와 교신을 시도했다. 그리고 그는 놀라운 소식을 들었다.

"안제이 상태가 너무 안 좋다. 그는 폐수종에 걸렸다."

저녁 때 베이스캠프에서 구조대가 출발했다. 그들은 숨을 제대로 쉬지 못할 초크를 위해 산소통을 많이 챙겼다. 고정로프가 있는 곳에 이르러 그들은 잠시 멈췄다. 원정대 의사도 이상했다. 그는 심장마비가 온 것 같았다. 밤 11시, 누군가가 캠프에서 나와 그들 앞에 섰다.

"서두를 것 없어. 안제이는 이미 죽었어." 그는 말했다.

마흐니크는 비엘리츠키와 쿠쿠츠카에게 몹시 화가 났다.

"초크를 두고 어떻게 자기들만 올라갈 수 있나? 함께 갔으면 함께 내려오는 게 맞지."

마흐니크는 화가 나서 어쩔 줄을 몰랐다. 왜냐하면 정작 쿠쿠츠카는 배터리를 찾은 다음 베이스캠프와 교신하면서 함께 있던 대원들 모두 포기하지 않고 정상에 오르려 한다고 보고했기 때문이다.

즈비그네프 테를리코프스키는 당시 동료들이 한 행동이 정당했다고 주장했다.

"이것은 세상의 그 무엇도 달가워하지 않는 마흐니크의 괴팍한 성질 때문입니다. 크시스토프와 예지는 초크가 죽으리라고는 전혀 예상치 못했습니다. 단 몇 시간 차이였습니다. 만약 그들이 초크가 죽어가고 있다는 것을 알았다면, 또 살릴 방도가 있다는 것을 알았다면 그들은 분명 정상으로 올라가지 않았을 겁니다."

비엘리츠키와 쿠쿠츠카는 안제이 초크의 사망에 대해, 아침에 베이스캠프와 교신을 하면서 겨우 알게 되었다.

"그 잔인한 사실이 우리 귀에 들어오기까지 많은 시간이 흘렀다. 그때 우리는 정상에 오른 사실을 대놓고 기뻐할 수가 없었다. 생각은 온통 안제이에게 쏠렸다. 그는 좋은 동료였고, 훌륭한 등반가였다. 우리의 성공을 위해 그가 대가를 치른 것이다." 비엘리츠키는 일지에 이렇게 기록했다.

"세상에 어떻게 이런 일이 일어날 수 있을까. 열정과 투쟁과 기쁨 그리고 비극과 슬픔이 모두 하루 만에 일어났다."

^^^

초크의 죽음으로 마흐니크의 계획이 모두 틀어졌다. 이제 정상에 갈 수 있는 사람은 아무도 없었다.

"원정을 끝낸다. 반복한다. 원정을 끝낸다. 가능한 한 모든 것을 챙겨 3캠프로 하산하라." 이렇게 그는 무전기로 지시를 내렸다.

3캠프의 분위기는 암울했다. 그들은 일단 초크의 시신을 침낭에 넣었다. 이제 시신을 어떻게 해야 하나? 쿠쿠츠카는 베이스캠프로 운구해 장례를 치러야 한다고 주장했다. 하지만 그렇게 하려면 적어도 일주일이 걸릴 작업이었다. 그들은 모두 피로에 지쳐 움직일 수도 없는 상태였다. 많은 사람들이 초크의 시신을 산에 그대로 안장해야 한다고 주장했다.

크레바스의 속은 깊이 들어갈수록 좁아지는 쐐기처럼 생겼다. 그들은 초크의 시신을 넣은 네이비색 침낭을 로프로 묶었다. 칸첸중가 위 하늘은 맑았

초크의 장례식. 동료들이 그의 시신을 크레바스에 넣고 있다. "등반이 막바지에 이를 때쯤 안제이는 혼자 걸을 수도 없을 만큼 힘이 없고 쇠약해져서, 그를 혼자 내버려둘 수밖에 없었다. 저녁에는 그의 상태가 좋아졌다는 소식이 들렸다. 하지만 다음 날 아침 기막힌 소식을 듣게 되었다. 그가 죽었다는 것이다." 비엘리츠키는 이날의 일에 대해 이렇게 적었다.

고, 햇빛도 눈이 부셨다. 비엘리츠키는 카메라로 장례식 장면을 촬영했다. 그의 동료들이 시신을 얼음의 무덤에 집어넣었다.

"아직도 난 그때 그 크레바스의 모양, 고개를 숙인 채 무릎을 꿇고 울던 예지의 모습, 그리고 그의 눈에서 흘러내리던 눈물을 잊을 수가 없습니다." 비엘리츠키는 말했다.

^^^

원정이 끝날 때쯤 말썽이 일어났다. 비엘리츠키와 쿠쿠츠카가 베이스캠프 철수에 가담하지 않고, 하루라도 빨리 가족들에게 돌아가겠다고 선언한 것이다. 게다가 그들은 이미 낸 300달러를 돌려달라고 요구했다.

"카트만두에서 물건을 다 팔 때까지 기다려달라고 말했습니다. 하지만 그들은 여전히 화를 내면서 빈손으로라도 돌아가겠다고 했습니다." 마흐니크는 말했다.

"그들에게 또 다른 계획이 있는지는 알지 못했습니다. 우리가 델리에 있는 대사관에 500달러를 맡겨놓았는데, 예지는 그 돈을 사용할 수 있는 권한이 있었습니다. 그런데 그는 그 돈을 챙긴 다음, '그냥 빈손으로 폴란드로 돌아갈 수는 없지.'라는 쪽지 한 장만 남겨놓았습니다."

테를리코프스키는 그때 처음으로 친구를 감싸 안았다.

"마흐니크는 또 사실과 다르게 얘기합니다. 그 돈은 원래부터 그들의 것이었고, 그렇게 하기로 정해져 있었습니다."

비엘리츠키는 로체와 칸첸중가를 올라 몹시 피곤했다.

"우리가 하는 걸로 사전에 얘기된 게 없어, 우리는 굳이 베이스캠프를 철거하는 자리에 있을 필요가 없었습니다. 돈 문제는 마흐니크가 부풀려 말한 것이 사실입니다. 우린 그냥 돌아갈 돈이 없었을 뿐입니다."

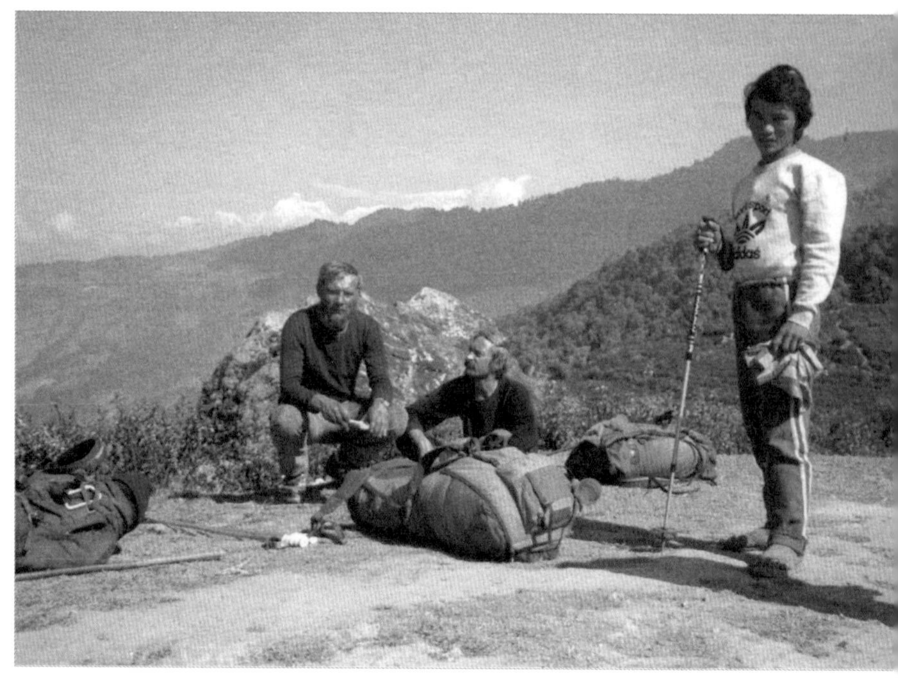

칸첸중가에서 돌아오는 길의 예지 쿠쿠츠카와 크시스토프 비엘리츠키

⩓⩓⩓

우선은 일이 일단락되었다. 그런데 마흐니크가 폴란드에 돌아와 언론과 인터뷰를 하면서, 성공에 눈이 멀어 동료인 초크를 구하지도 않고 내버려둔 채 위로 올라간 비엘리츠키와 쿠쿠츠카는 친구의 생명을 우습게 아는 작자들이라고 말했다.

글리비체산악회는 초크의 사망에 대한 의혹을 밝히기 위해 진상규명위원회를 조직했다. 거기에선 이렇게 결론이 났다.

"그(초크)는 다울라기리 원정에서 동상을 입었다. 그리하여 의사의 진단대로 발가락을 양쪽에서 두 개씩 잘라내야 했다. 치료를 앞두고 그는 훈련을 할 수가 없는 상황이었고, 원정을 위해 돈을 마련해야 했으므로, 재활치료에 전

칸첸중가에서 돌아오는 길의 크시스토프 비엘리츠키(왼쪽)와 예지 쿠쿠츠카. 둘 모두 정상에 올랐으나, 그 와중에 안제이 초크가 사망했다.

념할 수 없었다. 더구나 체중도 불어서 신체적으로도 약해진 상태였다. 1월 9일 4캠프에서 심한 기침 증상이 나타나자, 의사는 하산하라고 권고했지만 그는 말을 듣지 않았다. 다음 날 그의 상태는 혼자서 크램폰을 찰 수도 없을 만큼 악화되었다. 베이스캠프로 내려올 때는 프셰미스와프 피아세츠키의 부축을 받았다. 그의 상태는 최악으로 치달아, 말도 하지 못하고 기침만 해댔다. 밤 9시에 그의 상태가 조금 좋아졌지만, 안타깝게도 1시간 뒤에 사망했다. 그의 죽음은 미리 감지할 수 없었다."

그 위원회는 아래와 같은 내용을 추가로 발표했다.

"당시 비엘리츠키와 쿠쿠츠카가 원정대에 합류하자마자 생긴 경쟁적인 분위기는 초크의 심기를 더욱 건드렸다. 경쟁이 스포츠 정신의 기본이지만, 이것은 등반 전 적절한 훈련을 받고 건강상태가 양호한 등반가들에게만 해당

되는 이야기다. 하지만 안제이 초크에 관련해선, 원정을 떠나기 전 훈련도 제대로 받지 않은 그가 이전 동료인 비엘리츠키와 쿠쿠츠카와 경쟁구도를 조성한 것이 끔찍한 파멸의 결과를 초래했다. 3캠프에서 고산증에 걸린 것이 그 증거이다."

분노에 차오른 비엘리츠키는 글리비체 동료들에게 다음과 같은 편지를 썼다.

"존경하는 동료들이여. 여러분은 직접 표현한 의견을 꼼꼼히 읽어봤나요? 이번의 그 고산병(이 경우에는 폐수종)의 원인이 초크와 쿠쿠츠카, 프셰미스와프, 또는 나와의 경쟁구도 때문이었다고 생각하나요?"

"그때의 결론은 그때나 지금이나 여전히 이해를 하지 못합니다. 등반이란 팀워크 플레이라서, 서너 명이 한 조가 되어 정상을 공략하는 것이 지극히 당연하지 않습니까?" 비엘리츠키는 말했다.

그는 칸첸중가에서 꼭 그래야만 했는지 수없이 고민했다.

"우리가 비난받아 마땅한 건 그때 경계심이 흐트러져 있었다는 것 하나밖에 없습니다. 정상을 향해 올라가고 있을 때 안제이에게 불행한 일이 생길 거라고는 꿈에도 생각하지 못했습니다."

그래도 불편한 마음은 여전히 사그라지지 않았다.

^^^

칸첸중가에 다녀온 지 3개월이 지나 비엘리츠키는 일본으로부터 초청을 받았다. 그리하여 안제이 자바다는 유명한 폴란드 등반가들로 방문 팀을 꾸렸다. 그들은 여러 차례의 강연과 낭독회, 일반인들과의 만남을 계획했다.

일본인들에게 폴란드 산악인들은 '얼음의 전사'였다. 이것은 안제이 자바다 원정대가 처음으로 성공을 거둔 후 얻은 별명이었다. 히말라야의 8천 미터급 고봉을 한겨울에 오른다는 것은 어떤 이들도 해낼 수 없는 과업이었다. 폴

일본을 방문했을 때 그들은 온천에서 목욕을 해보라고 권했다. 크시스토프 비엘리츠키(왼쪽에서 두 번째)와 안제이 자바다(오른쪽에서 두 번째)가 온천에서 즐거운 시간을 보내고 있다.

란드 등반가들은 왕처럼 극진한 대접을 받았다. 안제이 자바다, 크시스토프 비엘리츠키, 레셰크 치히, 미로스와프 팔코 동살, 루드비크 빌친스키, 야체크 자츠코프스키Jacek Zaczkowski, 토마시 레반도프스키Tomasz Lewandowski가 비행기에서 내리자 일본산악회(일본 알파인 클럽) 부회장과 젊은 여자들이 떼를 지어 그들을 맞이했다. 일본인들은 영어를 잘하지 못했다. 그런데 오히려 일본산악회 회장이 하는 폴란드어는 꽤 마음에 들었다.

"일본 알코올 클럽에 오신 것을 환영합니다."

여흥은 호텔로 가는 버스 안에서부터 시작되었다. 팔코가 기타를 꺼내고 자바다가 반주에 맞추어 폴란드 민요를 불렀다. 그러자 폴란드 사나이들은 한 목소리로 「아가씨들아」를 불렀다. 일본인들은 그에 맞추어 히트 팝송을 영어로 불렀다. 자바다는 뭐든지 다 따라 불렀다.

일본인들은 폴란드 친구들에게 일본 남자들이 살아가는 모습을 적나라하게 보여줬다. 그들은 하루 종일 일을 하고 저녁에는 술집에 들른다. 거기서 몇 잔을 마시고 자리를 바꿔가며 또 마신다. 그러고 나서도 나이트클럽에 간다. 클럽은 고층 빌딩의 27층 2715호실이다. 복도는 쥐 죽은 듯 조용하지만 문을 열면 음악소리가 들린다. 방은 두 개다. 하나는 바이고, 다른 하나는 춤을 추는 곳이다. 아가씨들이 손님을 기다리고 있다. 누구든지 원하면 가라오케에서 노래를 부를 수 있다.

"모든 게 게이샤문화에서 유래되었기 때문에 아가씨들이 함께 춤을 추어주고, 끌어안아주고, 술을 마셔줄지언정 더 이상은 나가지 않았습니다." 비엘리츠키는 그날을 이렇게 회상했다.

일본에는 파티만 하자고 간 것이 아니었다. 그들은 암벽도 오르고 후지산도 둘러봤다. 그리고 등산장비 업체인 '가지타'도 견학했다.

"규모는 대장간처럼 작았지만 품질은 이루 말할 수 없었습니다." 비엘리츠키는 말했다.

그는 아주 가벼운 일본산 피켈을 선물로 받아서 폴란드로 돌아왔지만, 그것을 2년 후 K2 원정 때 그만 잃어버리고 말았다.

유리로 된 건물, 휘황찬란한 거리, 도처에 있는 전자기기 상점에 폴란드인들은 그만 입을 다물지 못했다. 한 걸음을 뗄 때마다 놀라울 따름이었다. 폴란드 등반가들은 옛 수도였던 교토행 기차에 인파로 떠밀리다시피 올라탔다. 일본인들은 플랫폼에서 계속 손을 흔들었다. 그곳에 도착하면 어떻게 해야 하지? 호텔에 찾아가는 것부터 걱정이었다. 그런데 그런 걱정은 기우에 불과했다. 기차가 역에 도착하자마자 또 다른 일본인들이 바로 문 앞에서 기다리고 있었던 것이다.

"알고 보니, 일본에선 기차가 1센티미터의 착오도 없이 항상 같은 자리에 정차했습니다. 그래서 일본인들은 우리가 내릴 문 앞에서 정확히 기다릴 수 있었습니다. 뭐든지 빨리 변화하는 사회에 사는 우리 폴란드인들에게는 완전히 새로운 세상이었습니다."

^^^

그는 폴란드로 돌아오자마자 다시 짐을 쌌다. 하지만 이번에는 일을 하러 나가는 것이었다. 칸첸중가 원정을 시작하기 전, 그는 네팔에서 트레킹을 마치고 돌아가는 폴란드계 이스라엘인을 만났다. 그는 원래는 캐나다에 사는데 지금은 알래스카에 있는 생선공장에서 일하고 있다고 말했다.

"나와 함께 일하죠? 돈벌이가 쏠쏠합니다." 그가 제안했다.

그때 비엘리츠키는 딱히 직업이 없었다. 티히의 자동차회사를 그만둔 후, 그는 주로 굴뚝을 청소하는 것으로 먹고살았다. 아직 집도 완성하지 못해 그는 돈이 더 필요했다.

일본에서 돌아온 그는 알래스카로 향했다. 미국 여권심사대에선 그의 여권을 한참 들여다봤다.

그러더니 마침내 이렇게 말하면서 도장을 찍어줬다.

"미국에 오신 걸 환영합니다.Welcome to the United States."

"알래스카에서 처음으로 직장에서의 경쟁을 봤습니다. 폴란드 공장에선 칠판에 '근무개선'이란 말만 적혀 있었는데, 미국엔 그런 게 없어도 서로 자리를 빼앗기지 않기 위해 일을 게을리하지 않았습니다."

비엘리츠키가 느낀 미국과 폴란드의 차이는 이런 것이었다.

세계 최고의 등반가 중 하나가 공장에서 생선 내장을 빼내고 있었다. 그런데 문제가 생겼다. 당국이 고기잡이에 제한을 건 것이다. 일을 하고 싶어도 생선이 없었다.

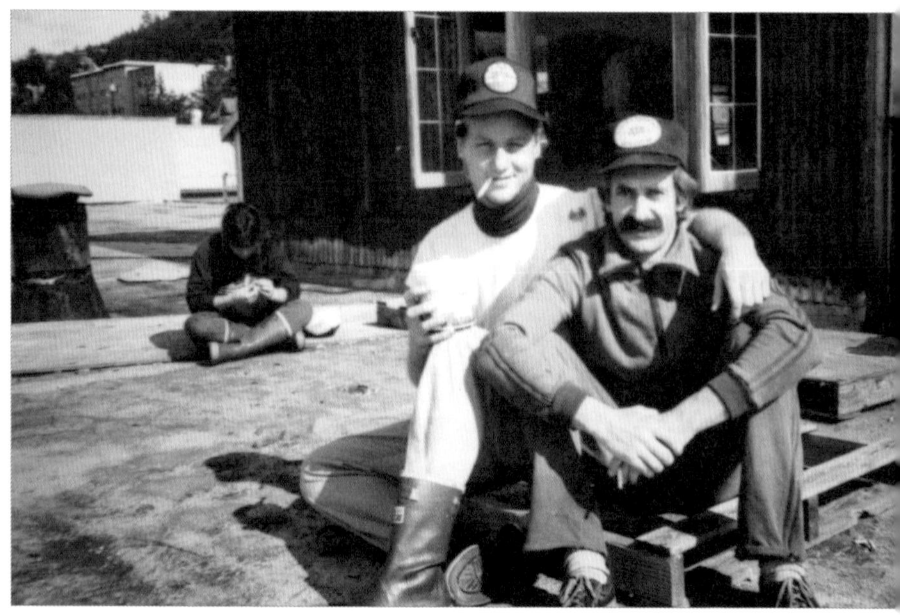

1986년, 세계 최고의 등반가 중 하나인 크시스토프 비엘리츠키는 알래스카에 갔다. 그는 몇 시간 동안 공장에서 생선 내장을 빼는 일을 하고 1300달러를 벌었다. 사회주의 시절 폴란드에선 엄청난 돈이었다.

새벽 4시, 비엘리츠키를 비롯한 직원들이 공장 정문으로 꾸역꾸역 모여들었다. 매니저가 손가락을 들어 25명을 추렸다. 그 안에 들지 못한 사람들은 집으로 돌아가야 했다.

"일을 받지 못할 땐 기분이 정말 엉망진창이었습니다." 비엘리츠키는 당시 자신의 심경을 이렇게 피력했다.

생선이 든 무거운 박스들이 공장에 도착했다. 동료 중에는 마음은 착한데 그만큼 상처도 많이 받는 여대생이 하나 있었다. 비엘리츠키는 그것을 눈치채고 그녀를 도와줬다. 하지만 그녀는 비엘리츠키의 손에서 박스를 빼앗더니 화를 내며 자리를 떠났다. 동료들은 그러다간 일에 대한 능력이 없는 것으로 매니저의 눈에 띄어 곤란해질 수 있으니, 선불리 도와주면 안 된다고 충고했다.

"참, 세상이 뭐 이래. 일 못 하면 다 죽으란 말인가?" 비엘리츠키는 일기에 이렇게 적었다.

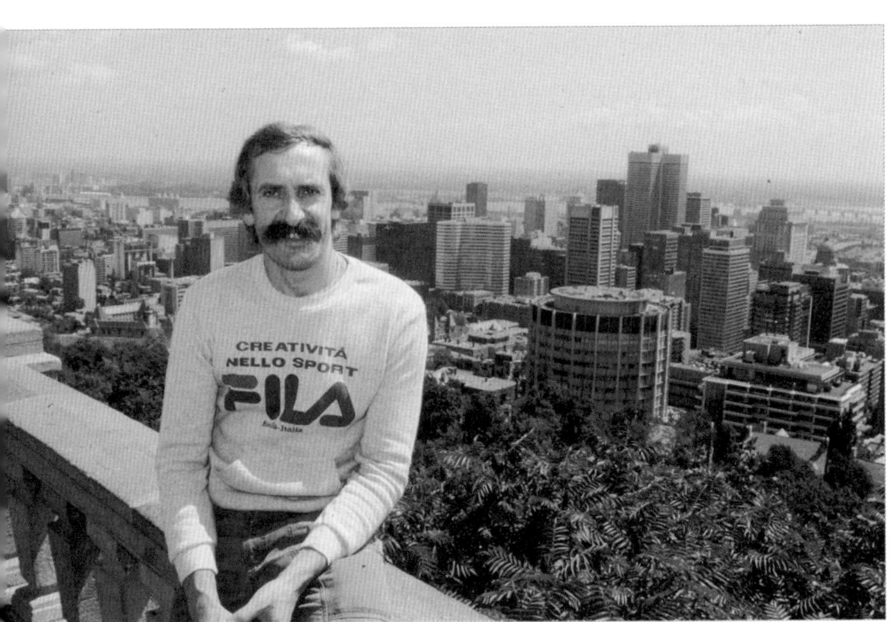

알래스카에 머무는 동안 크시스토프 비엘리츠키는 그곳을 제대로 둘러볼 시간도 없었다. 폴란드로 돌아갈 때 잠시 몬트리올을 구경한 것이 다였다.

매일 일이 끝나면 방에서 퉁퉁 부은 손바닥을 치료하며 다음 날 아침도 '일'을 받을 수 있을지 고민했다. 여행은 생각하지도 못했다. 알래스카는 그냥 눈으로만 구경했다. 마을 도서관에서 『내셔널지오그래픽』을 빌려 사진 속의 경치를 마음에 담았다.

한 달 뒤 그는 일기에 이렇게 적었다.

"망할 놈의 자본주의 같으니라고. 이제는 집으로 돌아갈 거야."

그의 주머니에는 1,300달러가 들어 있었다. 그 돈은 사회주의 시절 폴란드에선 엄청난 액수였다.

^^^

집으로 돌아오니 아내 욜란타와 세 아이들이 기다리고 있었다. 마침내 아빠를 독차지할 수 있게 된 아이들은 무척 기뻐했다. 하지만 그것도 잠시뿐이었

다. 그는 가을이면 언제나 산으로 갔는데, 이번에는 마칼루였다. 원정대에는 반다 루트키에비치, 에바 파네이코-판키에비치Ewa Panejko-Pankiewicz, 에바 슈체시니아크Ewa Szcześniak 같은 여성을 포함해, 오스트리아인들 몇몇과 이미 8천 미터급 고봉 등정을 연이어 시도하고 있던 스위스의 마르셀 루에디Marcel Ruedi가 합류했다. 마칼루는 그의 10번째 8천 미터급 고봉이 될 터였다. 쿠쿠츠카와 마찬가지로 그도 메스너에게 두 개를 뒤져 있었다. 그런데 메스너도 마칼루에 갈 준비를 하고 있었다. 그가 만약 성공한다면 이제 그 숫자는 13개가 될 터였다.

이제 치밀한 계산에 들어갔다.

"크시스토프 비엘리츠키와 예지 쿠쿠츠카에게 우리 셋이서 히말라야에 가자고 말했습니다. 그래서 마나슬루, 안나푸르나, 시샤팡마를 함께 올라가자고요. 강인한 사람들이 함께 움직이면 가능성이 더 높아지리라고 확신했습니다. 어쨌든 크시스토프는 마칼루를 선택했습니다." 카토비체산악회의 동료 리샤르드 바레츠키는 이렇게 말했다.

스위스인 마르셀 루에디의 야망은 대단했다. 그는 가을에 마칼루를 오르고, 그 후에는 에베레스트와 로체를 등정할 계획을 세웠다. 그는 야망이 얼마나 대단했는지 고소적응도 제대로 하지 않았다. 비엘리츠키와 함께 베이스캠프에 도착한 그는 7,400미터까지 올라갔다. 그러고는 폴란드 동료들에게 빨리 정상에 가자고 재촉했다.

"그 때문에 평소보다 더 큰 위험에 빠질까봐 겁이 났습니다. 그래도 그는 올라가야 한다고 우겼습니다." 비엘리츠키도 이렇게 인정했다.

고산병을 예방하는 다이아목스도 그때 처음으로 사용했다. 그러자 손가락이 따끔거리고 무뎌지는 부작용도 나타났다.

알파인 방식을 선택한 그는 텐트를 챙겨 위로 올라갔다. 그리고 메스너가 간 루트를 그대로 따랐다. 하지만 8,200미터에 이르자 흔적이 끊겼다. 메스너가 돌아선 것이다. 이제부터는 눈 덮인 설원만 펼쳐졌다. 비엘리츠키는 깊은 눈을 뚫고 길을 만들었다. 루에디는 로프도 연결하지 않고 그 뒤를 따라왔다. 오후 4시 비엘리츠키는 정상에 올랐다. 강풍이 파카 안에 쓰고 있던 모자를 날려버려 머리를 보호해줄 것이 아무것도 없었다. 그 스위스인을 기다리다가는 얼어죽을 것 같았다. 그는 하산을 시작했다. 그리고 도중에 루에디를 만났다.

"난 마르셀에게 따뜻한 차가 담긴 보온병을 건네줬고, 그는 내게 빈 병을 건네줬습니다. 우린 내가 먼저 텐트에 가서 뭐라도 따뜻한 걸 좀 준비하기로 했습니다. 마르셀은 복장도 나보다 훨씬 나았고, 컨디션도 아주 좋아 보여 걱정할 게 전혀 없었습니다." 비엘리츠키는 말했다.

온몸이 꽁꽁 언 채 텐트로 돌아온 그는 차를 끓여 보온병을 채웠다. 그 스위스인은 아직도 모습을 드러내지 않았다. 걱정이 된 비엘리츠키는 밖으로 나가봤다. 달빛이 산정을 비추고 있었지만 그는 전혀 보이지 않았다. 얼음덩어리 같은 걱정이 가슴을 짓눌렀다. 그는 밤새 한잠도 자지 못했다.

"조건은 완벽하다. 이런 상황에서 길을 잃어버릴 리가 없다. 바람이 이렇게 세게 부니 아마 능선에서 추락했을지도 모른다." 비엘리츠키는 이렇게 기록했다.

그의 추측이 맞는지는 아직 알 수 없었다.

새벽이 되자 그는 고민에 빠졌다. 동료를 계속 기다려야 하는가, 아니면 이대로 하산해야 하는가? 그는 오른쪽 눈에 점상출혈이 나타나 눈까지 말썽이었다. 그리하여 베이스캠프로 내려가기로 마음을 먹었다.

"거기서 기다리는 게 겁이 났거나, 마르셀이 죽거나 말거나 상관없었던 게 아니었습니다. 그냥 그가 죽었을지도 모른다는 가능성을 인정한 것뿐이었습니다. 마르셀이 텐트를 지나 메스너의 캠프로 갔을지, 또 누가 압니까?" 비엘리츠키는 말했다.

이탈리아의 텐트에선 아직 아무도 그 스위스인을 보지 못했다. 힘든 등반에 지친 비엘리츠키는 베이스캠프에 내려가, 정상에 오른 후 루에디를 밤새 기다렸다고 동료들에게 말했다. 셰르파들이 망원경을 들고 트래버스 구간을 살펴봤다. 8,150미터 지점에서 움직임이 전혀 없는 누군가의 모습이 보였다.

메스너가 셰르파들과 함께 정상으로 향했다.

"라인홀드는 그때 크시스토프가 뚫어놓은 길을 그대로 따라갔습니다." 바레츠키는 말했다.

비엘리츠키도 나중에 이렇게 털어놓았다.

"라인홀드가 그 후 나에게 고맙다고 하더군요."

^^^

8천 미터급 고봉 14개를 완등하기 위한 경쟁이 더욱 치열해졌다. 메스너가 이제 하나만 더하면 끝나기 때문에 쿠쿠츠카는 희망이 없었다.

비엘리츠키는 이렇게 말했다.

"속도와 능력에 따라 1위와 2위 등으로 사람의 등급을 나누는 것을 반대합니다. 고산등반은 완전히 주관적이기 때문에 다른 스포츠와는 차원이 다릅니다. 날씨 같은 여러 가지 외부조건이 큰 작용을 하니까요. 결과를 비교하는 것은 지극히 어렵고, 거의 불가능하다고 볼 수 있습니다."

오스트리아 출신의 고산등반가이자 영화제작자인 쿠르트 딤베르거 역시 산에서의 경쟁을 못마땅하게 여겼다.

"지금의 고산등반가들 사이에선 산을 빨리 오르는 것이 최고라는 분위기가 팽배해 있습니다. 난 시계 따위는 완전히 잊어버리라고 말합니다. 질주하는 등반은 의미가 없습니다. '하나님을 비롯한 어떤 상대에게 사랑한다'고 말해놓고, '사랑할 시간이 1분밖에 없다'고 한다면 정말 말이 안 되지 않을까요?"

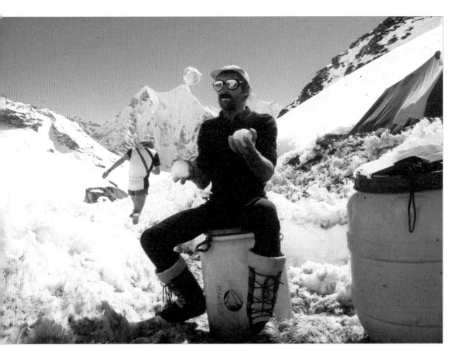

1986년 크시스토프 비엘리츠키는 마칼루 정상에 섰다. 하지만 그 와중에 그의 동료인 마르셀 루에디가 목숨을 잃었다. 비엘리츠키에게는 그때의 일이 여전히 아물지 않는 상처로 남아 있다.

^^^

메스너 팀은 정상으로 올라가다 루에디의 시신을 발견했다. 추정을 해보니, 그는 8,300미터에서 비박을 하고 나서 미끄러지며 내려오기 시작했다. 20미터마다 한 번씩 쉬면서 하산했지만 중간에 비엘리츠키가 기다리고 있는 텐트는 보지 못했다. 그가 동사한 곳은 텐트에서 불과 50미터 떨어진 곳이었다.

"기분이 정말 최악이었다. 나는 그 사실을 인정할 수 없었다. 다른 사람들에게 어떻게 보였을까? 마르셀을 혼자 두고 온 비정한 사람으로? 하지만 그것은 사실과 달랐다. 어떻게 해야 좋을지 오랜 고심 끝에 나는 하산하기로 결심했다." 비엘리츠키는 일지에 이렇게 기록했다.

몇 년이 지난 후 기자회견에서, 그는 고소적응이 전혀 안 되어 있고 오직

경쟁에만 혈안이 되어 있던 그 스위스인과 함께 등반하겠다고 내린 결정은 자신의 실수였다고 인정했다.

"위험을 마다하지 않은 마르셀은 나한테도 함께 올라가자고 했습니다. 걱정을 많이 한 것은 오히려 나였습니다. 그가 자신을 메스너의 경쟁 상대이자 조력자보다는 스타라고 생각하는 게 아닌가 하는 의심도 잠깐 들었습니다. 난 등반을 함께 하기로 결정하면서, 만약 컨디션이 안 좋으면 발길을 돌릴 테니, 나에게 불만을 갖지 말라고 분명하게 말했습니다." 비엘리츠키는 당시를 떠올리며 이렇게 말했다.

그때의 사건은 여전히 그에게 아물지 않는 상처로 남아 있었다.

^^^

비엘리츠키를 제외하고, 크시스토프 판키에비치가 이끄는 원정대에서 마칼루 정상에 오른 사람은 없었다. 반다 루트키에비치는 7,900미터까지 올라간 후 돌아서 내려왔다.

그들이 폴란드로 돌아오자 언론에서 난리가 났다.

"산에 가면 등반가들은 윤리 따위는 무시하는가?"

"로프에 매달리면 동료애라는 가치를 잃어버리는가?"

"등반이 죽음을 대가로 치러야만 얻을 수 있는 고귀한 취미인가?"

"국가는 이런 일에 돈을 지불해야 하는가?"

3개월 동안 13명의 등반가들이 목숨을 잃었다. 기자들은 칸첸중가에서 있었던 초크의 비극과 마칼루에서 있었던 루에디의 죽음을 비교했다. 7월에는 K2에서 타데우시 표트로프스키가 추락했다. 예지 쿠쿠츠카와 함께 정상에 올랐다가 하산하던 중 크램폰이 벗겨진 것이다. 8월 초에는 보이체흐 브루즈도 유명을 달리했다. 그는 고정로프에서 이탈된 것 같았다. 그로부터 며칠 후 K2에선 도브로스와바 미오도비치-볼프Dobrosława Miodowicz-Wolf가 동사했다. 영국의 앨런 라우즈Alan Rouse는 미오도비치-볼프를 정상 밑에 혼자 남겨 두고 내려왔다. 오스트리아의 쿠르트 딤베르거는 죽음의 문턱에 놓인 그에게 구조의 손길을 내밀지 않았다.

운동선수이자 기자인 야체크 제만토프스키Jacek Żemantowski는 고산등반에 대해 다음과 같이 단정지었다.

"이전에 몽블랑이나 엘브루스, 혹은 노샤크에서 죽음에 처한 동료들을 구했느냐는 질문 따위는 할 필요도 없다. 스타셰크 라타위Staszek Latałły의 경우가 그것을 잘 말해준다. 그는 로체에서 양쪽 끝에 동료들이 있는 상황에서 로프에 매달려 동사했다. 그때 타데우시 표트로프스키는 자신의 생명을 구하려다 징계를 당해 원정대에서 제외되었다. 오늘날의 동료들은 무기력에 빠진 도브로스와바 미오도비치를 못 본 체 지나치고, 비엘리츠키는 루에디를 돌보지 않는다. 표트로프스키가 아무도 모른 채 세상에서 사라지는 상황은 이제 다르게 해석해야 한다."

제만토프스키는 잡지『폴리티카politika』에 이렇게 기고했다.

"이제는 등반가들이 매서운 질문에 답할 차례다. 겉으로는 모든 것이 완벽하게 성공을 거둔 것으로 보이며, 전 세계가 그들을 '얼음의 전사'라고 부르고 있다. 그러나 이전의 원칙은 먼지가 되어 날아가고, 그를 대체할 새로운 원칙은 나타나지 않는다. 더구나 언쟁은 더욱 심각해지기만 한다."

유명한 1987년의 글리비체 4월 토론에선 신세대(반다 루트키에비치, 크시스토프 비엘리츠키, 예지 쿠쿠츠카, 야누시 마예르)와 기성세대(안제이 자바다, 아담 빌체프스키, 안제이 지가 헤인리흐, 바츠와프 소넬스키Wacław Sonelski)가 서로 열띤 논쟁을 벌였다. 그것은 몇 시간이나 계속되었다. 그리하여 이 토론은 '글리비체 정상회담'으로 불렸다.

등반가들은 함께 가면 함께 내려와야 한다는 기존의 원칙을 고수했다. 하지만 자바다는 요즘에는 더 이상 그러지 않는다고 한탄했다.

바꿔야 할 것이 한두 가지가 아니었다.

지가 헤인리흐는 단도직입적으로 말했다.

"20년 전만 해도 우린 사명감으로 똘똘 뭉친 사람들과 함께 산을 올랐습니다. 물론 모두 가능한 한 높이 올라가는 게 꿈이었지만, 자기 자신이 아니라 팀의 다른 동료가 올라갔다는 사실만으로도 무척 만족했습니다. 그 후로는 등반에도 경쟁이 생기기 시작했습니다. 두 명으로 구성된 팀에서도 정상에 누가 먼저 서느냐를 따지는 세태가 됐습니다. 최근에는 동료들 사이에서도 라이벌 구도가 생긴 게 분명합니다. 다른 동료보다 좋은 성과를 내기 위해 경쟁적으로 노력하니까요."

소넬스키는 인정사정없이 말했다.

"다른 사람은 전혀 신경도 안 쓰잖아?"

"지금 우리보고 '성공을 거두기 위해서 산에 갔느냐?' 아니면, '동료와 살아남기 위해 산에 갔느냐?' 뭐 이런 질문에 해명하라는 겁니까?" 비엘리츠키가 되물었다.

소넬스키가 이어받았다.

"정상 등정보다 동료의 목숨이 더 귀중해지는 때가 오긴 할 것 같나?"

어떤 이들은 살 수 있는 가능성이 있을 때 동료를 돕는 것이 타당하다고 본다. 그렇지 않은데도 구조를 시도하는 것은 자살행위나 마찬가지라는 것이다. 이 말에 동의하지 않는 사람들도 있다. 다른 이들을 구하려다 목숨을 잃는 것을 두고 너무 멍청한 짓이라고 보지는 않을 것이라는 것이 그들의 항변이다. 유대인을 위해 스스로를 희생한 막시밀리아누스 콜베Maximilianus Kolbe 신부를 보면 알 수 있지 않은가?

그들의 논쟁은 급진적인 결론으로 이어졌다.

"우리는 성공하기 위해 산에 오릅니다. 그러한 숭고한 희생 덕분에 알피니즘이 발전할 수 있었던 겁니다. 산에 가서 낭만적인 경험을 한다고요? 수직의 벽에 매달려보지 않은 사람들에게 무슨 설명을 더 한단 말입니까? 만약 이런 것들에 대처할 용기가 없다면 차라리 산에 오르지 않는 게 더 낫습니다."

"산에 오를 때 감당해야 하는 변수는 수도 없이 많습니다. 그렇게 말하는 건 대부분 잘못된 정보에 기인한 겁니다."

그때 비엘리츠키가 나섰다.

"전략을 세울 때 실수를 할 순 있지만, 동료를 남겨두어야 할지, 아니면 데려가야 할지 등의 문제에 봉착해 느끼는 곤란과는 엄연히 다릅니다. 실수라는 말은 그럴 때 쓰는 게 아닙니다. 그에 대한 평가는 우선 아래에 내려와서 해도 늦지 않습니다. 준비되지 않은 사람은 산에 오르면 안 된다고 말할 수도 있습니다. 그 높은 곳에서 무엇이 우리를 기다리는지는 아무도 모릅니다."

가끔은 순전히 기계적인 이유로 동료를 혼자 놔두기도 한다고 그는 강조했다. 물론 그럴지라도 그 상황이 비윤리적이라고 말하지는 않았다.

"마르셀의 경우도 마찬가지였습니다. 몸이 너무 쇠약해져 산에 오를 수가 없다거나, 무슨 전조증상 같은 걸 전혀 알아차리지 못했습니다. 우린 그때 서로 로프를 연결하지도 않았습니다. 내가 깊은 눈을 뚫으며 길을 내면 그는 그냥 내 뒤를 따라오기만 했습니다. 마르셀을 정상 바로 밑에 혼자 놔두고 난 위로 올라갔습니다. 난 내가 할 수 있는 건 다해주었습니다. 그래도 여전히 회한이 들긴 합니다." 비엘리츠키는 말했다.

소넬스키가 다시 물었다.

"마르셀이 자네 동료라고는 생각했나?"

비엘리츠키는 잠시 주저했다.

"물론입니다. 그냥 생각만 그렇다는 게 아니라 엄연히 나의 동료였잖습니까? 그는 내 동료였습니다. 우린 함께 인생의 도박장에 뛰어들었습니다. 그건 정말 도박이었는데, 마르셀은 스스로 감당할 수 있다고 했습니다. 윤리적인 면에서 보면 껄끄러운 점이 없는 건 아닙니다. 그건 내가 왜 굳이 그런 위기를

무릅썼느냐는 겁니다. 잘못 설정된 전략으로 인한 것일 수도 있다는 생각이 들었습니다."

모두는 아니었지만, 그래도 대부분이 비엘리츠키의 말에 고개를 끄덕였다.

"마르셀의 문제에 대해서 말이야. 난 그 일이 네 탓이라고 말하고 싶진 않아. 마르셀이 악조건을 감당할 만큼 강할 거라고 믿었을 테지. 8천 미터급 고봉을 아홉 번이나 올랐으니, 그렇게 믿는 것도 무리는 아니야." 타트라 출신의 고산등반가 안제이 빌츠코프스키Andrzej Wilczkowski가 말했다.

^^^

이제 글리비체의 동료들은 초크의 사고를 마무리짓고자 했다. 비엘리츠키와 쿠쿠츠카는 무전기를 통해 의사의 조언을 받았으며, 당시 상황으로선 등반을 이어가지 못할 하등의 이유도 없었고, 안제이가 그런 심각한 상태에 빠졌다는 것은 그들도 까맣게 모르고 있었다고 결론지었다.

쿠쿠츠카는 말했다.

"가끔 그날의 일을 되돌아봅니다. 그러면 내가 … 전혀 잘못이 없다는 말은 하지 못합니다. 어느 누구라도 그날 저녁의 나처럼 안제이 초크와 함께 산을 내려오면서 그런 순간에 부딪쳤다면, 정말로 살릴 방법은 없었는가, 정말로 위험한 순간이었는가, 살릴 기회가 있었는데도 불구하고 제대로 힘을 쓰지 않은 거 아니냐는, 딜레마에 당연히 봉착하게 될 겁니다. … 그때 난 끝까지 최선을 다하지 않았다고 생각합니다."

비엘리츠키의 말은 달랐다.

"안제이가 그런 상태였다는 건 아무도 알지 못했습니다!"

등산잡지 『타테르니크』의 편집장 크시스토프 바란Krzystof Baran이 화를 내며 끼어들었다.

"보이테크 쿠르티카라면 동료의 상태에 대해 너무 무심했다고 따졌을 겁니다. 안 그런가요?"

그러자 여기저기서 웅성거리는 소리가 나면서 상황이 심상치 않았다. 소넬스키가 이 상황을 종식해야 했다.

안제이 헤인리흐가 이렇게 제안했다.

"사람은 윤리와 동료애에 입각해 행동해야 합니다. 그렇지만 산에선 자신의 행동을 결정할 수 있는 자유를 최대한 인정해주는 게 어떨까요? 여기 책상에 앉아 일일이 따져봐야 아무런 소용이 없습니다. 왜냐하면 알피니즘은 객관적인 적이 한 번도 없었으니까요."

^^^

글리비체 토론 이후, 반타 루트키에비치는 『티고드니크 포프셰흐니Tygodnik Powszechny』지와 인터뷰했다.

그녀는 히말라야에서의 고산등반이 이전에 비해 상당히 변질되었다고 인정했다.

"산을 함께 올라도 사람들은 저마다의 목표가 있습니다. 그들은 어떤 대가를 치르더라도 목표를 달성하려고 합니다. 그런 원정을 준비하는 데 어마어마한 돈을 썼거나, 오랫동안 꿈꿔온 것이거나, 아니면 순수한 스포츠 정신 때문일 수도 있습니다. 그 목표에 다가가기 위해 고산등반가들은 이전에 볼 수 없을 만큼 조직적으로 잘 짜인 사람들을 만납니다. 신께서 주신 소명 같은 것은 아닐지라도, 우린 다른 이들도 함께 신경 써야 하는 때가 많습니다. 그들이 곤란에 빠졌다면 당연히 도와줘야 합니다. 언제나 그런 건 아니겠지만, 다른 사람은 알지 못할 감정의 선이나 동료애로 하나가 되었을 때, 또 다른 사람에게도 정상에 가까이 갈 수 있는 가능성이 주어집니다."

^^^

비엘리츠키는 『폴리티카』에 글을 썼다. 그곳에서 그는 야체크 제만토프스키가 마르셀 루에디의 사고 보고서를 제대로 읽지 않았다고 날카롭게 지적했지만, 객관적인 증거를 내놓지는 못했다.

제만토프스키 기자와의 논쟁은 다음과 같이 끝났다.

"자신이었다면 동료애를 발휘해 쇠약해진 마르셀을 혼자 놔두지는 않았을 것이라고 말하면서 나에게 잘못을 뒤집어씌우는 기자의 태도에 상당히 불쾌했다. 이전에 이런 일이 한 번도 발생하지 않은 것은 단지 행운이었을 뿐이다. 앞으로도 이런 일이 없을 것이라는 확신을 갖는 것 자체는 나무랄 수 없다. 다만, 그런 순간마다 어떻게 행동해야 할지는 나도 잘 모르겠다."

10장

정상이 잡아끄는 힘, 그리고 이끌리는 발길

폴란드의 히말라야 원정에 대한 최초의 장편영화가 제작되었다. 그 시기는, 계엄령이 발동되기 전 냉랭한 분위기가 최고조에 달했던, 1987년 말에서 1988년 초까지였다. 그리고 영화의 마지막 부분은 그로부터 25년이 지나고 나서야 촬영되었다. 영화는 대부분 K2에서 일어난 사건을 바탕으로 하고 있지만 제목은 「브로드피크」이다. 감독은 슐롱스키의 힙합그룹 파크토포니카Paktofonika를 다룬 영화 「너는 신이다Jesteś Bogiem」에서 음악감독을 맡은 레셰크 다비드Leszek Dawid였고, 주연은 이레네우시 초프Ireneusz Czop와 마야 오스타셰프스카Maja Ostaszewska였다. 시나리오는 크시스토프 비엘리츠키의 삶을 재조명했다. 영화에서 제일 중요하진 않을지라도 그의 이야기를 빼놓을 수는 없었을 것이다. 영화는 곧 개봉되겠지만, 아직 구체적인 내용은 알려지지 않았다.

≺ 2014년 폴란드 산악인들은 크시스토프 비엘리츠키를 원정대장으로 내세워 브로드피크 동계등정을 감행한다.

그들은 영화와 가장 비슷하게 이야기를 전해달라고 부탁했다.

^^^

1981년 가을이 첫 장면이다. 전설적인 대장 안제이 자바다가 스키를 타고 있다. 캐나다의 휴양도시 밴프에는 환상적인 스키 슬로프들이 있어, 집에서 편하게 보내기가 싫은 사람들에겐 안성맞춤이다. 스키 동호인들에게 그곳은 천국과도 같다.

몇몇 캐나다인들이 슬로프 방향으로 나 있는 베란다에 모여 자바다를 지켜보고 있다.

"한겨울에 K2에 가는 게 얼마나 힘든지 알아? 엄청난 일이야." 누군가가 말한다.

그러자 한 사람이 이렇게 받는다.

"그래도 성공할지 누가 알아? 저 사람을 한번 봐."

캐나다인 하나가 대장을 가리키면서 말한다.

"열정으로 가득한 저런 사람이라면 충분히 신뢰가 가지."

그는 옆 사람의 등을 두드린다. 이미 정해진 것이나 다름이 없을까? 캐나다인들은 원정에 필요한 달러를 꺼내놓기 시작한다.

^^^

자바다가 여러 통의 편지를 쓰고 있다. 파키스탄 관광성. 주소에는 이렇게 적혀 있다. 우편배달부가 이국적인 도장이 찍힌 봉투에 담긴 회신을 가져다준다.

불가!

불가!

허가서를 내줄 수 없습니다.

K2 동계등정은 불가능합니다.

^^^

다음 장면은 이렇다. 1983년 1월. 자바다는 캐나다에서 온 야체크 올레크Jacek Olek와 함께 정찰에 나선다. 파키스탄 공무원들의 말대로 겨울에 K2를 오르는 것이 원천적으로 불가능할까?

그들은 산속의 작은 마을 다쑤Dassu에서 밤을 보낸다. 그곳에서 조금 더 가니 눈이 덮인 삭막한 지대가 펼쳐진다. 포터들이 짐을 집어던지면서 돈을 더 달라고 우긴다. 이제부터는 위험해서 더 가기가 어렵다는 것이다.

자바다와 올레크는 단 둘이서 발토로 빙하를 거슬러 올라간다. 4,150미터. 눈발이 점점 더 굵어진다. 미끄러져 넘어지지 않도록 설피를 신어야 한다. 그래도 산 밑까지는 갈 수 있다.

^^^

호텔에서 자바다가 파키스탄 공무원에게 편지를 쓴다. 올레크와 정찰을 해본 결과 K2 동계등반은 큰 문제가 없다고 강하게 호소한다.

하지만 편지를 보내는 족족 안 된다는 답장뿐이다.

우편배달부가 편지 하나를 전달해준다. 우편배달부와 몇 마디를 나눈 자바다가 봉투를 연다. 두 번이나 읽어도 도무지 믿을 수 없는 내용이다. 마침내 허가서를 내주겠다는 내용이 담겨 있다.

"파키스탄 정부는 귀하에게 등반을 허가해주기로 결정하였습니다."

이렇게 기쁠 수가 있을까!

^^^

파키스탄 잡지의 헤드라인에 이런 문구가 실린다.

"K2 동계등정? 수백만 달러의 무모한 장난"

수백만이라는 단어는 보기만 해도 엄청나게 큰돈이라는 느낌을 갖게 한다. 지프를 실은 대규모 카라반이 카라코람 아래쪽에 있는 스카르두Skardu를 떠나 폴기오Folgio로 향한다. 차체에는 스폰서 회사들의 로고가 빼곡히 붙어 있다. 영국의 등산장비 제조회사 카리모어Karrimor가 상당 부분을 후원해준다.

옷을 입을 때 주의사항이 있다. 모두 똑같이 라일락 색깔 바지와 붉은색 점퍼를 입어야 한다. 규정으로 정한 청록색과 회색이 섞인 보라색만 해도 색깔이 아주 다양하다.

폴란드인들이 눈동자를 반짝이며 영국인들의 복장을 살펴보는 장면도 추가가 가능할 것이다. 폴라와 고어텍스, 방한내복, 바지, 스웨터, 속옷 등을 만져보고, 냄새도 맡아보고, 뺨에도 대본다. 방풍 파카는 오리털도 들어 있다. 게다가 어찌나 부드럽고 얇은지 촉감도 상당히 좋다.

^^^

폴기오로 향하고 있는 카라반 이야기로 되돌아가보자. 가운데는 시골에서 가져온 짐들이 실려 있다. 파란 플라스틱 드럼통에는 등반장비, 텐트, 휘발유통, 산소통, 침낭, 매트리스 그리고 식량이 한가득이다. 폴란드인 10명, 영국인 5명, 캐나다인 10여 명, 통신담당에 주방장, 그리고 포터들까지 따지면 모두 155명이나 된다. 포터들은 짐을 천천히 풀어 등에 질 준비를 한다. 그리고 몇 킬로미터나 늘어진 카라반 행렬이 K2를 향해 걸어 들어간다.

그들 중 카라코람이 처음인 사람들은 그 광경에 매료된다. 돌과 모래만 있는 너무나 거친 곳이다. 바람이 불자 모래들이 눈과 코와 입으로 들이친다. 이제 초록색이 자취를 감춘다. 회색, 모래언덕, 그리고 짙은 누런색만이 온 세상에 가득하다. 그러나 우울한 풍경은 아니다. 비박을 하는 저녁에는 노닥거리고 웃고 노래하는 소리들이 형형색색의 조명처럼 텐트를 수놓는다. 다른 때

발토로 빙하에서 바라본 K2. 그 모습이 거대한 피라미드를 연상시킨다.

라면 할 수 없는 일이다. 주방장이 프라이팬을 국자로 땅땅 때려 식사시간을 알린다. 달밧(렌틸콩과 쌀을 섞은 수프), 캔에서 꺼낸 고기, 차와 과자 등이 식사메뉴로 나온다. 그리고 다시 즐거운 이야기와 웃음이 넘친다.

아담한 마을 아스콜리Askole. 거대한 봉우리들의 그늘에 가린 돌집들. K2와 브로드피크로 가려면 꼭 들러야 하는 곳이다.

"불란다, 불란다!"

마을사람들이 소리친다. 남자들에 이어 여자들도 머리에 스카프를 두르고 화급히 뛰쳐나온다. 모두 폴란드인들을 기억하고 있다. 그들은 여기에 올 때마다 식량과 작은 선물들을 남기곤 했다.

"레셰크, 레셰크 어디 있어요?" 그들이 묻는다.

이제 레셰크 치히를 알아보자 웃으며 달라붙고 끌어안는다. 그는 폴란드

인들 중 인기가 가장 좋다. 촌장 하지 마흐디Hadzi Mahdi가 팔을 벌려 그들을 맞이한다.

"포터들을 모아주겠습니다. 일을 잘할 겁니다. 힘세고 참을성 좋은 사람들로 골라주겠습니다. 아주아주 강한 사람들로!"

그는 이렇게 약속한다. 하지만 그것은 내일 걱정할 일이다. 오늘은 즐길 일이 아직 남아 있다.

"포터들에게 줄 돈은 물론 있지요?" 촌장이 확실히 하자는 듯 묻는다.

비엘리츠키가 '다람쥐'에 대해 묻는다. 함자는 아스콜리에서 촌장에 이어 서열이 두 번째이다.

그는 머리카락이 상당히 뻣뻣하고, 눈동자는 민첩하지만 얼굴은 온통 주름에 등은 굽어 있다. 그래서 흡사 다람쥐 같다. 그가 차를 마시러 가자면서 폴란드인들을 집으로 초대한다.

허름한 돌집 사이로 난 진흙투성이의 좁은 골목으로 걸어간다. 그 길에는 염소와 양, 소 떼들도 지나다닌다. 그는 땟국물로 지저분한 핏덩이를 다섯째 아이라고 소개한다. 3명의 부인들이 차를 가져다준다.

^^^

K2가 온전히 시야에 들어온다. 검푸른 하늘을 배경으로 꼭대기에서 설연이 날리는 그것은 거대한 피라미드 형상이다. 저곳 어딘가에서 폭풍설이 치는 모양이다.

발토로 빙하 입구에 도착한다. 포터들이 카라반에 쓸 염소들을 잡는다. 그놈들이 뿌린 피에 바닥이 온통 빨갛다. 끔찍한 냄새와 비명과 동맥을 자르는 칼날 소리. 벗겨진 가죽과 쏟아져 나온 내장의 냄새가 고약하다. 그 양은 아스콜리로 돌아올 때까지 먹고도 남을 정도로 충분하다.

^^^

베이스캠프로 가는 마지막 길목에서 크리스마스이브 식탁을 차린다. 냉동 생선을 데우고, 치즈를 자르고, 차를 끓인다.

갈색 빵조각에 치즈 한 장을 얹고 생선샐러드 한 스푼을 발라 만든 샌드위치가 점점 높게 쌓여간다. 식탁 위에는 성화와 은쟁반 그리고 배낭에서 대충 꺼낸 듯한 크리스마스트리용 장식공과 오프와테크가 널려 있다. 그리고 캐럴「고요한 밤 거룩한 밤」이 울려 퍼진다.

첫날에는 베이스캠프가 세워질 곳으로 이동하는 카라반이 느릿느릿하게 움직인다. 참지 못한 비엘리츠키는 팔코 동살과 함께 대원들을 지나쳐, 맨 앞에 선다. K2가 눈앞에 우뚝 모습을 드러낸다. 비엘리츠키가 바로 옆 브로드피크로 가는 길을 가리킨다.

베이스캠프에는 이전 원정대가 두고 간 텐트 두 개밖에 없지만 곧 더 늘어나게 될 것이다. 비엘리츠키와 동살과 치히가 텐트를 함께 쓰기로 한다. 옆으로 누워 자세를 계속 바꿔보지만 도무지 잘 수가 없다. 치히가 코를 끔찍이도 곤다.

^^^

다음 장면들은 지금까지의 이야기와는 아무런 연관이 없다. 카메라는 정상을 향해 조금씩 움직이는 히말라야 원정대원들을 뒤따라가면서 촬영한다. 텐트에선 아무리 따뜻해봐야 영하 15도라는 둥, 바람으로 발이 시리다는 둥, 밖에서 소변을 보면 땀이 얼어붙는다는 둥, 낡은 고정로프라도 있으면 도움이 되련만 낙석에 끊어졌거나 눈 속에 묻혀 있어서 다시 새것으로 연결해야 한다는 둥, 그들의 대화는 불만들로 가득하다. 카메라가 신경이 쓰이는 듯 조곤조곤한 말다툼 소리도 담는다. 텐트에서 늦게 나오는 사람이 포기도 잘하고, 먹기

는 또 많이 먹는다는 말도 들린다.

카메라는 전진베이스캠프에서 돌아오는 비엘리츠키에게 다가간다. 그의 얼굴은 하얀 서리로 만든 마스크를 쓴 듯하다. 수염과 눈썹에는 고드름이 걸려 있다. 그는 바람을 피하느라 몸을 한껏 움츠린다.

“정말 지옥문을 지나가는 줄 알았습니다.” 비엘리츠키는 카메라를 정면으로 바라보며 말한다.

그는 크레바스에 빠진 이야기도 시시콜콜 들려준다. 그 크레바스는 쉽게 무너지는 눈으로 덮여 있어 잘 보이지도 않는 데다 깊이가 십 몇 미터, 혹은 수십 미터에 이를 수 있다. 바닥이 보이지 않으니 알 수가 없다. 그는 다행히 동료와 로프로 연결되어 있어 목숨을 구할 수 있었다.

산을 오르기에 적당한 날이 언제인지에 대해 대화를 주고받는 장면이 카메라에 잡힌다. 정상 등정에 가장 좋은 날은 기껏해야 하루 이틀이라는 것과 하늘에 별이 총총하면 그다음 날은 날씨가 좋다는 이야기들이다. 대원들이 베이스캠프에서 밖으로 나오긴 하지만 선뜻 위로 올라가진 못한다. 날씨가 꾸물꾸물해진다. 폭풍설 속에선 할 수 있는 것이 거의 없다. 이런 조건이라면 캠프도 한 달에 한 개 세울까 말까 하다. 그 이상은 어렵다.

^^^

우울해져가는 베이스캠프의 분위기를 어떻게 해야 잘 전할 수 있을까? 아마도 이러면 될 것이다.

자바다가 눈이 잔뜩 쌓인 텐트에서 부인에게 편지를 쓴다.

“여긴 아주 힘들어. 사람들이 기다리다 지쳐버리지. 베이스캠프에서 50일을 있으면 날씨가 좋은 날은 고작 5~6일밖에 안 돼. 이런 조건에서 뭘 할 수 있겠어? 우린 죽을힘을 다해 캠프를 두 개 설치했어. 대원들은 여기저기 동상에 걸렸어. 1캠프와 2캠프에 머무는 동안 적어도 이삼일에 한 번씩 폭풍설이 몰아친 적도 있어. 이제 정확이 한 달 남았는데, 날씨가 좋아지긴 할까? 3캠프와 4캠프를 칠 때까지 열흘간은 별일 없이 조용할 것 같아. 그래야 정상에 두어 번 도전해볼 수 있어."

아니면, 산에 오르는 등반대원들을 날짜별로 따라잡을 수도 있을 것이다.

1월 5일. 마치에이 베르베카, 크시스토프 비엘리츠키, 마치에이 파블리코프스키와 영국 출신의 존 틴커John Tinker가 6,100미터에 1캠프를 친다.

1월 29일. 레셰크 치히와 크시스토프 비엘리츠키가 6,800미터에 2캠프를 친다. 하지만 난폭한 날씨와 거센 바람으로 인해 다시 내려온다. 텐트는 강풍의 압력을 이기지 못한다. 그리하여 몇 시간 후에는 흔적도 없이 사라져버린다.

비엘리츠키와 치히는 7,200미터에 있는 '검은 피라미드'를 돌파해 3캠프를 만든다.

"정말 믿기 힘들 정도예요."

비엘리츠키가 말한다.

"그 정도 고도면 보통 나흘이면 올라가는데, 이번엔 두 달 넘게 걸렸습니다."

^^^

촬영이 재개된다. 이번에는 알레크산데르 르보프와 마치에이 베르베카가 주연이다.

그들이 자바다와 대화를 나누고 있다. K2에 설치된 캠프는 겨우 둘. 더 이상은 오를 수가 없다. 정상 등정에 대한 꿈이 날아가는 것일까? 바로 옆에는 브로드피크가 있다. 그곳은 정상이 K2보다 600미터 정도 낮지만, 아직 겨울에는 한 번도 정복당하지 않은 산이다.

자바다가 이슬라마바드에 있는 폴란드대사관에 연락해 등반허가서를 받는다.

브로드피크 베이스캠프

3월 3일. 베르베카와 르보프가 K2 아래에 있는 베이스캠프를 떠나 스키로 모레인 지대까지 간다. 보통은 그곳이 브로드피크 베이스캠프 터이다. 이번에는 운명이 그들에게 미소를 보낸다. 눈이 그친 것이다. 구름 너머로 태양이 모습을 드러낸다. 베이스캠프의 동료들이 그들을 망원경으로 바라본다. 이제 두 개의 점이 된 베르베카와 르보프는 금세 더 높은 곳에 있다. 그들은 6,500미터에서 비박을 하고, 설원의 가장자리에서 또 비박을 한다. 정상이 손에 잡힐 듯하다. 아직도 해가 비친다. 이보다 더 좋을 수 있을까.

3월 5일 오후. 중봉과 주봉 사이의 콜까지는 여전히 갈 길이 멀다. 그곳에서 정상까지도 2~3시간이 걸릴 것 같다.

1984년에 브로드피크를 오른 비엘리츠키에게 임무가 하나 떨어진다. 정상까지 가는 길을 동료들에게 알려주고, 무전기로 지시를 내리는 것이다.

"6,800미터의 설원에서 비박해. 텐트는 둥그런 정상부 바로 아래 7,200미터에서 치고. 오른쪽에 자리가 있을 거야. 제대로 하려면 거기에 텐트를 치는 게 좋아."

베르베카와 비엘리츠키가 번갈아 교신한다.

"그게 사면에 있나? 아니면 평평한 설원에 있나?"

"설원에 있다. 거기선 로프를 묶는 게 좋아. 크레바스가 있으니까."

"거기 텐트 잔해들이 좀 있나요?"

"7,200미터엔 없다.

3월 6일 아침.

치히가 베르베카와 무전을 시도한다.

"지금 말이야, 7,650미터나 7,700미터에 있는 거 같은데, 거기서 200미터만 더 가면 콜이 보일 거야."

"정말 기분 좋은 소식이네. 여기 더러운 눈 속에 파묻히는 줄 알았어." 베르베카가 응답한다.

"이동이 빨라. 등반 속도가 아주 좋아."

치히가 마음을 풀어준다.

"크시스토프 말로는 왼쪽에 작은 세락이 있대. 거기서 앞으로 곧장 전진하면 콜이야."

세락을 지나니 엄청난 크레바스가 있다. 르보프는 더 이상 가고 싶은 마음이 없다. 실수를 만회하려면 시간이 너무 많이 걸릴 것 같다. 비록 정상에 오른다 하더라도 어둡기 전까지 텐트로 돌아온다는 보장이 없다. 그러면 죽음의 지대라 불리는 8,000미터에서 설동 속에 들어앉아 비박을 해야 한다. 르보프와 마찬가지로 베르베카 역시 위험을 무릅쓰고 싶지 않다.

"이렇게 하겠습니다."

그가 자바다에게 보고한다.

"로프를 챙겨 저 좆같은 정상을 정복하고 날이 밝으면 돌아오겠습니다."

"알겠다. 하지만 힘을 너무 쓰면 안 된다." 자바다가 말한다.

베이스캠프의 동료들이 망원경 앞으로 모여든다. 두 사람이 서로 다른 길을 찾아나서는 것이 보인다. 베르베카가 콜을 향해 능선을 올라간다. 보아하니, 바위로 된 전위봉 캠프에서 길을 나서는 것 같다. 르보프는 봉우리에 있다. 그러더니 자취를 감춘다.

조심스럽게 아래로 내려오는 르보프가 콜을 향해 가고 있는 베르베카에게 가끔씩 눈길을 돌린다. 아래에 보이는 텐트가 작은 점 같다. 르보프가 그 텐트에 돌아갈 수 있을 때쯤이면 이미 날이 어두워질 것 같다. 날씨가 나빠지고, 바람이 더 거세진다.

^^^

무전기가 잠잠하다. 베르베카는 살았는지 죽었는지 소식이 없다. 동료들과 카드게임을 하는 비엘리츠키가 무전기를 힐끔힐끔 쳐다본다. 부스럭거리는 소

리만 나도 게임을 멈춘다. 다른 대원들도 쉴 새 없이 소식을 묻는다.

"뭐 소식 없어?"

"없어. 전혀!"

기다리는 것 외에는 할 수 있는 것이 없다. 신경을 카드게임에 쏟는 것이 더 낫다.

시간이 느리게 흘러간다. 오후 3시에서 4시, 5시를 지났는데도 통 연락이 없다.

오후 6시. 무전기에서 찌지직거리는 소리가 들린다.

"난 지금 정상에 올랐다. 정상이다!"

하지만 베이스캠프에서는 아무도 환호하지 않는다. 콜 위는 이미 해가 지기 시작해, 곧 정상 부근은 온통 어둠에 잠길 것이다.

텐트 안에서 무전기로 교신하고 있는 치히 옆에 비엘리츠키가 서 있다. 그가 이상하다는 낌새를 눈치챈다. 베르베카는 그렇게 빨리 정상에 오를 리가 없다. 순간 비엘리츠키가 동료에게 속삭인다.

"베르베카는 지금 정상에 있는 게 아냐. 전위봉이 확실해."

그 말을 들은 자바다는 콧방귀도 뀌지 않는다. 그는 등정 소식을 바깥 세상에 알리는 데만 마음이 온통 쏠려 있다.

"K2 등정은 실패했지만, 1988년 3월 6일 폴란드인이 브로드피크 정상에 올라, 동계초등이라는 위업을 달성했다."

^^^

드라마는 이제부터 시작이다. 베르베카는 텐트로 다시 돌아와야 한다. 어둡기 전에 아래로 내려오고 싶은데 날씨가 심상치 않다. 짙은 안개가 산을 둘러싸 앞이 전혀 보이지 않는다. 두터운 구름에 가린 달도 가끔씩만 모습을 드러낸다. 위와 아래조차 분간이 안 된다. 제일 가까운 캠프가 보통 때면 6시간 안에

폴란드 브로드피크 원정대의 베이스캠프. 알록달록한 모자를 쓴 사람이 비엘리츠키이다.

도착할 수 있는 거리에 있지만, 이번에는 36시간이나 걸린다.

그는 잠시 후 베이스캠프와 교신하지만 컨디션이 더 안 좋다.

"모든 게 어그러졌습니다. 이곳에서 옴짝달싹하지 못합니다. 달빛이 나오는 대로 내려가겠습니다." 그는 자바다에게 이렇게 보고한다.

"뭘 챙겨 갔지? 파카와 바지는 있나?"

"파카는 있습니다만, 바지는 지금 입기 힘듭니다."

"내 말 들어라. 지금 움직이지 못한다고 했는데, 어디 앉을 곳이 있는지 찾아봐라. 바지는 어디에 있나? 배낭에 있다면 입도록 해봐라."

"힘이 너무 듭니다. 대장님, 힘이…."

⩓⩓⩓

미레크 동살과 미레크 가르지엘레프스키Mirek Gardzielewski와 크시스토프 비엘리츠키가 옷을 입고 브로드피크로 향한다. 치히는 무전기로 베르베카에게 기운을 북돋아준다.

"마치에크Maciek* 네 말 들린다. 베이스캠프에서도 다 듣고 있다. 조심조심 천천히 아래로 내려와라. 올라간 길을 따라 그대로 내려오면 된다. 동상에 걸렸나?"

"손가락에 감각이 없다."

"여기 있는 우리가 곁에 있어 줄 테니 힘내라!"

야체크 올레크가 끼어든다.

"지금 두 미레크와 크시스토프 비엘리츠키가 올라가고 있다."

베르베카가 응답한다.

"너무 안 좋다. 그래도 내려가야지 어떡하겠나?"

"다리는 어떤가?"

"감각이 없다."

⩓⩓⩓

치히가 구조대에게 연락한다.

"지금 위치가 어딘가?"

비엘리츠키가 말한다.

"지금 산 밑에 왔는데 망할 놈의 눈보라가 너무 심하다. 여기 뭔가 스틱이 보인다. 르보프와 베르베카가 두고 간 것 같다."

---

* 베르베카의 이름인 마치에이의 아명

자바다가 일말의 희망을 가지고 말한다.

"조금만 지나면 무슨 일이 있었는지 알 수 있을 거야."

^^^

36시간 후. 르보프는 정상에서 가장 가까운 텐트에 들어가 있다. 무전기가 찌지직거리지만 바람이 벽에 부딪히는 공명으로 잘 들리지 않는다. 헤드랜턴 불빛이 보이는 것 같다. 하지만 헛것이다. 다시 텐트로 돌아가 귀를 기울인다. 그 순간 희미한 불빛이 보인다. 유령 같은 모습의 베르베카가 텐트 안으로 기어들어온다. 그는 죽었다 해도 이상하지 않을 몰골이다.

^^^

치히가 무전기에 대고 말한다.

"지금 상태가 어떤가? 짧게라도 얘기해봐라."

르보프가 대답한다.

"그렇게 고생했는데도 상태가 좋다."

베이스캠프에서 환호성이 터져 나온다.

자바다가 지시한다.

"구조대는 계속 올라가라."

비엘리츠키가 말한다.

"지금 올라가고 있습니다. 물을 끓여서 보온병에 담고 있습니다. 옷을 입으면 곧바로 떠나겠습니다."

르보프가 말한다.

"11시 정도에 도착할 거 같습니다."

구조대는 다음 날이 되어서야 베르베카와 르보프가 있는 곳에 도착한다. 그들 모두가 1캠프의 텐트에서 밤을 보낸다. 텐트 안에서 비엘리츠키는 르보

프에게 베르베카가 정상에 올라가지 못했다고 말해준다. 곧 베르베카가 텐트 안으로 들어온다. 그는 잠들기 전에 이렇게 말한다.

"기념으로, 정상에서 돌멩이를 좀 가져오려고 했는데 깜빡했어."

비엘리츠키가 르보프에게 속삭인다.

"내가 그랬지? 정상엔 돌멩이가 없다고. 거긴 눈뿐이야."

^^^

그로부터 몇 달 후. 베르베카는 등산잡지 『타테르니크』를 받는다. 그는 알레크 르보프가 쓴 "승리란 살아남는 것이다."라는 제목의 기사를 읽는다. 그리고 자신이 오른 곳은 정상이 아니라 전위봉(8,028m)이라는 사실을 알게 된다. 정상과의 차이는 불과 17미터. 1시간만 더 가면 도달할 수 있는 거리이다.

베르베카는 충격에 빠진다. 왜 동료들이 그 사실을 숨긴 걸까? 왜 이런 식으로 알게 놔둔 걸까? 대체 왜, 왜, 왜?

기자들의 질문에 르보프는 이렇게 말한다.

"오늘이든 내일이든 누군가는 해야 할 일입니다. 사실 베르베카를 빼고는 다 알고 있었습니다."

비엘리츠키가 덧붙인다.

"베르베카는 이제 두 번 다시 원정을 가지 않겠다고 굳게 다짐했습니다. 자바다가 그토록 가자고 해도 자신의 말을 지키겠답니다."

^^^

그로부터 25년 후.

두 사람이 마주앉아 와인을 마시고 있다. 크시스토프 비엘리츠키와 아르투르 하이제르의 대화를 재구성하면 이렇다.

하이제르가 먼저 운을 뗀다.

"브로드피크 동계등반엔 다시 가지 않습니다. 두 번이나 실패했으면 승산이 없다고 봐야 하지 않습니까? 굴복하지 않는 용기가 필요한데, 나 대신 가주세요."

"왜 굳이 내가 가야 하지?"

"몰라서 물으시나요? 장비도 있고, 비행기표도 있고. 다 있잖아요?"

"나 말고 누가 가지?"

"비엘레츠키Bielecki와 코발스키Kowalski와 마웨크Małek입니다."

"너무 젊은 친구들인데…."

"그래도 충분히 할 수 있는 친구들입니다. 훈련을 좀 시키고 닦달을 하면…."

"우리와 세대차이가 나. 말이나 통할까? 젊은 사람들과…. 게다가 능력이 있는지 없는지 알 수도 없고. 경험자를 좀 넣어봐. 마치에이 베르베카 같은 친구 말이야."

"뭐라고요? 마치에이 베르베카요?"

하이제르가 놀라 소리친다.

"농담이죠? 그분은 프로 가이드만 합니다. 스포츠로는 더 이상 안 해요. 그리고 이제 나이도 예순인데…."

"하긴 열정도 다 식었지. 하지만 1988년에 정상에 가지 못한 게 못내 아쉬운가 봐. 조금만 더 갔으면 정상 등정을 멋지게 해냈을 텐데. 언젠간 그 한을 풀지 않을까?"

하이제르가 손을 내저으며 말한다.

"함께 가고 싶으면 전화나 한번 해보세요. 분명 안 간다고 할 겁니다."

^^^

K2 베이스캠프. 사람들이 왁자지껄 모여 있다. 원정대를 훌륭하게 꾸리고 잘

이끈 하이제르에게 비엘리츠키가 칭찬을 아끼지 않는다. 정확한 기상예측도 한몫했다. 6,000~6,500미터에서 강풍이 불면 그들은 베이스캠프에서 꼼짝하지 않고 힘을 비축한다. 말하자면, 이전에 있었던 국가적 규모의 원정에서 경험한 등반을 상상하면서, 머릿속에서 정상을 수십 번 오르내린다.

가장 어린 데다 경험도 없는 토마시Tomasz(토메크Tomek) 코발스키는 비엘리츠키에 대해 블로그에 다음과 같이 쓴다.

"내가 여기에 있다는 사실이 믿어지지 않는다. 나는 폴란드등산연합회의 회원 자격으로 이 원정에 참가했다. 언제나 꿈만 꿔온 일인데 내가 이렇게 될 줄은 상상도 하지 못했다. 지금 테이블에 함께 앉아 있는 크시스토프 비엘리츠키는 카리스마가 얼마나 강한지, 함부로 농담조차 할 수 없다. 그 역시도 원정대에 초청을 받아서 왔지만 나에겐 정말 영웅이다. 새로 결성된 밴드의 젊은 기타리스트가 된 기분이랄까. 갑자기 롤링스톤스의 믹 재거Mick Jagger와 함께 웸블리의 만원 관중 앞에서 함께 연주하는 듯한…."

그 이후는 통상적인 장면들이 이어진다.

고정로프 옆에서 대원들이 교대하고, 벽을 오르고, 베이스캠프에서 쉰 후 벽을 다시 오르는 광경이 반복된다.

날씨가 궂고 모든 것이 악조건이지만, 스위스에 있는 관측소의 일기예보 장비는 날씨가 곧 좋아질 것이라고 예측한다.

비엘리츠키는 이번에 조 편성을 다시 하고 싶어 한다. 그가 아담 비엘레츠키에게 가서 의향을 묻는다.

"그런데 말이야, 네가 마웨크와 가고, 베르베카와 토메크가 함께 움직이면 어떨까?"

"제가 아르투르 선배와 함께 가야 더 빠릅니다. 토메크는 경험이 없잖아요. 베르베카 선배님의 경험은 말할 것도 없으니까. 그럼 전부 제대로 될 겁니다."

코발스키는 불안하다. 베르베카와 함께 움직여서 목적을 달성할 수 있을

지 확신이 서지 않는다. 최선을 다했는데도 뒤로 밀린 것 같다는 심정을 솔직히 털어놓는다.

아담 비엘레츠키와 마치에이 베르베카가 가장 어린 후배를 달랜다. 산에서는 어떤 일이 일어날지 전혀 예측할 수 없으므로, 누구와 짝을 이루든 별 의미가 없다고.

^^^

크시스토프 비엘리츠키는 머리가 복잡하다. 다들 그와 함께 가고 싶어 한다. 넷이서 올라가는 것이 가장 안전할 것이라며…. 젊은이들은 새벽 5시가 돼서야 베이스캠프를 출발하려 한다. 하지만 그것은 너무 늦다! 새벽 2시나 3시는 돼야 한다. 비엘리츠키는 이런 충고 말고는 해줄 수 있는 것이 없다.

"조심들 해. 생명보다 더 소중한 건 없어."

영하 30도. 하지만 날씨는 쾌청하다. 등반엔 안성맞춤이다. 그늘에선 15~20초가량 잠시 멈춰 휴식을 취하는 것이 좋다.

베이스캠프에서 비엘리츠키가 망원경으로 4명이 움직이는 모습을 지켜보고 있다. 아침 8시 그들이 크레바스에 이른다. 그런데… 어디로 돌아가야 할지 모르고 있다. 그곳에서 머뭇거리고 있는데, 그 고도에선 동작 하나하나에 엄청난 힘이 소모된다. 그들은 왼쪽으로 갔다가 오른쪽으로 갔다가 쓸데없이 힘을 낭비하고 있다. 그리하여 12시 30분이 돼서야 콜에 이른다. 정상까지는 아직도 멀다.

비엘리츠키가 무전기로 묻는다.

"아담, 아담, 응답하라! 다들 지금 컨디션이 어떤가? 응답하라!"

아담 비엘레츠키가 보고한다.

"하루 종일 걸려 8,000미터까지 올라왔는데, 컨디션이 좋을 수 있겠습니까? 그냥 죽자 하고 천천히 올라가고 있습니다."

그들이 전위봉에 올라서자 비엘리츠키가 다시 묻는다.

"기분이 어떤가?"

비엘레츠키가 대답한다.

"정상을 향해 천천히 움직이고 있습니다."

어느덧 오후 3시다. 지금의 속도로는 정상에 오르면 어둡기 전에 돌아오지 못한다. 그러면 너무 위험하다.

"아담, 베르베카를 바꿔라."

비엘리츠키가 명령한다.

비엘레츠키는 몹시 짜증이 난다.

"제발 무전기 좀 켜요. 대장님이 저에게만 연락해서 귀찮아 죽겠습니다."

동료들에게 하는 이야기다.

비엘리츠키가 베르베카에게 말한다.

"너무 늦은 거 아냐? 이제는 돌아서야 하지 않아?"

하지만 베르베카는 단호하다.

"대장님, 우린 정상에 오르기 위해 이 짓을 하고 있습니다. 계속 올라갈 겁니다."

비엘리츠키가 말한다.

"알겠다. 네 판단을 믿겠다. 하지만 서둘러야 한다. 후배들이 바보짓을 하지 않도록 잘 이끌어라. 성공을 빌겠다."

오후 4시다. 비엘레츠키가 전위봉에 올라 보고를 한다. 그는 비엘리츠키에게 어떻게 더 가야 할지 세세히 묻는다. 비엘리츠키는 놀란다. 직접 올라본 경험에 의하면, 그 정도 시간이라면 평탄한 구간에 들어서 있어야 한다. 그곳은 헤맬 곳도 아니다. 하지만 그때는 여름이었다. 겨울이면 다른가? 일단 조금 내려서서 20분 정도만 더 가면 정상이라고 일러준다.

비엘레츠키는 혼란에 빠진다. 정상 쪽을 바라보니 끔찍하게 멀어 보인다.

동료들은 아래서 죽을힘을 다해 위로 올라오고 있다.

비엘리츠키가 그들에게 무전을 날려보지만 아무도 받지 않는다.

오후 5시 20분. 비엘레츠키가 정상에 오른다. 그리고 조금 후에 마웨크가 도착한다. 30미터 쯤 아래에서 베르베카가 올라오고 있고, 그곳으로부터 300미터 아래에서 코발스키가 쫓아오고 있다. 정상에선 비엘레츠키가 제일 먼저 내려온다. 그는 올라오는 동료들 옆에 잠시 멈춰 선다.

"성공 축하드립니다. 세상에서 선배님보다 산을 더 잘 오르는 사람은 없을 겁니다."

베르베카는 말하는 데 힘을 낭비하고 싶지 않아 그냥 고개만 끄덕인다.

"컨디션은 어떠세요?"

비엘레츠키가 베르베카에게 묻는다.

"좋아!"

"지금 제 무전기가 안 됩니다. 대장님에게 제가 내려가고 있다고 말씀해 주실래요?"

"오케이."

도중에 코발스키를 만난 비엘레츠키가 말한다.

"축하해. 하지만 속도를 더 내야 해. 여기서 비박할 생각은 꿈도 꾸지 말고. 무슨 수를 쓰더라도 아래로 내려와야 해."

^^^

비엘리츠키가 단파 무전기의 마이크에 대고 말한다.

"지금 저녁 6시야. 왜 아무도 대답이 없나? 정말 돌아버리겠네. 어디 있어, 마치에이?"

"정상… 정상이다…."

"아담은 어디 있나?"

"30분 전에 (내려갔다). 나도 내려간다."

비엘리츠키가 말한다.

"보고 좀 할 것이지. 이런 개자식. 그리고 기다렸다가 함께 내려와야 할 거 아냐."

^^^

비엘리츠키가 무전기에 대고 말한다.

"토메크, 토메크, 아직 멀었나? 정상 봉우리 어디 같은데, 거기서부턴 내려오는 게 어렵지 않다. 미끄러져 내려와도 될 정도로 쉽다. 응답하라."

토메크 코발스키가 대답한다.

"정상 봉우리까지는 아직 가지 못한 거 같습니다. 뭐가 잘못됐는지 모르겠지만, 지금 전위봉으로 향하고 있는데 어떻게 해야 할지 도무지 모르겠습니다."

비엘리츠키가 놀라서 묻는다.

"아니, 어떻게 된 거야? 올라온 길을 따라 지금 내려오는 게 아냐?"

그는 흥분을 가라앉히고 천천히 말한다.

"아직 전위봉에 오른 건 아니란 말이지?"

코발스키가 말한다.

"아닙니다. 그냥 올라가고 있습니다. 다만 힘이 너무 없습니다."

이미 사방이 어두워지고 있다.

비엘리츠키는 자신으로서도 할 수 있는 것이 없다는 것을 깨닫는다. 그는 베이스캠프의 텐트 주변만 맴돈다.

"할 수 있는 게 있을 거야. 도와줄 방법이…."

비엘리츠키는 이렇게 혼잣말을 한다. 그는 파키스탄인들에게 불을 크게 피우라고 지시한다. 누군가 아래에서 기다리고 있다는 것을 알리기 위해서다.

다시 단파 무전기의 마이크를 통해 비엘리츠키와 토메크 사이에 교신이 이어진다.

"토메크, 토메크, 이제 힘이 좀 나나?"

"예, 그렇긴 한데요…."

"잘 안 들린다, 무전기를 좀 만져봐라."

"어때요? 좀 낫습니까?"

"지금 어디 있나, 토메크?"

"전위봉의 마지막 장애물 앞에 있습니다."

"전위봉에 있단 말이야?"

"아닙니다. 지금 장애물 앞에 있습니다. 하지만 내려가는 게 겁납니다."

"참고 이겨내야 한다. 다른 대원들은 콜 밑으로 내려갔다. 왜 그렇게 흩어졌는지 모르겠다. 로프를 서로 연결하고 함께 내려왔어야 하는데…."

"뭐라고요? 마치에이와 아담이 지금 콜에 있다고요?"

"헤드램프가 보인다. 아래쪽인 게 틀림없다. 너도 빨리 따라붙어라. 포기하지 말고. 다른 사람들이 내려왔으니 너도 할 수 있다."

"숨을 쉬지 못하겠습니다."

"왜 그렇지? 반다나를 내리고 숨을 쉬어봐라. 공기가 차갑지?"

"잘 모르겠습니다."

"계속 움직여라. 앞으로 계속 가야 해."

"앞을 향해 계속 가고 있는데 공기가 너무 희박합니다."

"마치에이와 다른 대원들도 연락이 안 되고 있다. 되는 대로 네게 가라고 하겠다."

"그것도 쉽지 않을 겁니다. 계속 가고 있지만 너무 속도가 느립니다."

"포기하면 안 돼. 너만 어둠 속에서 내려오는 게 아니야. 이미 수십 명이 이런 조건 속에서도 아래로 내려왔다. 무사히 돌아와라, 꼭 돌아와야 한다."

"계속 앞으로 가고 있습니다. 왜 이러는지 모르겠네요. 무엇에라도 홀린 걸까요?"

"올라갔던 길로 내려오고 있단 말이지?"

"예, 그렇게 내려가고 있습니다."

"아주 잘하고 있다. 그렇게 젖 먹던 힘까지 다해 내려와라."

"비상약이 있긴 한데 뭐라도 좀 먹을까요?"

"머리가 아프거나 기침이 심하거나, 그런 증상이 없으면 약을 먹어봐야 소용이 없다."

"그런 증상은 없습니다."

"만약 어디가 아프면 약을 먹는 것도 좋은 방법이지만, 고산병 증상 같은 게 없으면 먹어도 소용이 없다."

"알겠습니다."

"조금 후에 다시 연락하자."

"예, 잘 알겠습니다. 콜에만 가면 어떻게든 해볼 수 있을 것 같습니다."

비엘리츠키가 혼잣말을 한다.

"흩어지면 정말 안 되는데…. 토메크가 혼자 남아 있다니…. 이건 조짐이 너무 안 좋네."

^^^

코발스키의 상태가 계속 안 좋아진다. 비엘리츠키가 그와 연락을 유지하려고 애쓴다.

"지금 어딘가? 기분은 어떤가? 마치에이는 보이나?"

코발스키가 조금 전에는 보였는데 지금은 또 갑자기 사라진다. 베르베카에게는 밤새 연락을 시도하지만 성공하지 못한다.

자정이다. 하지만 여전히 살아 있을 것이라는 실낱같은 희망의 끈을 놓지

토메크 코발스키는 브로드피크 정상에 오르는 데 성공했지만, 하산 도중 사망하고 말았다.

않는다.

"우린 여기서 비박하겠습니다."

코발스키가 비엘리츠키에게 보고한다.

"구멍 같은 걸 파고 있나?"

"아뇨. 그냥 바위 위에 걸터앉아 있습니다."

"마치에이 좀 바꿔봐."

"얘기하고 싶지 않답니다."

코발스키가 더듬더듬 말한다. 그는 말을 삼키는 듯하다. 손이 시리다.

"토메크, 장갑 어디에 두었나?"

"모르겠습니다."

^^^

아침 6시 30분. 코발스키가 비엘리츠키에게 보고한다.

"우린 천천히 내려가고 있습니다. 그런데 숨을 쉬기가 힘듭니다."

그 후로는 정적만 흐른다.

^^^

3월 6일. TVN24 방송이 브로드피크 사고에 대한 속보를 내보낸다. 비엘리츠키가 새벽 5시 15분경 토메크 코발스키와 연결이 됐는데, 아마도 그때쯤 마치에이 베르베카는 아래로 내려오고 있었을 것이라고 한다. 상황이 극적으로 전개되고 있다.

스튜디오에서는 전문가들이 의견을 주고받는다.

"실종자들을 찾기 위해 2캠프에서 파키스탄인 카림 하야트Karim Hayat가 그날 7,000미터까지 올라가봤지만, 실종된 폴란드인들의 흔적은 찾을 수 없었습니다."

"만약 실종된 대원들이 살아 있다면 4캠프까진 혼자서도 내려올 수 있습니다. 거기까진 큰 도움이 필요 없습니다. 하지만 몇 시간 후에 카라코람의 날씨가 악화됐습니다. 이건 바람이 미친 듯 불어대고, 기온이 영하 50도까지 떨어진다는 말입니다."

"나머지 대원들은 실종자들로부터 소식이 오길 이틀이든 사흘이든 베이스캠프에서 기다리고 있어야 합니다. 그래서 경험 없는 친구들을 도와줘야 합니다."

오후에 아르투르 하이제르가 공식입장을 발표한다.

"실종자들을 찾으러 정오에 2캠프를 출발한 카림 하야트가 오후 1시경

브로드피크에서 돌아온 크시스토프 비엘리츠키가 기자회견을 하고 있다. 하산 중 목숨을 잃은 마치에이 베르베카와 토메크 코발스키의 사진이 뒤에 보인다.

크레바스에 도착했습니다. 도중에 콜을 자세히 살펴봤지만 베르베카와 코발스키의 흔적은 전혀 찾을 수 없었습니다. 우리는 그 둘이 실종된 것으로 최종 결론을 내렸습니다."

3월 7일. 날씨가 나빠지기 시작한다. 원정을 끝내기로 한 비엘리츠키가 기자들에게 말한다. "정상을 향해 출발한 지 80시간 만에 마지막으로 교신을 하고, 그 이후로도 56시간을 기다렸지만, 그들이 이젠 더 이상 살아남지 못했을 것이라는 생각이 들었습니다."

^^^

마지막 장면이다. 비엘리츠키와 비엘레츠키 그리고 마웨크가 자코파네로 가서 베르베카의 유족들을 만난다. 긴장감이 감도는 분위기 속에 대화 역시 얼

어붙는다. 비엘리츠키는 더 일찍 오지 못해 죄송했다고 사과하고, 마웨크는 화장실로 가버린다.

베르베카의 장남 크시스토프는 누구의 잘못인지는 따지고 싶지 않지만, 아버지가 죽기 전 마지막 두 달 동안 어떻게 지냈는지 알려달라고 한다.

"마치에이는 정말 행복해 보였어. 브로드피크에 다시 찾아올 수 있어서 기쁘다고 했지."

"쉴 새 없이 얘기하며 분위기를 띄웠지."

"웃음소리가 참 컸어."

"애완용 토끼 얘기를 많이 하던데."

비엘리츠키는 누군가가 잡지에 나온 미하우키Michałki 사탕을 잔뜩 가져다놨는데, 베르베카가 그랬다는 확실한 증거는 없다고 말한다.

차남 프라네크Franek는 혹시 내려오는 길에 뒤를 돌아보지 않았느냐고 비엘레츠키에게 묻는다. 비엘레츠키는 그러지 않았다고 대답한다.

마웨크는 자신도 겁이 났다고 털어놓는다. 얼어죽는 줄 알았는데, 정상에서 내려온 마치에이가 따뜻한 차를 권했다고 말한다. 언론에서 떠드는 것은 사실과 상당히 다르다.

"맞아. 네 아버지가 아담한테 잠깐 기다린 후에 로프를 묶고 함께 가자고 했어. 그런데 아담이 어떻게든 빨리 내려가려고 한 거야."

베르베카의 아들들이 그 둘을 안아주고, 마웨크가 눈물을 흘린다.

비엘리츠키가 베르베카의 유품들을 자코파네로 가지고 온다. 그의 부인 에바가 배낭에서 하나하나 꺼내본다. 남편이 입던 두꺼운 파카가 있다. 그때 주머니 속에서 뭔가가 만져진다. 그녀는 손을 집어넣고 하얀 미하우키 사탕을 꺼낸다.

영화는 이렇게 끝이 난다.

^^^

고백!

누구든 산에선 다 비극을 겪는다. 수천 번 인터뷰를 하고, 이야기를 하고, 설명을 하고, 의견을 제시해도 그에 대한 반대의견은 계속 나온다. 모두 나름대로의 주장만 내세운다.

비엘리츠키의 사연은 어땠을까?

그 원정에 참가했을 때 난 특별한 계획이 없었다. 카드를 던져 생사를 점치리라곤 꿈에도 생각하지 못했다. 내 경험이면 충분할 줄 알았다. 나에게 가장 중요했던 것은 성공을 거두고 모두 함께 건강하게 집으로 돌아가는 것이었다. 그때 나는 원정에 가는 것이 아니었다. 원정대를 잘 꾸리는 것으로 내 역할을 끝냈어야 했다.

첫 번째 도전에서는 신경이 마비될 정도였다. 비엘레츠키와 마웨크만 정상으로 출발했으나 무전 교신을 깜빡했다. 그 전날도 다음 날도 하루 종일 아무런 연락을 받을 수 없었다. 그들은 돌아서야겠다고 마음을 먹고 나서야 결국 연락을 취했다. 교신을 하지 않겠다는 생각은 도대체 어디서 나온 것인지 모르겠다. 언제라도 교신할 준비가 꼭 되어 있어야 한다고 배운 자바다 세대와는 엄연히 달랐다. 젊은 후배들은 왜 무전기를 챙기는 것을 싫어할까? 아마 교신을 하는 데 힘을 낭비하고 싶지 않아서일 것이다. 그런다고 크게 달라질까? 수시로 정보를 주고받아야 하는 상황인데, 그렇게 하는 것은 정말 큰 실수이다.

그때 나는 결단력이 조금 떨어져 있었다. 모든 일은 젊은 후배들이 결정했는데, 그럴 때마다 나는 그들의 결정을 존중해줄 수밖에 없었다. 나는 두 명씩 짝을 이룬 두 조가 정상 도전에 나선다고 구상하는 그런

세대에 머물러 있었다. 그들은 내 예상보다도 2시간이나 늦게 텐트에서 나왔다. 주로 베르베카가 내 의견에 반대했다. 그는 동상으로 인한 문제가 있었는데, 뒤따라 올라가는 것은 자신에게 위험부담이 크다고 했다. 그의 등반속도는 그가 베르베카가 맞나 싶을 정도로 느렸다. 크레바스에서 콜까지 가는 데 그는 5시간이 걸렸다. 그런 거리라면 3시간이면 충분하다. 그는 더 높이 올라가버린 것 같다.

나는 아담과 교신하면서, 돌아설지 말지는 스스로들 결정하라고 말했다. 하지만 이미 너무 늦었다. 그제야 베르베카가 무전기를 들었다. 그는 이 산에서 돌아서기 위해서가 아니라, 이 산을 올라가기 위해서 왔다고 말했다. 그가 다른 사람들에겐 권위적인 태도를 고수했기 때문에 아무도 직접 결정하려 들지 않았다. 산에 올라가면 상황을 낙관적으로 보게 되는 경향이 있어, 베이스캠프에서 하는 말을 그대로 받아들이지 않는다는 점도 인정해야 한다. 이런 상황에서 어떻게 내 말을 듣겠는가? 아마 나라도 그랬을 것이다. 정상은 사람을 잡아끄는 힘이 있다. 정상은 고정로프를 붙잡게 만든다. 특히 역사에 기록이 남을 만한 성공이 기다리고 있다면 더욱 그렇다.

아담은 주기적으로 교신을 하겠다고 약속했지만 지키지 않았다. 나중에 그는 주파수가 틀어져 있었다고 말했다. 코발스키와 베르베카와 연락이 닿았을 때는 이미 너무 늦어버렸다. 그때 그들은 하산 중이던 비엘레츠키를 만났다고 말했다. 만약 조금이라도 일찍 나와 연락이 닿았더라면 그들은 함께 내려왔을 것이다. 정상도 등정되었는데 함께 내려오는 것이 뭐가 어떤가?

코발스키의 상태가 갑자기 안 좋아진 것에 대해서도 곰곰히 생각해본다. 그 친구는 정상에 오른 지 얼마 지나지 않아 걷기가 힘들다고 보고했다. 달리 생각해보면, 그 문제는 이미 그 전에 일어났는데 베르베카가 전혀 알아채지 못했을 수도 있다. 내 생각에 코발스키의 정신 상태는 '조력자들'이 심리적인 역할을 수행한 것 같다. 바로 이온음료와 초콜릿 바와 에너지 젤리 같은 경우이다. 코발스키는 이런 것들을 즐겨 먹었는데, 다 떨어지고 나니 심리적으로 약해졌을지 모른다는 말이다.

그날 밤 나는 흰머리가 더 늘었다. 그때 나는 너무나 나약했고, 다른 대원들과 제대로 된 대화도 할 수 없었다. 만약 코발스키를 살릴 수 있는 가능성이 조금이라도 있었다면, 산에 오른 대원들과 연락해 어떻게 해야 할지 함께 의논해야 했을 것이다. 이런 상황에서 통신 두절은 비극이었다. 목숨이 촌각에 달린 이들과 이야기를 나눴지만, 내가 할 수 있는 일은 아무것도 없었다. 나는 베르베카의 이름을 계속 불러댔다. "마체크, 마체크, 마체크. 제발 응답하라…." 하지만 응답이 없었다. 비엘레츠키와 마웨크는 아침이 되어서야 겨우 연락이 되었다. 그 후 얼마 지나지 않아 코발스키와 교신이 끊겼다. 그는 강한 녀석이니 혼자서도 충분히 살아남을 것으로 생각했다. 대원들은 그를 설득하기 위해 다른 수를 썼다. 내려오지 않으면 죽을 것이라고 으름장을 놓은 것이다. 어떤 것이 더 나은 방법이었는지 나는 잘 모르겠다. 죽어가는 사람과의 대화였고, 정말 견디기 힘든 경험이었다.

언론은 브로드피크의 비극을 비판하기 시작했다. 그것은 원정대 활동에 해를 끼쳤으며, 그 결과 동료들은 서로 등을 돌리게 되었다. 불에 기름을 부은 것은 폴란드등산연합회(PZA)가 발표한 말도 안 되는 보도자료였다. 물론 그것은 사실에 근거하지 않은 낭설일 뿐이었다.

사고조사위원회는 알피니즘의 기본을 지키지 않은 비엘레츠키와 마웨크에게 책임을 돌렸다. 그들은 나에 대해서도 이렇게 판정했다.

"정상 등정의 기본적인 전략에 실수가 있었으며, 최종캠프에서 산소를 사용하라는 지시도 하지 않았다."

그들이 죽음에 이른 것이 과연 산 때문이었을까, 아니면 스스로의 실수 때문이었을까? 이 물음을 나는 끊임없이 되뇌어본다. 사람은 가끔 민첩하지 못한데, 그럴 때는 아주 가느다란 운명의 선을 넘어도 희망에 의지한다. 자기 자신은 물론이거니와 어느 누구도 의지할 수 없을 때의 그 희망에.

11장

자기 짐은 자기가 알아서 들어라 그것이 차라리 더 편하다

헨리쿠프Henryków에 있는 예술가구공장은 정부기관과 대사관을 위해 존재하는 곳이었다. 그런 이곳이 교황 바오로 2세의 방문을 기념하기 위한 교황관과 의회 의장을 위한 의장봉을 제작하고 있었다. 1989년 초 이 공장은 특별주문을 받았다. 60명이 함께 앉을 수 있는 테이블을 공산당 정부가 주문한 것이다. 16개로 분리되고 떡갈나무 합판을 써야 하지만, 더 중요한 것은 원형이어야 한다는 것이었다. 이런 테이블은 제작하는 데만 보통 4개월이 걸리지만 위에서는 작업을 빨리 끝내라고 닦달했다. 그리하여 16명의 직원이 20일 동안 테이블 작업에 매달렸다. 대금은 380만 즈워티. 그런데 지켜야 할 수칙이 따로 있었다. 모든 일을 비밀에 부쳐야 한다는 것이었다.

대체 이런 테이블을 왜 비밀리에 만들려고 했을까? 폴란드인민공화국은 파산 위기에 처해 있었다. 경제는 비효율적으로 돌아갔고, 상점에는 물건이

◀ 크시스토프 비엘리츠키는 1992년 익스트림 마운틴 에이전시를 창립하고 마나슬루로 가는 고객들을 모집했다.

없어 암시장이 성행했다. 그러자 폴란드통일노동자당(PZPR)의 영향력이 점차 줄어들었다. 불법조직인 자유노조 활동이 더 힘을 키워가고 있었다. 1988년에는 전국이 노동자들의 파업 물결로 가득 찼다. PZPR의 최고서기인 보이체흐 야루젤스키Woiciech Jaruzelski와 내무부장관 체스와프 키시차크Czesław Kiszczak는 이제 정권을 이양할 때가 왔다고 판단했다.

공산당은 야당을 불러 논의했다. 그 원탁회의에는 레흐 바웬사Lech Wałęsa, 야체크 쿠론Jacek Kuroń, 타데우시 마조비에츠키Tadeudz Mazowiecki, 아담 미흐니크Adam Michnik, 브와디스와프 프라시뉴크Władysław Frasyniuk, 안제이 비엘로비에이스키Andrzej Wielowieyski, 예지 투로비치Jerzy Turowicz, 브로니스와프 게레메크Bronisław Geremek가 야당 대표로 나왔다. 정부를 대표해서는 체스와프 키시차크, 레셰크 밀레르Leszek Miller, 알렉산데르 크바스니에프스키Aleksander Kwaśniewski, 스타니스와프 치오세크Stanisław Ciosek, 알프레드 미오도비치Alfred Miodowicz가 참석했다. 그들은 서로를 마뜩치 않게 쳐다봤다. 당시 영향력이 가장 컸던 정보 관련 프로그램 '지엔니크 텔레비지니Dziennik Telewyzjiny'는 이렇게 전했다. "곧 열띤 토론이 펼쳐질 원탁은 지름이 8.4미터나 됩니다." 세계에서 가장 큰 원탁의 지름도 고작 7미터라고 사람들은 쑥덕거렸다.

두 달간의 열띤 논쟁 끝에 마침내 그들은 합의를 보았다. 양측은 상원 구성과 자유노조의 합법화, 헌법재판소의 역할 강화, 경제개혁 실시, 야당에 대한 보도 확대, 야당 대표의 참관 하에 선거 진행 등을 합의했다.

하원은 65퍼센트를 정부에서 지명한 의원들로 구성하며, 나머지는 자유선거를 통해 선출하기로 하고, 선거일은 1989년 6월 4일로 정했다. 지하에 있는 자유노조 사무실에서는 선거 관련 유인물을 복사했다. 후보들은 레흐 바웬사와 사진을 찍었다. 바르샤바예술대학교 3학년이었던 토마시 사르네츠키Tomasz Sarnecki는 역사상 가장 유명한 선거포스터를 제작했다. 서부영화 「하이 눈High Noon」에서 보안관으로 나오는 개리 쿠퍼Gary Cooper가 앞을 향해 걷고 있었다. 권총집과 무기 대신 '선거'라는 종이를 들고, 가슴에는 '자유노조'라는 글씨가 박혀 있었다. 그해 5월, 최초의 야당 신문인 『가제타 비보르차Gazeta Wyborcza』가 세상에 나왔다.

세계의 눈길이 폴란드로 쏠렸다. 세계적인 배우 제인 폰다Jane Fonda와 나스타샤 킨스키 Nastassja Kinski가 '자유노조'라고 쓰인 포스터 앞에서 사진을 찍었다. 바르샤바의 카페 '니에스포지안카Niespodzianka'에서는 유명 가수 스티비 원더Stevie Wonder가 시민위원회Komitet Obywatelski를 위해 「난 그저 사랑한다고 말하려고 전화했어I Just Called to Say I Love You」를 불렀다. 그는 노래를 부른 후 이렇게 말했다.

"콘서트에서는 정치적 활동을 할 수가 없습니다. 그냥 여러분을 지지하려고 왔습니다."

1989년 선거권자의 62퍼센트가 투표소에 들어섰다. 자유노조 후보들은 무소속에 할당된 의석을 모두 차지했고, 상원에서는 100석 중 99석이라는 압도적 승리를 거뒀다. 공산정권에서 최초로 이뤄진 자유선거였다. 그해 가을 배우 요안나 시체프코프스카Joanna Szczepkowska는 지엔니크 텔레비지니에 나와 이렇게 선언했다.

"국민 여러분, 1989년 6월 4일부로 폴란드에서는 공산주의가 종말을 고했습니다."

9월이 끝나갈 무렵 정부의 수반 자리에 자유노조 출신의 타데우시 마조비에츠키가 올랐고, 의회는 헌법에서 통일노동당의 정치적 최고권에 관한 조항을 삭제했다. 폴란드인민공화국은 폴란드공화국으로 명칭을 바꾸었다. 그리고 상원과 하원이 통합된 의회는 공산정권과 합의한 대로 보이체흐 야루젤스키를 대통령 자리에 앉혔다.

유럽에서는 혁명이 줄을 이었다. 베를린 장벽이 무너졌고, 체코슬로바키

아에서도 벨벳혁명이 일어났으며, 루마니아에서는 독재자 니콜라에 차우셰스쿠의 처형으로 계엄령이 끝났다.

^^^

이제 폴란드인들은 여권을 들고 어디든지 마음 놓고 떠날 수 있게 되었다. 일반 도시와 국경지대에서는 환전소가 연이어 문을 열었다. 그리하여 달러와 파운드와 서독 마르크를 합법적으로 사고팔 수 있게 되었다.

수많은 폴란드인들이 기지를 발휘했다. 그들은 서유럽에서 가루주스, 초콜릿, 바나나, 오렌지, 키위, 빨래용 가루비누, 녹음기, 비디오녹화기, 텔레비전 등을 들여왔다. 그 물건들은 야전침대 위에 늘어놓거나, 그냥 자동차에서 꺼내 팔았다. 들여오는 대로 돈이 되었다. 시장에서는 돈만 주면 해적판 비디오도 구할 수 있었다. 지지직거리는 VHS 비디오테이프로 이제껏 상영되었던 제임스 본드 시리즈를 볼 수 있었다. 「그로잉 업Growing Up」, 「더른드록의 알파인 글로Alpine Glow in Dirndlrock」 같은 애로영화들이 인기를 끌었다. 물론 포르노물도 구할 수 있었다.

잡지들은 폴란드 최고 갑부들의 순위를 매겼다.

"세상이 우리의 꿈이 이루어지는 곳으로 변했습니다." 비엘리츠키는 그때를 회상하며 말했다

"전에 파키스탄이나 인도에서 갖고 오던 물건들이 이젠 그만한 가치를 잃었죠. 몇 십 달러로는 살기가 어렵게 됐습니다. 그래서 뭔가 새로운 방식을 찾아야만 했습니다."

하늘 높은 줄 모르던 국가소유 기업들도 새로운 시장에서는 경쟁을 피하지 못했다. 사람들은 하루하루 살 돈을 마련하는 데 급급했고, 그동안 밥벌이를 책임진 굴뚝 칠도 이제 의미가 없었다. 산악인들도 후원을 받지 못했다.

"이전 직장인 FSM으로 돌아가고 싶었지만 받아주질 않았습니다. 전기

분야에서의 7년이란 단절은 회사를 그만둔다는 것과 같았습니다.”

그럼 이제 어떻게 해야 할까?

리샤르드 파브워프스키는 돈만 내면 산에 갈 수 있는 관광회사를 차렸다. 고소공포증이 있는 사람은 8천 미터급 고봉 밑에서 트레킹을 하면 되었다. 산에 올라가고 말고는 각자가 알아서 할 일이었다.

산에서 수년을 보낸 안나 체르빈스카는 다시 약국으로 돌아가고 싶은 마음이 없었다. 그녀는 싱가포르에서 컴퓨터를 수입하고, 인도에서 근사한 드레스를 들여왔다. 체르빈스카는 폴란드 최초로 인도산 옷을 취급하는 매장을 열었는데, 나중에는 그 규모가 더 커졌다.

카토비체산악회의 회장 야누시 마예르는 예지 쿠쿠츠카, 아르투르 하이제르와 함께 회사를 차렸다. 등산복을 전문적으로 제작하는 회사였다. 그러나 본격적인 생산을 시작하기도 전에 쿠쿠츠카가 로체 남벽에서 사망했다.

슬퍼할 시간이 없었다. 하이제르는 국제 스포츠장비 및 의류박람회에 참석하기 위해 뮌헨으로 갔다. 허황되어 보이는 그의 꿈을 실현하려면 백만 달러가 필요했다. 이 돈만 있으면 8천 미터급 고봉 14개를 한 해에 모두 오를 수 있다는 것이었다.

등산의류 브랜드 최대의 축제에 등반장비와 의류 제조업자들을 모두 초청했다. 하이제르와 마예르는 그 자리에서 계획을 발표했지만, 진지하게 듣는 사람이 아무도 없었다.

“1년에 14개를? 백만 달러로?”

하지만 일부 사업가들이 이마를 쳤다.

파카와 침낭, 텐트 등을 생산하는 독일 기업 바우데스포츠Baude Sports의 창업자 알브레히트 폰 데비츠Albrecht von Dewitz는 살짝 미친 듯한 폴란드 산악인들에게 관심을 가졌다. 폴란드의 알피니즘을 잘 아는 그는 반다 루트키에비치와 예지 쿠쿠츠카의 원정에도 돈을 기부했었다. 그는 이 계획을 세심히

들여다봤다. 하지만 하이제르의 야망에 백만 달러나 투자할 마음은 없었다. 대신 그에게는 다른 아이디어가 있었다.

바우데스포츠는 루마니아에 생산 공장을 가지고 있었지만 품질이 그다지 좋지 않았다. 그들은 수준 높은 품질을 보장할 만한 곳을 찾고 있었다. 그것이 폴란드가 되지 말라는 법이 있을까?

하이제르는 일단 그 제안을 받아들였다. 그는 타트리의 보이스카우트연맹에서 친구들과 같이 입을 목적으로 파카를 만든 적이 있었다. 그는 폰 데비츠의 제안을 받아들인 다음, 어떻게든 해낼 것이라고 독일인 사업가에게 확신을 심어줬다.

그는 호주프Chorzów의 주립 문화여가센터에 있는 보이스카우트 회관을 통째로 빌렸다. 카토비체에는 의류제조 공기업 '엘레간치아Elegancija'가 있어서 노동자들을 모으는 것은 문제가 없었다. 그리하여 드레스와 정장, 코트 등을 하청 받아 만들던 업체 직원들을 고용했다. 그들은 이제 새로 설립된 회사 '알피누스Alpinus'의 플리스 제품을 하청 받았다. 회사의 소유주는 하이제르와 마예르였다.

성공은 고통을 통해서만 보장받는 것일까? 그들은 원자재를 독일에서 말루하로 실어 날랐다. 그리하여 일주일에 두어 번을 독일에 다녀와야 했다. 하지만 이렇게 해서는 사업이 순조롭게 되지 않을 것 같았다. 폴란드인들은 청바지 재질로 만든 점퍼와 모스 드레스, 나일론 섬유 등을 선호했는데, 그중에서 가장 인기 있는 것이 가죽점퍼였다. 따라서 플리스로 만든 파카는 천덕꾸러기가 되었다. 의류매장에서는 그런 이불 같은 옷을 누가 입겠느냐며 하나같이 제품 입고를 거절했다.

폰 데비츠는 알피누스에 새로운 제품 생산을 제안했다. 분데스베리Bundeswehry에 납품할 가방을 만드는 것이었다. 계약금액도 엄청났지만 모두 서독 마르크로 지불한다는 조건이었다. 하지만 또다시 문제에 봉착했다. 파카에 쓴 재봉틀이 가방을 만들기에는 너무 약했던 것이다. 그러면 새로운 장비를 들여와야 하는데 폴란드에는 그런 것이 없었다.

하이제르와 마예르는 유럽에 사는 지인들에게 모두 전화를 돌렸다. 그중 하나가 독일-네덜란드 국경에 가면 중고 재봉틀이 많이 있을 것이라고 귀띔해줬다. 그들은 독일 소방관들로부터 구입한 작은 트럭에 그것들을 싣고 호주프로 돌아왔다. 그 트럭은 오는 길에 몇 번이나 고장이 나는 말썽을 부렸다.

"나 참, 브레이크가 없었습니다. 오폴레Opole에서 신호등에 다다랐을 때는 기어와 핸드브레이크로 차를 겨우 세웠습니다." 마예르가 말했다.

고생 끝에 낙이 온다고, 알피누스는 노동자들이 2교대 근무를 해야 했을 정도로 짭짤한 수입을 올렸다.

"이제 폴란드에선 경쟁상대가 없겠군요." 폰 데비츠는 알피누스 설립자들에게 이렇게 말했다. 몇 년 후, 폴란드 전역에 매장을 낸 이 회사는 체코와 오스트리아까지 진출했다.

^^^

크시스토프 비엘리츠키는 그 사업에 왜 동참하지 않았을까?

"처음엔 우리와 함께 손잡는 것 같더니 곧 그만두더군요." 마예르는 말했다.

하지만 비엘리츠키의 말은 달랐다.

"왠지 카토비체산악회 사람들은 긴장 속에서 사는 것 같았습니다."

그의 판단은 이러했다.

"쿠쿠츠카는 하이제르와 마예르와 연락을 주고받았는데, 나중에 난 팔코동살과 함께 다른 산악회로 옮겼습니다. 그 친구들은 일을 정말 빨리빨리 해내더군요. 나한테 함께 일하자고 부탁하지 않았다고 해서 불만은 없었습니다. 나는 그 사업에 큰 관심이 없었습니다. 오직 산만 생각했으니까요."

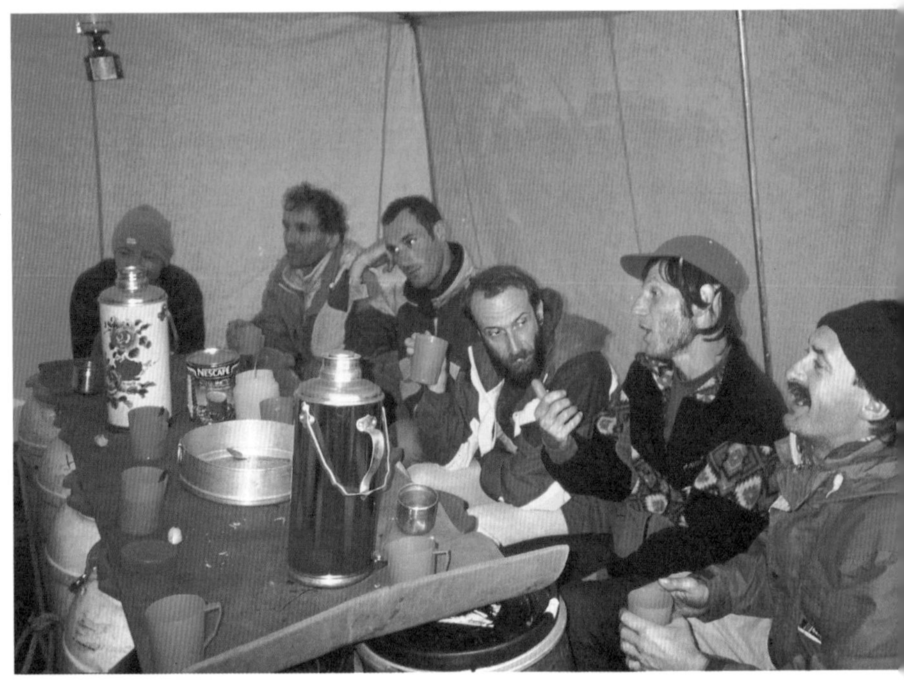

마나슬루 베이스캠프. 오른쪽부터 크시스토프 비엘리츠키, 크리스티안 쿤트네르, 마르코 비안키, 조르지오 파시노, 크리스토프 판키에비치

파브워프스키처럼, 그는 사람들을 산으로 끌어모아 돈을 벌어보기로 했다. 그리하여 '익스트림 마운틴 에이전시Extreme Mountain Agency'를 창립했으나 사무실도 없었다. 그는 가이드와 산소, 식량, 셰르파 등을 책임질 수 없어 희망자들과 계약서도 쓰지 않았다. 단지 이렇게만 광고했다.

"산에 갑니다. 원하시는 분은 함께 가시면 됩니다. 원정에 함께 갈 팀을 꾸리고자 합니다. 다만 비엘리츠키는 원정대장이니 공짜로 가겠습니다."

1차 원정은 1992년 가을이었는데, 목적지는 마나슬루였다. 그리하여 폴란드에서 크시스토프 판키에비치와 마리우시 스프루타, 이탈리아에서 마리오 코라디니Mario Corradini, 크리스티안 쿤트네르Christian Kuntner, 조르지오 파시노Giorgio Passino, 마르코 비안키Marco Bianchi, 벨기에에서 스벤 베르메이렌

Sven Vermeiren 그리고 불가리아에서 요르단카Jordanka와 보리슬라프 디미트로프Borislaw Dymitrow 부부가 참가했다.

처음에는 모든 것이 완벽해서, 이 정도면 평생 먹고사는 데 지장이 없을 것 같았다. 비안키와 쿤트네르가 비엘리츠키와 함께 정상으로 향했다. 그런데 시간이 많이 걸리지 않았다. 그들은 1,600미터 위쪽에 3캠프를 치고 10시간 만에 정상 등정에 나섰다.

하지만 그 후 모든 것이 최악으로 치달았다. 마리우시 스프루타는 이번 원정에 여자 친구 실비아 드모프스카Sylwia Dmowska를 데려왔다. 그런데 7,000미터에서 비극이 발생했다. 스프루타는 베르메이렌과 함께 텐트에서 누군가를 기다렸다. 그 사람은 뒤로 처져 따라오고 있던 실비아였다. 그녀는 고정로프를 잡고 잘 올라오고 있었다. 하지만 텐트를 얼마 안 남기고는 고정로프가 없었다. 길은 평탄했지만 안전장치 없이 열 몇 발자국을 걸어가야 했다. 해가 이미 져서 사방이 어둑어둑했고, 바람이 더 거칠게 불었다. 그리하여 드모프스카는 텐트까지 가지 못했다. 그녀에게 무슨 일이 생긴 걸까? 대체 어디에 있는 걸까?

"나의 가장 큰 실수는 마리우시와 실비아를 그냥 애인 관계로만 여겼다는 겁니다. 그래서 마리우시에게 실비아를 일임했습니다. 남자친구잖아요? 그런데 대원들이 기본적인 수칙을 저버렸습니다. 약하고 경험이 없는 사람은 절대 혼자 두지 않는다는 그 수칙 말입니다." 비엘리츠키는 말했다.

스프루타는 옷을 챙겨 입고 아래쪽 캠프로 향했다. 내려가는 길에 여자친구를 만날 수 있을 것으로 기대한 것이다. 그리하여 베르메이렌은 7,000미터의 텐트에 혼자 남게 되었다. 그런데 그곳에서도 사고가 발생했다.

스프루타는 자정이 되기 전 2캠프에서 비엘리츠키에게 보고했다. 여자친구를 찾지 못했다는 것이었다.

"무언가 잘못되어가고 있다는 걸 직감했습니다." 비엘리츠키가 당시 상황

을 떠올리며 말했다. "그래서 보리슬라프와 함께 구조를 위해 황급히 위로 올라갔습니다."

동이 트기 전 그들은 1캠프에 도착했다. 그리고 날이 밝아지자 망원경으로 사면을 살펴봤다. 아무도 보이지 않았다. 스프루타는 충격에 빠졌다. 그는 더 이상 찾을 힘이 없다고 고백했다. 그때 벨기에인이 아래로 내려오고 싶어 했다.

"조심해서 내려와." 비엘리츠키가 당부했다.

내려오는 베르메이렌을 스프루타가 유심히 지켜보고 있었다. 그런데 그 때….

"벨기에인이 눈앞에서 그냥 사라져버렸습니다!"

비엘리츠키가 받은 보고였다.

어떻게 사라졌다는 말이지? 이곳은 마치 초보 스키어들을 위한 슬로프처럼 아주 순탄한 지역이었다. 고정로프도 많이 깔려 있었다. 크레바스에 빠진 걸까?

스프루타는 베르메이렌을 찾을 마음이 없었다. 그는 텐트에서 꼼짝도 하지 않았다. 비엘리츠키와 보리슬라프 디미트로프는 이제 이 일을 둘이서 해내야만 했다. 사고지점까지는 1킬로미터 가량 수직으로 올라가야 했다. 그들은 3시간의 사투 끝에 벨기에인의 배낭을 발견했다. 그는 100미터 아래에 누워 있었다. 이상한 일이었다. 그곳은 가파르지도 않고 정말 쉬운 구간이었다. 벨기에인은 아직 죽지는 않았지만 외부 자극에 아무런 반응을 보이지 않았다. 그는 묻는 말에 대답을 하지도 못하고 쉭쉭 숨을 내쉬는 소리만 냈다. 그런데 다리 하나가 이상하게 꺾여 있었다. 비엘리츠키와 디미트로프는 세락에서 환자를 끌어당긴 다음 텐트를 치고 침낭에 집어넣었다. 차를 줘봤지만 삼키지 못했다. 그는 차를 입가로 줄줄 흘리더니 의식을 잃었다. 심폐소생술을 해보고 인공호흡을 해봐도 소용이 없었다. 정신을 차리지 못한 그는 저녁이 되자 끝내 사망하고 말았다.

"정말 끔찍한 경험이었습니다." 비엘리츠키는 그때를 이렇게 기억했다. "누군가 그렇게 속절없이 죽어간다는 게 어떤 건지 직접 겪어보지 못한 사람은 상상도 하지 못할 겁니다. 그런데 이런 일이 벌어졌으니 어쩌겠습니까? 그는 몇 시간도 안 돼 목숨을 잃었는데, 우리가 할 수 있는 일은 아무것도 없었습니다. 이런 상황은 정말 두 번 다시 겪고 싶지 않았습니다. 사내다움이 무엇이냐고, 용기가 무엇이냐고 왈가왈부하는 사람이 자신의 품에서 누군가가 죽어가는 것을 보면서도 그런 말을 할 수 있을까요? 그런 일을 겪으면 어느 누구라도 세상이 이전 같지 않아 보일 겁니다."

^^^

네팔에서 비엘리츠키는 벨기에의 히말라야산악회 회장인 헤르만 데티엔에게 팩스를 보냈다. 그는 베르메이렌의 사고 상황과 그를 구하려 했던 노력, 그리고 실비아 드모프스카의 죽음에 대해서도 자세히 밝혔다.

그는 이렇게 부탁했다.

"스벤의 어머니께 미리 연락해두는 것이 좋겠습니다. 내일 네팔 관광성에서 그의 죽음에 대해 공식적으로 발표할 계획입니다. 직접 연락해주십시오. 나 역시 책임을 피할 수는 없을 것입니다."

베르메이렌의 어머니가 첫 비행기를 타고 카트만두에 도착했다.

"예절이 아주 바른 분이셨습니다. 나에게 화도 내지 않고, 그냥 아들의 죽음에 대해서 자세히 알고 싶어 하셨습니다. 아들의 시신을 벨기에로 운구하고 싶어 하셨는데, 그건 불가능한 일이었습니다. 시신 운구를 사방으로 알아보셨지만, 결국은 스벤을 마나슬루에 영원히 안치하는 것으로 마음을 굳히셨습니다."

마나슬루 원정 이후 비엘리츠키는 익스트림 마운틴 에이전시 사업을 접고, 유명 브랜드의 아웃도어의류 판매를 시작했다.

이로써 비엘리츠키는 익스트림 마운틴 에이전시 사업을 접게 되었다. 그는 알피누스가 커나가는 모습을 눈여겨봤다. 파카를 만들어 팔 일은 없어도 일단 사업은 재미있어 보였다. 그는 유럽 최고의 아웃도어 의류 회사들을 찾아가 대표들과 이야기도 해보고, 눈으로 직접 제품을 확인해봤다.

그는 아내 욜란타와 함께 티히에 등산장비점을 차렸다. 하지만 그녀는 사업을 해본 경험이 전혀 없었다.

"남편 친구들과 원정을 함께 떠난 적이 있었는데, 그때 뭔가를 비밀리에 들여오고 있었습니다." 욜란타는 말했다. "그래서 그랬는지 오켄치에공항에서 세관원이 나한테도 물었습니다. '믹서 있어요?' '없어요.' '크리스털은요?' '없어요.' '담배는요?' '그냥 내가 피우는 것만 있어요.' '그럼 대체 뭘 밀수하는 거죠?' 짜증을 내더군요. 내 짐을 샅샅이 뒤졌는데 아무것도 안 나오니까. 그러더니 짐을 싸는 걸 도와주더라고요. 이럴 리가 없다면서, 커피나 한 잔 마시고 가라고."

싱가포르에서는 전자제품과 비단을 샀다. 그런 물건들은 델리에 가서 쏠쏠한 이익을 붙여 팔아넘길 수 있었다. 비엘리츠키는 아내가 사업 수완이 없다는 것을 잘 알고 있었다.

"여보, 제발 좀 남기고 팔아."

아내를 놔두고 다른 대원들을 만나러 혼자 쿠알라룸푸르에 가면서 비엘리츠키가 당부했다. 욜란타는 맨 처음 만나는 중개상인 중 가장 그럴듯한 사람을 골라 별 흥정도 없이 물건을 건네주고 돈을 받았다. 그러고는 선물을 사기 위해 여기저기 돌아다녔다. 다음 날 델리로 돌아온 비엘리츠키가 아내에게 돈을 벌었냐고 물었다. 그러자 그녀는 이렇게 대답했다.

"여보, 돈 거의 다 썼어."

그런데 문제가 또 생겼다. 쿠알라룸푸르에서 비엘리츠키는 돈까지 빌려 스테레오 기기를 산 것이다.

욜란타는 이렇게 말했다.

"티히에서도 우린 힘들게 사업을 시작했는데, 남편은 여전히 날 혼자 놔두고 산으로 가버렸어요. 온갖 걱정과 책임은 나한테 다 떠넘기고 말예요. 돈을 받거나 영수증을 발급하지 않으면 물건을 절대로 내주지 말라고 했습니다. 몇 만 즈워티가 수중에 들어오긴 했었어요. 돈을 수레에 담아야 할 정도로. 남편이 카트만두에서 전화를 하더니, 영수증 발급하는 거 절대 잊지 말라고 신신당부했습니다. 저도 사업을 공부해보기로 했어요. 처음엔 무슨 흑마술을 연습하는 거 같았습니다. 그러더니 회사를 제 명의로 바꾸더라고요. 돈을 빌리려면 현지에 사장이 항상 있어야 한다나. 히말라야에 눌러앉아 있는 사람은 그런 역할을 하기가 힘들죠."

'히말 스포츠Himal Sport'에서는 피켈, 로프, 카라비너, 피톤, 크램폰, 배낭, 구조장비 세트, 침낭, 부츠, 플리스 옷, 스웨터, 스카프, 심지어 선글라스까지 구매가 가능했다. 일주일에 한 번씩 물건을 가득 실은 차가 비엘리츠키 매장에 도착했다. 운전기사는 차를 몰고 자코파네에서 그단스크까지 갔다. 그러면 스포츠 용품 매장 사장들은 자신들이 원하는 것을 아무거나 골랐다. 비엘리츠키는 별나게도 스카르파Scarpa나 멜로스Melos 같은 고급 브랜드를 찾았다. 그는 이미 이탈리아 공장에서도 신임을 얻은 상태였다.

"언젠가 한번은 크시스토프와 함께 이탈리아의 스카르파 공장을 견학하러 간 적이 있었습니다. 그런데 그 작은 마을 사람들이 우르르 몰려나와 위대한 비엘리츠키와 사진을 찍으려고 안달복달했습니다. 만약 크시스토프가 코끼리를 타고 갔다면, 사람들은 그 위에 앉은 사람만 보지 코끼리는 안중에도 두지 않았을 겁니다." 크시스토프 비엘리츠키의 친구이자 등반가인 즈비그녜프 테를리코프스키는 말했다.

^^^

영화제작자 예지 포렝브스키Jerzy Porębski는 당시 비엘스코-비아와에서 살고 있었다. 체코에서 영화사를 운영하고 있던 그는 의류를 비엘리츠키 매장에서 구입했다. 데면데면했던 그들은 친구가 되었다. 포렝브스키는 비엘리츠키에게 사업을 확장해보는 것이 어떠냐고 제안했다. 그리하여 곧 히말 스포츠가 체코에서도 문을 열었다.

남쪽 국경 너머에 살고 있는 사람들의 소비성향은 폴란드와 사뭇 달랐다. 비엘리츠키는 포렝브스키와 함께 큰 홀을 빌려 1년에 두 번씩 제품을 선보였다. 그러면 체코의 장사꾼들이 이리저리 돌아다니며 구경을 하고 나서 주문계약서를 작성했다.

"초록색 플리스 옷 5개, 사이즈는 S. 검은색 플리스 옷 4개, 사이즈는 M. 하늘색 3개, 사이즈는 L." 각자의 취향에 따라 색깔과 크기가 다양했다.

주문서는 즈둔스카 볼라Zduńska Wola로 보내졌다. 그곳에는 멜로스 브랜드의 파카를 하청으로 만드는 의류공장이 있었다. 그러니까 그곳 물건들이 체코에서까지 판매되는 것이었다. 그렇다면 사람들이 만족할 만도 한데 사실은 그렇지 않았다.

"폴란드 공장에선 쓰레기 같은 물건만 나왔습니다." 포렝브스키는 말했다.

주문을 딱 한 번 했는데 즈둔스카 볼라 공장은 색깔과 크기도 헷갈리고, 다른 것들도 주문대로 만들어내지 못했다. 정식으로 이의를 제기해야 할 판이었다. 그런데 물건을 바꾸는 것이 그렇게 호락호락하지 않았다. 당시 폴란드와 체코는 유럽연합에 가입하지 않았기 때문에 국경을 지날 때마다 관세를 지불해야 했다. 그렇다면 어떻게 해야 하지? 포렝브스키는 손해가 아주 크지 않으면, 체코의 국경 마을 오스트로바에서 물건을 차에 싣고 폴란드로 온 후에 즈둔스카 볼라로 보낸다는 아이디어를 냈다. 그곳에서 파카를 바꾼 영화감독은 물건을 다시 체코로 실어 날랐다.

"주문만으로는 몇백 개가 됐는데 사실 구할 수 없는 것들이었습니다." 포렝브스키는 말했다.

관세로 가격이 오르게 되자 체코 사람들은 돈을 돌려달라고 아우성이었다. 사업은 이렇게 하는 것이 아니었다. 그러면 이제 또 망하는 건가?

^^^

로빌Rhovyl은 프랑스 제약회사에서 발명한 인조섬유이다. 그 섬유로 만든 속옷은 질적인 차원이 다르다. 습기는 밖으로 빠져나가고, 어떤 기후 조건에서든 몸이 따뜻하고 건조하게 유지된다. 이것은 모든 등반가들의 꿈이다. 게다가 관절, 특히 류머티즘에 좋다.

비엘리츠키는 프랑스 회사와 계약을 맺고 동브로바 구르니차Dąbrowa Górnicza의 공장에서 로빌로 속옷을 만들었다. 처음 나온 티셔츠가 본격적으로 판매에 들어가기 전 비엘리츠키는 포렝브스키와 함께 알자스Alsace에 갔다. 그 섬유로 만든 옷들이 실제로 어떻게 보이는지 알아보기 위해서였다. 아주 현대적이고 자동화된 공장을 기대했지만 사실은 무슨 용액으로 가득 채워진 거대한 풀장에 서 있었다.

"사장님, 여기 보세요. 빈 플라스틱 통을 가져와 저기에 채워놓으세요." 포렝브스키가 말했다.

"병이 용해되면 거기서 나온 액체가 수조 옆에 있는 통에 모입니다. 그러면 액체가 기계를 거쳐 원단이 되고, 거기서 섬유재질이 뽑혀 나오는 겁니다."

로빌로 만든 속옷에도 문제가 있었다. 10번 정도 세탁하고 나면 올이 풀어지기 시작하는 것이다. 온도로 인해 녹아내리는 것은 아니지만 보기에 좋지 않았다. 고객들은 말끔한 상품을 좋아한다. 누가 곳곳에 검은 점이 찍혀 있는 셔츠를 입고 다니려 하겠는가? 이미 시장에선 그런 단점을 보완한 제품들이 서로 경쟁을 벌이고 있었다.

"크시스토프는 선견지명이 있었지만, 그래도 사업엔 무지했습니다." 포렝브스키는 말했다.

하지만 비엘리츠키는 이렇게 반론했다.

"난 폴란드의 경제상황이 최악일 때 사업에 뛰어들었습니다. 사람들이 잘 먹지는 못해도, 유명 브랜드의 등산용 파카는 살 걸로 생각했는데, 이런 상황에서 성공하길 원한다는 게 사실 말도 되지 않았습니다."

그만 그런 것도 아니었다. 알피누스도 처음에는 성공을 거두는가 싶었는데, 매출이 급락했다. 하이제르와 마예르가 생산하는 의류의 질은 세계적인 수준이었지만 폴란드인들에게는 너무 비쌌다. 대출에 의존하던 회사는 폴란드 전역에서 수십 개 매장의 문을 닫아야 했다. 그로부터 몇 년이 지나 하이제르와 마예르가 다시 설립한 브랜드인 '하이 마운틴Hi Mountain' 역시 비슷한 운명을 겪었다.

^^^

무엇이든 제일 잘하는 것을 해야 한다. 자코파네의 사나이 마치에이 베르베카는 고향에 '미스터 트래블Mr. Travel'이라는 여행사를 설립했다. 그는 고객들을 모집해 타트라에도 가고 알프스에도 갈 여행을 기획했다. 킬리만자로에도 다녀오고, 체력이 좋은 사람들과는 히말라야에도 가면 어떨까?

베르베카는 천성이 가이드로, 국제산악가이드연맹(UIAGM)에서 발행한 자격증도 가지고 있었다. 그는 사람들을 잘 챙기고 붙임성이 있었으며, 다른 사람들에게 좋은 기운을 북돋아줬다.

"그 친구는 킬리만자로 입구에서 체중이 130킬로는 나가는 남자에게 이렇게 말했습니다. '몸이 정말 좋네요. 함께 정상에 올라갈까요?' 그러더니 정말 그 사람을 데리고 올라갔습니다." 테를리코프스키가 말했다.

여행 참가자들은 소지품을 꼼꼼히 정리한 마치에이 베르베카의 안내 메일을 받았다. 그는 공항에서 그것들이 다 있는지 확인했다. 짐을 다시 풀어야 하기 때문에 짜증을 내는 사람들도 있었다. 하지만 어쩔 수 없었다. 그에게는 한 가지 신념이 있었다. 트레킹을 할 때 자기 짐은 자기가 알아서 들어야 한다는 것이었다. 사실 무게를 줄이는 길이기도 했다. 그러자 고객들은 그를 아주 좋아했다.

비엘리츠키도 트레킹을 준비했지만 베르베카와 같지 않았다.

"크시스토프 비엘리츠키라는 이름이 사람들을 자석처럼 끌어당기긴 했지만, 그와 함께 가면 산이란 산은 다 오르고 노래까지도 부를 걸로 생각한 모양입니다. 누구 하나라도 상태가 좋지 않으면 그를 위해 모두가 서서 기다려야 했습니다." 테를리코프스키가 말했다.

그러니 타산이 맞지 않았다. 순진하게도 비엘리츠키는 누군가 트레킹에 오면 사전에 단단히 준비할 것이라고 믿었다.

"사람들에게 이래라저래라 하지도 않았지만 모두를 전문 산악인들로 대했습니다. 그러니 사람들이 제대로 따라갈 수가 없었습니다. 사람들이 히말라야가 처음이라는 사실을 크시스토프는 잘 알지 못했습니다. 그러면 누가 좋아하겠습니까?" 테를리코프스키는 이렇게 설명했다.

예지 포렝브스키는 비엘리츠키와 함께 안나푸르나 트레킹에 나섰다. 날씨가 엄청 나빴다. 매일 비도 오고 해서 사람들이 얼어죽을 판이었다. 그들은 저녁에 모닥불을 피워 부츠를 말렸다. 어떤 부츠는 불에 탈 정도로 잘 말랐지만 어떤 것은 좀처럼 마르지 않았다. 그러자 매일의 트레킹이 고되기만 했다. 이런 일들에 진저리가 난 포렝브스키는 더 이상 트레킹을 가지 않겠다고 선언했다.

저녁식사를 한 후 비엘리츠키가 일어나서 말했다.

"예지 포렝브스키 감독이 내일 떠난답니다. 원하시는 분은 따라가셔도 좋습니다."

그러자 반 정도가 함께 하산하겠다며 짐을 쌌다. 트레킹에 불만이 많았던 그들은 호텔에서 나머지 사람들을 기다렸다. 그리고 비엘리츠키에게 환불을 요구했다. 그는 스스로 선택한 일이라며 사람들이 아무리 아우성을 쳐도 끄떡도 하지 않았다. 그리하여 언쟁이 끊이지 않았다.

이 사업이 어떻게 될지는 보지 않아도 뻔하지 않을까?

^^^

버프Buff라는 회사에서 만든 스카프는 쓰일 데가 많다. 이마에 두를 수도 있고, 머리를 가릴 수도 있고, 목도리나 팔찌처럼 묶고 다녀도 된다. 비엘리츠키는 그 스카프로 장사를 했지만 결과가 신통치 않았다. 하지만 몇 년 후에 변화

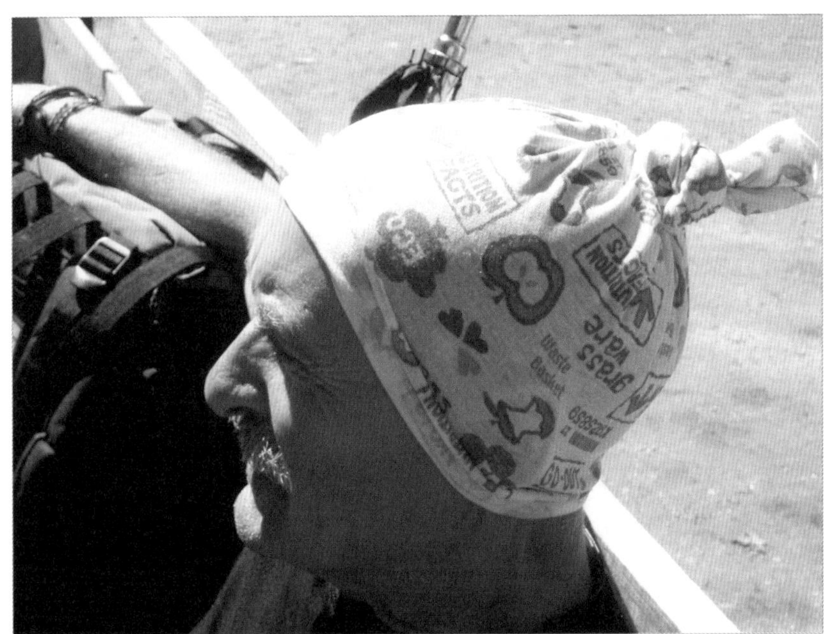

스카프는 쓰일 데가 많다. 이마에 두를 수도 있고, 머리를 가릴 수도 있고, 목도리나 팔찌처럼 묶고 다녀도 된다. 크시스토프 비엘리츠키는 처음에 중국에서 스카프를 들여왔지만 나중에는 폴란드에서 직접 생산했다. 그 회사는 특별히 주문을 기다릴 필요가 없었다.

가 생기기 시작했다. 사람들이 산으로 몰리고, 노르딕 워킹을 하고, 자전거와 인라인스케이트를 탔다. 이제 스포츠가 일상 속으로 들어온 것이다.

비엘리츠키는 인터넷에서 "중국, 스카프"를 검색했다. 그랬더니 아시아의 회사만 수천 개가 떴다. 그는 가장 좋은 회사 몇 군데를 골라, 몇 년 전 버프의 스카프를 판 적이 있다고 편지를 보냈다. 그는 이런 질문으로 편지를 끝맺었다.

"혹시 그와 똑같은 스카프를 만들어줄 수 있습니까?"

곧 답장이 왔다.

"무슨 말인지 알겠습니다. 우리는 이전에 버프와 일해본 적이 있습니다."

그럼 보나마나였다. 중국에서 스카프를 실은 첫 컨테이너가 도착했다. 그리고 그로부터 몇 년 후 폴란드에서도 그 스카프가 생산되었다. 비엘리츠키는

특별히 주문을 기다릴 필요가 없었다. 매년 열리는 보이스카우트대회와 마라톤 관련 회사, 그리고 여기저기 정부 관련 행사 등에서 주문이 몰려왔기 때문이다.

"크시스토프는 그 사업을 하면서 자리를 잡는 듯했지만, 언제나처럼 한 가지 일에만 집중하면서 사는 것을 원치 않았습니다." 야누시 마예르는 말했다.

^^^

아고라Agora 출판사에서 폴란드 알피니즘에 대한 시리즈 제작을 기획했다. 그리하여 예지 포렝브스키가 제작자로, 크시스토프 비엘리츠키가 감독으로 나섰다. 예산이 쥐꼬리만 해서 무엇인가 만회할 방법을 찾아야 했다. 그들은 비극적 사고 장면을 자코파네 주변에서 찍기로 했다. 혹독한 겨울이었지만 휴가철을 맞은 관광객들이 산과 거리에 가득했다. 아름다운 벌판에 나뭇더미가 다섯 개 있는 것이 시나리오였다. 비엘리츠키는 그 나무들에 불을 붙여 산에서의 죽음에 대한 이야기를 풀어나가려 했다.

포렝브스키는 그에 맞는 나무들을 찾아 포드할레Podhale를 돌아다녔다. 그리고 마침내 무자시흘레Murzasichle 어딘가에서 쓸 만한 것들을 찾아냈다. 서로 안면을 트자 가게 주인은 그곳까지 나무들을 실어다줬고, 덕분에 제작진은 그 나무들을 언덕에 쌓을 수 있었다.

아주 흡족해진 카메라 감독은 해가 지는 광경을 지켜봤다. 그런데 문제가 하나 더 있었다. 나무에 불이 붙지 않았다. 포렝브스키가 휘발유를 구하러 나섰다. 하지만 그가 돌아왔을 때는 해가 이미 져 있었다. 그래도 찍기는 찍어야 했다.

그때 근처의 오두막에서 어떤 사람이 튀어나왔다. 그는 불을 피우지 못하게 했다. 자기 소유의 땅이라는 것이었다. 하지만 몇백 즈워티를 손에 쥐어주니, 촬영을 해도 된다며 마음을 바꿨다.

"아니, 아니야!"

이번에는 카메라 감독이 제동을 걸었다. 카메라의 뷰파인더를 들여다보던 그는 나무들을 왼쪽으로 20미터 옮기라고 주문했다. 제작진은 나무를 하나하나 들어 옮겼다.

"여러분들, 오른쪽으로 40미터는 더 옮겨야겠습니다."

카메라 감독이 다시 말을 바꿨다. 그러자 모두 맥이 빠졌다. 하지만 완벽한 장면을 위해서는 어쩔 수 없었다. 포렝브스키가 휘발유를 부어봤지만 불이 붙는 대신 연기만 자욱이 피어올랐다. 의욕을 잃은 비엘리츠키가 손을 내저었다. 철수! 철수 작업에 들어간 제작진에게 땅 주인이 오더니 돈을 더 내라고 우겼다.

"이미 받았잖아요?" 포렝브스키가 놀라 물었다.

"아까 왼쪽으로 옮긴 곳은 옆집 사람 땅이었고, 다시 오른쪽으로 옮긴 곳은 또 다른 사람 땅이었습니다." 주인이 설명했다.

별 수 없었다. 무조건 낼 수밖에.

언덕에 나무가 있는 장면은 가을에 비스와Wisła 강변에서 촬영했다. 산 옆의 푸른 들판에서 바싹 마른 나무들이 잘도 탔다. 조건이 완벽해 보였지만 제작진 머리 위로 엄청난 숫자의 벌레 떼가 날아다녔다. 카메라 감독은 머리에 후드를 뒤집어쓰고 카메라 앞에서 조명기구를 자동차 안으로 옮겼다. 비엘리츠키는 반팔 티셔츠를 입고 촬영에 임했다. 다섯 번째 나뭇더미는 이제 불이 다 꺼져가고 있었지만 산에서의 비극을 여실히 보여줬다.

^^^

항상 앞으로 나아가며 새로운 시도를 주저하지 않는 그 열정은 어디서 나오는 걸까? 테를리코프스키는 수년간 건축회사를 운영하고 있었다. 그는 직원 40명을 두고 굵직한 프로젝트들을 여럿 수행했다. 2002년 '네티아Netia K2'를

마치고 돌아왔을 때 누군가가 집을 압류한다며 기다리고 있었다.

"우리 집엔 압류할 게 없을 텐데요. 이미 수십 번이나 죽을 고비를 넘겼는데 이런 압류 따위가 뭐 겁나겠습니까?" 테를리코프스키가 말했다.

결국 테를리코프스키는 회사도 잃고 아파트도 빼앗겼다. 이런 기회를 이용해 그 공무원은 비엘리츠키에 대해서도 캐물었다. 그에게도 오랫동안 갚지 못한 채무가 있는 모양이었다.

"두 사람이 서로 잘 알지 않습니까?"

테를리코프스키와 비엘리츠키는 티히에 있는 주유소에서 우연히 만났다. 주머니에는 즈워티 동전 두어 개가 전부였지만, 그래도 커피 두 잔 값은 되었다.

"앉아서 커피라도 한 잔 마실까?" 테를리코프스키가 말했다.

그러자 비엘리츠키가 씩 웃으며 대꾸했다.

"영구차에라도 실려 가는 거야? 얼굴 좀 펴!"

12장

위험을 반으로 나눌 수 있다면 얼마나 좋을까

"베를린에서 레닌 동상 본 적 있어요? 아마 아무도 없을 걸요. 이미 다 철거됐으니까."

"베를린은 여전히 동서로 나뉘어져 있습니다. 자동차도 다르고, 거리도 다르고, 음식점도 다르고, 사람도 다 다릅니다. 아마 큰 차이 없이 당분간은 그럴 겁니다. 그냥 장벽만 없어진 거니까."

"여기 독일인 둘이 있습니다. 하나는 동독 사람 '오씨Ossi'이고, 다른 하나는 서독 사람 '베씨Wessi'입니다. 베씨를 본 오씨가 팔을 벌리고 웃으며 인사합니다. '안녕하세요, 같은 민족이 만나니 얼마나 좋습니까?' 베씨는 주머니에서 손을 꺼내지도 않고 무덤덤하게 대답합니다. '나도요.'"

"하하하…."

"서독 사람들이 굼뜬 건 맞아요. 그래도 장벽을 넘어가면 한숨 소리를 더

◀ 1990/1991 폴란드-벨기에 동계 마칼루 원정대 베이스캠프에서 크시스토프 비엘리츠키가 과일로 젤리를 만들고 있다.

자주 낸다는 거 압니까?"

"동독 사람들은 뭔가 좀 달라요. 싸가지도 없고 시끄럽고 더러운데, 그런 서비스에 돈까지 달랍니다."

"동독에선 이런 유머가 나돈대요. 독일인민공화국을 구성하는 다섯 개 지방은 바로 '독일', '연방', '공화국', '침략', '세력'이라는 겁니다."

"하하하…."

"사람들이 장벽을 넘어서 탈출하는데 아무도 쏘는 사람이 없었습니다. 이미 다 죽었거든요."

"독일인민공화국의 공산당은 폴란드와 비교도 안 될 만큼 끔찍했습니다. 정부에서 죄수들을 모아 돈을 받고 독일연방공화국에 팔아버렸거든요! 사복 경찰은 어딜 가도 마르크를 챙겨 갖고 다녔습니다. 그런데 어쩝니까? 스탈린 정부가 망해버린 걸요."

"베를린 장벽이 무너진 후 모든 게 아주 빠르게 변해버렸습니다. 그런데 그 속도가 너무 빨랐던 건 아니었을까요?"

1990년 이른 봄날, 다울라기리 베이스캠프의 폴란드인들과 독일인들 사이에서는 이런 대화가 오갔다.

이번에 비엘리츠키가 꾸린 원정대는 규모가 그리 크지 않았다. 비엘리츠키 말고 야누시 그냐데크Janusz Gniadek, 즈비셰크 카추가Zbyszek Kacuga, 다레크 피엥타크Darek Piętak가 대원으로 이름을 올렸다. 외화는 벨기에 출신의 잉그리드 베이옌스와 독일인 뤼디게르 슐레이펜Rüdiger Schleypen이 담당했다. 독일인은 모두 10명이었다. 그중에는 8천 미터급 고봉을 10개나 오른 미하엘 다허Michael Dacher도 있었다.

독일에 대한 이야기는 무척 재미있기는 했지만, 그렇다고 항상 통일 독일에 대한 농담만 하는 것은 아니었다. 이따금 그들은 다울라기리 이야기로 되돌아왔다. 그리고 7,000미터를 오른 사람이 8,000미터를 오른 사람에게 조언을 구하기도 했다.

8,000미터를 오른 사람이 아르헨티나 군인들의 원정등반 이야기를 들려주었다. 1954년 그들은 다이너마이트로 베이스캠프 터를 만들었다. 장애가 되는 것들이 모두 폭파되어 공중으로 날아갔다. 겉으로는 위험해 보였어도 사실은 꽤 성공적이었다. 8,000미터에서 폭풍설을 만난 것 외에는 비교적 순탄한 등반이었다.

1960년 스위스인들의 초등 이야기도 빠지지 않았다. 그 원정대에는 폴란드인으로 자코파네 출신의 예지 하이두키에비치Jerzy Hajdukiewicz와 우츠Łódź 출신의 아담 스코치와스Adam Skoczyłas가 참가했다.

그로부터 10년쯤 지나, 보이테크 쿠르티카와 루드비크 빌친스키, 스위스 출신의 르네 길리니René Ghilini, 영국인 알렉스 매킨타이어Alex MacIntyre가 원정등반에 나섰다. 그들은 동벽에서 출발해 정상까지 거의 곧바로 치고 올라가는 루트를 선택했는데, 약간 꼼수이기는 했지만 새로운 수법을 쓴 만큼 남다른 희열을 느꼈다.

그 등반을 위해 쿠르티카는 관광성 관리에게 뇌물을 갖다 바쳤다. 등반허가를 받지 못한 그들은 당장 망가져도 이상하지 않을 고물 라디오를 관리에게 선사했다. 라디오를 받은 관리는 그 안에서 돌돌 말린 지폐를 발견하자 아주 만족스러운 표정으로 허가서를 발급해줬다.

"폴란드에서도 일을 이런 식으로 합니다." 쿠르티카가 스위스인들에게 설명했다.

^^^

비엘리츠키는 이 등반이 어떻게 전개될지 잘 알고 있었다. 그는 『타테르니크』에 실린 루드비크 빌친스키의 보고서를 읽고, 그곳에 첨부된 쿠르티카 원정대의 남벽 일정을 자세히 연구했다. 그는 베이스캠프 텐트 앞에 앉아 다울라기

다울라기리 베이스캠프에서 크시스토프 비엘리츠키(오른쪽에서 두 번째)와 잉그리드 베이옌스

리를 바라보며 생각했다.

'하늘을 올려다보며 지평선까지 관찰한다. 기후조건만큼 중요한 것은 없다. 벌써 봄이다. 집의 정원에는 분명 크로커스가 피어 있을 것이다. 그러나 여기는 온통 눈과 얼음과 바위뿐이다. 봄의 히말라야는 느낌이 너무나 다르다. 초록 잎사귀와 따스한 바람과 아름다운 꽃들과 생명으로 다시 태어나는 세상의 향기와 사랑이 그립다. … 하지만 내가 선택한 길은 바로 이것이다.'

먼저 야누시 그냐데크와 잉그리드 베이옌스가 초등 루트를 따라 올라갔다. 4월 23일 그들은 7,000미터에서 비박에 들어갔다. 비엘리츠키는 더 위로 올라갔다. 그러나 매트리스가 없어 잠을 잘 수 없었다. 그는 배낭 두 개로 잠

자리를 만들었다. 기다시피 산을 올라갔다. 잠이 들면 안 되었다.

"밤이 깊어져서 아침에 정상으로 향하겠다고 생각했습니다." 비엘리츠키는 말했다. 그는 수시로 시계를 쳐다봤다.

새벽 2시 30분 그는 커피를 데우고 나서 3시에 옷을 입었다. 베이옌스도 올라가고 싶어 했지만 그녀는 거의 산송장이었다. 비엘리츠키는 그 벨기에인에게 고소적응이 되지 않았으면 절대 안 된다고 잘라 말했다. 하지만 베이옌스는 계속 고집을 부렸다.

'망할 년, 어떻게 맨날 맘에 안 드는 짓거리만 하나.' 그는 속으로 이렇게 생각했다.

새벽 4시 20분. 어둠 속에서 움직이기 시작했다. 텐트에서 나온 베이옌스는 비엘리츠키의 발자국을 따르기로 했다. 비엘리츠키는 정상이 어디인지 감을 잡지 못했다. 그는 그저 육감에 따라 움직였다. 정상 능선에 올라섰다. 깊은 눈을 헤치며 앞으로 나아갔다. 6시간도 채 안 되어, 밝은 태양빛 아래 다울라기리 정상에 섰다. 날씨는 정말 이상적이었다.

그는 베이스캠프와 교신했다. 베이옌스는 끝내 포기하고 1시간 만에 돌아섰다. 비엘리츠키는 내심 기뻤다. 걱정거리를 하나 덜었으니까.

정상에서 베이스캠프로 내려가는 데는 7시간 반이 걸렸다. 단독등반을 연이어 터득한 그는 단거리경주를 하는 속도로 움직였다. 하지만 마지막에는 허리가 끊어질 듯 아파 정말 죽을 것 같았다.

그는 너무 힘이 들어 기뻐할 기력조차 없었다. 텐트 안으로 기어들어가자 독일인 랄프 도이모비츠Ralf Dujmovitz가 찾아왔다.

그가 먹을 것을 건네주며 말했다.

"크시스토프, 축하합니다!"

비엘리츠키는 이제 8천 미터급 고봉 7개를 올랐다.

크시스토프 비엘리츠키는 다울라기리 정상에 혼자 올라갔다. 정상까지는 6시간도 채 안 걸렸다. "마지막은 진짜 죽는 줄 알았습니다." 그는 이렇게 고백했다.

^^^

죽음은 예고 없이 찾아온다. 4월 29일 오후 2시 30분쯤 독일 베이스캠프에서 위급상황을 알렸다. 쿠르트 발데Kurt Walde가 구조를 요청하고 있었다. 이탈리아어, 영어, 독일어를 섞어 알아듣기 힘든 그의 목소리에서 공포가 느껴졌다. 갑자기 발생한 눈사태에 사면에 있던 사다 왕젤Wangel이 휩쓸려 내려갔다는 것이었다. 그의 배낭이 보이기는 하지만 그를 구조하러 눈이 쌓인 곳까지 내려가기에는 아주 위험하다고 했다. 난감한 상황이었다.

그들은 서벽 아래를 샅샅이 뒤져보았지만 왕젤은 보이지 않았다. 쌓인 눈을 파헤치는 것도 의미가 없었다. 그러다간 누가 또 목숨을 잃을지 모를 일이었다. 독일인들은 할 말을 잃었다. 흐느끼는 사람도 있었다. 쿠르트 발데는 떨리는 목소리로 사고 상황을 설명했다. 그들은 2캠프로 내려오고 있었다. 텐트까지 20미터가 남은 지점에서 보니 눈이 종유석처럼 매달려 있었다. 그들은 그것을 피해 돌아가야 했다. 왕젤이 앞장섰다. 텐트에 거의 다 도착했을 때 눈덩어리가 떨어졌다. 그러자 눈이 거대한 파도가 되어 순식간에 텐트를 덮쳤고, 왕젤이 그 눈사태에 휩쓸려가 버렸다. 발데는 할 수 있는 것이 아무것도 없었다.

폴란드인들도 왕젤을 잘 알고 있었다. 그는 칸첸중가 동계원정 때 주방장을 했었는데, 그가 만든 팬케이크가 비엘리츠키의 입맛에는 썩 맞지 않았었다.

마침 비엘리츠키는 어니스트 헤밍웨이의 자서전을 다 읽고 책을 덮으려던 참이었다. 책을 읽은 후 그는 죽음이 언제라도 우리에게 다가올 수 있다는 사실을 깨달았다.

비엘리츠키는 머리가 지끈거렸다.

^^^

그는 일지에 이렇게 적었다.

"4월 24일 나는 외로운 사투 끝에 다울라기리 정상에 섰다. 그래도 나는 무언가가 허전했다. 동벽 한가운데를 치고 올라가는 단독등반에 또 한 번 도전해보고 싶었다. 단독등반이란 꼭 필요한 것만 가지고 올라가는 것이다. 크램폰, 배낭과 보온병, 여벌 장갑, 코펠, 가스통과 헤드, 에너지 바 정도. 그런 등반에는 완벽한 파트너가 필요하긴 한데 그런 사람은 상상 속에서라도 찾을 수 있다. 그 파트너란 자신의 능력에 대한 확신일 수도 있고, 산이 절대 허용치 않는 오만함일 수도 있다."

기온은 영하 8도. 포근해도 너무 포근했다. 비엘리츠키는 남서쪽 콜로 올라가 그곳에서 밤을 보냈다. 아침이 되었을 때 그는 노멀 루트를 따라 정상으로 무거운 발걸음을 옮기고 있는 독일인들을 눈여겨봤다. 그 역시 벽의 아래쪽에서 얼음과 바위가 뒤섞인 필라를 따라 혼자 올라가야 할 터였다. 그는 보이테크 쿠르티카가 간 길을 그대로 따라가고자 했다. 그 길은 아주 힘들고 위험했다.

출발하자마자 일이 꼬였다. 한 개밖에 없는 로프가 크레바스에 빠진 것이다. 그는 마치 맨발인 것처럼 아무런 보호 장치도 없이 그냥 가야 했다. 밤이 되자 희미한 달빛과 헤드램프 불빛이 길을 밝혔다.

그날에 대해 그는 이렇게 기록했다.

"예상한 것처럼 이곳은 만만치 않았다. 얼음이 더 단단해 크램폰을 세게 박아야 했다. 손가락이 아팠지만, 이것은 내가 살아 있다는 말이니 괜찮았다. 나를 보호해주는 것은 피켈 두 자루와 크램폰뿐이었다. 위로 올라갈수록 경사가 더 심했다. 곧 배터리가 다 되면 달빛에만 의지해 올라가야 할 터였다."

10시간 동안 그는 기계적인 동작을 반복했다. 한 발을 내딛고 크램폰을 얼음에 박고 피켈을 휘두르고, 한 발을 내딛고 크램폰을 얼음에 박고 피켈을 휘둘렀다. 발목은 부츠에 긁혀 피가 나고 손바닥은 불이 붙은 것처럼 뜨거웠다. 능선마루에 다다른 것 같았는데 벽에서 눈과 얼음이 계속 흘러내렸다. 추락할지도 모른다는 공포심이 수시로 몰려들었다. 세상 사람들을 가장 많이 괴롭히는 공포심은 비엘리츠키라 하더라도 예외가 아니었다. 혹시 함정에 빠진 것은 아닐까 하는 두려움, 오도 가도 못하는 난감한 상황… 하지만 그는 포기하지 않고 계속 올라갔다.

그는 심한 피로를 느꼈다. 누군가가 뒤따라오는 느낌이 들었다. 여자인가? 남자인가? 여자인지 남자인지도 잘 모르면서 비엘리츠키는 그에게 자신의 결정에 대한 의견을 물었다.

"오른쪽으로 갈까요?" 비엘리츠키가 물었다.

"아니면, 왼쪽으로 가는 게 덜 위험하지 않을까요?" 그는 고민에 빠졌다.

"알겠습니다. 그냥 오른쪽으로 가지요." 그는 상상 속의 그 누군가에게 말했다.

1933년 프랭크 스마이드 역시 에베레스트에서 비슷한 현상을 경험했다. 그는 바로 옆에서 수호천사 같은 존재가 힘을 불어넣어주며 보호해주고 있다는 느낌을 받았다. 그 느낌이 얼마나 강했는지, 그는 주머니에서 과자를 꺼내 반으로 자른 다음 그에게 주려고 손을 뻗기까지 했다. 그런데 아무도 없다는 사실을 깨닫고는 흠칫 놀랐다.

오스트리아 산악인 헤르만 불Hermann Buhl도 1953년 낭가파르바트를 외롭게 단독 등반하던 중 그와 흡사한 경험을 했다. 그는 누군가가 발을 맞추며 따라오고 있다는 느낌을 받았다. 그는 고개를 돌려 그 비밀스러운 사람과 대화를 해보려고 했다. 심지어는 그의 목소리까지 들었다.

폴란드의 아담 스코치와스Adam Skoczyłas도 마찬가지였다. 혼자 설동 속에서 비박하고 있을 때 그는 셰르파 2명이 옆에 있다는 강한 확신이 들었다. 함께 있어준다는 생각에 너무나 큰 감동을 받은 그는 그들과 진심 어린 대화를 나누었다.

말이 안 되는 것처럼 들릴 수도 있다. 하지만 환영 따위가 보이는 현상은 알피니스트나 스쿠버다이버, 극지탐험가들이 흔히 겪는 일이다. 기온이 갑작스럽게 내려가거나 올라갈 때, 또는 선택의 여지가 없거나 극단적인 고통을 당했을 때 외부 공격에 대한 대항으로 그런 현상이 생긴다. 세계의 유명 산악인들을 상대로 연구를 해온 스위스 학자들에 따르면 여덟 중 일곱은 그런 현상을 겪었다고 한다. 등반에서 성공을 거둔 후 정복자로서 누리는 기쁨과 등반 중 환영을 경험한 이들의 감정을 어떻게 구분할 수 있을까?

고산등반을 의학적으로 연구·분석하는 최고의 전문가 중 하나인 즈지스와프 얀 린Zdzisław Jan Ryn은 이렇게 설명했다.

"그 두 감정은 정상에서 무전을 보낼 때 차이가 납니다. 첫 번째 부류는 정상에 올라 행복하고 주위가 아름답지만 곧 하산하겠다고 말하고, 두 번째 부류는 정상에 올라 행복하고 주위가 아름다워 그곳에 더 머물겠다고 말합니다."

이 교수는 그와 관련된 사례를 몇 가지 들었다. 산 위에서 장비와 장갑 등을 버리고 오면 하산해 빙하에 피어 있는 꽃을 꺾는다. 많은 사람들은 산 위에서 종교적 체험을 하거나 갑자기 애국심이 솟구치는 것을 느끼기도 한다. 그 자신도 엘브루스를 오를 때 무언가 이상한 소리가 들려 거의 자폐아처럼 자신의 생각 속에 갇힌 적이 있었다고 한다.

"단단히 얼어버린 얼음에 피켈을 박는 소리는 천상의 속삭임처럼 귀에서 계속 울립니다." 린은 말했다.

환각은 1983년에 다울라기리를 오른 타데우시 와우카이티스Tadeusz Łaukaitys도 경험했다. 등반 도중 그는 자신이 아프가니스탄에 와 있으며, 그 나라를 점령한 붉은 군대의 군인들로부터 아이들을 보호해야 한다는 확신에 빠졌다. 그는 산을 오르다가 점퍼를 찢고, 장갑과 모자를 벗어던진 다음 맨손으로 러시아 탱크에 뛰어들었다.

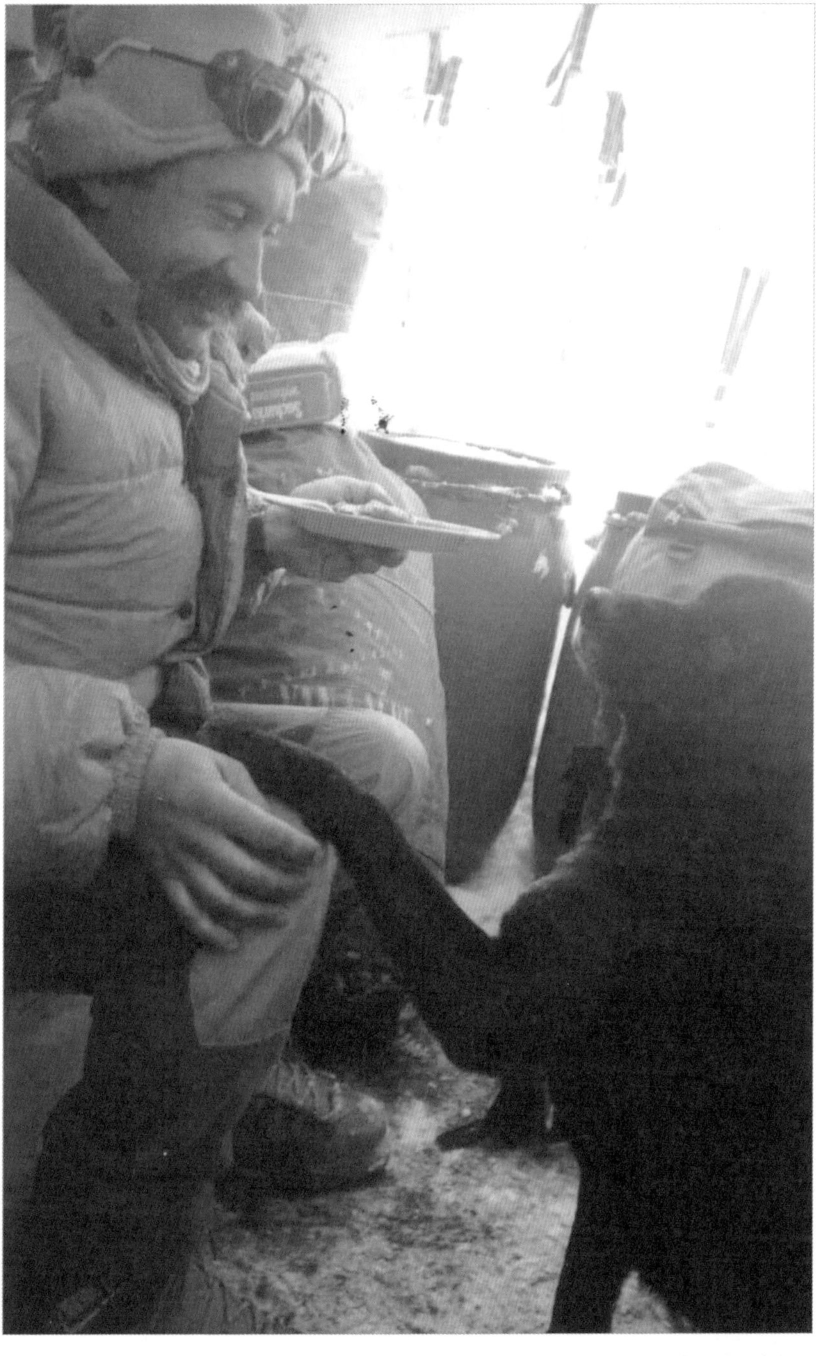

크시스토프 비엘리츠키가 다울라기리 베이스캠프로 찾아온 예상치 못한 손님과 음식을 나눠 먹고 있다.

1981년 폴란드 히말라야 원정대 의사였던 레흐 코르니셰프스키는 그해 안나푸르나에서 7,700미터까지 올라갔다. 하지만 피로를 견디지 못한 그는 정상을 불과 400미터 남겨두고 하산하고 말았다.

"나와 파트너를 연결한 로프가 도나 섬머의 히트곡을 부르고 있었습니다. 더 이상한 것은 나의 파트너에게도 그 소리가 들렸다는 겁니다."

리샤르드 파브워프스키는 1993년 낭가파르바트를 등정하고 나서 하산하던 도중 영국인 원정대원들이 해먹에 누워 흔들흔들 노는 것을 보았고, 그의 친구 보그단 스테프코는 코카콜라 캔을 보았다. 영국 등반가 조 심슨Joe Simpson은 페루 안데스에서 하산하던 중 다리가 부러졌다. 그의 파트너 사이먼 예이츠Simon Yates는 로프를 끊고 탈출한 후 베이스캠프로 돌아와 친구가 죽었다고 알렸다.

기적적으로 살아난 심슨은 며칠을 기어서 베이스캠프로 돌아왔다. 그는 죽을힘을 다해 귀환하던 도중 어떤 목소리와 함께 시에스타 성당에서 나오는 노인과 난잡하게 놀고 있는 사람들을 보았다. 그 사람들은 대체 무엇을 하고 있는지 자세히 보려고 고개를 들어 보기까지 했다. 지칠 대로 지친 그에게 1970년대 히트곡인 보니 엠Boney M의 「브라운 걸 인 더 링Brown Girl in the Ring」도 귓가에 들렸다. 그는 머릿속에서 재미있는 이야기도 떠올라 혼자 낄낄대며 웃기도 했다.

1963년 에베레스트를 오르던 미국인들은 바람이 이야기하는 소리를 들었다. 그들은 마치 처음 보는 사람들처럼 서로에게 누구냐고 물어보기까지 했다.

"그때 내가 경험한 환영은 산소가 부족해서 생긴 게 아니었습니다. 그건 함정에 빠지거나 생명이 위태로울 때 가까운 누군가를 찾는 것같이 인간의 원초적인 본능입니다. 두려워해야 할 상대가 뚜렷이 있을 때보다 어쩌면 더 위험할 수도 있습니다." 비엘리츠키는 말했다.

^^^

목숨을 건 몇 시간의 사투 끝에 그는 능선으로 나왔다. 동벽은 이제 끝냈다. 정상까지 200미터도 안 남았는데 날씨가 꾸물대기 시작했다. 모든 것이 안개에 휩싸이면서 시야가 급격히 줄어들고 눈까지 내리기 시작했다. 다리는 쇳덩어리가 달린 듯 무거웠고, 손은 알코올중독자처럼 떨렸다. 그는 주저하지 않고 정상 등정을 바로 포기했다. 2주 전에 이미 오르기도 했으니까.

하산은 힘이 몹시 들었다. 비엘리츠키는 신설로 덮인 필라로 몸을 돌렸다. 그의 머릿속에는 다시 정상으로 돌아가야 하나, 텐트로 돌아가야 하나, 아니면 차를 마셔야 하나 속삭이는 소리가 번갈아 울렸다. 누군가가 다시 옆으로 왔다. 천사인가?

7,400미터에서 그는 누가 쳐놓았는지 다 날아가고 뼈대만 남은 텐트를 발견했다. 그곳에서 그는 스토브를 켜고 물을 데워 차를 만들었다. 그리고 그것을 컵 두 개에 나눠 부었다. 하나는 자신이 마시려고 한 것인데, 그렇다면 다른 하나는 누구를 주려고 한 것이었을까?

"도대체 이것이 어떻게 된 일이지? 누가 나와 함께 이 자리에 있는 것일까? 나는 항상 파트너를 찾고 있는 것일까?" 그는 일지에 이렇게 적었다.

그는 컨디션이 좋지 않았다. 기침이 하도 심해서 몹시 힘들었다. 폐수종인가? 고산병의 전조인가? 잠을 자려고 수면제를 먹어봤지만 별 도움이 되지 않았다. 그리고 아내에 대해 생각했다.

'내일이 욜란타 생일인데… 내가 이런 것들을 다 겪고 나서 집으로 안전하게 돌아가면, 그게 선물이 될 수 있을까?'

베이스캠프. 그는 맥주도 마시고 와인도 마셨다.

그러자 머릿속을 울리던 소음이 한결 조용해졌다.

마칼루 베이스캠프의 간이 세면대. 크시스토프 비엘리츠키는 최소의 조건에서 면도를 한다.

⩓⩓⩓

1986년 비엘리츠키는 마칼루 등정 도전에 나섰다. 그는 프랑스인들의 루트를 따라 한겨울에 오를 작정이었다. 어느 누구도 해보지 못한 과업이었다. 카토비체에 있는 대외무역센터와 티히의 소형자동차공장이 후원사로 나섰다. 그 두 업체의 이름은 "1990/1991 폴란드-벨기에 동계 마칼루 원정대"라고 쓰인 공식 기념엽서에 잘 보이도록 했다. 외화는 잉그리드 베이옌스가 맡았고, 카토비체산악회는 비엘리츠키와 파브워프스키의 항공료를 후원했다. 폴란드등산연합회는 안나 체르빈스카를 대원으로 파견했다.

이번만큼은 돈 문제로 걱정을 할 필요도, 꼼수를 부릴 필요도, 돈 장난을 할 필요도 없을 것 같았다.

하지만 돈은 항상 부족한 법이다. 비엘리츠키는 원정 일정에 필요한 돈을 세어봤다. 그는 사다와 통신담당에게는 11월 22일부터, 주방장에게는 그보다 하루 전부터 임금을 지급했다. 그리고 힐레Hile에서 온 포터들에게는 일주일치 임금으로 800루피씩 아홉 번 지급했다.

막상 원정을 시작하니 예상과 들어맞지 않는 것들이 많았다. 정부연락관은 합의보다 나흘 늦게 비행기로 칸드바리Khandbari에 도착했다. 등반은 아직 시작도 하지 못했는데 그는 호텔에서 쉬고 있었다. 그는 사전 양해도 없이 호텔에서 맥주를 실컷 마셨다. 그 비용은 몽땅 원정대가 떠안아야 했다. 그는 남의 속도 모르고 혼자 먹고 마시며 난리를 쳤다. 비엘리츠키는 그를 쥐새끼 같은 놈이라고 불렀다. 포터들은 애초에 말한 것보다 돈을 더 달라고 우겼다. 그들은 일당으로 1,000루피를 요구했다. 미친 짓이었다. 그는 여러 번의 흥정 끝에 800루피로 합의를 보았다. 하지만 그것이 이제 파업의 구실 노릇을 했다. 그들은 술을 진탕 마시기 시작했고, 새벽 3시까지 고함을 질러대며 쿵쾅거렸다.

비엘리츠키는 화가 머리끝까지 났다.

이런 말도 안 되는 일정은 난생처음이었다. 날씨도 예전 같지 않았다.(곳곳이 흰머리처럼 서리가 내렸다.) 음식도 입에 맞지 않았고, 주방장은 현지 사정을 전혀 알지 못했다. 그때가 폴란드에서는 대통령 선거기간이었다.

"1차 투표에서 바웬사는 승리하지 못할 것이다. 투표는 다시 한번 이뤄질 것이고, 그것이 바웬사에게는 더 좋을 것이다." 그는 바웬사의 당선 가능성에 대해서 이렇게 적었다.

'쥐새끼'가 하는 짓에 신경이 더 쓰였다. 통에 든 카바노스 소시지와 햄과 족발 등을 폴란드 원정대가 가져왔다는 것을 어디에선가 들은 모양이었다. 서는 곳마다 그는 되지도 않는 폴란드어로 고기를 달라고 졸랐다. 비엘리츠키는 이렇게 대답했다. "고기 없어! 채식주의자 원정대야.No meat! It is vegetarian

expedition." 기분이 몹시 상한 정부연락관은 어딘가 시골 마을에 도착해서는 원정대와의 일정을 포기했다. 그리하여 골칫덩어리 하나가 줄어들었다.

12월 6일 그들은 마칼루에 도착해 베이스캠프를 구축했다. 모든 것이 예정대로 진행되었다. 날씨도 기대한 대로였다. 몸이 떨릴 정도로 추웠지만 하늘이 아주 맑았다. 포터들도 총 2,400루피만 받고 나무를 베이스캠프까지 날라다줬다. 그리하여 가스 살 돈을 아낄 수 있게 되었다.

"정말 좋은 사람들이었죠. 재미있는 사람들이라 다툼도 한 번 없었습니다. 안나 체르빈스카는 활달했지만, 리샤르드는 별 말이 없었고, 잉그리드는 조용했습니다. 그래서 함께 있어도 조금 외롭다는 생각이 들었습니다." 비엘리츠키는 당시를 회상하며 이렇게 말했다.

그는 저녁마다 프랜시스 스콧 피츠제럴드Francis Scott Fitzgerald의 『밤은 부드러워』를 읽었다. 비싼 자동차, 요트, 화려한 파티, 할리우드의 불꽃, 사랑으로 시작해 비극적인 결말로 무너지기까지의 일대기를 그린 엄청난 스케일의 사랑 이야기였다.

비엘리츠키는 그 소설에서 무엇을 느꼈을까?

그는 이렇게 기록했다.

"정말 좋은 책이다. 가끔 등장하는 에로틱한 장면도 따뜻하고 열정적이며, 눈앞에서 펼쳐지는 듯 사실적으로 묘사됐다. 이따금은 욜란타와 나의 관계를 보여주는 것 같기도 했다."

멀리 있는 아내 대신 그는 파브워프스키와 체스를 두었다. 체스 판 앞에서 한 사람과 그렇게 오랫동안 앉아 있는 것이 가능할까? 산에서 난 약초들로 끓인 차는 우울증에 특효약이다. 그는 피츠제럴드의 책을 다 읽고 나서 볼테르Voltaire의 철학서를 읽었다.

다행스럽게도 여자들이 베이스캠프에서 1캠프로 올라왔다. 그들은 그곳에서 좀 쉬려는 것 같았다.

비엘리츠키와 파브워프스키 그리고 여자들이 한 팀이 되었다. 그리하여 대부분의 일은 남자들의 몫이 되었다. 텐트를 치는 데 필요한 장비들을 지고 올라가는 것도 남자들이 맡아야 할 것이 뻔했다.

처음에는 여자들이 6,000미터에 있는 텐트를 찾지도 못했었다. 그들은 다른 쪽으로 올라갔다가 6,300미터에서 필라를 발견했다. 그런데 내려오지 않았다. 그곳에서 그냥 비박을 하기로 결정한 것이다. 파브워프스키와 비엘리츠키는 여자들이 그곳에서 뭐라도 더 할 것으로 여겼다. 하지만 그들은 그냥 될 대로 되라는 식이었다.

다음 날 남자들은 서둘러 정상으로 향했다. 그들은 이미 위쪽으로 출발한 여자들을 따라잡아 6,500미터에 2캠프를 쳤다. 여자들은 무언가에 호되게 당했다는 생각이 들었는지 불같이 화를 냈다.

체르빈스카는 비엘리츠키로부터 받은 분홍색 부츠를 신었다. 베이옌스와 짝이 되어주는 조건으로 받은 선물이었다.

"쉽지 않은 결정이었어요. 크시스토프가 불같은 성격이라. 그가 절대적으로 신봉하는 철칙 하나는 무엇이든 두고 오면 자신이 직접 가서 가져와야 한다는 것이었습니다. 그래야 다른 사람이 쓸데없는 고생을 하지 않으니까요." 체르빈스카는 말했다.

게으름을 조금 피운 비엘리츠키가 발에 동상을 입었다. 발을 따뜻하게 하는 것을 귀찮아했던 것이다. 그는 촬영을 시도했으나 바람도 세게 불고 너무나 추워서 손가락 감각이 금방 없어졌다. 다음 날 그는 필요한 것들을 잔뜩 짊어지고 캠프를 세우러 6,900미터까지 올라갔다.

그러는 중에도 여자들은 여태 아래에 있었다.

^^^

체르빈스카가 말했다.

"솔직히 말할게요. 지금 여기 상황이 안 좋은 건 잘 알지만, 그래도 크리스마스이브 파티는 꼭 해야겠어요."

트리의 장식을 맡은 사람이 낮은 목소리로 콧노래를 불렀다. 나뭇가지에 귤과 공을 매달고 베이옌스가 샴페인을 꺼냈다.

"술은 고기가 아니니까 채식에 꼭 맞네요. 크리스마스이브에는 딱입니다."

그들은 건배를 몇 차례 하고, 서로에게 축복을 빌어주고, 각자의 텐트로 흩어져 돌아갔다. 그날 비엘리츠키는 가족들에게 이런 편지를 썼다.

"사랑하는 사람들과 가족들로부터 멀리 떨어져서 맞는 크리스마스이브가 어땠는지 구구절절 늘어놓지는 않을게. 어쨌든 다음 크리스마스이브는 집에서 가족들과 함께 보내고 싶어. 이런 파티가 이제는 정말 싫거든."

^^^

비엘리츠키는 파브워프스키와 함께 위로 올라가 텐트에 짐을 내려놓았다. 그런데 막상 그곳에 가니 일이 또 꼬였다.

"자신의 길만 고집하는 크시스토프가 그곳에서부턴 혼자 가겠다고 했습니다. 스폰서들에게 책임이 있다면서. 그땐 나도 젊고 야망이 있어서 그렇게 나오는 크시스토프를 보고 화가 났습니다. 크시스토프가 자기밖에 모르는 인간이라고 여겼는데, 시간이 지나고 보니 그를 이해하게 됐습니다." 파브워프스키는 말했다.

비엘리츠키는 프랑스 필라를 따라 정상에 오르는 시도를 두 차례나 했다. 첫 번째 시도는 5,800미터에서 악화된 날씨가 그의 발목을 잡았다. 두 번째는 나름 결말이 괜찮아 보였다. 그는 몇 시간 동안 천천히 올라가 마침내 크레바스에 도착했다. 얼음같이 차가운 바람을 뒤로 하고 텐트를 쳤다. 하지만 비엘리츠키는 자리가 너무 불편해 추위에 꽁꽁 언 기분으로 잠에서 깨어났다. 침낭은 텐트 천장에서 떨어진 서리가 하얗게 내려앉았고, 파카 아래는 먹다

마칼루 베이스캠프에서의 크리스마스이브 파티. 왼쪽부터 안나 체르빈스카, 잉드리드 베이엔스, 리샤르드 파브워프스키 그리고 크시스토프 비엘리츠키

가 남긴 카바노스 소시지가 삐져나와 있었다. 그는 초콜릿 바 두 개와 마그네슘 가루를 넣고 끓인 물로 아침식사를 했다. 어떻게 밖으로 나가야 할까? 언제 부츠가 이렇게 뼈처럼 딱딱하게 굳어 얼어버렸을까? 우선은 부츠를 스토브로 녹일 수밖에 없었다. 텐트 밖은 영하 35도였다. 머리 위로는 얼음 필라였다. 결코 쉽지 않을 것 같았다.

비엘리츠키는 다른 대원들과 무전기로 교신했다.

"생일 축하합니다! 좋은 일만 있길 바랍니다. 등정에서도 꼭 좋은 일이 있을 겁니다." 체르빈스카와 파브워프스키가 소리쳤다. 베이엔스는 영어로 생일을 축하해줬다. 1월 5일이었다. 그제야 비엘리츠키는 그날이 자신의 생일이었음을 알아차렸다. 그는 이제 마흔하나가 되었다.

"선물은 없을 것이다. 하지만 여기 날씨와 앞으로 가는 길이 나에게 놀라운 선물을 가져다줄 것이다." 그는 이렇게 일지에 기록했다.

배낭 무게만 20킬로그램도 넘게 나갔다. 그 안에는 카메라와 비박 장비와 30미터 로프가 들어 있었다. 아주 무거웠지만 필라를 오르려면 어쩔 수 없었다. 크램폰은 바위의 얼음을 박박 긁어대고 다리는 불이 붙은 듯 뜨거웠다. 하지만 어떤 보이지 않는 힘이 비엘리츠키를 위로 잡아끌었다. 속도는 계속 떨어지고 해도 뉘엿뉘엿 지고 있었다. 표면이 매끈한 빙판에서 비박을 할 수는 없는 노릇이었다. 그렇다면 크레바스가 유일한 해결책이었다. 텐트 천을 강하게 잡아봤지만 바람으로 손에서 날아갔다. 텐트 폴이 성냥개비처럼 부러졌다. 정말 힘든 밤이 될 것 같았다.

"플라이를 머리끝까지 잡아당겼다. 그리고 그 안에 가져간 물건들을 쑤셔 넣었다. 입구를 로프로 묶으니 꽤 안전했다. 바람이 더 거세지고 추위도 매서워졌다. 기온이 영하 35도까지 떨어졌다. 7,200미터, 혹은 7,300미터에 있는 것 같았다." 비엘리츠키는 이렇게 기록했다.

지칠 대로 지쳤어도 배가 고프지 않았다. 저녁을 먹을 시간은 없었지만 무엇이라도 조금 마셔야 했다. 커피를 끓이려면 적어도 1시간은 걸릴 것 같았다. 인스턴트수프라도 끓이면 손바닥을 녹일 수 있지 않을까? 그는 이것저것을 계산해봤다. 정상에 오르려면 새벽 3시에는 일어나야 하고, 등반은 대략 14시간이 걸릴 것 같았다. 이것은 완전히 밤이 되어 돌아온다는 말이었다. 그럼 어떻게 해야 하지? 텐트도 없어 계속 올라가는 것은 자살행위와 같았다.

"시간이 빨리 가도록 기도하는 수밖에 없었다. 해가 뜰 때까지만 참고 있다가 돌아오는 일에 신경을 써야 했다. 쉽지 않은 등반이 될 것 같았다. 정상에 오르는 것이 이제는 중요하지 않았다. 마칼루 동계초등이라는 기록은 잊었다. 어떻게 해야 목숨을 부지할 수 있을까?" 비엘리츠키는 이렇게 적었다.

^^^

파브워프스키, 체르빈스카, 베이엔스는 노멀 루트로 등정에 나섰다. 하지만 미친 듯이 부는 바람이 앞을 가로막아 정상까지 올라가지는 못했다. 베이엔스는 손가락에 동상이 걸렸다. 그녀는 체르빈스카가 건네준 양말을 손에 꼈다.

베이스캠프는 눈이 오지 않았다. 그래서 그들은 돌아오는 길에 편한 트레킹화로 갈아 신었지만 텐트를 챙기지는 않았다. 눈이 1.5미터나 쌓인 협곡을 건너야 하는 상황에서 그것은 커다란 실수였다. 트레킹화는 축축하게 젖고 미끄러졌다. 비엘리츠키가 앞장서서 길을 뚫었다. 그가 쓴 모자에 눈이 쌓여 하얀 모자를 덧쓴 것 같은 모습은 지금까지 회자되고 있다.

"크시스토프는 동계등반 경험이 아주 많아요. 그래서 무얼 챙겨야 할지 정확히 알고 있었습니다." 체르빈스카는 말했다.

^^^

리샤르드 파브워프스키가 발을 헛디뎠다. 그러자 부츠가 온통 눈으로 뒤덮였다. 베이엔스는 힘을 잃고 머리를 부딪쳤다. 체르빈스카는 눈이 잘 보이지 않는다고 짜증을 냈다. 눈에 반사된 빛이 눈을 멀게 한 것이 분명했다. 타시 가온Tashi Gaon 마을 근처 숲에서 마침내 길을 잃은 그들은 그곳에서 하룻밤을 보냈다. 그들은 썩은 나무들을 골라 쌓고 불을 지폈다.

"헨리크 시엔키에비치의 소설 『사막과 벌판에서w pustyni i w puszczy』의 주인공 넬이 된 기분이었습니다." 체르빈스카는 그때를 회상하며 이렇게 말했다. 다음 날이 되자 체르빈스카는 눈이 거의 보이지 않았다. 다행히 멀리서 개 짖는 소리가 들렸다. 그녀는 그 소리만 듣고 길을 찾아갔다.

"거기서 날 기다리던 크시스토프가 눈을 치료할 수 있는 방법을 알려주었습니다. 럼주 한 잔을 다 마시고, 물을 적신 수건으로 눈을 감싸고 한숨 자라

는 것이었는데, 정말 효과가 좋았습니다."

비엘리츠키에게도 문제가 생겼다. 갈수록 간의 상태가 나빠진 것이었다. 다행스럽게도 그들은 칸드바리에서 아주 멀리 떨어져 있지 않았다. 그곳에 가면 간을 치료할 수 있는 약 Liv-52를 구할 수 있을지도 모를 일이었다.

^^^

비엘리츠키는 동료들을 칸드바리에 남겨두고 첫 비행기로 카트만두에 도착했다. 할 일이 많았다. 관광성도 찾아가야 하고, 이번에 알게 된 여행사들도 방문해야 했다. 트레킹 회사들과는 해볼 만한 사업들이 아주 많았다. 이제 일반인들을 위한 등반 프로그램을 만들 시기가 되지 않았을까?

하지만 폴란드에서는 이에 대해 한마디 언급도 하지 않았다. 무슨 일을 해야 할까? 로체와 다울라기리에 다녀온 후 일이 잘되어, 나름대로 진전을 보이고 있으니 다음에는 능력보다 더 높은 목표를 세워야 하지 않을까?

13장

감성이 부족하면 중독에 빠지기 십상이다

사람들은 초오유에 대해 이렇게 말한다.

"8천 미터급 고봉 중 오르기가 가장 쉽다."

"정상은 축구경기를 해도 될 만큼 넓다."

"정상에서 스키를 타고 내려와도 된다."

"트레킹 회사에서 고객들에게 에베레스트 이전에 올라가보도록 추천하는 곳이다."

폴란드의 어느 여행사에서 낸 광고는 이러했다.

"원정기간 총 40일, 최대 6명, 비용 15,000달러, 항공료 별도(약 3,000즈워티)"

지금은 과연 어떨까?

◀ 1993년 크시스토프 비엘리츠키는 초오유와 시샤팡마를 연달아 오를 계획을 세웠다. 초오유 베이스캠프에서의 (왼쪽부터) 크시스토프 비엘리츠키, 표트르 푸스텔니크, 마르코 비안키

^^^

1993년 9월의 마지막 날 비엘리츠키는 티베트로 향했다. 초오유는 엄청난 도전정신이 필요한곳은 아니지만, 만약 시샤팡마도 같은 일정에 포함한다면 말이 달라진다. 산을 하나 오를 시간에 8천 미터급 고봉 2개를 해치우는 것은 어마어마한 일이다.

이번에는 그가 대장이어서 결정과 선택이 그의 몫이었다. 그의 팀은 마리우시 스프루타와 즈비그네프 크로바Krowa 테를리코프스키가 주축을 이룬 가운데, 포르투갈의 주앙 가르시아João Garcia와 이탈리아의 마르코 비안키Marco Bianchi가 끼어들었다. 비엘리츠키는 우치 출신의 표트르 푸스텔니크Piotr Pustelnik도 함께 데려가는 것이 어떻겠느냐는 제안을 받았다. 이번 원정에서는 초보자에 속했지만 푸스텔니크는 이미 가셔브룸과 낭가파르바트를 오른 경험이 있었다. 비교적 차분한 그는 고통을 이겨낼 줄 알고, 모든 일에 정확하며, 선불리 성질을 부리지 않아 주변 사람들에게 안정감을 주는 인물이었다. 엘렉트로미스Electromis 사는 원정 비용의 일부를 지원해주는 대신 회사에서 모집한 고객들을 티베트까지 동반해야 한다는 조건을 달았다. 원정대원들은, 그래 봤자 그들은 얼마 안 가 나가떨어질 것이므로, 별 상관이 없을 것이라 믿었다. 회사에서 비용을 지원받고 고객들을 넘겨받은 이번 원정은 겉보기에는 그럴싸했다. 고객들은 전부 비만이어서 체중이 100킬로그램 이하로 나가는 사람이 하나도 없었다. 원정대원들은 그들을 '도너츠'라고 불렀다.

푸스텔니크는 나중에『타테르니크』에 이렇게 기고했다.

"이런 생각을 하기까지 그리 많은 고민이 필요치 않았다. 우치의 좁은 골목길을 걸으며 티베트의 끝없는 고원도 상상해보고, 야크의 방울소리와 룽다가 펄럭이는 소리를 마음속으로 그려보았다. 이런 상상 말고도 곧 오르게 될 8천 미터급 고봉을 머리에 떠올리니 티베트가 더 매력적으로 다가왔다. 물론

초오유 인근의 고쿄Gokyo 호수

티베트의 모든 것을 보고 오지는 못할 것이다. 어쨌든 원정을 준비하는 동안 나는 크시스토프 비엘리츠키가 이번에 주된 역할을 담당하는 것을 기쁘게 받아들였다. 대외적으로 꽤 만족스러웠다는 말이다."

카트만두에서 중국 국경과 맞닿은 마을 코다리Kodari로 가는 버스 안에서 폴란드인들은 보이테크 쿠르티카의 행적에 대해 이야기를 늘어놓았다. 3년 전 그는 스위스 출신의 에라르 로레탕Erhard Loretan, 장 트로이에Jean Troillet와 함께 초오유와 시샤팡마를 연속해서 올라보자는 생각을 하게 되었다. 알파인 스타일로 아주 빠르게 오른다면 가능하지 않을까? 텐트도 스토브도 없이 최대한 가볍게 산을 오르는 이 등반을 쿠르티카는 '한밤중에 벌거벗기'라고 불렀다. 밤에는 날씨가 최고였으나 얼마 지나지 않아 산에 오를 수 있는 기회가 다시 사라졌다. 다음 날 아침, 정상으로 가는 길이 눈에 덮여버린 것이다. 한밤

중에 등반을 한 쿠르티카와 에라르 로레탕은 아침에 정상에 섰다. 그들은 곧 바로 지프를 타고 티베트의 자갈길을 이틀 동안 달려 시샤팡마로 이동했다. 이곳에서도 루트를 개척하며 '한밤중에 벌거벗기' 등반을 할 수 있을까? 그들은 배낭에 에너지바 4개, 생수 4병, 7밀리미터 로프 1개, 카라비너 4개를 챙겼다. 그리고 초오유를 떠난 지 6일 만에 다시 시샤팡마 정상에 올랐다.

하지만 분위기는 심상치 않았다. 쿠르티카는 모든 일에 짜증을 냈다. 로레탕과는 생수 하나 가지고 싸움을 벌이기도 했다. 로레탕은 배낭에 챙겨 가기로 한 카라비너의 개수에 불만을 품었다. 그리하여 문제가 꼬리에 꼬리를 물고 발생했다.

비엘리츠키에게도 그런 경험이 있었다.

1986년 자코파네 산악인들에게 벌어진 일이었다. 다섯 명의 대원이 난코스인 남서쪽 필라를 따라 정상으로 향했다. 200미터 높이의 절벽이 얼음으로 뒤덮여 있었다.

어느 곳으로 올라가야 할까?

비엘리츠키는 너도 나도 가는 루트를 포기했다. 그는 초오유를 이전에 자코파네 원정대가 포기한 '회색 정상'이라는 루트를 따라 오르기로 했다.

과연 성공할 수 있을까?

^^^

푸스텔니크는 꿈에 그리던 티베트의 풍경, 그토록 가고 싶어 했던 티베트의 느낌을 이렇게 적었다.

"생각과는 달리 아주 끔찍했다. 낯선 중국풍의 건축물들과 지저분한 거리가 뒤섞여 있었고, 그 틈에서 티베트의 무직자들이 졸고 있었다. 창밖으로는 오물이 폭포처럼 쏟아졌다. 호텔은 안팎이 전부 타일로 되어 있었다. 마치 수영장에서 숙박하고 있는 것 같다는 느낌이랄까."

『타테르니크』는 그의 일지를 니얄람Nyalam의 사례와 함께 소개했다. 이곳은 네팔과 중국 국경을 지나면 곧바로 만나는 마을이다.

"도착하자마자 놀란 마르코 블라시는 이곳에서 살다 죽었으면 좋겠다고 말했다. 집들이 드문데도 디스코텍이 열 군데가 있었다. 그리고 우체국에 있는 위성안테나가 바깥세상과 연결해줬다."

비엘리츠키도 그 디스코텍을 잘 기억하고 있었다.

"플로어에는 국경수비대에서 나온 듯한 군인들만 있었다. 여자들이 몇 명 없어서 그들은 자기들끼리 춤을 췄다. 우리 폴란드인들이 그 사이를 비집고 들어가보려 했지만 허락해주지 않았다."

니얄람에서 그들은 먼지가 잔뜩 앉은 고물 중국제 트럭을 타고 곧바로 초오유 베이스캠프로 향했다. 그곳은 트럭으로 접근할 수 있는 가장 높은 곳에 위치한, 히말라야의 유일한 베이스캠프였다. 그리고 5,600미터에 있는 전진 베이스캠프로는 모든 물건을 야크로 옮겼다. 그것은 이틀 반이 걸린 여정이었다.

'도너츠'는 첫날부터 말썽을 일으켰다. 엘렉트로미스에서 보낸 고객 하나가 강에 빠져 급물살에 휩쓸렸다. 즈비그녜프 테를리코프스키가 몸을 던져 그를 강변으로 끌어올렸다. 몸이 엄청 뚱뚱한 고객 하나는 고산병에 걸려 쩔쩔맸다. 따라서 그를 아래로 데리고 가야 했다. 그러자 엘렉트로미스의 고객 모두가 아래로 내려가겠다고 고집을 피웠다. 그들은 수단과 방법을 가리지 않고 카트만두로 돌아가려 했다.

^^^

모레인 위에 구축된 베이스캠프는 모양이 참으로 이상했다. 높이 솟았지만 납작했다. 돌덩이들이 점점이 박힌 고원 한가운데의 에베레스트 바로 옆으로 멀리 초오유가 보였다. 두 산 사이로 여러 곳에서 온 원정대의 텐트 10여 개가

있었다. 그중 미국의 '쓰리 픽스 익스페디션Three Peaks Expedition' 여행사에서 온 미국인들이 제일 많은 자리를 차지하고 있었다. 푸스텔니크는 스물여섯 살의 주앙 가르시아가 나이에 걸맞지 않게 어린애처럼 군다고 불만이었다. 그는 하는 이야기도 모두 썰렁한 데다 카트만두에서도 오스트리아 여자와 바람이 났다. 여자가 묵는 방에 창문을 통해 들어갔다. 원정등반이 아이들 장난도 아닌데….

그들은 쿠르티카와 로레탕처럼 심하게 다툴까?

비엘리츠키는 대원들을 모아 1986년 자코파네 사람들이 올라갔던 루트를 알려줬다. 그들은 베이스캠프에서 나와 세락을 지나 가장 멀리 있는 오른쪽 끝으로 찾아 올라갔다. 산 아래에서도 애를 좀 먹었지만 6,700미터에 이르자 본격적으로 고된 등반이 시작되었다. 고정로프가 200미터 정도 필요했다. 자코파네 원정대는 7,000미터에서 노멀 루트를 벗어난 다음 방향을 왼쪽으로 틀어 문제를 해결했다. 그리고 능선을 따라가다가 돔처럼 생긴 정상 설원 바로 아래에서 방향을 바꾸었다.

비엘리츠키는 자신의 신념을 떠올렸다.

"어찌 되었든 위로 올라간다."

힘겨워하거나 고민하거나 망설일 시간이 없었다. 모든 것이 계획대로 진행되었다. 돌무더기가 땅 위에 위태롭게 쌓여 있고 달걀처럼 뭉쳐진 눈덩이가 깔려 있었다. 그들은 첫 번째 필라 밑에 임시캠프를 친 다음 이틀 뒤에 1캠프를 구축했다. 푸스텔니크는 '회색 정상'으로 가는 길이 아무래도 위험하다고 느꼈지만 괜한 걱정이었다. 생각처럼 아주 끔찍하지는 않았다. 그들은 능선에 올라 2캠프를 쳤다.

비엘리츠키는 마르코 블라시와 함께 정상에 올랐다. 그들은 해가 떠오르기 전에 베이스캠프에서 나와 오후에 정상에 올랐다고 무전을 한 다음 2캠프로 돌아왔다. 돔처럼 생긴 정상 설원에 이르자 모든 것이 사뭇 달랐다. 정상이 어디에 있는지 도무지 알 수가 없었다. 초오유 정상이 축구장만큼 넓다는 것은 사실이 아니었다. 축구장보다 훨씬 더 넓었다. 올라가는 길은 전혀 힘들지 않았다.

테를리코프스키에 따르면 비엘리츠키의 장점은 말이 별로 없다는 것이었다. 초오유 등정 이후 그는 비엘리츠키로부터 무엇인가를 캐내려 했다.

"좀 어땠습니까?"

"그냥 그랬어."

"어려운 건 없었고요?"

"없었어."

"다른 문제는요?"

"전혀. 난 이제 가서 자야겠어."

^^^

다음 날 푸스텔니크와 스프루타가 비엘리츠키의 발자국을 따라 위로 향했다. 가르시아는 노멀 루트를 따라 혼자 움직였다. 그들은 최종캠프에서 만나 잠을 잔 후 함께 정상으로 향할 계획이었다. 하지만 스프루타에게는 무척 힘든 밤이었다. 그는 손에서 아무런 감각도 느낄 수 없었다. 그리하여 어쩔 수 없이 정상 등정을 포기했다.

푸스텔니크도 컨디션이 엉망진창이었다. 그는 눈을 온통 뒤집어쓰고 나타났다. 그리고 옆에 와서 "안녕!"이라고 하더니 어설픈 영어로 오늘은 올라갈 수가 없어 아래로 내려간다고 말했다.

정상까지는 수직으로 100미터에 불과했지만 수평으로 1,000미터에 가까웠다. 푸스텔니크와 가르시아는 '축구장'에서 이리저리 헤맸다. 안개가 너무 자욱해 아무것도 보이지 않았다. 정상을 찾을 수가 없었다. 그때 아시아인 하나가 자꾸 눈에 보였다. 고산병이었다. 이러면 안 되는데….

즈비그네프 테를리코프스키(오른쪽)는 초오유 베이스캠프에서 크시스토프 비엘리츠키의 부츠를 숨겼다. 그가 더 이상 혼자 산에 오르게 하고 싶지 않았다.

비엘리츠키가 베이스캠프를 출발할 채비를 했다. 푸스텔니크와 가르시아의 하산을 도와주기 위해서였다. 테를리코프스키는 알아서들 할 것이라며 비엘리츠키를 만류했다. 하지만 비엘리츠키는 뜻을 굽히지 않았다. 비엘리츠키는 테를리코프스키에게 자신은 대장이기 때문에 모든 대원들에게 책임이 있다고 말했다. 그는 애송이(가르시아는 8천 미터급 고봉이 처음이었다.) 둘만 정상으로 보낸 것을 후회했다. 비엘리츠키는 테를리코프스키의 충고를 한 귀로 흘려버렸다. 비엘리츠키가 위로 올라가는 것을 막기 위해서는 부츠를 숨기는 것밖에 달리 방법이 없었다. 텐트를 나선 비엘르츠키는 부츠를 찾지 못했다. 다들 그의 부츠를 찾으려고 난리법석을 피웠다.

자정이 지나자 푸스텔니크와 가르시아가 베이스캠프로 돌아왔다. 그리고 비엘리츠키는 부츠를 찾아냈다.

이것으로 끝난 것일까?

비엘리츠키가 다시 나섰다. 이번에는 야밤에 혼자 움직였다. 비엘리츠키는 여전히 자신을 특별한 사람이라고 여기는 것 같았다. 그리고 그런 명성에 맞게 무언가 훌륭한 일을 해 보이는 것이 마땅하다고 느끼는 것 같았다.

테를리코프스키가 말했다.

“대장님, 대체 왜 가려고 하는 겁니까? 우리와 함께 차나 마시면서 편하게 좀 있지요.”

비엘리츠키는 차를 마시고 싶은 생각이 별로 없었지만, 그래도 테를리코프스키의 만류를 거절할 수 없었다. 그리고 차를 연이어 마시다 보니 혼자서 외롭게 정상에 오르려는 생각이 일순간 사라졌다.

그런 생각은 정말 잠시뿐이었다.

^^^

비밀에 쌓인 그 아시아인은 어떻게 된 것이었을까? 그로부터 4년 후 푸스텔니크는 가셔브룸1봉과 2봉을 올랐다. 전 세계에서 온 원정대들로 베이스캠프는 시끌벅적했다. 그들은 저녁이면 한데 모여 다양한 이야기를 나누었다. 푸스텔니크는 초오유에서 자신 앞에 나타났던 이해 못할 현상에 대한 이야기를 꺼냈다. 여태껏 그것이 환영이었는지 정말 사람이었는지 궁금하다는 것이었다.

그 이야기를 한국인들이 듣고 있었다. 그러더니 한 사람이 일어나 그가 바로 자신이었다고 말하며 웃었다. 그의 이름은 엄홍길이었다. 그는 8천 미터급 고봉들을 오른 인물이었다. 돔처럼 생긴 정상 설원에서 푸스텔니크를 만났을 때 그는 설동 속에서 밤을 힘들게 보낸 상태라 다시 오르지 못할 정도로 체력이 소진되어 있었다. 베이스캠프에서 휴식을 취한 그는 며칠 뒤 정상에 올랐다.

⁂

비엘리츠키는 시샤팡마로 가는 길을 서둘렀다. 그는 텐트를 철수하고 장비를 정리해 지프에 실으라고 재촉했다. 그리고 니알람에서는 단 이틀만 머물도록 했다.

시샤팡마의 베이스캠프는 완전히 다른 분위기였다. 유리처럼 물이 맑은 호수 바로 옆이 텐트사이트였다. 그들은 남벽을 통해 정상으로 올라갈 계획을 세웠다. 그런데 팀을 어떻게 짤지 고민이었다. 어쨌든 초오유와는 달라야 할 터였다.

폐에 문제가 생긴 테를리코프스키가 위로 올라가는 것은 무리였다. 스프루타는 손에 여전히 감각이 없다고 투덜댔다. 얼음에 피켈을 박아봤지만 7,000미터에서는 다시 튕겨져 나왔다. 포르투갈 사람은 몸도 아프고 피곤하다며 니알람으로 돌아갔다.

비엘리츠키는 시샤팡마의 서봉에 끌렸다. 그곳으로 가려면 아주 힘든 필라를 지나가야 했다. 하지만 이것은 어려워도 도전해볼 만한 가치가 있었다. 그는 마르코 블라시에게 함께 가자고 제안했다. 정찰을 하고 온 블라시는 불안함을 느꼈다.

"크시스토프는 정신이 나갔어. 정말 미쳤다니까!Krzystof is crazy! Super Fucking crazy!" 비엘리츠키 앞에서 이렇게 대놓고 욕을 했다. 원정대장이 눈독을 들이고 있는 루트로 가는 것은 자살행위나 다름없었다. 블라시에게 그 루트로 가자고 설득하는 것은 더 이상 통하지 않을 터였다.

그러자 이제 모든 것이 정해졌다.

푸스텔니크가 마르코 블라시와 함께 가고, 비엘리츠키는 혼자서 행동하는 것으로.

^^^

슬로베니아인들의 루트는 그다지 어렵지 않았다. 벽 아래에서 능선까지 올라가는 데 이틀이 걸렸다. 그곳에서 정상까지는 그냥 계속 걸어가기만 하면 되었다. 계획대로 움직이던 푸스텔니크와 마르코 블라시는 밤에 능선에 다다랐다. 그들은 해가 뜰 무렵 출발하려 했지만 텐트에 문제가 생기고 말았다. 텐트 폴이 성냥개비처럼 부러진 것이다. 그들은 자정이 지난 후 피로로 지친 채 자리에 누웠다. 쉬고 싶었다. 적어도 하루 정도는 휴식을 취해야 할 것 같았다.

다음 날 능선 멀리에서 세 사람이 눈에 들어왔다. 어디서 온 사람들일까? 포스트몬순 시즌에 산을 오르는 사람이 없을 텐데…. 하지만 그것은 환영이 아니었다. 그들은 하산 중이던 프랑스 알피니스트 샹탈 모뒤Chantal Mauduit와 두 명의 스페인인이었다.

중국인들은 네팔과의 국경에 별다른 신경을 쓰지 않는다. 그들의 국경수비는 구멍이 숭숭 뚫려 있다. 알피니스트들은 이 사실을 이용해 남쪽에서 알파인 스타일로 시샤팡마 정상에 오른다. 불법이지만 공짜다.

'불법 침입자들'이 피로에 지쳐 정상에서 하산하고 있었다. 푸스텔니크는 자기와 마르코의 텐트에서 쉬었다 가라고 권했다. 두 번째 텐트에는 다섯 명도 들어가 앉을 수 있었다.

텐트는 아주 중요하다. 비엘리츠키는 사람들에게 아래로 내려갈 때마다 항상 텐트를 챙겨 가라고 강력하게 권했다. 비엘리츠키는 그날 밤을 산에서 보내고 싶지 않았다. 그는 거침없는 속도로 정상에 오른 다음 베이스캠프로 돌아오고자 했다.

테를리코프스키는 그 말을 귀담아 듣지 않았다. 그는 푸스텔니크와 교신했다.

"텐트를 철수해 콜로 가지고 가라. 크시스토프는 45도의 어려운 쿨르와르로 산을 오를 것이다. 평지는 없다. 엄청 피곤할 테니 텐트가 있으면 도움이 될 것이다."

그 말을 듣던 비엘리츠키가 말했다.

"내 말 들어. 텐트 갖고 내려가."

푸스텔니크는 어쩔 수 없이 대장의 말을 들을 수밖에 없었다.

^^^

비엘리츠키는 아침부터 벽의 하단부를 망원경으로 살펴봤다. 그는 다른 대원들이 돌아오는 대로 나 홀로 등반을 시작하려고 했다. 그러나 믿을 수 없는 일이 펼쳐졌다.

"크로바!" 베이스캠프에 앉아 있는 테를리코프스키에게 말했다.

"대체 어떻게 된 거야? 올라갈 때는 둘이었는데 지금 다섯이 내려오고 있잖아. 누구 하나가 여기 베이스캠프에 있었던 거야? 아니면, 다른 원정대가 있었던 거야?" "아닙니다, 대장님. 다른 원정대는 없습니다. 시력에 문제가 있는 거 아닙니까?"

"말이 너무 많다. 내 눈은 말짱해. 다섯이 내려오고 있다니까."

"크시스토프 대장님, 그건 말이 안 됩니다."

테를리코프스키가 무전기로 푸스텔니크를 불러봤지만 아무런 응답이 없었다. 프랑스 산악인에게 이 불법 등반에 대해서는 아무 말도 하지 않기로 약속했기 때문이다. 아무튼 중국에서는 합법이든 불법이든 등반에 필요한 비자나 허가서를 발급해주지 않는다.

"지금 다섯이 내려오고 있다니까!"

비엘리츠키는 여전히 고집을 피웠다.

테를리코프스키는 대장으로 인해 고민이 많아졌다.

"대장님, 베이스캠프로 돌아오십시오. 대체 왜 그러십니까? 이제 충분히 오른 거 아닙니까?"

하지만 비엘리츠키는 손을 내저었다.

"허튼 소리 작작해!"

그리고 그는 외로운 나 홀로 등반을 시작했다.

^^^

정신과의사 즈지스와프 얀 린은 알피니스트의 단독등반 욕구가 어디서 나오는지 궁금해했다. 개인적인 성향과 연관이 있는 것일까? 무언가 이루지 못한 일이 있어서 그러는 것일까? 이 질문에는 정답이 없다. 사람들마다 동기가 다 다르기 때문이다.

패트릭 에드린저Patrick Edlinger는 단독등반을 중독에 비유한다.

"뭔가 새로운 감정이 절실하게 요구되면 중독 상태에 빠지기가 아주 쉽습니다. 외로운 여행은 사람을 초월 상태에 이르게 하고, 살아 있다는 것을 느끼게 해 감정을 고조합니다. 그러나 아주 작은 자극이 생겨도 쉽게 무너질 수 있습니다. 그런 에너지가 사라지는 것은 죽는 것과 별반 차이가 없습니다."

팻 리틀존Pat Littlejohn은 단독등반에서 겪는 극한의 위험 상황은 아주 환상적인 기분을 선사한다고 말한다. 그는 죽기 위해서가 아니라 자신이 가지고 있는 두려움을 제어하기 위해서 산에 오른다고 말한다.

린 교수에 따르면, 이런 상황에 놓이면 알피니스트들은 벅차오르는 감정과 신의 은혜까지 느끼게 된다고 한다.

비엘리츠키는 어땠을까? 그는 자정쯤에 등반을 시작했다. 산의 아래쪽은 전혀 어렵지 않았다. 하지만 밤새 바람이 불고 조각난 얼음들이 위에서 쏟아져 내렸다. 어려운 지역에서 등반을 하다 보니 그는 몹시 힘이 들었다. 이 외로운 등반가는 아침에 일어나자마자 예상치 못한 난관에 부딪쳤다. 아래로는 아무 것도 안 보이고 벽이 끝나는 지점의 쿨르와르는 바위로 막혀 있었다. 비엘리츠키는 재빨리 부츠와 크램폰을 착용한 다음 출발했다. 그리고 얼음이 덮인 바위에서 목숨을 건 사투를 벌였다. 300미터 앞에 함정이 기다리고 있었다. 무슨 수를 써서라도 능선에 올라서야 했다. 정찰도 하지 않았는데 이대로 내려갈 수는 없었다. 위에 있는 바위를 무사히 지나갈 수 있도록 기도할 수밖에 없었다. 만약 그렇게 하지 않으면 죽음을 피할 수 없을 터였다.

그는 이렇게 고백했다.

"다울라기리에서 그런 순간을 겪은 적이 있습니다. 격해지는 감정과 위험에 대한 인식이 우리를 사로잡습니다."

혼자가 아니라는 생각이 다시 들었다. 누군가가 옆에서 동행하는 것 같았다. 능선으로 올라서니 몸이 심하게 떨렸다. 이런 상태는 30분 정도 지속되었다.

다행스럽게도 그다음은 순탄했다. 그는 다른 대원들이 간 길을 따라갔다. 그리고 몇 시간 후에 그는 정상에 올라섰다. 쿨르와르로 다시 내려갈 수는 없었다. 슬로베니아인들의 루트를 찾아야 하는데 어디가 어디인지 갈피를 잡지 못했다. 죽을 만큼 지친 그가 아래쪽과 교신했다.

"크로바, 지금이 몇 시지?"

테를리코프스키는 놀랐다. 무언가 잘못된 것이 틀림없었다.

"시계 없어요?" 그가 비엘리츠키에게 물었다.

"없어, 떨어뜨렸어."

크로바의 이름이 다시 들리는 순간 연결이 끊겼다. 테를리코프스키는 머리카락이 쭈뼛 서는 것 같았다.

그때 다시 연결이 되었다.

"시계는 어떻게 된 거예요?" 테를리코프스키가 물었다.

"로프를 묶을 때 떨어졌어."

다시 툭 소리가 나더니 무전이 끊어졌다.

환장할 지경이었다. 분위기가 이상했다.

해가 지기 시작할 무렵 비엘리츠키가 다시 무전을 보냈다.

"지금 몇 시지?"

"아주 늦은 시간입니다."

"그래, 알았다. 알았어."

그리고 다시 무전이 끊어졌다.

자정이 되기 전 비엘리츠키가 테를리코프스키에게 물었다.

"콜에 텐트가 있나?"

짜증이 난 목소리로 테를리코프스키가 응답했다.

"그 텐트 치우라고 대장님이 직접 말했잖아요!"

"그렇다면 다른 곳에서 비박해야겠군."

테를리코프스키는 거의 패닉 상태에 빠졌다. 비엘리츠키가 최소한의 물건만 챙겨서 떠났기 때문이다. 그는 물을 끓일 스토브도 없고, 침낭도 없고, 피켈 두 자루만 있었다. 게다가 배터리마저 방전이 되고 있었다. 툭 소리와 함께 연결이 다시 끊겼다.

크로바는 더 이상 참을 수 없었다. 푸스텔니크에게 그 망할 놈의 텐트를 그 자리에 놔두라고 소리쳤다. 그래도 푸스텔니크는 비엘리츠키가 하지 말라고 하지 않았냐며 되물었다. 이 이탈리아인은 아무것도 모르고 있었다.

그는 베이스캠프에서 나와 벽 밑으로 갔다. 그때 아주 힘든 밤이 될 것 같다는 예감이 들었다.

^^^

비엘리츠키는 콜에서 비박했다. 눈에 앉아 다리를 배낭 안에 집어넣었다. 그리고 계속 발을 때리고 손가락을 움직였다. 잠이 들면 안 된다. 절대로! 어떻게든 아침까지 버텨야 한다. 목이 더 말라가는데 물을 마실 수도 없다. 목이

마리우시 스프루타가 시샤팡마 정상에서 내려오는 크시스토프 비엘리츠키에게 뜨거운 차가 담긴 보온병을 건네주고 있다.

퉁퉁 부어 말 한마디도 못할 지경이다.

이상하다. 두려운 밤이지만 하늘은 정말 아름답다. 청명하고 별들이 가득하고 지평선을 따라 신비로운 풍경이 펼쳐진다. 마치 번개가 이야기를 하는 듯하다.

아침이 되자 그는 하산을 시작했다. 남벽에는 햇살이 일찍 들어 환했다. 바위에서 물이 줄줄 흐르기 시작했지만 갈증을 해결할 정도는 아니었다.

한 발짝을 옮길 때마다 피로가 몰려왔다.

"우린 크시스토프를 오후 1시 반쯤에 발견했습니다." 테클리코프스키가 말했다. "다리를 질질 끌며 오고 있었습니다. 그의 손을 잡아주었습니다. 어찌나 가늘던지 하루 반나절 만에 체중이 반이나 줄어든 것 같은 느낌이 들었습니다. 배낭을 벗겨주려고 하는데 내가 다 먹을 것 같으니 손을 대지 말라고 했습니다."

그가 다시 비엘리츠키에게 물었다.

"어땠습니까?"

비엘리츠키는 중얼거리듯 말했다.

"나쁘지 않았어."

"비박은요?"

"내가 알아서 했어."

"내려오는 길은 어땠습니까?"

"괜찮았어."

언제나 그렇듯 비엘리츠키에게서 무언가 새로운 말을 기대할 수는 없었다. 그는 아직도 제정신이 아닌 것 같았다.

"미국인들의 루트를 찾을 수가 없었어."

대체 무슨 소리지? 미국인이라니….

^^^

로이터 통신의 기자이자 히말라야 등반기록을 정리하는 엘리자베스 홀리Elizabeth Hawley는 1960년부터 카트만두에 살고 있었다. 그녀는 무엇이든 놓치는 법이 없었다. 산에 다녀오는 원정대라면 모두가 그녀의 기삿감이 되었다. 그녀는 등정이 이루어질 때마다 그 이야기를 세상에 알렸다. 네팔에서 가장 오래된 여행사인 '마운틴 트래블Mountain Travel'에 그 자료들이 보관되어 있다. 하지만 구글맵이나 GPS 등 인터넷을 기반으로 하는 서비스는 아직 없다. 정상이나 루트와 관련해 궁금한 점이 있으면 홀리 여사가 수집한 자료들을 보아야 한다. 정보를 얻는 것은 공짜지만 그 대가로 새로운 정보를 줘야 한다. 신뢰가 가는 정보들이었다. 산악인들이 등정에 성공하면 도장을 찍고 실패하면 엑스 표를 그었다.

폴란드인들은 오후가 지나서 시샤팡마에 올랐다. 미국인들은 자정이 지

나서 산에 들어왔다고 주장했다. 푸스텔니크가 내려온 후라면 정상은 대낮이어야 할 터였다.

비엘리츠키는 이런 생각이 계속 들었다.

'정상에서 미국인들의 흔적을 보지 못했는데….'

원정대 소식통이 전하는 소문이 카트만두에 삽시간에 퍼졌다.

원정대장들은 카트만두로 돌아오는 대로 홀리 여사의 사무실로 전화를 걸어 인터뷰 약속을 잡아야 한다는 것을 잘 알고 있었다. 그런데 지금은 조금 달랐다. 그는 이제 정신을 좀 차렸지만 여전히 피로를 떨치지 못했다. 그래도 기자는 만나야 했다. 그럼 사무실에 직접 가지 말고 호텔로 오라고 해도 될 것 같았다.

그들은 다음 날 아침식사를 함께했다.

"신루트를 개척했나요?" 홀리가 비엘리츠키에게 물었다.

"예."

"무엇이 가장 힘들었었나요?"

"루트로 들어서는 것이었습니다."

"주변 상황은 어땠나요?"

"어려웠습니다."

"이번에도 혼자 올라갔나요?"

"맞습니다."

"미국 원정대에 대해서는 어떻게 생각하세요? 카트만두 시내에 소문이 파다하던데요."

"제가 말씀 드릴 수 있는 건 그 사람들의 흔적을 보지 못했다는 겁니다."

"그 사람들이 정상에 못 올라갔다고 말하고 싶은 건가요?"

"아닙니다. 절대 그렇지는 않습니다. 아마 가능성은 두 가지일 겁니다. 제가 정상에 못 갔거나, 그 사람들이 정상에 서지 못했거나."

시샤팡마 원정을 성공적으로 끝낸 등반대원들이 카트만두에서 휴식을 취하고 있다. 오른쪽부터 크시스토프 비엘리츠키, 표트르 푸스텔니크, 즈비그네프 테를리코프스키

"시간을 내줘서 고맙습니다."

테를리코프스키는 이렇게 말했다.

"상황이 너무 안 좋게 전개됐습니다. 어딜 가든 미국 사람들은 우릴 보자마자 자리를 떴습니다. 크시스토프가 무슨 권리로 자기들이 정상에 오른 사실을 부인하느냐며 따지기도 했습니다. 그럼 나는 당신들이 정상에 오른 걸 부정하는 게 아니라 당신들의 흔적을 보지 못했다는 것뿐이라고 설명했습니다. 그런데 얼마 지나지 않아 미국 사람들의 거짓말이 온 세상에 드러났습니다."

폴란드에서 재미있는 기사가 하나 나왔다. 안제이 스쿼도프스키Andrzej Skłodowski가 『타테르니크』에 '8천 미터급 고봉을 좇는 사람들'이라는 글을 투고했다.

"지금 히말라야에서 벌어지고 있는 경주는 어떻게 진행되고 있을까? 다음 참가 선수들도 똑같은 기회를 얻을 수 있을까? 누가 메스너와 쿠쿠츠카의 뒤를 이을 것인가? 현재까지 10개 이상을 오른 사람은 스위스의 마르셀 루에디, 슬로베니아의 비키 그로셀Viki Grošelj, 이탈리아의 파우스토 데 스테파니Fausto De Stefani, 프랑스의 베노아 샤무Benoît Chamoux, 그리고 크시스토프 비엘리츠키다. 스포츠 용어로 설명하자면 위에 열거한 사람들의 실력은 거의 같다. 그러므로 이 명단에 오르는 것은 우연이 아니다. 다시 말해서, 그들은 세계 알피니즘의 엘리트에 속해 있다. 전문가들의 말을 빌면, 이 중에서 가장 출중한 사람은 상위에 있는 8천 미터급 고봉을 모두 오른 비키 그로셀이다. 그가 오른 산 중에는 전 세계에서 가장 어렵다고 알려진 K2(8,611m)도 들어 있다. 산에 관한 한 그는 더 이상 부족한 것이 없다."

비엘리츠키는 이렇게 생각했다.

'8천 미터급 고봉을 모두 오르는 게 아주 바보 같은 생각은 아니군.'

14장

집 안에 틀어박혀 있으면 사고를 경험할 일이 전혀 없다

자신의 책 『인생의 단 하루』 서문에서 비엘리츠키는 이 책이 아들에게 들려줄 만한 인생 이야기를 함축해놓은 것이며, 악몽으로 뇌리에 다시 돌아오는 순간들의 기록이라고 썼다. 이 책에는 너무도 난데없이 그의 기억 속에 자리잡은 '사소하거나 문맥에 맞지 않는 에피소드들'도 들어 있다.

하지만 이 책에는 가셔브룸에 대한 언급이 일절 없다. 그렇다 해도 그 산에 대해 할 말이 전혀 없다는 것은 아니었다.

^^^

1992년 가을 그는 가셔브룸에 처음 갔다. 꿈을 이루고 싶은 폴란드, 이탈리아, 미국의 알피니스트들이 그곳 베이스캠프에 속속 모여들었다. 7천 미터급 봉우리인 가셔브룸4봉에 오르려는 것이었다.

◄ 1995년 6월 가셔브룸으로 어프로치 하던 도중 강을 건너는 크시스토프 비엘리츠키

이번 원정은 재미있을 것 같았다. 스카르두의 호텔에 머물고 있던 폴란드인들에게 폴란드계 미국 여성이 달라붙었다. 그녀는 비엘리츠키와 원정대 의사 레흐 코르니셰프스키가 머무는 방에도 서슴없이 들어왔다. 무안을 주지 않고 맞아들이는 것이 신사가 아닐까? 하지만 그 여인은 눈치가 전혀 없었다.

"시간이 늦었습니다. 이제 그만 잡시다." 비엘리츠키가 이렇게 말하자 미국 여성이 대답했다.

"난 상관없으니 신경 쓰지 마세요."

"지금 자려고 누울 거예요. 이제 옷을 벗어야 하는데…."

비엘리츠키는 충분히 알아들을 만큼 눈치를 줬다.

그녀는 이렇게 대꾸했다.

"괜찮아요."

비엘리츠키는 속옷만 남기고 모두 벗었다. 그래도 미국 여성은 자리에 앉아 여전히 수다를 떨었다. 그리고 두 남자가 코를 골자 그때서야 자리에서 일어났다.

이번 원정은 술을 마시지 않고 맨정신으로 가야 할 것 같았다.

앞으로의 위급 상황들을 예고라도 하는 듯 호텔에서부터 일이 벌어졌다. 상처를 심하게 입은 캐나다 학생들이 도와달라며 소리를 질렀다. 그들은 공공장소에서 위스키를 마셨다는 이유로 법정에서 유죄판결을 받았다. 캐나다에서 하던 식으로 술병을 신문지에 싸서 가지고 다녔는데 현지인들이 냄새를 맡고 경찰에 신고를 한 것이었다. 태형 15대! 비엘리츠키가 가보니 배를 깔고 누워 있는 그들의 피부는 상처 딱지투성이였다. 엄청 아팠겠지만 비엘리츠키가 붕대를 감아주자 그들은 싫은 내색을 하지 않았다.

폴란드인은 술을 마실 수 있는 묘책을 찾아냈다. 파키스탄 내무부에서 발급한 증명서를 내밀면 위스키를 합법적으로 살 수 있었던 것이다. 그들은 종교적 이유로 술이 필요하다고 신청서에 적었다. 그러자 담당 관리는 36병의 술을 살 수 있도록 허락하면서 공공장소에서는 절대 술을 마셔서는 안 된다고 당부했다.

여성 알피니스트 안나 체르빈스카는 그들의 술책을 기억하고 있었다.

"크시스토프는 대중식당에 링거를 매달았어요. 파키스탄에 가기 전에 그 링거 통에 술을 넣었고, 차를 마실 때 그 술과 섞어 마시곤 했어요. 파키스탄 사람들은 그 술을 생리식염수라고 생각했을 거예요."

미국인들은 폴란드인들 옆에 베이스캠프를 쳤다. 폴란드인들은 술을 마시러 오라고 부르기는 해도 그 술을 어떻게 마련했는지는 말해주지 않았다. 미국인들은 별명을 만들어 옷에 붙여놓았다. 의사인 코르니셰프스키가 술고래인 것을 보고, 그에게는 '스피릿 닥터spirit doctor'라는 표를 만들어 붙였다. 비엘리츠키는 원정대장인데도 베이스캠프를 비우는 일이 많아지자 '하드코어hard core'라는 별명을 붙였다. 그는 언제나 벽에 붙어서 무언가를 했고, 캠프로 돌아오면 또 무언가를 하기 시작했다.

폴란드인과 미국인의 피가 반반씩 섞인 여성도 음주 자리에 합석했다. 스카르두의 호텔에서 폴란드인들에게 달라붙었던 바로 그녀였다. 폴란드 베이스캠프로 놀러오는 그녀는 말이 너무 많아 다들 괴로워했다. 사람들은 그녀에게 피켈 손잡이가 불쑥 튀어나와 있을 정도로 구멍이 숭숭 뚫린 상자 위에 앉으라고 권했다. 그런데도 그 미국 여성은 방법을 잘도 찾았다. 어정쩡하게 앉아 좋은 자리를 줘서 고맙다면서….

^^^

본격적인 등반이 시작되자마자 비극적인 사고가 발생했다. 비엘리츠키와 이탈리아 산악인 넷이 가셔브룸 라 아래에서 밤을 보냈다. 그런데 아이스폴을 통과하는 길이 길게 이어져, 그들은 대신 눈이 덮인 100여 미터의 사면을 질러가기로 했다. 그 사면은 아이스폴 위에서 세락으로 갈라졌다. 로프만 던지

면 바로 베이스캠프였다.

파올로 베르나스코네Paolo Bernascone가 앞장서고 쿠르트 발데가 뒤따랐다. 그때 판상이 갈라지더니 말 그대로 판 전체가 떨어져나갔다. 그리하여 엄청난 눈덩이가 이탈리아인들을 덮치면서 그들을 세락 50미터 아래로 밀어버렸다. 마침 정찰을 하고 있던 미국인들이 눈사태가 쓸어버린 곳을 지나고 있었다. 미국인들은 그곳으로 서둘러 내려가 눈에 파묻힌 발데를 파냈다. 그는 살아 있었지만 부상이 심했다. 베르나스코네는 눈 속에서 몇십 분 동안 허덕이다가 결국 죽은 채 발견되었다.

그들은 세락 밑의 빙하에 있는 크레바스에 시신을 넣는 방식으로 산악인 장례식을 치렀다. 조짐이 좋지 않았다. 모두가 기분이 축 가라앉았고, 두들겨 맞은 듯 침울했다. 베르나스코네는 카라코람을 처음 찾은 청년이었다. 이곳에 오기 전 패러글라이딩클럽을 창립한 그는 원정에 참가하기 위해 은행에서 많은 대출을 받아 생명보험에 가입했다. 그에게는 정말 어려운 일이었다. 쿠르트 발데와 조르지오 파시노Giorgio Passino는 짐을 싸 이탈리아로 돌아갔다. 베르나스코네의 가족들에게 어떻게 말해야 하나? 발데는 그들을 만나는 것이 꺼림칙했다. 바로 그가 베르나스코네에게 이번 원정을 제안했기 때문이다.

비엘리츠키는 이렇게 말했다.

"사고란 우리가 어떻게 할 수 있는 게 아닙니다. 집 안에 틀어박혀 있으면 사고를 경험할 일이 전혀 없습니다."

하지만 다른 이들에게는 여전히 좋지 않은 징조였다.

^^^

그 좋지 않은 징조가 마침내 현실이 됐다.

비엘리츠키가 가셔브룸에서 등반을 준비하고 있을 때 카를로스 카르솔리오Carlos Carsolio와 반다 루트키에비치는 칸첸중가를 오르고 있었다. 몇 년이 지난 후 카르솔리오는『가제타 비보르차Gazeta Wyborsza』와 가진 인터뷰에서 이렇게 말했다.

> 나는 반다보다 훨씬 빨리 올라갔다. 8,000미터쯤에서 작은 설동이 보여, 그곳에서 날씨가 좋아지기를 기다렸다. 반다는 거의 하루가 지나서 설동으로 올라왔다. 그녀는 아주 지쳐 있었고 구토까지 했다. 밤새 무엇이라도 좀 먹이려고 했지만 그녀는 먹고 마시는 족족 토해버렸다.
>
> 아침이 되자 날씨가 한결 좋아졌다. 나는 먼저 올라가 위험한 곳에 고정로프를 설치하겠다고 말했다. 우리는 그렇게 헤어졌다. 무릎으로 인해 크램폰을 제대로 쓰지 못한 나는 속도를 낼 수 없었는데, 반다는 나보다도 더 느렸다. 정상에서 내려오는데 반다가 보이지 않았다. 우리가 헤어진 장소로부터 불과 300미터 떨어진 곳에서 반다를 발견한 나는 소스라치게 놀랐다.
>
> 그날 밤 우리는 그 작은 설동 안에서 보냈다. 무척 추웠다. 나는 함께 내려가자고 해봤지만 반다를 억지로 끌고 내려갈 수는 없었다. 반다는 자신이 원치 않으면 절대로 수긍하는 스타일이 아니었다. 나는 하산을 시작했다. 무릎은 끔찍하게 아팠다. 그리하여 죽지 않으려는 나 자신과의 싸움이 더 치열해졌다. 내려가면서 캠프에 도착할 때마다 혹시 몰라 반다를 기다려봤다. 이것은 아마 내 인생에서 가장 힘든 이별이었을 것이다. 우리의 이별이 영원하다는 것을 나는 그때 알았다.

비엘리츠키의 마음은 난파선이 되었다. 루트키에비치와는 브로츠와프 시절부터 알고 지냈다. 그녀는 산악회를 소개해주고 고산등반 세계로 이끌어준 장본인이었다. 따라서 비엘리츠키와는 정신적으로 강하게 연결된 사이였다.

칸첸중가의 그 어느 곳에서도 반다는 발견되지 않았다.

^^^

이탈리아인들이 떠나버려, 비엘리츠키는 함께 등반할 사람이 없는 상황이 되고 말았다. 그는 가셔브룸2봉으로 외로운 도전을 시도해보고자 했다. 비록 가셔브룸1봉보다 쉽기는 해도 그는 자신의 계획을 일절 발설하지 않았다. 등반 허가서를 받지 못했기 때문이다. 불법 등반은 언제 발각될지 모를 일이었다. 사면에는 신설이 쌓여 있고 그 밑은 빙판이었다. 하산하던 중 비엘리츠키는 발을 헛디뎌 옆으로 미끄러졌다. 하지만 기적적으로 그는 피켈을 눈에 꽂아 넣었다. 그 순간 움직임이 멈추었다. 정말 죽을 뻔한 순간이었다. 그래도 그는 포기하지 않았다.

그에게는 함께 등반할 사람이 필요했다. 그는 미국 원정대의 알렉스 로우 Alex Lowe에게 가셔브룸4봉 대신 1봉에 함께 가자고 제안했다. 미국에서 로우는 다방면으로 이름이 높았다. 그는 실력이 출중한 알피니스트고, 고산 전문 가이드이자 스키선수이기도 했다. 이들에게 동식물 연구 학자 찰리 파울러 Charlie Fowler가 합류했다. 이제 계획을 다시 짜야 했다. 그리하여 이번에는 신루트를 개척하지 않고 노멀 루트인 일본 쿨르와르를 통해 올라가기로 했다.

선택은 탁월했다. 알렉스 로우는 전에 없이 강한 사람이었다. 다른 이의 추종을 불허할 정도로 능력이 출중한 그는 거의 하루 종일 선두에 서서 깊게 쌓인 눈을 뚫고 앞으로 나아갔다.

하지만 불행이 또 시작되었다. 일본 쿨르와르에 눈이 너무 깊게 쌓여 그들은 베이스캠프로 발걸음을 돌려야 했는데, 도중에 고정로프가 끊어지고 말았다. 비엘리츠키는 거꾸로 떨어졌다. 그는 당시를 이렇게 회상했다.

"의식이 말짱했습니다. 둥글게 튀어나온 곳에서 50미터 정도 떨어져 눈에 처박혔다가 다시 또 떨어졌습니다. 그런데 다행스럽게도 카라비너를 로프에 걸어 매달릴 수 있었습니다. 무릎을 피켈로 맞았습니다. 거의 100미터를 떨어진 셈인데 멍이 좀 든 것 말곤 괜찮았습니다."

좋지 않은 신호가 보이면 운명을 탓하지 말고 알아서 빨리 처리할 생각을 해야 한다. 이제 여정을 마칠 때였다.

^^^

그로부터 3년이 흘렀다. 이 세계가 바닥이 워낙 좁다 보니 티베트 사람들이 8천 미터급 고봉 중 가셔브룸1봉과 2봉의 허가서를 가지고 있다는 소문이 퍼졌다. 그리하여 그것을 얻기 위한 경쟁이 치열하게 벌어졌다. 히말라야와 카라코람의 자이언트들을 연이어 등정하고자 하는 이들이 이 경쟁에 끼어들었다. 한 번에 두 개를 오를 수 있으니 좋은 기회가 아닐 수 없었다. 비엘리츠키는 중국산악협회에 연줄이 있는 이탈리아의 레나타 모라Renata Mora와 오래전부터 친분을 유지하고 있었다.

영향력이 남다른 중국 기관이 파키스탄 관광성에 압력을 가해 그 안에 폴란드인들을 포함시켰다. 멕시코의 카를로스 카르솔리오(그는 원정대에 합류하는 것으로 결정했지만 일정은 다울라기리에서 마쳤다.), 아직 마칼루에 남아 있던 미국인 에드 비에스투르스Ed Viesturs, 뉴질랜드인 롭 홀Rob Hall도 함께 가기로 했다.

나머지 사람들은 스카르두에 집결했다. 마을을 지나니 제대로 된 길이 더 이상 없었다. 그 이후는 지프로 자갈길을 몇십 킬로미터 달려야 했고, 그런 다음 또 며칠을 도보로 가다 마지막 60미터 구간은 빙하호수를 지나야 했다. 전 세계에서 모여든 사람들로 바벨성 같은 모습을 한 베이스캠프는 더 이상 텐트를 칠 곳이 없었다.

둘러볼 필요도 없었다. 이런 고도에 누가 먼저 오고, 누가 가능성이 제일 많은지 왈가왈부할 처지가 아니었다.

비엘리츠키가 보기에 이번에 모여든 사람들은 아주 약했다.

"일본인들은 베이스캠프를 떠나지 않았습니다. 한국인들은 텐트 안에서

원정대장인 크시스토프 비엘리츠키가 집으로 돌아가는 포터들에게 임금을 지불하고 있다.

무얼 하고 있는지 아무도 알지 못했습니다. 바스크 원정대는 겨우 이틀 전에야 젊은 친구들이 합류했습니다. 슬로베니아인들은 스키와 스노보드로 일본 쿨르와르를 통해 가셔브룸 라로 가려고 하는 것 같았습니다."

나중에 알고 보니, 그중 가장 나은 사람들은 파키스탄-티베트-캐나다 3개국의 군인들로 구성된 합동원정대였다. 그들은 3주 후 6,500미터에 캠프를 쳤다. 군인들이 너무 천천히 움직이자 폴란드인들은 불평을 해댔다.

원정대의 실질적인 대장인 비엘리츠키는 첫 번째 팀을 이끌고 위로 올라갔다. 이틀 후 그들은 군인들보다 100미터를 더 올라가 텐트를 쳤다. 비엘리츠키와 야체크 베르베카는 고소적응 훈련을 위해 베이스캠프로 내려왔다. 카를로스 카르솔리오는 히말라야를 떠나지 않을 계획이었다. 이후 그는 안나푸르나와 다울라기리로 등반을 이어갈 생각이었다. 에드 비에스투르스는 마칼루에서 곧장 온 상태였다. 그들의 몸은 고산을 오를 준비가 완벽하게 되어 있었다. 그 둘은 더 높이, 그러나 각자 다른 길로 가기로 결정했다.

비에스투르스가 가셔브룸2봉 정상에 먼저 올라섰다. 그리고 몇 시간 후에 카르솔리오가 그 뒤를 이었다.

원정대원들의 생각은 오직 하나였다. 정상에 오른 후 안전하게 돌아오는 것이다.

비엘리츠키는 더 놀라운 행보를 보였다. 브로드피크에서 그랬던 것처럼, 그는 휴식도 없이 재빨리 올라 정상을 찍고 돌아오고 싶어 했다. 그는 아침 일찍 야체크 베르베카를 먼저 보내 최종캠프에서 자신을 기다려달라고 말했다. 그의 계획은 밤늦게 출발해 최종캠프에서 베르베카를 만난 후 함께 정상에 오르는 것이었다.

자정에 출발한 비엘리츠키는 길을 잘못 들고 말았다. 완전히 얼지 않은 빙벽으로 빠져버린 것이다. 몸이 떨렸다. 무조건 1캠프로 돌아와 몸과 장비들을 말려야 했다. 그는 저녁에 다시 밖으로 나왔다. 하지만 벽에서 떨어지는 얼음덩어리들을 방어하기 위해 파카로 몸을 감싸야 했다. 마침내 최종캠프에 도착했지만 시간이 너무 늦고 말았다. 오전 8시 30분. 야체크 베르베카는 텐트에 없었다. 그는 기다리다 못해 먼저 정상으로 향한 모양이었다.

그는 베르베카를 곧바로 따라나서고 싶었지만, 마음속 이성의 끈이 너무 늦었다고 뒤로 잡아끌었다. 게다가 야체크는 무전기도 텐트 안에 두고 간 상태였다. 오후 2시쯤에는 캠프로 돌아와야 할 텐데 아직 아무런 소식이 없었다. 그때 누군가가 외치는 소리가 들렸다. 비엘리츠키는 따뜻한 차와 사탕과 약과 무전기를 배낭에 넣고 소리가 들리는 쪽으로 갔다.

30분쯤 후에 그들은 서로 만났다. 기진맥진한 베르베카가 천천히 내려오고 있었다. 그는 방향감각을 잃어버렸다고 말했다. 그러면서 텐트를 찾지 못할까봐 소리를 질렀다고 말했다. 비엘리츠키를 만나자 그는 바로 정신을 차렸

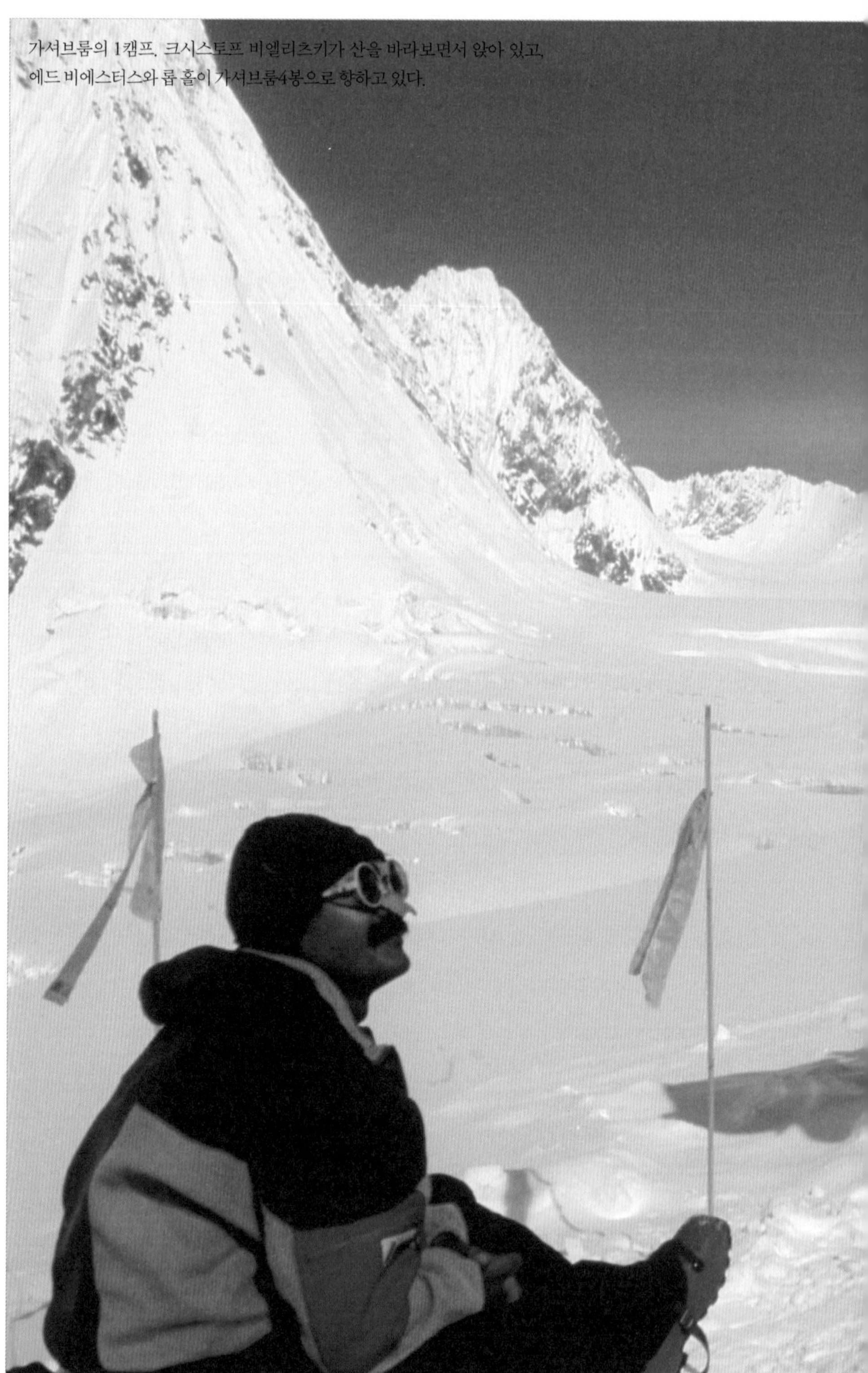

가셔브룸의 1캠프. 크시스토프 비엘리츠키가 산을 바라보면서 앉아 있고, 에드 비에스터스와 롭 홀이 가셔브룸4봉으로 향하고 있다.

크시스토프 비엘리츠키는 커피 마니아이다. 그는 항상 인스턴트커피를 제일 먼저 챙긴다. 가셔브룸1봉 베이스캠프에서

다. 동료가 옆에 있어주는 것만으로도 누군가에겐 기적이 될 수 있다. 베르베카는 비엘리츠키를 따라 캠프로 무사히 내려왔다.

베르베카는 가셔브룸2봉 정상에서 바라다 보이는 K2를 배경으로 사진을 찍지 못했다고 연신 아쉬워했다. 정상 사진이 없어 등정을 인정받지 못할까봐 그는 걱정을 했다. 찜찜하기는 했지만 지금은 친구를 캠프에 홀로 남겨두고 정상에 오르는 것이 우선이었다. 그는 베르베카의 발자국을 따라 혼자 올라갔다. 캠프로 무사히 돌아온다면 동료에게 좋은 소식을 전해줄 수 있지 않을까?

"정상에 올라간 거 내가 보증할게!"

베이스캠프로 돌아오자, 주방장이 부족한 영어로 대충 쓴 배너를 들고 그들을 맞이했다. "Mister 11 Welcome."

그리하여 비엘리츠키는 8천 미터급 고봉 14개 완등까지 3개를 남겨놓게 되었다.

^^^

독일의 유명한 영화감독 베르너 헤어조크Wener Herzog는 1984년 라인홀드 메스너와 함께 카라코람에 왔다. 남티롤 출신의 메스너는 한스 카머란더와 함께 가셔브룸1봉과 2봉을 베이스캠프로 내려오지 않고 알파인 스타일로 연속 등정하려고 했다. 헤어조크가 이 계획을 수행하기 위해 어떻게 해야 하느냐고 메너스에게 물었다.

그렇게 하려면 몇 가지의 '만약'을 고려해야 한다고 메스너는 주저 없이 말했다.

"만약 힘이 충분하다면, 만약 어려움을 이겨낼 수 있다면, 만약 행운이 따라준다면, 만약 컨디션이 허락한다면, 만약 날씨가 도와준다면… 분명 이겨낼 수 있습니다."

11년 만에 여러 동료들과 함께 위로 향하려는 비엘리츠키가 많은 '만약'을 이겨낼 수 있을까? 그들 앞에는 가셔브룸1봉이 서 있었다. 비엘리츠키는 참을성과 힘을 동시에 배양하는 것이 얼마나 어려운지 잘 알고 있었다. 그들은 둘씩 짝을 지어 길을 나섰다. 카르솔리오-비에스투르스는 걸음을 옮길 때마다 비엘리츠키-베르베카와 거리가 벌어졌다. 그들은 가셔브룸 라에서 폴란드인들을 기다려야 했다. 다행스럽게도 날씨가 화창해서 눈에 반사되는 햇볕이 따갑기까지 했다. 비엘리츠키는 중간에 쉬지 말고 정상으로 계속 올라가자고 제안했다.

모두가 그의 말에 동의했지만 정작 비엘리츠키는 힘이 빠졌다. 그는 자주 쉬면서 피켈에 기대어 조는 일도 많았다. 어떻게 된 거지? 새벽 3시에 베이스캠프에서 나와 잠도 제대로 자지 못하고, 저녁에는 콜에서 짧은 휴식을 취한 후 다시 위로 향했기 때문이다. 따라서 13시간 동안이나 계속 움직인 셈이었다. 그런데 잠이 부족해서만은 아니었다. 멕시코인과 미국인은 다시 폴란드인

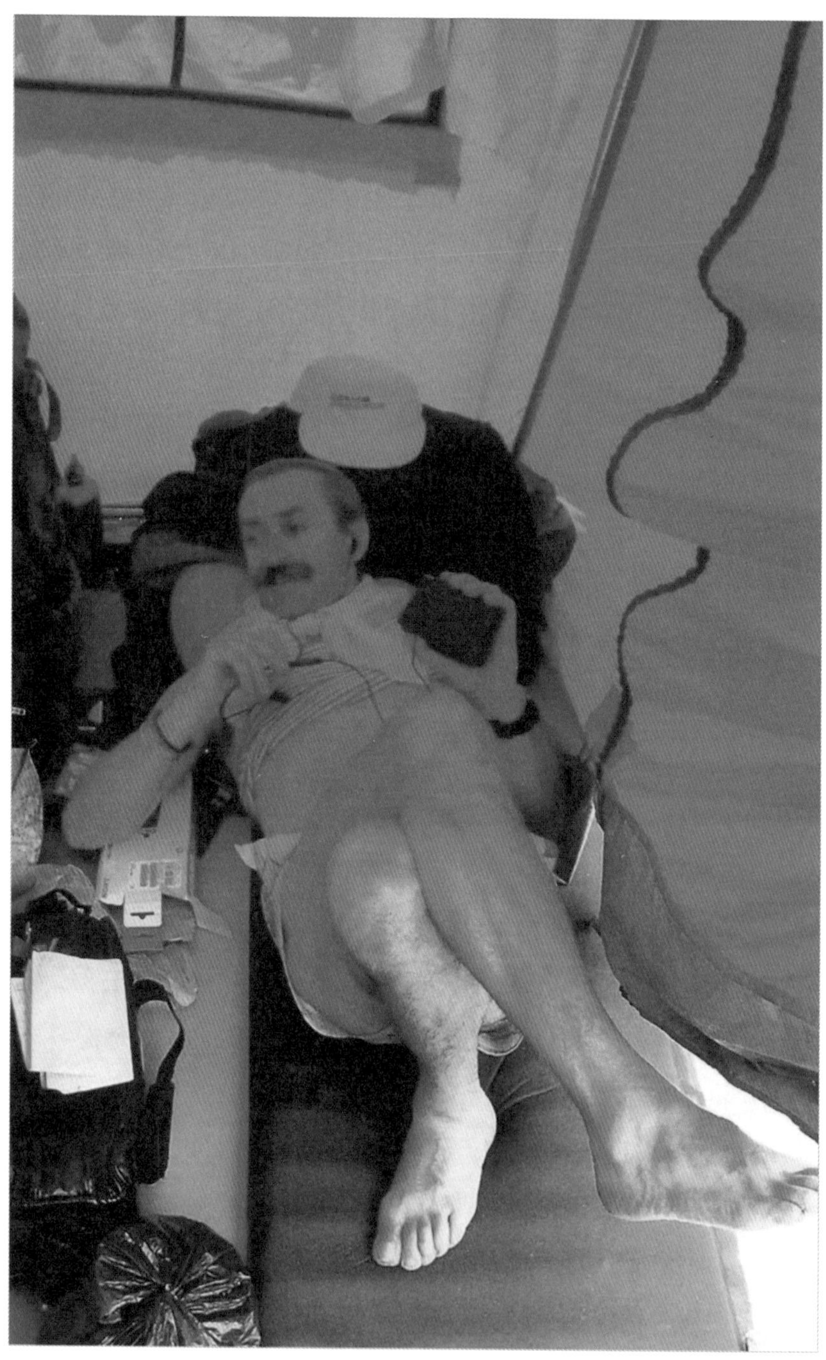

가셔브룸1봉의 텐트에서 휴식을 취하고 있는 크시스토프 비엘리츠키

들을 뒤에 두고 앞으로 향했다. 비엘리츠키는 걸음을 내딛기도 힘들어했다. 공포와 절망이 그를 휘감았다. 그만두어야 하나, 계속 가야 하나?

그는 정상을 코앞에 두고 드러눕고 말았다. 그리고 10분 정도 깊은 잠에 빠졌다. 하지만 끝내 그는 정상에 올라섰다.

^^^

카라코람은 햇빛이 완연했다. 그것은 염두에 두어야 할 '만약' 중에서도 가장 중요한 것이었다. 그해 가셔브룸 베이스캠프에 텐트를 쳤던 사람들은 모두 이번의 성공에 대해 이렇게 말할 것이다.

"폴란드인들은 7일 동안 정상 두 개를 정복했다.

슬로베니아인들은 가셔브룸1봉에서 스키를 타고 내려왔다.

마리우시 스프루타는 가셔브룸2봉을 혼자 올랐다."

^^^

11년 전 헤어조크는 사람들에게 이렇게 질문했었다.

"산에는 도대체 왜 가는 거죠? 무슨 이유로 그러는 거죠?"

그러자 메스너는 이렇게 말했다.

"왜 사느냐는 질문에 대답을 해주지 못하는 것처럼, 그 질문은 나도 대답하기가 어렵습니다."

그는 이후의 자신의 꿈에 대해서도 말해주었다. 사막과 숲과 평야를 건널 것이다. 아무런 목적도 없이. 서두르지도 않고 기다리는 사람도 없이. 목적은 그냥 길 그 자체일 뿐. 이대로 걸음을 멈추면 세상이 끝나버릴지도 모르니까.

그 티롤 출신은 이렇게 말했다.

"등산은 내 세계가 가진 전부입니다."

비엘리츠키는 가셔브룸1봉과 2봉을 연달아 오른 후에 마지막으로 이렇

게 적었다.

"허벅지가 너무 아프다. 아무 곳에도 갈 수 없으니 너무 기쁘다."

15장

머리는 그만두라 하지만 가슴은 산으로 향한다

실롱스크 지역 방송국 최초로 라디오 톱Radio Top은 카토비체의 예시오노바Jesionowa 거리에 있는 작은 사무실에서 1993년 2월 20일 방송을 시작했다. 그들은 건스 앤 로지스Guns N'Roses, 메탈리카Metallica, AC/DC, 데 모노De Mono, 빅 치츠Big Cyc같이 실롱스크에서 유명한 히트곡들과 사건사고, 교통체증, 정치인과의 대화 등 매시간 다양한 정보를 내보냈다. 지역 자유노조로부터 후원을 받는 라디오 운영진은 하나같이 젊고 에너지가 넘쳤다. 이 라디오 방송은 라파우 올레이니차크Rafał Olejniczak, 마레크 치즈Marek Czyź, 바르토시 돔브로프스키Bartosz Dąbrowski, 아그네시카 슈비진스카Agnieszka Świdzińska 등 실롱스크의 기자들이 주축이 되어 운영되고 있었다. 책임자는 카밀 두르초크Kamil Durczok였다.

그때 여러 가지 예상치 못한 사건이 일어났다. 출연자 3명이 연달아 사무

≺ 1994년 6월 크시스토프 비엘리츠키는 K2에 연달아 도전했다. 원정대원은 단출했다. 보이테크 쿠르티카와 카를로스 카로솔리오까지 3명이 전부였다.

실에 나타나지 않은 것이다. 그래서 진행자가 혼자 19시간 동안 쉬지 않고 방송을 맡을 수밖에 없었다. 그리하여 마침내 교대할 사람이 왔을 때는 눈이 보이지도 않을 지경이었다. 또 한 번은 30분이나 방송이 나오지 않았다. DJ가 안에서 문을 잠근 채 마이크 앞에서 잠들어버려 다음 진행자가 들어갈 수가 없었기 때문이다.

스포츠 방송은 알리나 마르키에비치Alina Markiewicz가 맡았다. 등산을 좋아하는 그녀의 목소리는 라디오 방송에 제격이었다. 그녀는 예지 쿠쿠츠카, 반다 루트키에비치, 보이테크 쿠르티카의 업적에 대해 쉴 새 없이 이야기를 쏟아냈으며, 특히 크시스토프 비엘리츠키의 성취에 대해서는 더욱 열의를 보였다. 에베레스트 동계초등의 주인공인 마흔여섯의 알피니스트로 브로드피크와 다울라기리를 속공 등반한 장본인이고, 마나슬루와 칸첸중가, 마칼루, 로체, 안나푸르나 정상에 섰으며, 시샤팡마와 가셔브룸2봉은 누구의 도움도 받지 않고 혼자 올랐다고. 그리고 이제 두 개만 더 오르면 카라코람 정복을 완성하면서 히말라야의 왕관을 차지하게 된다고. 그 두 개는 바로 K2와 낭가파르바트였다. 라디오 청취자들에겐 정말 재미있는 내용이 아닐 수 없었다.

^^^

"알리나는 등반가들의 세계가 어떻게 돌아가는지 잘 알고 있었습니다. 그녀는 크시스토프에게 전화를 해달라고 부탁했습니다." 카토비체 TVP 방송국 기자 얀 마투신스키Jan Matuszyński가 말했다.

그는 알리나와 어린 시절부터 친구였으며 조력자였다. 그가 비엘리츠키에게 전화를 걸어 알리나와의 인터뷰를 부탁했다. 그리하여 1996년 초에 비엘리츠키는 이 젊은 기자와 만났다. 인터뷰를 꺼려 했지만 알리나는 타고난 재담꾼이었다. 알리나는 그가 열정적으로 전해주는 산에서의 경험을 들으며 쓸데없이 초초해했다. 비엘리츠키는 히말라야와 카라코람의 고봉들은 사실

크시스토프 비엘리츠키와 알리나 마르키에비치. 크시스토프는 이 젊은 여성을 보자마자 넋이 나갔다.

오르지 않아도 되었다고 솔직하게 털어놓았다. 그래도 가는 것이 안 가는 것보다 낫지 않을까? 그는 이번 여름에 자신의 꿈을 끝내고 싶다고 말했다.

K2를 등정한 후 바로 낭가파르바트로 향한다는 계획이었다. 비엘리츠키는 이 이야기를 어느 누구에게도 한 적이 없었다. 빅뉴스였다.

^^^

여름이 되자 두 개의 원정대가 폴란드를 떠났다. 하나는 K2로, 다른 하나는 낭가파르바트로. 두 원정대의 대장은 모두 크시스토프 비엘리츠키였다.

파키스탄 쪽에서 접근하면 산을 한꺼번에 정복할 수가 있었다. 하지만 파키스탄 관광성은 10여 년 전부터 한 번에 두 산을 오를 수 있는 허가서를 내준 적이 없었다. 비엘리츠키는 무엇인가 다른 방법을 생각해내야 했다. K2를

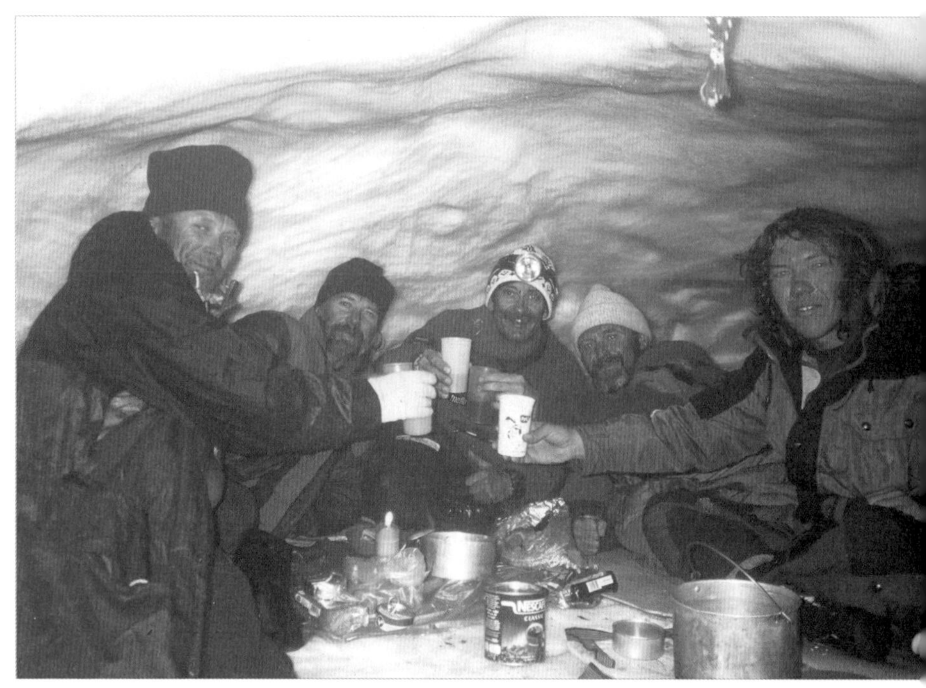

1996년 K2 하계원정. 크시스토프 비엘리츠키(왼쪽에서 세 번째)는 중국 쪽에서 올라가려고 계획했다. 북쪽은 산세도 더 험하고 사람들이 드물지만 더 큰 도전이 될 수 있었다.

중국 쪽에서 올라가면 어떨까? 북쪽은 산세도 더 험하고 사람들이 드물어서 그에게는 구미가 더 당겼다. 하지만 이것은 더 큰 도전을 의미했다.

"K2는 세상에서 가장 아름다운 산입니다. 그 산의 정상으로 가기 위해서는 에베레스트에 오르는 것보다 더 많은 힘이 필요합니다." 이번 히말라야 원정대의 의사인 마레크 로즈니에츠키Marek Rożniecki가 말했다.

비엘리츠키와 로즈니에츠키 외에도 유제프 고즈지크Józef Goździk, 리샤르드 파브워프스키, 표트르 푸스텔니크, 표트르 스노프친스키Piotr Snopczyński, 이탈리아의 마르코 비안키, 크리스티안 쿤트네르Christian Kuntner와 미국의 카를로스 불러Carlos Buhler, 레이먼드 코런Raymond Caughron 등이 K2 아래에 있었다. 바로 그 시간 낭가파르바트에서는 야체크 베르베카가 선두에 선 원정대

K2를 오르고자 하는 사람들이 베이스캠프 아래 마을에서 쉬고 있다. 왼쪽에서부터 리샤르드 파브워프스키, 크리스티안 쿤트네르, 마레크 로즈니에츠키, 크시스토프 비엘리츠키, 표트르 푸스텔니크, 유제프 고즈지크

가 활동을 벌이고 있었다. 계획대로라면 비엘리츠키는 K2를 등정한 후 다른 사람들과 합류할 예정이었다.

하지만 K2 등반이 엄청 어렵다는 것이 문제였다. 1996년에는 비도 자주 내렸다. 베이스캠프에는 비바람이 몰아쳤고, 사면에는 신설이 깊이 쌓였다.

폴란드인들 옆에 19명으로 구성된 러시아 원정대가 텐트를 치고 있었다. 그들은 체격도 좋고 체력도 강하고 장비도 좋았다. 저녁 시간에 서로 인사를 나누자 그들은 보드카 1리터와 스피릿 1.5리터를 선물로 주었다. 동구권에서 온 사람들은 친절하고 이해심도 좋고 붙임성도 강했다. 텐트에서 차를 나눠 마시는 동안 러시아인들이 레몬 모양의 노란 병을 가지고 왔다. 차에 신맛을 더하고 싶었던 것일까? 하지만 한 모금을 마시자 곧바로 숨이 턱 막혔다. 그 안에 스피릿이 있었던 것이다.

러시아인들은 비엘리츠키에게 이 산에서 무엇을 하고 있느냐고 물었다. 계획이 어떻게 되느냐는 것이었다. 그는 K2에 이미 네 번이나 왔지만 한 번도 성공한 적이 없었다. 2년 전에 겨우 50여 미터를 앞두고 포기한 사실은 지금도 믿고 싶지 않은 아픈 기억이었다. 그때는 미국의 카를로스 불러, 호주의 마이클 그룸Michael Groom과 파인 베이카 구스타프슨Fine Veikka Gustafsson, 뉴질랜드의 롭 홀과 함께 K2를 공격했었다. 동상에 걸린 보이테크 쿠르티카는 등반을 포기했다. 주변 상황은 끔찍했다. 발이 푹푹 들어갈 정도로 눈이 쌓였다. 홀은 산소통을 메고 길을 뚫었다. 비엘리츠키가 교대를 해주기는 했지만, 다른 사람들은 벌써 피로로 나가떨어졌다.

비엘리츠키는 K2에 관한 자료를 읽으면서도, 폭 300미터에 높이 60미터의 와플처럼 생긴 커니스가 있으리라는 것은 꿈에도 생각하지 못했다. 겁을 내는 것 자체가 그에게는 공포였다. 커니스 밑을 지나갈 때 처음에는 두려움을 느꼈지만 시간이 지나니 될 대로 되라는 식이 되었다. 그는 커니스를 오른편에 두고 작은 바위 쪽으로 방향을 바꾸었다. 이곳은 언젠가 릴리안Lilian과 모리스Maurice가 목숨을 잃은 곳이었다. 또한 이곳은 1986년 국제원정대가 비극을 겪은 곳이기도 했다. 줄리 툴리스와 앨런 라우즈, 알프레드 이미처Alfred Imitzer와 한네스 비에저Hannes Wieser가 이곳에서 죽었기 때문이다. 그들을 위협하는 것은 많았다. 눈보라가 점점 더 거세졌다.

정상에 오른다고 해서 완전한 성공으로 볼 수 있을까? 보통은 하산이 더 어렵기 때문에 그렇지도 않다. K2에 오른 알피니스트들이 다시 내려오지 못한 일도 많았다. 1994년 7월 9일, 등반가 5명이 정상 설원에 이르렀다. 그곳에서 정상까지는 불과 60미터. 하지만 이미 오후 4시였다. 그리고 상황이 상황인지라 눈을 뚫고 나아가는 일이 무척 힘들었다. 정상에 오른다면 완전히 어두워지고 나서야 돌아올 수 있을 터였다. 그래서 비엘리츠키는 과감히 포기하기로 결정했다. 불러와 그룸, 구스타프손도 그와 함께 하산을 시작했다. 다만 정상을 향해 계속 올라가기로 결정한 홀만이 마침내 K2 등정에 성공했다. 하지만 비엘리츠키는 크게 신경 쓰지 않았다.

"만약 롭과 함께 정상으로 향했다면 산소를 쓰는 그의 도움 없이 정상에 오를 수 있을까 하는 고민이 없지 않았을 겁니다. K2를 오를 때는 나름대로의 스타일이 요구됩니다. 그렇지 않으면 그 산이 등반을 인정해주지 않습니다." 비엘리츠키는 말했다.

"크시스토프는 위험을 무릅쓰는 것을 두려워하지 않지만, 한계 역시 잘 파악합니다. K2는 그가 책임을 지는 한계가 어떤 것인지 잘 보여주는 사례였다고 볼 수 있습니다. 어찌 됐든 산은 언제든 그 자리에서 우릴 기다리고 있을 테니까요." 야누시 마예르가 말했다.

다음 날이 되자 비엘리츠키가 올바로 결정했다는 것이 드러났다. 우크라이나인 넷이 정상으로 떠났는데, 곧 날씨가 나빠지기 시작했다. 그리하여 결국 그들 중 단 한 명만이 텐트로 돌아왔다. 둘은 벽에서 동사했고, 세 번째 사람은 다리만 남아 있었다. 몸이 떨어져나간 것이다.

^^^

1996년 9월 비엘리츠키는 굳게 결심했다. 이번에는 스스로를 소처럼 채찍질해서라도 정상에 오르리라고 마음먹은 것이다. 파브워프스키와 푸스텔니크, 이탈리아와 미국 대원들은 힘을 비축하고 싶어 했고, 불러는 끝내 원정을 포기하고 러시아인들과 합류했다.

"그들하고는 왠지 말이 더 잘 통하는 것 같습니다." 그는 폴란드인들에게 말했다.

어찌되었든 그들은 벽을 오르는 것 말고 달리 대안이 없었다.

비엘리츠키와 파브워프스키는 7200미터의 2캠프 위쪽에 고정로프를 설치했다. 폭풍설이 눈을 안개처럼 휘젓는 바람에 사람들은 더 이상 작업을 할 수가 없었다. 하지만 어떻게든 실행을 해야 했다. 추위에 몸이 꽁꽁 얼고 기진맥진해진 알피니스트들이 텐트 안으로 모여들었다. 파브워프스키가 배낭을 벗어 놓고 짐을 풀기 시작했다. 한데 그의 얼굴이 파랗게 질렸다.

"스토브를 깜빡했어."

이제는 마시지도 먹지도 못하게 되었다.

"내가 욕을 하지 않아 놀란 모양입니다. 나도 너무나 놀랐으니까요." 훗날 비엘리츠키는 이렇게 말했다.

그들은 조금씩 앞으로 나아갔다. 속도가 너무 느렸다. 식량도 부족한 상태에서 낭가파르바트에 있는 폴란드 팀과도 통신이 두절되었다. 머리는 그만두라 하지만 비엘리츠키의 가슴은 산으로 향했다. 그때 뜻밖에도 날씨가 좋아졌다. 비엘리츠키, 파브워프스키, 푸스텔니크와 이탈리아인 비안키와 쿤트네르는 공격을 계속했다.

시작은 좋지 않았다. 새벽 2시에 비엘리츠키가 올라가자고 제안했다. 하지만 너무 피곤한 그들은 새벽 4시까지만 기다리자고 했다. 그리하여 그들은 끝내 5시에 출발했다. 깊게 쌓인 눈을 헤쳐 나가느라 그들의 발걸음이 느려졌다.

깊이 쌓인 눈을 뚫고 나갔지만 발아래는 온통 얼음판이었다. 그들은 가장 어려운 곳에서 쓰려고 200미터 정도의 고정로프를 챙겼다. 쿨르와르 중간 지점까지 가려면 얼음 위를 횡단해야 했다. 그러면 안전하게 살아 나갈 수 있었다. 쿨르와르는 정말 어마어마했다.

탱크처럼 거침없는 비엘리츠키를 보고 동료들은 놀라움을 금치 못했다. 비엘리츠키 바로 뒤로 이탈리아인들이, 그다음에는 파브워프스키와 푸스텔니크가 따라갔다. 폴란드인들은 돌아서서 대놓고 그만두겠다고 소리쳤다. 하지만 이탈리아인들은 더 올라가겠다고 고집을 부렸다. 푸스텔니크는 이런 상황이 아니꼬웠다. 이탈리아인들은 신사인 척하면서 마치 비엘리츠키가 자신들 덕분에 산을 오르기라도 하는 듯 굴었다. 하지만 원정 중 그들이 보여준 행태를 보면 정말 꼴사납지 않을 수 없었다.

해가 지평선 너머로 사라졌다. 그러자 정상이 보이지 않았다. 사람들은 헤드램프를 켜고 본능적으로 오르고 내리고를 반복하며 걸었다. 저녁 8시 30분 누군가가 알루미늄 막대기에 걸려 넘어졌다. 이탈리아 원정대의 아고스티나 다 폴렌자Agostina Da Polenza가 해발고도를 위성으로 측정하기 위해 꽂아 놓은 것이었다. 비엘리츠키는 흥분을 감추지 못했다. 네 번의 시도 끝에, 그리고 첫 시도 후 14년 만에 마침내 K2 정상에 올라선 것이다.

사람들은 사진을 찍고 손을 맞잡고 서로를 축하해준 다음 내려갈 준비를 했다. 파브워프스키와 푸스텔니크가 기다리고 있는 텐트까지 오늘 중으로 내려갈 수 있을까? 죽음의 구간만 빠져나가면 될 텐데…. 끝이 없어 보이는 쿨르와르를 그들은 엉덩이로 주춤주춤 내려왔다. 그때 모자도 헤드램프도 보이지 않는 저 밑으로 떨어졌다. 이제 너무 어두워서 갈 수가 없었다. 이 말은 8,100미터에서 비박을 해야 한다는 의미였다. 기온이 영하 30도인데 텐트도 침낭도 물을 끓일 스토브도 없었다.

추위가 멜로Mello 오리털 파카와 윈드스토퍼 내복과 속옷 안까지 파고들었다. 아드레날린이 급속도로 떨어지고 피로가 온몸을 사로잡았지만 잠에 빠지면 안 되었다. 이런 환경에서 잠이 든다는 것은 죽음을 의미했다.

비엘리츠키는 크램폰을 눈에 박고 배낭에 앉아 노래를 부르기 시작했다. 처음에는 '금반지'부터 시작해 보이스카우트 노래와 히트곡을 불렀다. 그는 잠들지 않도록 목청을 높였다. 추락에 대한 공포가 사라지는가 싶더니 어김없이 되살아났다.

다행히 해가 떠올랐다. 이제는 계속 갈 수 있었다. 이탈리아인들이 뒤에서 그의 발자국을 따라왔다. 그들은 2시간 만에 텐트에 도착했다.

파브워프스키와 푸스텔니크가 벌써부터 그를 기다리고 있었다. 동료들

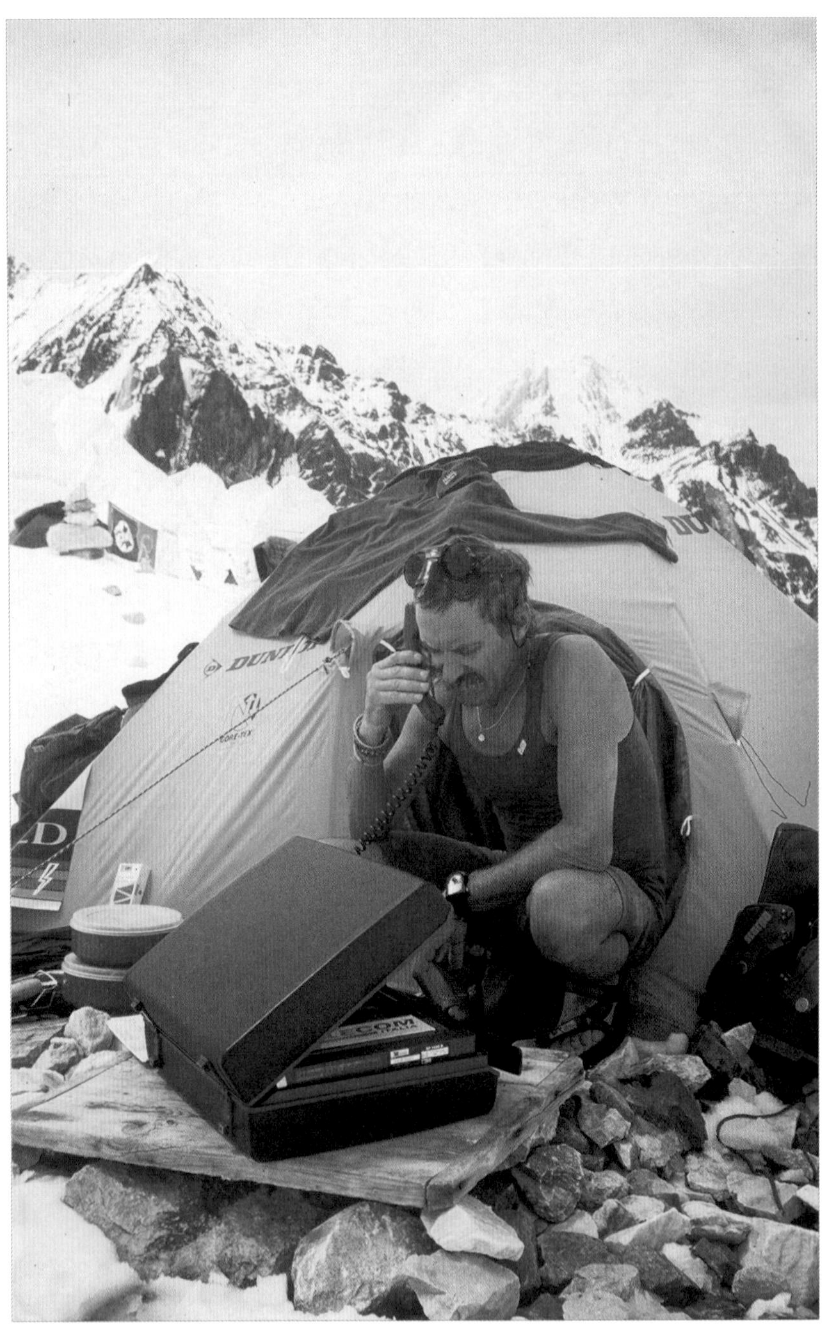

K2의 폴란드인들은 본국과 교신하는 데 문제가 없었다. 크시스토프 비엘리츠키가 위성전화를 준비해 왔기 때문이다.

이 침낭으로 둘러주고 따뜻한 차를 끓여주니 K2의 정복자는 이제 안전한 곳에 왔다는 느낌이 들었다. 마르코 비안키는 처음으로 고산증을 겪었다. 뇌에 산소가 충분히 전달되지 못하면 정신이 오락가락한다. 비안키는 펠리컨과 양떼가 보였다.

"산소를 쓰지 않곤 절대 안 갈 거야." 그가 말했다.

텐트에는 산소가 없었다. 산소는 몇백 미터 아래의 러시아인들 캠프에 있을 가능성이 높았다. 하지만 비안키는 그곳까지 갈 힘이 없었다.

그 알피니스트들은 비엘리츠키를 따라 한 발자국씩 한 발자국씩 내려왔다. 사람 목숨을 몇 차례나 앗아간 길이지만 끝에는 실망까지 더해졌다. 러시아인들에게 산소통은 있었지만 레귤레이터와 마스크가 없었다. 비안키는 산소를 마실 수가 없었다. 그때 러시아 원정대의 의사가 도움을 주었다.

"구급함에 주사가 있을 겁니다. 그걸 비안키에게 놓아주세요." 그는 무전기로 이렇게 조언했다.

이것은 마약의 일종으로 효과가 바로 나타났다. 이제는 베이스캠프까지 내려갈 수 있게 되었다.

등반은 생각보다 길었다. 따라서 베이스캠프의 식량 저장고가 텅 비었다. 설탕은 떨어진 지 오래고 쌀과 차만 남아 있었다. 피로에 난파당한 비엘리츠키는 파브워프스키와 푸스텔니크가 오기만을 기다렸다. 그 둘은 정상으로 향하고 있었다.

^^^

베이스캠프에서 먹는 마지막 식사가 될 것 같았다. 네팔인 주방장 찬드리Chandry는 원정대원들에게 치아바타ciabatta*와 러시아인들에게서 얻은 밀가루

---

* 밀가루, 효모, 물, 소금을 사용해 만든 이탈리아 빵

빵을 내밀었다. 그들은 버터도 없이, 쌀밥과 뜨거운 차만으로 만찬을 즐겼다. 이탈리아인들은 마지막 한 알까지 싹싹 다 긁어먹더니 자기들이 가져온 통에서 마카로니와 파르메산치즈를 꺼냈다. 삶은 토마토 냄새가 텐트 안을 가득 채웠다. 사람들은 말이 없었다. 마르코 비안키와 크리스티안 쿤트네르는 굶고 있는 동료들에게 눈길 한 번 주지도 않고, 아직 김도 빠지지 않은 뜨거운 스파게티를 허겁지겁 먹기 시작했다. 그러자 폴란드인들은 놀라서 입을 다물지 못했다.

이탈리아인들은 산처럼 쌓인 스파게티 앞에서 항복하고 말았다. 비안키가 주방장을 불렀다.

"이젠 못 먹겠네. 네가 먹어!"

그는 팬을 가리키며 무슨 영웅이라도 된 듯 말했다. 그러자 찬드리는 그들을 빤히 쳐다보더니 팬을 들고 개울로 가서 부어버렸다.

비엘리츠키는 그날의 상황에 대해 이렇게 기록했다.

"나는 순진한 주방장을 보며 우리에게도 일말의 연정이 있을 것이라는 희망을 가졌다."

그에게는 8천 미터급 고봉 14개 완등이라는 목표 가운데 이제 하나만 남게 되었다.

^^^

2018년 10월 19일 크시스토프 비엘리츠키와 라인홀드 메스너는 스페인의 오비에도Oviedo에서 아스투리아스 공주 상을 받았다. 1981년 제정된 이 상은 과학과 인문학을 비롯한 대중들을 위한 학문 분야에서 세계적인 성취를 이룬 사람이나 기관에 수여하는 것이다. 조안나 미로Joana Miró가 제작한 상패와 증서 외에도 각 분야의 수상자에게는 5만 유로의 상금이 주어졌다. 하지만 이번에는 둘이 반씩 나눠 가져야 했다.

2018년 10월 크시스토프 비엘리츠키(오른쪽)와 라인홀드 메스너는 스페인 국왕 필리프 6세로부터 아스투리아스 공주 상을 받았다.

양복을 멋있게 차려입은 두 알피니스트가 스포츠 분야의 성취를 인정받아 무대에 섰다.

"환경을 지키려는 의지와 열정, 그리고 어려운 환경에서의 인내라는 가장 이루기 힘든 인간의 기본 소양 중 하나를 입증해낸 이들의 업적을 찬양하는 바입니다." 스페인의 왕 필리프 6세Filip VI는 수여식에서 이렇게 말했다.

그는 에베레스트 동계등정과 외로웠던 단독등정 등 비엘리츠키의 성취에 대한 언급을 잊지 않았다. 하지만 그는 낭가파르바트에 대해서는 언급하지 않았다. 안타까웠다. 왜냐하면 그것은 비엘리츠키의 인생에서 가장 위험했던 등반이었기 때문이다.

^^^

1996년 8월. K2 등정을 끝내자 낭가파르바트의 상황이 심상치 않다는 말이

들려왔다. 하지만 사실을 알아보니 아무 일도 없었다. 끔찍한 날씨로 인해 접근이 어렵게 되자 원정대는 의지가 꺾였다. 몇 주 후에 포르투갈의 주앙 가르시아와 호주의 앤드루 록Andrew Lock이 어렵사리 4캠프를 쳤다. 야체크 베르베카는 등반을 더 이상 끌고 나갈 수 없다는 사실을 깨닫고 원정을 끝내고자 했다. 그는 더 이상 왈가왈부할 일도 없다며 단호하게 선언했다.

"모두 짐을 쌉시다. 여기 있어봐야 나올 게 하나도 없습니다."

그는 무전기에 대고 강력하게 말했다. 그러고는 가르시아와 록을 불러 베이스캠프 철수를 도와달라고 요청했다.

^^^

세계에서 10번째로 높은 산은 해발이 8,126미터다. 산스크리트어로 이 산의 이름은 '벌거벗은 산'이라는 뜻이다. 비엘리츠키는 이 산을 사진으로만 보았을 뿐 산 밑에 가본 적이 한 번도 없었다. 그는 장비도 제대로 없었고 함께 갈 동료도 없었다. 근처에는 사람의 흔적조차 없었다. 모든 원정대가 이미 철수한 것이다.

그는 고민을 했다. 8천 미터급 고봉을 혼자 올라가? 아무런 도움도 받지 않고? 브로드피크를 혼자 오르기는 했지만, 그래도 베이스캠프와 고소캠프 그리고 산의 사면에는 동료들이 있었다. 문제가 생기면 도움을 받을 수도 있다는 말이었다. 하지만 이번에는 완전히 혼자였다. 8천 미터급 고봉을 혼자 오르는 것은 자살행위일 수도 있었다.

그렇다고 포기할 수는 없었다. 그것은 비엘리츠키다운 행동이 아니었다. 그는 사다 마남Manam과 포터 둘을 데리고 이미 베르베카가 장비를 맡겨놓은 시골 마을에 도착했다. 그곳에는 안제이 자바다가 쓴 편지가 있었다. 그는 낭가파르바트 동계등반을 앞두고 정찰을 했었다. 그 선구자는 비엘리츠키가 혼자 남게 되더라도 자신이 마음먹은 일은 하고야 말 것이라는 사실을 잘 알고 있었다. 그는 이렇게 편지를 썼다.

"바보 같은 짓 하지 마. 혼자 가는 것은 말도 안 돼. 기다려. 겨울에 함께 가자."

비엘리츠키는 베르베카가 남겨두고 간 식량의 재고를 파악했다. 먹을 것이 파란 플라스틱 드럼통에 반 정도 차 있었다. 가루수프. 스파게티, 말린 빵, 커피, 소금 20그램, 차 조금, 배추 한 통, 캔 한 개, 파이과자 두 개, 조미료, 소금, 그리고 가루감자푸딩 정도였다.

마을 주민들은 'Killer Mountain'이라고 적힌 티셔츠를 입고 다니며 비엘리츠키를 마치 미친놈처럼 쳐다봤다. 무리를 지어 올라도 될까 말까 한 곳인데 달랑 배낭 하나만 메고 낭가파르바트를 오른다고? 미치지 않고서야 어떻게 그럴 수 있지?

머뭇거리기는 비엘리츠키도 마찬가지였다. 그는 컨디션이 썩 좋지 않았다. 얼굴에는 끔찍한 피부궤양이 자라기 시작했다. 통증도 심했지만 등반을 앞둔 상황에서 좋은 징조가 아니었다. 하지만 포기할 수는 없었다. 발길을 돌리게 만드는 일도 분명히 있을 터였다. 그런 사실을 언제나 가슴에 품고 살아온 비엘리츠키였다.

카토비체산악회 사람들에게 얼굴에 난 종기가 성가셔서 낭가파르바트에 올라가지 않았다는 이야기를 할 수는 없는 노릇이었다. 그러면 다들 웃겨 죽는다고 할 터였다.

^^^

등반을 하면서 가장 가까웠던 친구가 누구였냐는 질문에 지금의 크시스토프 비엘리츠키는 이렇게 대답했다.

"야누시와 아르투르와 미로스와프와 친하게 지냈습니다. 우리 집에 자주 모였습니다. 아내가 요리를 아주 잘했으니까요. 다음 원정을 계획할 때가 오면 거의 매일같이 카토비체산악회에서 모이곤 했습니다. 살다시피 했죠. 우린 별의별 얘기를 다 했습니다. 그 옛날의 추억을 떠올리기도 하고, 우스갯소리를 하기도 하면서 원정 계획을 짰습니다. 우리의 마음은 우리가 가려는 산에 이미 가 있었죠. 우리가 만나면 산에 있는 것과 마찬가지였습니다."

암장이나 타트라산맥은 이제 더 이상 필요가 없었다. 그런 곳은 그냥 히말라야로 가는 길목일 뿐이었다.

"우리의 모임은 정말 각별했습니다." 야누시 마예르가 말했다. "주로 우리 집에서 만났는데 예지가 살아 있을 때는 그의 집에서도 만났습니다. 집들이도 하고. 예지의 집에서는 보통 진탕 놀았는데 크시스토프는 그곳에 오지는 않았습니다. 티히에 있는 크시스토프의 집에서도 술을 마시곤 했습니다. 그곳에는 또 예지가 자주 빠졌고요. 원정의 성공을 축하한다고 호주프Chorzów에 있는 와니아Łania 레스토랑에서 함께 파티를 벌였었는데 그게 무슨 원정이었는지는 기억이 잘 안 납니다. 완전 호화판이었습니다. 크시스토프는 독한 술을 별로 안 좋아해서 한 잔만 마시면 곧바로 잠이 들었습니다. 그는 와인을 좋아했고, 또 와인에 대해 아는 것도 많았습니다. 그래서 우리 집사람은 항상 '술을 안 마시는 사람들은 와인이나 마시세요.'라고 말하곤 했습니다."

비엘리츠키의 부인 욜란타는 이렇게 말했다. "클럽에 간 남자들이 말도 없이 집에 오는 경우가 많았습니다. 야누시 마예르는 집에 들어오면 냄비 안에 뭐가 없나 하고 들쳐보곤 했습니다. 있으면 주긴 했는데 집에 먹을 게 항상 있는 건 아니잖아요? 뭔가 문제가 생겼다거나, 어딘가 갑자기 가야 한다거나, 중요하게 할 일이 생겼다거나 하면 전화 한 통이면 되는데 말이죠."

야누시 마예르는 이렇게 말했다.

"형수님들과 제수씨들은 우리 속을 속속들이 알고 있었습니다."

욜란타는 웃으며 말했다.

"완전히 그런 건 아니에요. 누구라도 산에서 하는 섹스에 대해 책을 써보라고 언젠가 농담 삼아 말한 적이 있었습니다. 그러니까 모두들 얼굴이 하얘지면서 말이 없어지더군요."

^^^

낭가파르바트에서 비엘리츠키는 눈이 오지는 않을지 초초하게 지켜보고 있었다. 그렇다면 자신은 최선을 다했지만, 눈으로 인해 못 갔다는 구실이 생길 터였다. 눈 때문이라면 모두들 납득하지 않을까? 아니면 최소한 바람이라도 불어야 했다. 안 그러면 핑곗거리가 없었다.

완벽한 날씨가 그의 심기를 건드렸다. 바람도 안 불고 햇빛도 쨍쨍하고, 하늘에는 구름 한 점 없었다. 이런 젠장!

비엘리츠키는 배낭을 메고 위로 향했다. 마남은 이렇게 미친 사람은 처음이라며 혀를 내둘렀다. 모든 상황은 등반이 불가능하다고 말하고 있는데, 왜 구태여 이런 짓을 하는지 자신도 알 수 없는 노릇이었다.

처음은 무난했다. 이전 원정대가 남겨둔 고정로프도 많았다. 낡은 것들도 있었지만 대부분 상태가 좋았다. 꽤 쓸 만했다. 하지만 갈수록 힘이 더 들었다. 쿨르와르는 위험하게 노출되어 있었다. 그는 고소적응 훈련 따위도 하지 않았다. 얼음이 많았다. 대신 6,100미터에 있는 '독수리 둥지'에서는 무엇인가 예상치 못한 것이 기다리고 있었다. 그곳에서 주앙 가르시아와 앤드루 록이 남겨두고 간 물건을 발견한 것이다. 침낭과 매트리스와 스토브와 가스통과 비상약품 통이었다. 약품 통 안에는 항생제 네 알이 들어 있었다. 얼굴에 난 종기의 통증이 점점 더 심해져 그는 염증을 줄이기 위해 항생제 두 알을 삼켰다. 그리고 다시 길을 나섰다. 환영이 보였다. 그는 보이지도 않는 동료와 이야기를 나누었다. 계속 무언가에 대해 묻고 쓸데없는 일에 대해 조언을 구했다. 자신이 누구인지, 어디에 있는지 도대체 종잡을 수가 없었다. 등반에 대한 집착 때문인가, 아니면 항생제로 인한 부작용인가?

그는 정신을 잃고 한나절이 지나 깨어났다. 무슨 일이 있었지? 스토브가 뒤집어져 있고 텐트 안에 물이 흥건했다. 하지만 고민할 시간이 없었다.

앞으로의 등반도 빙산지옥처럼 고될 터였다. 사방이 눈이었다. 조금 더 안락한 곳에서 비박을 할 수 있을 것이라는 기대가 그를 앞으로 잡아끌었다. 3캠프에 가면 베르베카 원정대가 쳐놓은 텐트가 있을 터였다. 비엘리츠키는 많이 본 듯한 세락에 다다랐다. 그런데 텐트가 흔적도 없이 사라지고 없었다. 바람에 날아간 것일까? 그럴 리가 없었다. 그는 바닥을 파봤다. 그러자 얼음의 틈 사이로 가는 로프가 보였다. 눈이 얼음이 되어 시루떡처럼 쌓인 곳을 피켈로 파내려갔다. 그러자 마침내 폴이 망가진 바우데스포츠의 텐트가 나왔다. 입구가 눈으로 막혀 있었지만, 그는 깔개를 거둬내고 안으로 몸을 밀어 넣었다. 아주 좁기는 해도 바람을 막기에는 충분했다. 그는 배낭을 무릎 위에 올려놓고 그 위에 스토브를 놓았다. 그리고 따뜻한 차 한 잔과 마지막 항생제를 입안에 털어 넣었다. 종기가 계속 부어올랐다. 그는 포도상구균에 걸린 사람으로서는 처음으로 낭가파르바트에 오른 사람이 될 수도 있었다.

정말 놀랍게도, 텐트 안에는 뜯지도 않은 초콜릿 바가 있었다.

^^^

정상 능선에 오르면 길을 잃기가 쉽다. 쿨르와르와 설원과 세락 등 모든 것이 뒤죽박죽이다. 모퉁이를 돌자 눈에 보이지 않던 가파른 사면이 그를 기다리고 있었다. 비엘리츠키는 정상이 가깝다는 생각에 점차 기뻐했다. 하지만 장애물을 넘어서자 실망하고 말았다. 앞으로 가야 할 길이 더 남아 있었다. 1996년 9월 1일 오전 10시 30분, 그는 마침내 정상에 섰다. 8천 미터급 고봉 14개 중 마지막으로 남은 하나였다.

골을 넣은 축구선수들은 팬들을 향해 기쁨을 발산한다. 체조선수들은 경기장을 뛰고, 배구선수들은 하이파이브를 하고, 사이클선수들은 하늘을 향해 두 팔을 들어올린다. 그럼 비엘리츠키는 어떻게 해야 할까?

그는 눈이 없는 정상에 기진맥진한 채 주저앉았다. 기쁨의 열광 따위는 없었다.

"기쁨을 나눌 동료도 없이 혼자 주저앉았다. 그러자 이런 사실이 나를 슬프게 만들었다. 내가 도대체 왜 이 짓을 하지? 내가 왜 여기에 주저앉아 있지? 이렇게 한다고 내 인생에서 무엇이 변하지? 나는 만족하지 못했다. 그래도 이 일이 끝나면 다른 어떤 것을 끊임없이 도전할 것이다. 새로운 도전과 새로운 길 같은 것이다." 비엘리츠키는 일지에 이렇게 기록했다.

몇 년 후 우리는 그에게 물었다.

"히말라야와 카라코람의 고봉들을 모두 정복하고 나서도 극한의 희열 같은 것을 정말 느끼지 못했습니까?"

그는 이렇게 대답했다.

"산에서 이루는 성공은 눈에 띄지 않습니다. 히말라야의 왕관은 뭔가를 해냈다는 증거이자 자신의 정체성을 뚜렷하게 만드는 요소입니다. 그런데 낭가파르바트에서는 정말 아무것도 느끼지 못했습니다. 그냥 빨리 내려오고 싶었습니다."

정상에서는 또 다른 걱정이 그를 사로잡았다. 낭가파르바트를 혼자 올랐다는 사실을 아무도 믿어주지 않으면 어쩌지? 베이스캠프에는 아무도 없고 목격자도 없었다. 그는 사진을 찍었다. 파노라마로도 찍고 클로즈업으로도 찍고 정상에 배낭을 놓고 찍기도 했다. 그리고 증거물로 돌멩이 몇 개를 챙겼다. 그런데 내려가는 도중에 무언가 노란 것이 보였다. 그는 그곳으로 가서 놋쇠로 만들어진 크램폰을 잡아당겼다. 그 장비에는 'Austria 76 HG Graz'라는 글자가 새겨져 있었다. 그리고 적어도 20년은 그 자리에 있었던 것 같았다. 아무도 보지 못했는데 그날 햇빛이 좋아 얼음이 녹으면서 겨우 모습을 드러낸 것이었다. 그에게는 이제 단독등정을 증명할 물건이 생겼다.

1996년 9월 크시스토프 비엘리츠키는 낭가파르바트 정상에 섰다. 이로써 그는 히말라야와 카라코람의 8천 미터급 고봉을 모두 정복했다. "그래도 하는 게 안 하는 거보단 낫습니다." 비엘리츠키는 이런 철학적 답변을 내놓았다.

폴란드에 돌아오니, 등정을 증명하라는 사람이 아무도 없었다. 비엘리츠키는 그로 인해 도리어 기분이 상했다. 몇 년 후 그는 산악회의에 참가하기 위해 이탈리아에 갔다. 그처럼 몇몇이 연단에 올라 재미있는 경험을 들려주었다. 비엘리츠키는 낭가파르바트 이야기를 하면서 정상에서 발견한 크램폰을 자랑스럽게 내보였다. 그러자 그곳에 있던 청중 하나가 자리에서 일어나 외쳤다.

"그건 내 크램폰입니다!"

그의 이름은 1976년 오스트리아 원정대의 일원이었던 로베르트 샤우어 Robert Schauer였다.

^^^

우선 산을 내려가야 그 크램폰을 보여주든 말든 할 수 있었다. 그는 무전기를 꺼내 주파수를 146.10MHz로 맞추고 베이스캠프를 불렀다.

"마남, 마남, 들리나? 여긴 크시스토프다. 오버."

"들립니다. 들립니다. 어디에 있습니까?"

"지금 정상에 있는데 바로 내려갈 거다."

"축하합니다. 조심해서 내려오십시오. 빙벽 밑에서 기다리겠습니다."

"정말 고맙다. (조심해서) 내려가겠다. 오버."

그는 약속을 지켰다. 얼음 구간에서는 실수를 범하기가 아주 쉬웠다. 피곤하고 우울하기는 했지만 집중력은 최고였다.

"내가 오른 마지막 정상이라는 걸 잘 기억하고 있었습니다. 낙석 하나라도 나의 생명을 앗아갈 수 있다는 사실도 잘 알고 있었습니다. 마지막 경기에서 골을 내줄 수는 없잖아요?" 비엘리츠키는 당시를 회상하며 이렇게 말했다.

마남도 약속을 지켰다. 젊은 남자 하나가 빙벽 밑에서 기다리고 있었다. 그는 놀라는 눈으로 폴란드인을 쳐다봤다. 그러더니 하늘을 향해 총을 몇 발

비엘리츠키가 낭가파르바트에서 하산하자 칼라시코프 소총으로 무장한 마남이 기다리고 있었다.

쏘고 나서 비엘리츠키의 손에 총을 쥐어줬다. 그리고 사진을 찍어줄 테니 포즈를 취하라고 했다. 파키스탄에서는 정상에 오른 사람을 이렇게 맞이한다며….

^^^

비행기에 오르기 전 비엘리츠키는 이슬라마바드에 있는 관광성에 보고서를 제출해야 했다.

"다른 사람들은 어디 있습니까?" 관리가 물었다.

"호텔에요."

거짓말이었다. 그는 낭가파르바트에 오른 베르베카와 친구들이 이미 돌아갔다는 사실은 이야기해주고 싶지 않았다.

“정상엔 누가 올라갔습니까?” 관리가 다시 캐물었다.

“나만요.” 이번에는 사실에 근거해 솔직하게 대답했다.

그러자 공무원의 눈썹이 떨렸다. 그는 서랍을 열더니 가르시아와 록이 쓴 민원서류를 내밀었다. 베르베카가 원정을 마친 후에 포터들의 임금도 지불하지 않고, 베이스캠프에 쓰레기도 남겨놓았다는 신고서였다. 게다가 비엘리츠키가 등반을 하는 동안 베이스캠프에는 연락관도 없었고 가이드도 없었다. 비엘리츠키의 주장은 사실이 아니라 용납이 되지 않았다.

“그땐 정말 눈앞이 캄캄했습니다.” 비엘리츠키는 말했다. 하지만 폴란드 대사관과 파키스탄산악회의 환영회 덕분에 벌금을 내지 않아도 되었다. 그는 세계에서 다섯 번째로 8천 미터급 고봉 14개를 완등한 알피니스트가 되었다. 그 이전에는 라인홀드 메스너, 예지 쿠쿠츠카, 에라르 로레탕, 카를로스 카르솔리오, 이렇게 넷만이 이 위업을 달성했다. 관광성 관리들은 비엘리츠키의 배낭을 두드리며 머리를 흔들었다. 죄를 없애는 의식이었다. 하지만 한 사람은 죗값을 치러야 했다. 그리하여 야체크 베르베카는 향후 5년간 파키스탄에 있는 산을 오를 수 없게 되었다.

^^^

욜란타 비엘리츠키는 남편이 K2와 낭가파르바트에 가 있는 동안 오스트셰슈프Ostrzeszów의 친정집에 가 있겠다고 말했다. 그곳에는 아이들과 함께 갈 예정이었다.

“10월 11일 날 집으로 돌아가. 그리고 바로 어머님의 여든 살 생신 파티에 다녀올 거야.” 비엘리츠키가 전화로 말했다.

“기다리고 있을 테니 안전하게 돌아와요. 뭐 먹고 싶은 거 없어요?” 부인이 물었다.

"코피트카Kopytka*. 베이컨을 넣어서, 꼭!" 비엘리츠키가 대답했다.

집으로 돌아온 후에도 비엘리츠키는 알리나와 만남을 이어갔다. 카토비체에서는 실롱스키 주 최초로 Era GSM 핸드폰 매장이 문을 열었다. 새로운 기기라면 무조건 사봐야 직성이 풀리는 비엘리츠키는 여러 생각 할 것 없이 그 핸드폰을 샀다. 하지만 핸드폰이 터지는 지역이 카토비체 시내밖에 없어 큰 의미가 없었다. 중요한 것은 알리나와 언제 연락이 가능하냐는 것이었다. 상황이 이렇게 되자 사람들은 비엘리츠키가 젊은 여자와 바람이 났다고 수군대기 시작했다.

'증오보단 시샘 때문이었을 거야.' TV 기자 얀 마투신스키는 이렇게 생각했다.

그렇다면 비엘리츠키의 부부관계는 어찌 되는 걸까?

"남자들은 나이가 먹어도 철이 안 드는 경우가 있습니다. 어느 신문에선가 알리나와 한 인터뷰를 읽은 적이 있습니다." 욜란타는 말했다. "우리 관계가 산에서 추락했다고 말했더군요. 말이 되는 소리를 해야죠. 집안일과 아이들, 살림살이와 정원 일에 정신없이 바빠서 그랬지 우리 관계는 예전과 변함없었어요. 그런데 밖에서 무슨 일이 일어나는지에 대해선 눈 먼 소경이 따로 없었죠. 뭔가 잘못됐다고 느꼈을 땐 바로잡기에 너무 늦었습니다. 전 위선 떠는 걸 정말 싫어했습니다. 차라리 우리 관계를 끝내는 게 좋겠다고 생각했어요. 마흔네 살에 아이도 셋이나 있어 쉬운 결정은 아니었지만…. 그런데 잘한 결정 같습니다."

"세상 여자들은 아주 다양합니다. 아내는 자존심이 강했습니다. '누구 만나는 사람 있으면 그냥 헤어져요.' 이렇게 나왔죠. 밉다기보다는 안타까운 면이 더 많았습니다." 비엘리츠키는 말했다.

---

* 삶은 감자와 밀가루를 반죽하여 삶은 음식

아내 욜란타, 두 딸 안나와 마르타 그리고 집에서 기르는 개 트레크Trek와 함께

가정법원. 욜란타 측 변호사는 많은 위자료를 요구했지만 비엘리츠키가 그런 돈을 지불할 여력이 있는지는 잘 알지 못했다. 변호사는 욜란타에게 언제라도 이 사건을 집행관에게 넘길 수 있다고 알려줬다.

"아내는 절대 그럴 일이 없을 겁니다." 비엘리츠키는 말했다.

"의뢰인은 이제 더 이상 비엘리츠키 씨의 부인이 아닙니다."

변호사의 말을 들은 비엘리츠키가 반복했다.

"저 분은 그럴 분이 아닙니다."

"그 사람은 날 너무 잘 알아요." 욜란타는 말했다. "우린 한 번도 이해를 달리한 적이 없었어요. 여전히 그 사람을 증오하느냐고요? 아니, 용서했습니다. 애들한테도 속에 있는 감정을 내보이지 않았습니다. 애들도 아버지를 좋지 않게 생각하지 않고, 친부로서 연락도 계속 하고 또 의지하고 있습니다. 그럼 나름대로 성공한 결혼생활이라고 볼 수 있지 않나요?"

^^^

비엘리츠키가 히말라야 고봉 14개를 모두 완등했을 때 마르타는 열두 살이었다.

"아빠가 이젠 산에도 안 가고, 밖으로 나돌아다니지도 않겠다고 말했을 때 얼마나 기뻐했는지 몰라요. 우리도 다른 사람처럼 살게 되는구나 싶었는데… 그냥 이렇게 돼버렸습니다."

"부모의 이혼은 자식들에게 트라우마가 됩니다. 세상은 생각처럼 흑백이 분명치 않다는 걸 깨달았습니다." 안나는 말했다. "위궤양으로 고생을 많이 했는데, 그에 대한 액땜이었던 걸까요. 마음의 상처가 너무 커서 1년 정도 친구들과 만나지 못했어요. 이런 상황에서 누굴 대하기가 정말 힘들었어요."

딸들도 아빠와 이혼에 대해서 이야기해보기는 했다.

"아빠는 어른들의 삶이 아주 복잡하긴 하지만, 또 바보 같은 짓도 많이 한다고 했어요." 마르타가 말했다. "그래서 난 아빠의 인생을 더 이상 복잡하게 만들지 않겠다고 다짐했어요. 그리고 가능하면 이해하려고 했어요. 인생은 흑과 백 둘 중 하나가 아니잖아요? 바보 같은 짓은 최대한 하지 않으려고요."

마르타는 아버지에게 편지를 쓰는 것으로 가슴의 응어리를 모두 내려놨다.

"아마도 저의 안타까운 마음이 아빠에게 닿았나 봐요. 그게 제 마음을 깨끗하게 해줬습니다. 그러자 기분이 훨씬 좋아졌고요."

"저도 그러고 싶었는데." 안나가 말했다. "전 하지 않았습니다."

^^^

1996년 가을 비엘리츠키는 알리나와 함께 롱데크-즈드루이Lądek-Zdrój에서 열린 산악영화축제에 참가했다.

"우린 서로 따로따로 별도의 문을 통해 들어갔는데 사람들은 '그거 봐. 내가 뭐라고 했어?' 하며 수군덕거렸습니다." 알리나는 말했다.

비엘리츠키는 알리나에게 낭가파르바트를 보여주고 싶었다. 그녀는 국가적 차원의 동계원정대를 방문했다. 안제이 자바다는 알리나로부터 호감을 얻고 싶어 했다.

"알리나 쳐다보지 마세요. 그녀는 내가 찾던 여자입니다."

그러자 비엘리츠키가 자바다에게 눈치를 줬다. 조금 지나 그 둘은 알래스카에 있는 매킨리Mckinley(훗날 산의 이름이 데날리Denali로 변경됨.)로 떠났다. 그 여행에는 리샤르드 파브워프스키도 함께 갔다.

비엘리츠키의 어머니는 알리나와의 관계를 잘 모르고 있었다. 어머니는 파브워프스키에게 귓속말을 했다.

"아들과 함께 가서 얼마나 다행인지 몰라. 저 여편네가 크시스토프와 어울리는 꼬락서니를 볼 수가 없어."

포렘브스키는 이렇게 말했다.

"둘 사이의 관계가 어떻게 발전되는지 옆에서 지켜보기만 했습니다. 떼어놓을 방법이 도무지 없었습니다. 크시스토프는 그 여자에게 완전히 빠지고 말았습니다."

"정말 찰떡궁합이었습니다." 마투신스키는 말했다.

"다른 데선 절대 일어나지 않을 일들이 일어났습니다. 방탕하다거나 그런 얘기가 아닙니다. 에너지와 아드레날린이 항상 흘러넘쳤어요. 둘이서 무슨 경험을 했고, 왜 헤어져야 하는지 등의 넋두리는 부부관계를 유지하는 데 하나도 쓸모가 없습니다. 시간이 지나면 자연스럽게 나타날 수도 있는 것들입니다. 단지 그런 일들을 얼마나 품위 있게 하느냐가 중요하죠." 즈비그네프 테를리코프스키는 말한다. 그 역시 이혼한 경험이 있었다.

야누시 마예르는 말했다. "수호천사가 도왔는지 저만 이혼을 안 했습니다."

비엘리츠키는 티히에 있는 집을 아내에게 물려줬다. 이제 그는 자신의 집을 찾아야 했다.

^^^

포들레시에Podlesie는 유라 크라코프스코-쳉스토호프스카Jura Krakowsko-Częstochowska 지역에 있는 작은 시골마을이지만, 암벽 등반가들이 자주 찾는 곳이다. 이곳은 자원봉사 산악구조대의 본부가 있는 곳이기도 하다. 그리고 별장과 일인용 주거시설들이 많아 주변 환경이 동화처럼 아주 예쁜 곳이기도 하다. 비엘리츠키는 이곳에서 나무로 지어진 집을 하나 찾아냈다.

"크시스토프는 그 집을 보자마자 홀딱 반해버렸어요." 알리나는 말했다.

비엘리츠키가 보수공사를 하자 이 집은 언제 그랬느냐는 듯이 새집으로 변했다. 정원이 있는 튼튼한 집이었다.

"크시스토프는 처음부터 대지가 허락한 집이라고 말했어요." 알리나가 그때를 떠올리며 말했다.

이곳에서는 행복한 삶이 이어졌다. 그는 열심히 잔디를 깎았다. 안 그러면 정원이 엉망으로 보이기 때문이었다. 레셰크 치히의 말처럼 비엘리츠키의 속에서는 전기가 번쩍거렸다. 그는 손에서 일을 놓지 않고 언제나 뛰어다니며 어디든 5분 이상 앉아 있는 법이 없었다. 그는 매일같이 오전 6시에 일어나 세면을 했다. 그러면서 알리나에게도 살다 보면 언젠가 자신처럼 될 것이라고 말했다.

비엘리츠키는 흰 것은 어떤 것도 먹지 않았다. 코티지치즈, 요구르트, 우유, 케피르, 날달걀 등은 식탁에 오를 수 없다. 푸딩 종류는 괜찮지만 곡류가 들어 있으면 안 된다.

그는 고양이 한 마리와 염소 두 마리를 키웠다. 염소 하나의 이름은 마리시아Marysia, 그리고 다른 하나는 네팔어로 언니를 뜻하는 디디Didi였다. 이 집

에는 사람이 살고 있다는 흔적도, 원정에서 돌아오면 흔히들 챙겨오는 기념품 같은 것도 없다. 이 집을 방문하는 손님들은 하나같이 놀란다.

"아마도 사람들은 크시스토프가 집에서도 크램폰을 신고, 어깨에는 로프를 두르고, 손에는 피켈을 들고 다닌다고 생각하나 봐요." 알리나가 이렇게 말하며 웃었다.

비엘리츠키는 이제 산이 아예 없어져버리기라도 한 듯 입에 올리지도 않았고, 걸어서도 올라가지 않았다.

그가 산에 관해 이야기를 하는 날은 1년에 단 하루, 9월 1일뿐이다. 그날은 그가 8천 미터급 고봉 14개를 완등한 날이다. 알리나는 이번 기념일에 그에게 무엇인가 선물을 해주고 싶어 했다. 그녀는 산의 이름이 새겨진 14개의 잔을 준비했다. 그리고 다음 해에는 친구들을 설득해 무엇이든지 산과 관련된 것을 준비해오도록 하라고 졸랐다.

몇 년이 지난 후 비엘리츠키는 이렇게 말했다.

"처음 시작할 땐 사랑의 열병이 별 시답잖게 보였습니다. 여자를 만나 그냥 동반자처럼 살면 된다고 생각했죠. 그런데 감정이 시들해지고 그게 일상이 되면 아주아주 복잡하고 어렵게 됩니다. 무엇보다도 함께 떠나는 여행이 우리의 관계를 지탱해주고 있습니다. 우린 함께 살지는 않았습니다. 아내와 이혼한 후 1년 동안은 소스노비에츠Sosnowiec에서 작은 아파트를 하나 빌려서 살았습니다. 포들레시에의 집을 보수하고 나니 아주 아늑한 공간이 됐는데 그때 알리나와 처음으로 다퉜습니다. 집은 사람들로 언제나 시끌벅적했지만 난 항상 외로움을 느꼈습니다. 목가적인 생활이 생각처럼 마냥 좋은 건 아닙니다."

^^^

그는 예전의 삶을 잊지 못하고 새로운 관계를 모색했다. 그리하여 티히에 자주 가서 전 부인과 아이들을 만났다. 아직도 마음의 짐을 지우지 못한 것이었

낭가파르바트 폴란드 베이스캠프에서의 크시스토프 비엘리츠키와 알리나 마르키에비치

을까?

"나도 이혼가정에서 자랐거든요. 그래서 크시스토프의 마음을 십분 이해해요." 알리나는 말했다.

알리나는 실롱스키대학교에서 신문방송학을 전공할 때부터 카토비체 방송국에서 일하기 시작했다. 주말이 되면 비엘리츠키의 집은 사람들로 북적거렸다. 금요일부터 일요일까지 매주 파티가 벌어졌다. 하지만 그런 파티 정도야 충분히 견딜 만했다. 월요일이면 집이 본래의 모습으로 돌아왔다. 가끔은 테이블의 병들과 접시들 사이로 염소들이 다니기도 했고, 커튼이 군데군데 찢겨 있기도 했다. 마리시아와 디디가 물어뜯은 것이다.

비엘리츠키는 알리나가 언론계에서 일하는 것을 싫어했다. 너무 샘을 낸 것일까? 그는 알리나가 등산을 하는 것도 싫어해 그녀는 비엘리츠키 몰래 등산학교를 다녔다. 비엘리츠키는 아이를 갖는 것이 어떤지 슬쩍 떠봤다. 하지만 알리나는 아직 준비가 되어 있지 않다고 말했다.

^^^

비엘리츠키는 어느덧 4년이나 산에 가지 않았다. 그의 인생에서 이렇게 오랫동안 산을 멀리한 적은 없었다. 그는 2000년 후반기에 폴란드등산연합회로부터 마칼루로 가는 국가적 차원의 동계원정대 대장을 맡아달라는 부탁을 받았다. 그의 나이 51세 때였다.

하지만 제안을 수락하고 보니 조건이 상당히 까다롭다는 것을 깨달았다. 폴란드의 체육관광부는 허가취득, 장비구입, 포터채용 등에 필요한 총비용의 겨우 3분의 1에 해당하는 금액만 후원을 해주기로 되어 있었다. 나머지는 스폰서로 해결하라는 뜻이었다. 문제는 또 있었다. 이렇게 어려운 등반에 관심을 보이는 젊은 산악인을 찾기가 만만찮았다. 어쩔 수 없이 그는 히말라야 경험자들을 끌어들였다. 예지 나트칸스키Jerzy Natkański, 마치에이 파블리코프스키Maciej Pawlikowski, 안제이 사몰레비치Andrzej Samolewicz, 표트르 스노프친스키, 다리우시 자우스키Dariusz Załuski 등이 그들이었다. 그리고 아직 마흔을 넘기지 않은 야로스와프 주라프스키 Jarosław Żurawski도 있었다.

산에 오르면 먹을 것을 만드는 데 문제가 생겼다. 그들은 백색휘발유용 MRS 스토브를 준비했는데, 카트만두에서 이 연료를 구하지 못했다. 그리하여 보통 휘발유를 쓰자 연기만 자욱했다.

마칼루를 오르는 루트를 선택하는 것도 난관에 부딪쳤다. 폴란드 대원들은 우선 서쪽 필라로 붙은 다음 일본 루트로 넘어가서 노멀 루트로 등반을 끝내려고 했다. 하지만 그들은 7,000미터 위는 포기했다. 비엘리츠키는 젊은 패기도 부족하고, 원정대 내에서도 오직 상황을 관망하려는 분위기가 팽배해 있다고 생각했다. 그로서는 처음 겪는 경험이었다.

그는 일지에 이렇게 기록했다.

"힘이 든다고 포기하겠다는 경우는 처음 봤다. 이런 마음가짐은 한 번도

비엘리츠키는 2000년 후반기에 폴란드등산연합회로부터 마칼루로 가는 국가적 차원의 동계원정대 대장을 맡아달라는 부탁을 받았다. 그의 나이 51세 때였다. 이제 젊은이들은 원정에 관심을 갖지 않았다. 모든 것을 수학적으로만 나타내는 시대를 그는 슬프게 바라봤다.

보지 못했다. 예를 들어, 자바다와 원정을 갔을 때는 베이스캠프에서 석 달을 죽치기도 했다. 그런데 지금은 겨우 40일이 지났는데 전부 집으로 돌아가고 싶다고 아우성이었다."

그래도 나름대로 분위기는 화기애애했다. 누구도 산에 적대감을 내보이거나, 산을 개인적인 야망을 이루는 대상으로는 보지 않았다.

"원정대를 너무 잘 꾸려 우리는 똥밭에서 굴렀다." 그는 원정대를 이렇게 평가했다.

^^^

마칼루에서의 실패는 비엘리츠키에게 큰 트라우마가 되었다. 귀국을 한 그는 폴란드 알피니즘의 환경에 대해 다시 한번 생각했다. 이제 그의 세대는 새로운 도전에 더 이상 관심을 보이지 않았다. 따라서 '얼음의 전사'의 전통을 계속 이어나갈 새로운 젊은이들을 찾아내는 것이 급선무였다. 세대교체가 관건이었다.

2001년 『타테르니크』에 이런 선언문이 실렸다. 폴란드인들의 과거 동계등반에 대한 것으로, 그때의 성공은 팀워크 덕분이었다며, 히말라야 동계등반은 다른 이들의 도움 없이 혼자서는 힘들다는 주장이었다.

> 최근 들어 동계등반으로 다시 돌아오는 분위기가 감지된다. 타트라와 알프스와 히말라야에서. 동계등반이 높이 평가되던 시절도 있었다. 지금은 어디에 가든지 이전에 보지 못한 속도로 빨리 성공하고자 하는 분위기가 팽배해 있다. 이제 더 이상 신루트를 개척하며 히말라야를 오르고자 하는 꿈을 꾸지 않는다. 지금은 돈이 있으면 에베레스트에 오르고, 아니면 어딘가 더 오르기 쉬운 8천 미터급 고봉만을 오르려고 한다. … 요즈음은 시간과 경력을 허비하지 않고 주말에 편하게 오를 수 있는 즐

겁고 쉬운 등반을 추구하는 유행의 시대가 되었다. 무엇보다도 재미있고 멋져야 한다. 성공이란 개인의 이름을 알리는 일이어야 하고, 미디어에서 원하는 조건에 맞는 것이어야 한다. 그럼 이제 폴란드인들이 시샤팡마를 등정하고 K2에 올랐다는 말은 더 이상 들을 수 없게 된 것일까? 전통에 따라 너희들은 자신이 가장 잘할 수 있는 일을 해야 한다. 우리는 고산 동계탐험에서 성공을 거두었다. 그리하여 8천 미터급 고봉 14개 중 반이 우리들에 의해 등정되었다. 그 봉우리들을 발밑에 두는 데는 8년(1980~1988)밖에 걸리지 않았다. 6개의 미등봉이 우리를 기다리고 있다. 영국인들이 우리에게 붙여준 '얼음의 전사'라는 말이 알피니즘의 역사에 영원히 남기를 바란다.

비엘리츠키와 그의 동료들은 미래의 등반을 위해 온 힘을 쏟을 것이라고 다짐하며, 이렇게 강조했다.

너희들은 젊고 활기차고 야망이 있다. 8년이라는 시간을 주겠다. 우리에게 필요했던 바로 그 시간이다. 그러면 공정하지 않은가? 만약 너희들이 이 일을 끝낸다면 위대하지 않은가? 상상해보라. 8천 미터급 고봉이 모두 폴란드인들에 의해 초등된다는 것을. 성공의 기회가 남아 있다. 이것은 시간과 돈과 노력을 바칠 가치가 있는 게임이다. 이제 결단을 내릴 시간이다. … 너희들은 우리의 세대, 우리의 도움, 심지어는 우리의 적극적인 참가에도 의지할 수 있다. 선택은 너희들 몫이다!

^^^

그로부터 몇 주 후 폴란드등산연합회는 '히말라야 동계 프로그램'을 시작했다. 목표는 안제이 자바다가 이루지 못한 꿈인 K2의 동계등정이었다. 그런데 이

전설적인 선구자가 2000년 9월 유명을 달리했다. 그렇다면 K2 등정은 그에게 바치는 오마주가 될 것인가?

아주 좋은 기회가 찾아왔다. 2000년 주식시장에 정보통신회사인 네티아Netia가 끼어들어 마케팅을 하기 시작했다.

그리고 그들은 PZA와 계약했다. 시기는 2002년과 2003년으로, 그리고 원정대의 명칭은 '네티아Netia K2'로 하기로 했다.

이번 원정대에는 부대장으로 캐나다인 자크 올렉Jacque Olek, 의사로 로만 마지크Roman Mazik, 통신담당으로 보그단 얀코프스키Bogdan Jankowski 그리고 야체크 베르베카, 마르친 카츠칸Marcin Kaczkan, 표트르 모라프스키Piotr Morawski, 예지 나트카인스키, 마치에이 파블리코프스키, 얀 슐츠Jan Szulc, 다리우시 자우스키, 조지아 출신의 기아 토르틀라제Gia Tortladze, 카자흐스탄 출신의 데니스 우루브코Denis Urubko, 러시아 출신의 바실리 피브초프Wasilij Piwcow, 우즈베키스탄 출신의 일리아스 투크바툴린Ilias Tukhvatullin이 합류했다. 참가는 못해도 바르토시 두다Bartosz Duda, 야체크 야비엔Jacek Jawień, 표트르 쿠비츠키Piotr Kubicki, 야체크 텔레르Jacek Teler, 즈비그네프 테를리코프스키, 그리고 미코와이 지엘린스키Mikołaj Zieliński가 지원을 자청했다.

비엘리츠키가 원정대장을 맡았고, TVP 방송국이 미디어 후원을 담당했다. 그리하여 등반대원들과 함께 5명으로 구성된 스태프가 움직여, 매일같이 K2에서 10여 분 동안 등반에 관한 뉴스를 내보내기로 했다. 그리고 『제츠포스폴리타Rzeczpospolita』 신문의 모니카 로고진스카Monika Rogozińska 특파원이 합류했다. 방송의 제목은 '어제의 얼음의 전사들 다시 뭉치다'였다.

"이제 더 이상 기다릴 수 없습니다. 빙하로 올라가면 진짜 전투가 시작됩니다. 지금은 장난일 뿐이죠. 돈과 스폰서와 장비들이 다 있으니까요. 다 중요하지만 진정한 무기는 따로 있습니다." 출발 전 기자회견에서 비엘리츠키는 이렇게 말했다.

모든 원정대원들은 '네티아'와 두 번째 스폰서인 맥주회사 '레흐Lech' 로고가 박힌 파카를 입었다. 비엘리츠키는 사람들에게 카라코람에서 한겨울을 보내는 것은 자기 자신과의 싸움이 될 것이라는 말을 잊지 않았다. 그리고 안제이 자바다가 남긴 말을 다시 한번 상기시켰다.

"겨울에 무엇을 했는지 말해봐. 그럼 네가 어떤 사람인지 말해줄게."

기자들이 원정을 이끄는 심정과 목적에 대해 물었다.

"우리가 정상을 밟는다면 분명 성공한 원정이 될 겁니다. 하지만 진정한 행복은 집으로 돌아와서야 느끼게 될 겁니다." 원정대장인 비엘리츠키는 이렇게 대답했다.

2002년 12월 16일 폴란드인들은 오켄치에공항을 출발했다. 그들은 K2를 북쪽 필라로 오를 작정이었다. 그렇다면 정상 공격은 2월 중순이 지나서야 가능할 터였다.

^^^

그들은 키르기스스탄의 수도 비슈케크에 집결해 지프로 중국 국경까지 이동한 다음, 마자르Mazar로 가서 낙타 46마리에 짐을 싣고 카라반 행군을 했다. 그리고 며칠 후 3,800미터에 있는 K2 베이스캠프에 다다랐다. 사실 베이스캠프는 행군이 끝나는 지점으로부터 1,300미터 위에 있어 모든 짐은 등에 지어 날라야 했다.

대원들은 먼지바람이 코와 귀와 눈으로 들이치고 피부에 달라붙어 몹시 힘들어했다. 모두 신경이 날카로웠다. TV 카메라는 비엘리츠키와 나트카인스키가 주고받는 험악한 말들을 포착했다. 어떤 식량을 먼저 가져가야 할지 입씨름을 벌이고 있었던 것이다. 나트카인스키는 젊은이들 입에 맞는 것을 챙겨 가자고 우겼다.

하지만 비엘리츠키의 말은 달랐다.

"초콜릿만 먹고 K2를 어떻게 올라가? 고기, 소시지, 치즈, 견과류, 말린 과일 같은 걸 먹어야지."

"위에 올라가면 죽 같은 건 없다는 말입니까?"

예지 나트카인스키가 되물었다.

"예지야, 제발 신경 좀 거슬리게 하지 마. 자꾸 그러면 너 돌려보낼 거야. 대체 여기서 왜 그런 뭣 같은 죽 얘기를 꺼내!"

비엘리츠키가 소리를 버럭 질렀다. 그는 나트카인스키에게 자신도 일일이 박스를 열어 무엇을 가져가야 할지 확인했다고 말했다.

"물론 내가 과하게 대한 면이 없진 않았을 겁니다. 하지만 사람들이 여럿 있을 땐 닦달도 하고 욕도 해대는 사람이 있어야 합니다. 등정까지 60일이란 시간이 주어졌는데, 사실 그것도 빠듯하게 잡은 겁니다." 비엘리츠키는 말했다.

언젠가 식량 분배가 제대로 되지 않자 자신들부터 먹어야 한다고 우기는 사람들이 있었다. 현지의 포터들은 그냥 가만히 있었다. 비엘리츠키는 사람들을 이렇게 대해야 하는 것에 진력이 났다.

"파키스탄 포터들도 원정에 참가한 사람들과 동등한 존재입니다. 그래서 콩 하나라도 모두가 나눠 먹어야 합니다." 비엘리츠키는 이렇게 강조했다.

^^^

그럼 등반은 어땠을까? 시작은 무난했지만 조건이 상당히 까다로웠다. 사면은 얼음이 끼었거나 반반했다. 그럼에도 우루브코와 피브초프가 꽤 높은 곳에 1캠프를 설치했다. 벽에 고정로프를 설치하는 과정에서 비엘리츠키는 몇 미터를 추락해 피켈로 다리를 얻어맞았다. 참을 수 없을 정도로 아팠지만, 좋지 않은 방향으로 흘러가는 이번 게임에서 나름대로 재미있는 구경거리를 만들어줬다. 데니스 우루브코는 망원경으로 모든 상황을 지켜보고 있었다. 그들은

원정대장인 크시스토프 비엘리츠키는 포터들과 대원들을 똑같이 대했다.

비엘리츠키로부터 강렬한 인상을 받았다.

"크시스토프는 정말 폴란드가 낳은 인물입니다. 어떤 상황에서든지 자신의 목적을 꼭 이뤄냅니다. 크시스토프가 백마 위에 앉아 창과 방패를 드는 것보다 베이스캠프에서 대원들을 지휘하는 게 난 더 좋습니다."

폴란드의 언론들이 K2에 대해 열광했다. 그중 격주 잡지인 『갈라Gala』는 폴란드인들의 동계등반에 대한 특별 인터뷰를 실었다. 표지에는 커다란 글씨로 이런 제목이 실렸다.

다시 돌아오리라 굳게 다짐했다

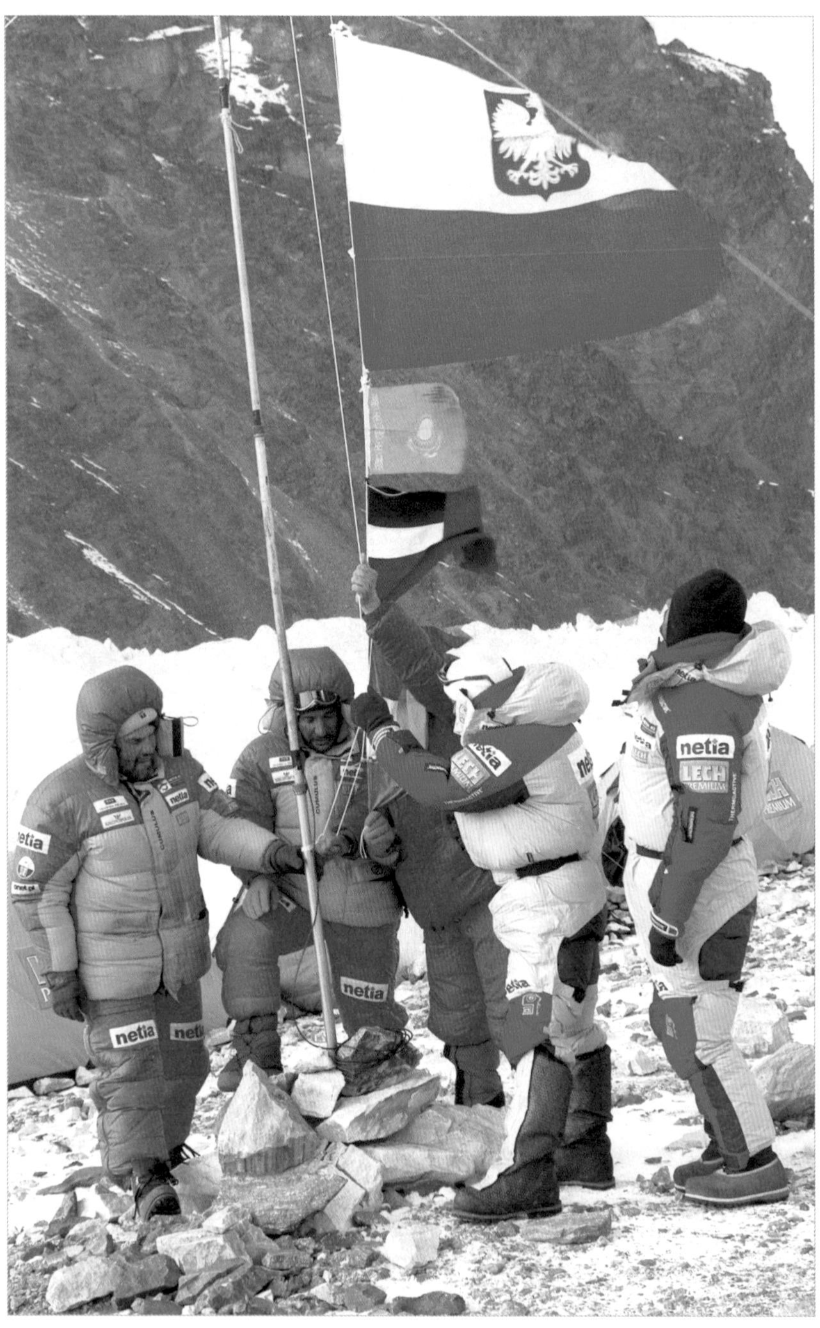

카라코람에서의 동계는 곧 인내를 의미한다. 2002년 폴란드인들은 K2에 다시 도전했다. 이번에는 '네티아'라는 스폰서 덕분에 베이스캠프에서 매일같이 방송을 송출했다.

비엘리츠키 곁에 있었던 알리나는 알피니스트들의 생활을 속속들이 전해줬다.

K2의 상황은 그다지 좋지 않았다. 마치에이 파블리코프스키와 다리우시 자우스키가 3캠프 구축에 나섰다. 폭풍설로 한밤중에 잠에서 깬 그들은 두려움에 질려 바위에 로프를 고정해 몸을 묶었다. 바람으로 몸이 날아갈 지경이었다. 하지만 아침이 되자 상황이 좀 나아졌다. 파블리코프스키는 앞을 잘 보지 못했다. 그리하여 자우스키가 그의 하산을 도와야 했다.

아래에서는 하극상 같은 상황이 벌어졌다. 조지아 출신의 토르틀라제가 대장인 비엘리츠키에게 20개의 요구사항이 적힌 종이를 내밀었다. 즈비그네프 테를리코프스키가 러시아어를 통역했다.

"그는 조직이 엉망이라며 대장에게 따졌습니다. 폴란드인들은 마냥 놀고 있는데 힘든 일은 더 동쪽에서 온 사람들에게만 시킨다는 것이었습니다. 그러면서 그는 신선한 고기를 먹고 싶다는 말로 끝을 맺었습니다." 테를리코프스키가 말했다.

비엘리츠키는 잠자코 듣기만 했다. 그의 대답은 하나였다. 테를리코프스키는 그래봐야 변하는 것은 아무것도 없다며, 마음에 들지 않으면 떠나도 좋다는 대장의 말을 전했다.

대장은 그러고 나서 조용히 텐트에서 밖으로 나갔다.

"모두가 충격을 받았습니다." 테를리코프스키는 말했다.

토르틀라제와 피브초프와 투크바틀린은 비엘리츠키의 말대로 폴란드 베이스캠프를 떠났다. 그들은 스폰서로부터 받은 장비들을 챙겼다. 그래도 작별은 서글펐다. 폴란드인들은 아무 말도 하지 않고 그들을 끌어안아줬다.

"고기가 없다는 말은 핑계에 불과했습니다. 20일이 지나자 토르틀라제와 투크바틀린은 자신들이 K2에 오를 실력이 아니라는 것을 깨달았습니다." 비엘리츠키는 말했다.

하지만 다행스럽게도 힘이 가장 좋은 데니스 우루브코는 남았다. 비엘리

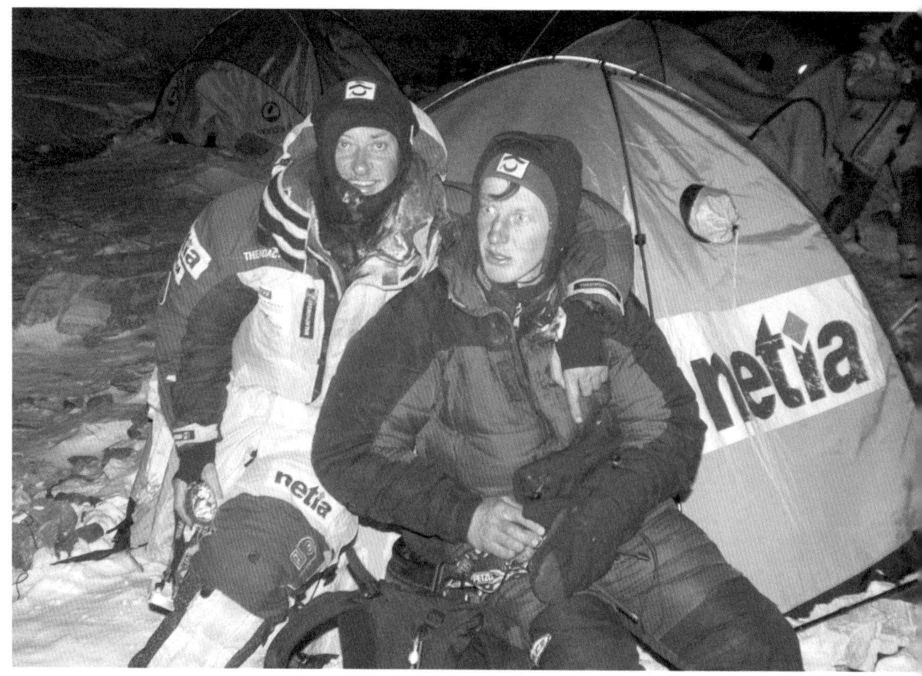

러시아인들과 함께 나서지 않은 데니스 우루브코(오른쪽)가 K2 베이스캠프에서 기다리고 있다. 비엘리츠키는 그가 정상에 설 수 있는 내면의 힘이 있다고 생각했다. 그는 우루브코를 받아들이고 산악인으로서의 자질을 칭찬했다. 그러면서 여전히 희망이 있다고 말했다.

츠키는 그에게 정상에 설 수 있는 내면의 힘이 있다고 생각했다. 그리하여 그를 붙잡고 서툰 러시아어로 충고했다.

"아직 기회가 있어. 다른 사람들이 너보다 먼저 나섰을 뿐이야."

모니카 로고진스카는 이렇게 기록했다.

"이것은 정말 성공적인 원정이었다. 그의 원정대에서 무려 8명이 빠져나갔다. 익스트림 스포츠를 전문적으로 다루는 방송 스태프 중 셋은 베이스캠프까지 오지도 못했다. K2는 조금도 보지 못했고, 이토록 쉬운 상황이었는데도 심리적·육체적 조건을 이겨내지 못했다. 그들은 집과 따뜻한 스튜디오를 찾아 바르샤바로 향했다. 네 번째 사람은 메인 베이스캠프까지는 왔지만 울다가 눈이 퉁퉁 부어 집으로 떠났다. 원정이 끝나고 난 후, 우리는 어려운 조건에서의 성공을 높이 평가받아 상도 받았다. 그 스태프 중에서도 끝까지 남아 함께 고생을 했기 때문에 상을 받을 자격이 충분한 사람이 하나 있었는데, 그는 위성방송의 통신전문가였다. 어떤 조건이든 그는 아랑곳하지 않았다. 그는 날씨가 좋고 주변이 평화로울 때는 물론이고 심지어는 최악의 순간에도 잠을 잘 잤다."

대원이 셋 떠났다고 해서 등반에 방해를 받을 수는 없는 노릇이었다. 우루브코와 모라프스키와 카츠칸이 조금씩 위로 올라갔다. 그리고 그 뒤를 비엘리츠키와 베르베카가 따랐다. 비록 6,300미터에 4캠프를 구축하긴 했어도 정상 등정의 가능성이 하루가 다르게 줄어들었다. 가장 큰 복병은 날씨였다. 폭풍설은 캠프를 전부 날려버릴 기세였다. 기온이 영하 50도까지 떨어졌다. 마르친 카츠칸이 고산병에 시달리기 시작했다. 그리하여 우루브코가 그를 3캠프로 데리고 내려왔다. 비엘리츠키가 그에게 약을 주었다. 하지만 위에는 산소가 없어 그를 빨리 데리고 내려와야 하는 상황이 벌어졌다.

10시간도 넘게 로프에 매달려 보내야 했던 하산은 끔찍했다. 그들은 지칠 대로 지쳐 베이스캠프로 돌아왔다.

"이젠 정말 끝장이네." 그는 자신의 상태를 심각하게 받아들였다.

그러면서 동료들에게 언젠가 K2를 오르긴 하겠지만, 그리고 손가락 하나를 잃거나 동상에 걸리는 것은 감수하겠지만, 목숨을 걸 만한 산은 아니라고 말했다.

그는 일지에 이렇게 기록했다.

"헤드램프 불빛에 비친 데니스의 눈을 바라봤다. 그는 무슨 생각을 하고 있을까? 우리가 마지막 기회를 잃어버렸다고 생각할까? 아니면, 나를 구할 수 있었다고 안도감을 느끼고 있을까? 시간이 조금 지나자 내게 말을 걸었다. '겨울에 다시 와요. 산이 어디 가나요?' 참 대단한 친구라고 난 혼자 되뇌었다. 이 용감한 카자흐스탄인 앞에 얼마나 위대한 도전이 기다리고 있을까?"

원정을 가능하게 만든 가장 큰 요인은 네티아였다. K2에서 송출하는 방송을 몇십 만 명이 시청했다. 그리하여 어린아이들까지도 세계에서 가장 높은 산이 어디냐고 물으면 전부 '네티아 K2'라고 대답했다.

모니카 로고진스카는 이 원정에 대해 쓴소리도 마다하지 않았다.

"영하 50도를 밑도는 기온과 혹독한 바람으로 인해 베이스캠프의 사람들이 몹시 지쳤다. 동계등반이 이렇다는 것은 상상도 하지 못했다. 고소뿐만이 아니라, 산소 부족과 지옥 같은 추위도 사람들을 힘들게 했다. 하지만 대부분은 잘 이겨냈다. 산에 대한 사랑이 전혀 없이 온 사람들도 있었는데… 바로 카메라 감독들이었다. 그 약해빠진 정신은 여자들도 금방 알아차렸다."

^^^

'네티아 K2'에 다녀오고 4년 후 비엘리츠키는 알리나와 결별했다.

"난 두 배나 혹독한 시련을 겪었습니다. 애인뿐만 아니라 아버지까지 동시에 잃은 기분이었으니까요."

알리나에게는 비엘리츠키와 보낸 9년이 전혀 아깝지 않았다. 자신을 여성의 한 사람으로 성숙하게 해주었고, 직장에 대한 애정을 갖게 해주었으며, 자신의 가치를 새로 발견할 수 있게 해주었기 때문이다. 그는 비엘리츠키에 대한 애정이 여전했다.

"크시스토프에게는 다른 여자가 필요했을 뿐입니다."

16장

무게에 따라 손해도 적절히 받아들여야 한다

2005년 4월 2일 저녁 교황 바오로 2세가 서거했다는 소식이 들리자 폴란드는 슬픔에 잠겼다. 폴란드에서 이보다 더 중요한 사안은 없었다. 폴란드 출신 교황의 장례식에 참석하기 위해 전 세계에서 40여만 명의 신도들이 모여들었고, 각국의 방송국이 이 장면을 보도했다. 그리고 TV 앞에는 1억 명 이상이 모여 앉았다. 모든 사람이 이 장면을 TV로 보고 있었다.

아니, 모든 사람이 아니라 거의 모든 사람이라고 하는 것이 옳을지 모른다.

카토비체산악회의 회원이며 등산장비 생산 공장을 운영하는 야누시 나브르달리크Janusz Nabrdalik는 유라 크라코프스코-쳉스토호프스카로 달려갔다. 그는 등산에 푹 빠진 단발머리의 카타지나 카르베츠카Katarzyna Karwecka를 동행시켰다. 얼마 전에 등산 시즌이 시작된 때였다. 그는 최대한 빨리 바위로 된 산을 오르고 싶은 마음뿐이었다.

◀ 두 번째 아내 카타지나 카르베츠카-비엘리츠카와 함께

나브르달리크는 계획이 있었다. 도중에 포들레시에에 사는 친구의 집을 잠깐 들르는 것이었다.

카르베츠카는 다른 곳에 들르지 말고 곧장 산으로 가자며 반대했다.

"그 친구 정말 유명한 사람이야." 나브르달리크도 물러서지 않았다.

"그럼, 혼자 들어가서 인사나 하고 와. 차에서 기다릴 테니까."

"그 사람 크시스토프 비엘리츠키야. 비엘리츠키!" 그가 강조해 말했다.

산에 관련된 책을 많이 읽고 있던 카르베츠카는 이 세계를 많이 알고 있었다. 그러니 크시스토프 비엘리츠키가 누군지 모를 리 없었다. 1980년대에 발간된 '얼음의 전사'에 관한 책을 열심히 읽던 기억이 새롭게 떠올랐다. 사진에는 '스타Star'라는 브랜드가 쓰인 원정대 트럭과 그 옆에 배가 나오고 수염이 덥수룩한 남자들이 있었다. 그들은 파란 플라스틱 드럼통을 트럭에 싣고 있었다.

"그 사진을 보자 이국땅으로 그렇게 많은 사람들을 어떻게 끌어모을 수 있는지 궁금해졌습니다. 그리고 소위 운동을 한다는 사람들이 그냥 맥주나 마시는 아저씨들 같았습니다." 카르베츠카는 당시를 이렇게 상기했다.

그녀는 나브르달리크를 따라 차에서 내렸다. 비엘리츠키와 인사만 하고 산으로 갈 생각이었다.

비엘리츠키는 문을 열고 안으로 들어오라고 했다.

"이거 꼭 보고 가세요. 교황 장례식입니다."

그리하여 이들 셋은 자그마한 여행용 TV 앞에 둘러앉았다. 바오로 2세의 시신 위에 놓인 성경이 바람에 펼쳐지는 것이 보였다. 산으로 가겠다는 사람은 아무도 없었다.

"우린 거기에 앉아 많은 얘기를 한 것 같습니다. 그 집에서 나왔을 땐 크시스토프와 몇 년 동안 아주 잘 알고 지낸 것 같은 느낌이 들었습니다. 영혼의 동반자 같은 느낌이랄까." 카르베츠카는 말했다.

2006년 네팔의 아마다블람 정상에 선 비엘리츠키 부부

비엘리츠키도 그렇게 느꼈다. 하지만 그는 농담조로 말했다.

"지금 당신을 보내면 아마 당신과 비슷한 여성을 찾아 나서게 될 것 같습니다."

카르베츠카 역시 그와 비슷한 톤으로 말을 받았다.

"애들만 데리고 들어와서 지금 당장 함께 살아도 되겠네요."

카르베츠카는, 몇 년 전에 남편이 가족을 떠나 프랑스로 가버려, 홀로 아이 둘을 키우고 있었다. 그녀와 비엘리츠키의 관계는 계속 발전되었다. 그리고 만나는 시간이 잦아지자 마침내 히말라야의 아마다블람으로 첫 여행을 떠났다.

^^^

2006년 가을 비엘리츠키는 낭가파르바트로 가는 원정대를 조직했다. 10여 년 전에 정상에 올랐기 때문에 그는 그 산을 잘 알고 있었다. 그곳은 그의 14

번째 8천 미터급 고봉이었다. 그곳을 겨울에 오른 사람은 아무도 없었다. 안제이 자바다 혹은 마치에이 베르베카가 이끈 폴란드 원정대가 네 번이나 동계등정을 시도했지만 한 번도 성공하지 못했다. 그렇다면 더 가봐야 무슨 소용이 있을까? 다섯 번씩이나 가야 할 이유가 있을까?

비엘리츠키는 10년도 넘게 산을 멀리한 얀 슐츠, 아르투르 하이제르, 다리우시 자우스키, 야체크 야비엔, 크시스토프 타라시에비치Krzysztof Tarasiewicz, 야체크 베르베카를 불렀다. 그리고 '동계등반 선언'에 매료된 젊은 산악인들이 합류했다. 그리하여 8천 미터급 고봉이 처음인 로베르트 심차크Robert Szymczak, 프셰미스와프 워진스키Przemysław Łoziński 등이 나머지 자리를 채웠다. 비용도 큰 문제가 되지 않았다. 프랑스의 전기회사 EDF와 하이제르와 마예르가 공동으로 운영하는 '하이마운틴'이 후원을 했기 때문이다.

그들은 10월에 네팔로 갔다. 고소적응 훈련을 에베레스트 근처에 있는 아마다블람에서 하려고 계획했기 때문이다. 낭가파르바트에는 12월에 도착했다. 그리고 기술적으로 아주 어려운 쉘Schell 루트를 선택했다. 그곳은 7,500미터 높이의 능선으로 오르는 루트였다. 그곳에서 산의 반대편으로 돌아간 다음 길게 횡단해 정상까지 올라가야 했다. 문제는 하루 만에 정상에 올라서지도 못하고 제시간에 내려오지도 못한다는 점이었다. 비박을 해야 하는데 겨울에는 날씨가 나쁘면 상상도 하지 못할 일이었다.

폴란드인들은 계속 운이 따르지 않았다. 엄청난 바람으로 벽에 매달려 있는 등반대원들이 심하게 흔들렸고, 체감 기온이 영하 40도까지 떨어졌다. 베이스캠프에 있는 사람들은 위에 있는 모두가 걱정되었다. 텐트 밖 얼음의 지옥에서는 4시간 이상을 버티기가 힘들었다.

그들은 알파인 스타일로 재빨리 정상에 올라야만 했다. 그리고 우선 벽의 오른쪽에 고정로프를 설치해야 했다. 그들은 2캠프 이전에 4킬로미터의 고정로프를 설치했다. 하지만 위로 올라갈수록 더욱 끔찍했다.

2006년 10월에 폴란드 알피니스트들은 네팔로 향했다. 그들은 낭가파르바트 동계등반을 준비하고 있었다. 그때 크시스토프 비엘리츠키는 원정대장이었다.

“아무것도 못하겠네, 아무것도 못하겠어!”

6,300미터에서 비엘리츠키는 이렇게 중얼거렸다. 온몸은 만신창이가 되면서 꽁꽁 얼어붙었다. 폭풍설은 마치 텐트와 함께 사람들도 한꺼번에 날려버릴 기세로 미친 듯이 불어댔다.

정상에 오를 수 있다는 희망이 하루가 다르게 희미해졌다. 워진스키와 심차크가 갖은 고생을 하며 6,800미터에 3캠프를 쳤다. 그들은 텐트에서 베이스캠프와 교신을 시도했지만 아무 소리도 들리지 않았다.

“혹시 우리 얘길 못 믿는 거 아냐?” 실망한 심차크가 말했다.

그들은 더 이상 위로 올라가지 않았다. 동상에 걸린 데다 2캠프가 눈사태

Acard
Acard
Acard
KO

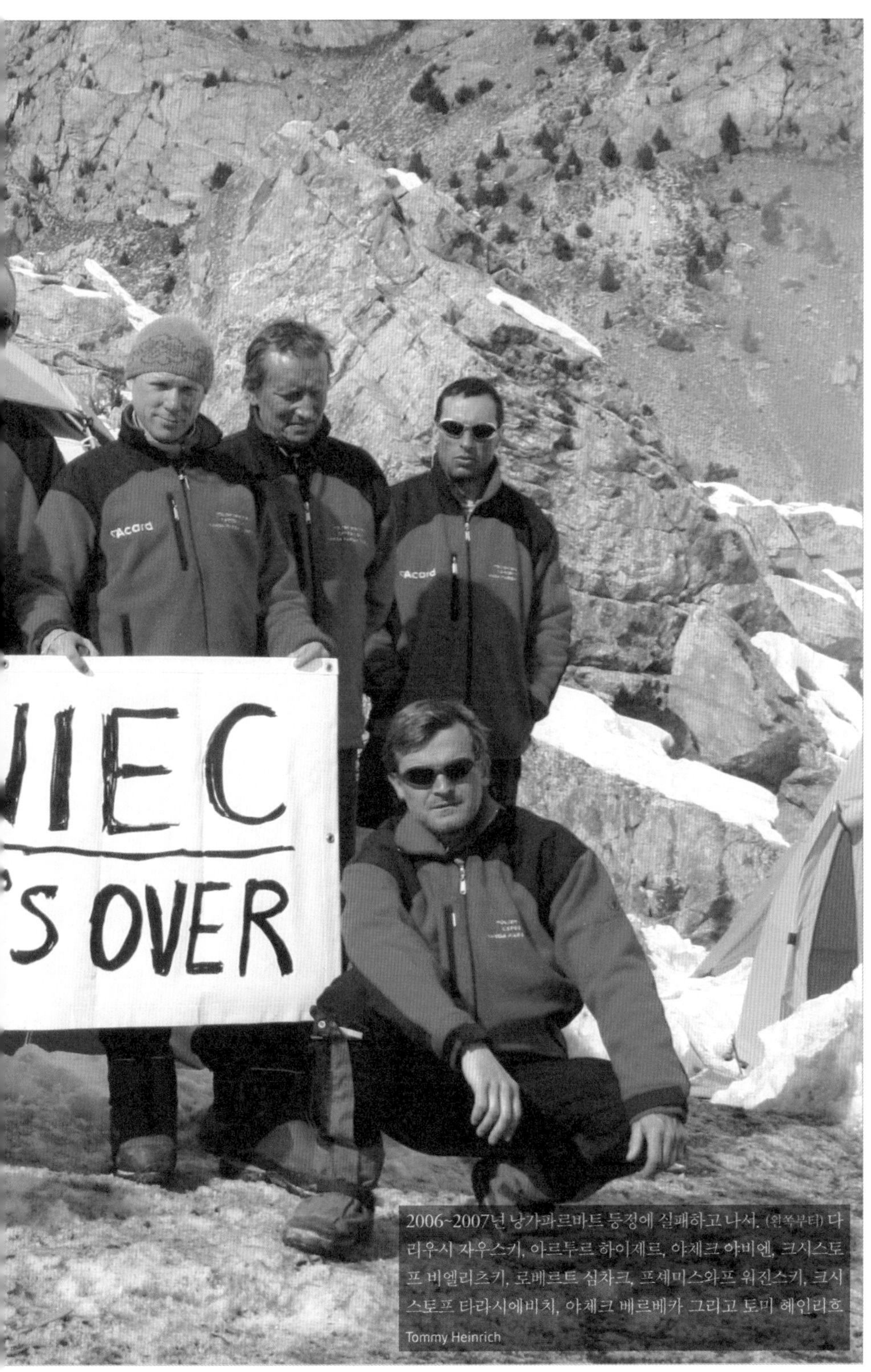

2006~2007년 낭가파르바트 등정에 실패하고 나서. (왼쪽부터) 다리우시 자우스키, 아르투르 하이제르, 야체크 야비엔, 크시스토프 비엘리츠키, 로베르트 심차크, 프셰미스와프 워진스키, 크시스토프 타라시에비치, 야체크 베르베카 그리고 토미 헤인리흐
Tommy Heinrich

에 쓸려갔기 때문이다. 이제 더 이상 오르는 것이 불가능해졌다. 1월 14일 비엘리츠키는 모두에게 하산하도록 지시했다.

"희망이 없다는 걸 이토록 빨리 깨닫고 철수한 건 내 인생에서 그때가 처음이었습니다. 후배들을 그냥 곤경에 몰아넣을 뿐이라, 가족들이 있는 따뜻한 집으로 돌아가는 게 최선이었습니다." 비엘리츠키는 말했다.

포들레시에로 돌아온 그는 알리나와 결별했다. 그리고 얼마 지나지 않아 그 둘이 열심히 가꾸었던 집에 화재가 발생했다.

^^^

"욜란타가 크시스토프에게 산에 대한 꿈을 이룰 수 있도록 해주고, 알리나가 그에게 두 번째 사랑을 발견하게 해줬다면, 카타지나는 크시스토프와 영혼의 단짝 같았습니다." 예지 포렝브스키가 말했다.

"결혼식 같은 걸 하긴 싫었습니다." 비엘리츠키가 말했다.

"우리에게 꼭 필요한 건 아니었거든요." 카르베츠카가 거들었다.

"그래도 결국엔 결혼하지 않았습니까?" 우리가 기억을 떠올리며 말했다.

"그냥 우연이었습니다." 이번에는 둘이 동시에 대답했다.

비엘리츠키가 낭가파르바트에서 돌아오자 둘은 살림을 차렸다. 그리고 카르베츠카가 임신했다. 그녀는 남편과 연락이 닿지 않은 지 수년이 되었지만, 그래도 엄연히 부부 사이였다. 하지만 순애보를 연기하는 것은 더 이상 아닌 것 같아, 카르베츠카는 이혼신청서를 제출했다. 폴란드 법에 따르면, 이혼 유효판결이 난 후 30일 이내에 태어나는 아이는 이전 아버지의 성을 따라야 한다. 물론 아이가 태어나면 바꿀 수 있기는 하지만 법적 출생증명서에는 그대로 남게 된다. 따라서 비엘리츠키와 낳은 아이는 이전 남편인 카르베츠키의 성을 따라야 했다.

이것을 피하기 위한 방법이 한 가지 있기는 하다. 아이가 태어나기 전에

2008년 12월 6일 크시스토프 비엘리츠키와 카타지나 카르베츠카는 결혼식을 올렸다. 이들은 신혼여행 대신 크라쿠프에서 열린 산악문화축제에 갔다.

결혼식을 올리는 것이다. 그럼 출생증명서에 비엘리츠키라는 성이 함께 기록된다.

결혼준비는 오래 걸리지 않았다. 민사 담당 공무원은 서류를 살펴보더니, 결혼을 하는 데 지장을 줄 만한 문제가 전혀 없다고 확인해주었다.

그가 물었다.

"오케스트라는 없나요?"

"없습니다."

"트럼펫을 직접 부는 건 아니죠?"

"예"

"들을 만한 음악도 없고요?"

"그것도 없습니다."

"건배할 샴페인은요?"

"없습니다."

"반지는 있나요?"

"예, 부모님들로부터 빌린 거요."

그 공무원은 이런 부부를 본 적이 없었다.

"60즈워티입니다." 그는 입을 굳게 다물고 말했다.

12월 16일 비엘리츠키와 카르베츠카는 정식으로 결혼식을 올렸다. 비엘리츠키는 정장을, 카르베츠카는 검은색 재킷에 임신부 옷을 입었다. 조촐한 행사였다. 부모님과 아이들, 그리고 우연히 그 자리에 온 레셰크 치히만 참가했다. 결혼신고를 마친 직후 그는 크라쿠프에서 열린 산악문화축제에 참가했다.

"필요한 건 다 갖춘 셈이었습니다." 그로부터 11년이 지난 후 비엘리츠키는 결혼식에 관한 이야기를 들려주면서 이렇게 회상했다.

그들의 아이는 2009년 1월 3일 티히에 있는 한 병원에서 태어났고, 아버지의 이름을 따랐다. 그리고 이틀 후 비엘리츠키는 쉰다섯의 생일을 맞이했다.

"크시스Krzyś*는 날 심리적으로 더 젊어지게 했습니다. 아들 덕분에 무게에 따라 손해도 적절히 받아들이는 지혜를 배웠습니다. 1980년대엔 온통 산만 생각했습니다. 이익과 손해 따위에는 관심이 전혀 없었지요. 지금은 확실히 알았습니다. 아들을 위해 살아야 한다는 걸."

그는 스포츠에 대한 집착도 줄였고, 운전도 더 천천히 했다. 가끔 악몽에 시달리면 크시스는 항상 아버지를 먼저 찾았다.

"늦둥이를 보다 보니 아버지와 할아버지 역할을 동시에 해야 했습니다. 그래서 책임감이라는 걸 다시 깨달았습니다. 이혼 전에 집을 너무 자주 비운

---

* 크시스토프의 애칭

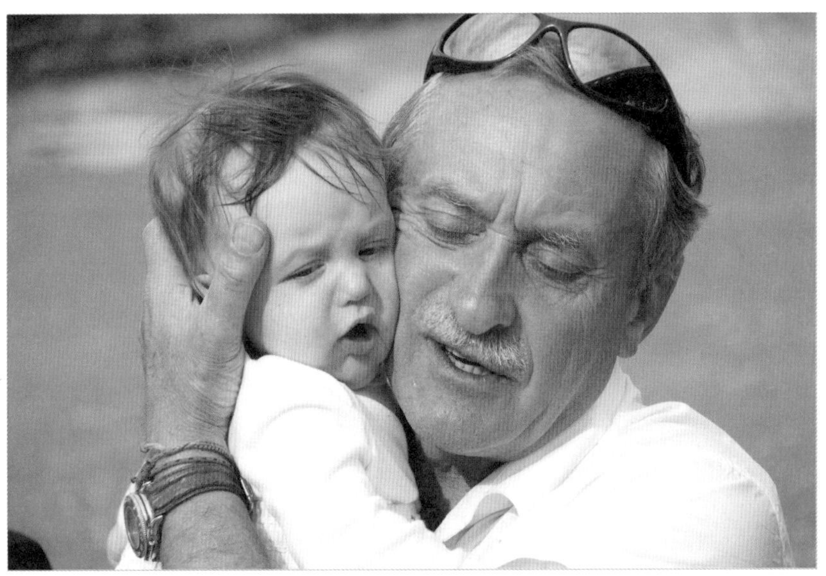

2009년 1월 3일 티히의 한 병원에서 막내 크시스가 태어났다. 그리고 이틀 후 크시스토프 비엘리츠키는 59세 생일을 맞이했다.

건 아닌가 해서 애들한테 미안한 감정도 들었습니다." 비엘리츠키는 이렇게 말했다. 다른 사람들도 아이가 아버지를 많이 변화시켰다고 말했다.

"이전과 비교하면 완전히 미쳤지요." 예지 포렝브스키가 말했다. 그리고 이런 이야기도 들려줬다. "산악문화축제를 위해 스페인에 가야 했는데, '크시스가 아빠 목소리를 잊지 않게 내 목소리를 녹음해 가끔 틀어주는 게 어때?' 하고 부인에게 물었답니다. 왜냐면 예전처럼 밖으로 나도는 동안 아이는 싹 잊어버릴 거라고 생각해서. 그런데 웬걸, 하루에도 몇 번씩 전화했답니다. 응가는 잘했는지, 제대로 걸었는지, 잘 잤는지, 말은 많이 했는지…. 그 사람 하는 짓을 보니 정말 같은 사람인지 의구심이 들었습니다. 세상에 크시스토프가!"

『아웃도어 매거진Outdoor Magazine』의 기사를 위한 사전 인터뷰도 이전과 확연한 차이가 보였다.

가장 좋아하는 것: 등산

최고의 성과: 44년 동안 등산한 것

꿈: 건강하게 죽는 것

가장 큰 아쉬움: 로체 남벽을 오르지 못한 것

여가활동을 가장 잘 보내는 방법: 정원 가꾸기

가지고 있는 것 중 가장 좋아하는 물건: 커피 머신

자신을 살리는 공간: 광장

좋아하는 일: 가까운 사람들과 함께 있는 것

이전이라면 물론 이렇게 대답하지 않았을 것이다.

"아들이 어렸을 때 크시스토프는 아이 키우는 법을 전혀 모르는 것처럼 굴었습니다. 어린애가 바라는 게 뭔지 전혀 감을 잡지 못했기 때문이죠. 가끔은 애를 제대로 이해하지 못하는 게 아닌지 겁을 내기도 합니다. 그래서 감동을 더 많이 받았습니다." 카르베츠카는 말했다.

비엘리츠키는 무엇이든 대충 하는 법이 없었다. 그는 아들에게 수영을 시키려고 어설프게 풀장에 뛰어들지도 않았고, 인디언 놀이와 카우보이 놀이를 하지도 않았다. 하지만 아이와 떨어져 지내는 것을 몹시 싫어했다. 그래서 어디든 데리고 다니면서 세상을 보여주고, 체스도 가르쳐주고, 산수문제도 함께 풀었다. 크시스가 등산에 관심을 보이지 않자 그는 속으로 다행이라고 생각했다.

"한번은 아들이 등산은 관심이 전혀 없고 축구만 좋다고 하자 마음이 놓였습니다." 비엘리츠키는 웃으며 말했다. 그는 일주일에 몇 번씩 아들을 축구교실에 데리고 가, 경기를 지켜봤다. 크시스가 축구팀에서의 교육에 만족하자 그는 뿌듯해했다. '팀 스피릿'을 제대로 배우기 시작하는 것 같았기 때문이다.

그런데 열 살이 되던 생일날 아이는 유튜버가 되겠다고 말했다.

막내 크시스와 카르베츠카

"뭐 하는 사람인지도 몰랐습니다. 내가 그 녀석 나이였을 땐 소방관이 되는 게 꿈이었는데, 지금은 사람들로부터 '좋아요'를 많이 받아야 된답니다. 세상 돌아가는 사정도 잘 모르는 난 죽어야죠, 뭐."

크시스는 TV에서 아버지를 보기도 했다. 아버지가 유명한 산악인이었다는 사실은 그도 알고 있었다.

"언젠가 한번은 이탈리아에 볼 일이 있어서 애와 함께 간 적이 있었는데, 사람들이 우르르 몰려왔습니다. 그 애가 나중에 나에게 다가오더니, 먼 거리를 마다하지 않고 찾아오는 사람들이 있는 아빠가 너무 좋다고 하더군요." 카르베츠카는 말했다.

^^^

동브로바 구르니차Dąbrowa Górnicza에 있는 비엘리츠키의 집은 사람들의 아지트가 되었다. 젱드코비체Rzędkowice에도 두 번째 아지트가 생겼다. 그곳에는 전처와의 아들과 손자, 카르베츠카의 장성한 자녀, 그리고 함께 등반한 동료들이 찾아왔다.

"우리 관계는 정말 잘 짜인 퀼트 이불 같았습니다. 우리가 한데 모여 밥을 먹으면 마치 이탈리아 사람들처럼 시끌벅적했습니다." 비엘리츠키가 말했다.

비엘리츠키는 그런 생활을 좋아했다. 우리가 방문했을 때도 그는 손에 고무장갑을 끼고 싱크대 앞에 서 있었다.

"히말라야에 갔다 온 사람들이라도 어김없이 설거지를 해야 합니다. 스스로 밥을 했을 때도 마찬가지입니다." 카르베츠카는 말했다.

비엘리츠키는 산악인들 중에서도 최고의 와인 전문가이고, 또 와인 전문가들 중에서도 최고의 산악인이다. 그의 가족들은 수프를 끓이는 실력도 최고라고 자부한다. 멕시코요리, 렌틸콩, 야채, 배추 등이 그의 손을 거치면 모두 거부할 수 없을 만큼 맛있는 요리가 된다. 그는 굴라시Goulash를 만들기도 한다. 가을이면 라일락꽃주스나 오이, 버섯, 파프리카 같은 보관식품들로 요리를 했다.

"집에는 파프리카를 먹는 사람이 없어 어떤 것도 신경을 쓰지 않습니다." 카르베츠카가 말했다.

그는 시간이 나면 잔디를 깎고 물을 주거나, 나무들을 관리하거나, 토마토를 키웠다. 전기 일을 하던 경험은 어디 가지 않았다.

"가끔 외발수레를 갖고 정원을 돌아다녔는데 얼마나 빠른지 충전할 시간도 없었습니다." 카르베츠카가 웃으며 말했다.

꽃도 사오지 않고, 시를 읽어주지도 않고, 사랑한다는 말을 하지도 않으니, 얼핏 보면 로맨틱한 커플로는 보이지 않았다.

"지금은 카타지나를 정말 사랑하지만, 그래도 혹시 어떤 변화가 생기면 말하겠다고 했습니다." 비엘리츠키는 설명했다.

그런데 그냥 말뿐이었다. 그는 사랑노래를 아주 좋아했다. 꼭 폴란드 노래로.

동브로바 구르니차 집에는 등산장비가 하나도 없었다. 로프도, 피켈도, 벽을 오를 때마다 썼던 크램폰도 보이지 않았다. 산과 관련된 것은 젱드코비체 집에 걸려 있는 커다란 에베레스트 사진뿐이었다. 이것은 카르베츠카가 세계 최고봉 동계등정 30주년 기념으로 선물한 것이었다.

그녀는 산에 대한 야망도 가지고 있었다.

"나보다 아내가 산에 관심을 더 갖고 있는 듯했습니다. 난 단지 그런 그녀의 남편일 뿐이고." 비엘리츠키는 서운한 듯 말했다.

"아마도 내가 브레이크였을 겁니다." 카르베츠카가 비꼬듯 말했다.

"아니, 난 가기 싫은데 당신이 자꾸 떠미는 것 알아?" 그가 아내에게 말했다.

그들은 파미르에 있는 레닌봉, 칸텡그리, 오호스 델 살라도Ojos del Salado,

브로드피크 같은 곳을 함께 가기도 했다. 8천 미터급 고봉에 도전할 때는 날씨가 끔찍했다. 쉴 새 없이 눈이 내렸다. 그리하여 폭설을 뚫고 나아가야 했다.

비엘리츠키는 카르베츠카와 이보나 코제니오프스카Iwona Korzeniowska와 함께 하루 만에 7,300미터의 3캠프에 도착했다. 그런데 여자들이 비엘리츠키보다 먼저 도착했다. 이런 일은 처음이었다.

정상을 향해 더 위로 올라가는 것은 위험했다. 날씨가 등반을 막았다. 파키스탄 북부 훈자에서 비엘리츠키 부부는 야누시 마예르와 함께 5천 미터급 봉우리 중 아직 사람의 발길이 닿지 않은 곳을 올랐다. 그런 미답봉을 오르면 여전히 심장이 뛰었다. 그중 하나는 5,900미터의 눈과 얼음으로 된 봉우리였는데, 사람들은 편의상 아름다운 정상이라는 뜻으로 '키시루이 사르Khishrui Sar'라고 불렀다.

카르베츠카도 자신은 비엘리츠키만 한 수준에 도달하지 못할 것이라는 사실은 잘 알고 있었다.

"여자들은 평범하게 살아야 해요. 이런 경쟁구도의 등산에선 위험을 무릅쓸 줄 알아야 하는데, 여자들은 집에 있는 아이들 때문에 돌아가야만 한다는 생각을 더 절실하게 하게 되죠." 카르베츠카는 말했다.

그렇다고 그녀에게 계획이 없는 것은 아니었다. 자신도 8천 미터급 고봉을 오르고 싶어 했다. 다만 남들로부터 박수를 받기 위해서가 아니라 스스로를 위해.

"나 자신을 시험해볼 수 있는 계기가 생기길 바랐습니다. 죽을 만큼 힘들다는 그 느낌이 너무 좋아, 도중에 쓰러져 죽을지도 모른다는 생각이 들었습니다. 산을 오를 때는 그런 마조히즘을 좋아합니다." 카르베츠카는 말했다.

폴란드 산악계는 로체 동계원정대를 조직했다. 유일한 여성대원인 카르베츠카는 남편의 후광으로 국가적인 원정대에 뽑혔다는 수군거림을 막기 위해 자신의 비용은 스스로 충당했다.

왼쪽부터 아들 크시스, 아내 카타지나, (의자에 있는) 손녀 에밀리아. (그 옆의) 사위 미로스와프 스타혼Mirosław Stachoń과 딸 율카Julka, 딸 안나, 손자 미코와이Mikołaj와 프라네크Franek, 그리고 딸 마르타

모든 준비가 끝났다. 그녀는 아들에게도 거의 두 달 동안 아빠와만 함께 있어야 한다고 말해뒀다. 비엘리츠키도 아내의 결정을 도와줄 수밖에 없었다. 그는 아내에게 아이가 엄마 없이 아빠와만 있어야 하니 학교에서 전과목 100점은 기대하지도 말라고 일러줬다.

하지만 남편의 명성은 전혀 도움이 되지 않았다. 카르베츠카는 마지막 순간에 원정대원 명단에서 탈락했다. 그리고 아무도 이유를 설명해주지 않았다.

"내 생각엔 당신의 입김 때문이었던 것 같아." 카르베츠카가 말했다.

"그렇다는 증거가 있어?" 비엘리츠키가 대꾸했다.

그녀의 계획이 마음에 들지 않았던 것은 사실이었지만, 그래도 가지 말라는 말은 단 한 번도 한 적이 없었다.

"평생을 산에서 살았다고 남의 기회를 가로막으면 안 되죠. 내 길은 가로막으면서 이 세계에서 자신의 명성은 지키려고 하고. 감히 누가 우리 위대한

비엘리츠키 부부는 산을 사랑하며 그에 대한 열정도 크다. 아내가 산에 대한 관심을 더 갖게 된 것 같았다고 비엘리츠키는 말했다.

비엘리츠키 씨에게 말대꾸를 하겠습니까? 안 그래, 여보?" 카르베츠카가 남편을 쳐다보며 말했다.

그러자 비엘리츠키는 그냥 웃기만 했다.

^^^

2017년. 폴란드는 여전히 동계 미등으로 남아 있는 유일한 8천 미터급 고봉 K2를 오르겠다는 야심찬 계획을 발표했다. 그때까지 세 번 도전했지만 모두 실패한 곳이었다.

원정 비용은 13만 즈워티. 10만 즈워티는 폴란드 체육관광부에서 부담했고 나머지는 폴란드의 로또회사에서 대줬다. 이제 국가적인 수준으로 가는

카타지나 카르베츠카-비엘리츠카는 브로드피크를 등반하면서 하루 만에 7,300까지 올랐다. 그녀는 남편보다도 더 빨랐다. 그는 그것을 눈 뜨고 볼 수만은 없었다고 말했다.

원정등반은 구시대의 유물처럼 보이기도 했다. 다른 나라의 정부들은 8천 미터급 고봉 등정에 더 이상 예산을 쓰지 않았다.

그러나 폴란드인들에게 이것은 야망의 문제였다. 따라서 최고 중의 최고만이 그 자리를 차지할 수 있었다. 원정대장은 '얼음의 전사' 중 가장 유명하고 경험도 많은 예순여섯 살의 크시스토프 비엘리츠키였다. 그는 2003년에 올라본 적이 있어서 겨울의 K2가 어떤 곳인지 잘 알고 있었다. 하지만 이번에는 직접 등반에 나서지 않을 계획이었다.

"굴뚝 청소로 돈을 벌어 바로 8천 미터급 고봉으로 향하곤 했었습니다. 예순을 넘긴 나이에 맨날 사무실에 있다 보니 선불리 산에 오르겠다는 생각은 안 들더군요." 비엘리츠키는 말했다.

크시스토프 비엘리츠키가 카타지나의 전 남편 아이들과 서 있다. 왼쪽은 도미니카Dominika, 오른쪽은 마테우시Mateusz

그의 오른팔이자 등반대장으로는 쉰 살의 야누시 고웡브Janusz Gołąb가 지명되었다.

이번 K2 정복의 추진력이자 희망은 아담 비엘레츠키였다. 2013년 브로드피크 원정 때 그의 잠재력을 비엘리츠키는 높이 평가했었다. 그때 그는 아르투르 마웨크와 함께 정상에 올랐었는데, 하산 도중 그와 함께 정상에 오른 둘이 목숨을 잃는 비극을 경험했었다. 그들은 토마시 코발스키와 마치에이 베르베카였다. 동료들의 죽음이 악몽처럼 다시 떠올랐지만, 이번에 그는 K2 원정에 나섰다.

그리고 많은 산악인들이 원정대에 합류했다. 마치에이 베드레이추크Maciej Bedrejczuk, 야로스와프 보토르Jarosław Botor, 마레크 흐미엘라르스키Marek Chmielarski, 라파우 프로니아Rafał Fronia, 표트르 토말라Piotr Tomala, 표트르 스노프친스키, 다리우시 자우스키 등. 하지만 모두 폴란드인들뿐이었다.

"몇 년 동안 이루지 못한 계획을 이번엔 꼭 해냅시다." 그들은 다짐했다.

원정대의 구성이 거의 끝나갈 때쯤 마흔네 살의 카자흐스탄인 데니스 우루브코가 합류했다. 그런데 이번에는 폴란드 여권으로. '네티아 K2' 원정 때 만난 그들은 서로를 잘 알고 있었다.

"대장님의 말에 순종하고, 그의 충고와 의견을 잘 따르겠습니다." 우루브코는 모두가 있는 자리에서 이렇게 선언했다.

^^^

K2의 해발고도는 8,611미터. 산악인들은 정상으로 가는 마지막 600미터로 인해 동계등정이 불가능하다고 말해왔다. 죽음의 지대, 말하자면 8,000미터를 지나며 만나는 구간이 기술적으로는 최고의 난이도였다.

"우리의 정상 등정 가능성은 반반이었습니다. 하지만 도전정신이 없었다면 8천 미터급 고봉 14개 중 8개를 동계 초등하는 위업은 이뤄내지 못했을 겁니다." 비엘리츠키는 말했다.

폴란드 국민들의 기대는 대단했다. 그리하여 이번 원정등반의 모토는 'K2를 폴란드인들에게 안겨주자!'였다.

비엘리츠키는 무언가 이루고 싶은 꿈이 있어야 감정을 잘 다스리는 타입이었다. 정상으로 향하는 중에는 몸의 상태가 평균 이상이 되어야 한다. 그래야 마지막 800미터 구간을 재빨리 지나갈 수 있다. 그런 조건에서는 100미터를 이동하는 데 최소한 1시간을 잡아야 한다. 따라서 올라가는 데 8시간, 내려오는 데 4시간을 염두에 두어야 한다.

"산에서 제대로 된 판단력 유지를 10시간 정도로 본다면, 이 산은 터무니없을 정도로 어렵습니다." 비엘리츠키는 말했다.

그것만이 아니다. 겨울의 K2는 눈이 내리자마자 단단한 회색 얼음으로 변한다. 피켈을 꽂기도 어렵거니와 크램폰이나 아이스스크루도 끝까지 박아

넣어야 한다. 언제라도 산에서 튕겨나갈 수 있기 때문이다.

이것 말고도 또 있다. K2는 카라코람에서도 북서쪽으로 치우쳐 있다. 바람이 사방에서 불어오고, 특히 겨울에는 히말라야와 비교해 풍속이 시속 40킬로미터나 더 강하다. 정상에 오르면 영하 60도의 체감온도를 각오해야 한다. 여기서 끝이 아니다. 정상에는 제트기류가 흐른다. 이것은 대류권과 성층권이 만나는 곳에서 부는 엄청난 바람이다. 풍속이 시속 400킬로미터도 넘는다. 따라서 사람 하나쯤이야 연필처럼 날려보낼 수도 있다.

사소한 것들도 있다. 5,300미터에 베이스캠프를 구축하면 아무리 따뜻한 한낮이라 해도 영하 십 몇 도가 된다. 빵이 벽돌처럼 딱딱해져 프라이팬에 데워 먹어야 한다. 그리고 얼어붙은 치즈는 피켈의 피크로 깨서 먹어야 한다.

이런 모든 것들을 비엘리츠키는 15년 전에 이미 경험했다. 그때는 K2 동계등반 사상 최고 높이인 7,600미터에 도달한 것으로 끝이 났었다.

폴란드인들의 여정은 세 달이었다. 베이스캠프로 가기 위해서는 북반구에서 가장 긴 발토로 빙하를 거슬러 올라가야 했다. 대원들과 50명의 포터들로 이뤄진 카라반 행렬로 일주일 정도 예상되는 거리였다.

2017년 12월, 바르샤바의 쇼팽공항에서 산악인들은 기자들과 많은 지지자들의 환송을 받으며 비행기에 올랐다. 메이저 TV 방송국들은 그들이 가족과 헤어지는 장면과 기자회견의 마지막 하나까지 카메라에 담았다.

"이건 우주여행과 거의 맞먹는 규모였습니다. 달에 발을 딛는 것과 비교한다면, 달은 누군가 이미 밟아본 적이 있지만, 동계 K2는 어느 누구도 오르지 못했다는 차이가 있습니다." 원정대의 대외담당인 미하우 레크신스키 Michaił Leksiński가 말했다.

폴란드등산연합회(PZA)의 회장 표트르 푸스텔니크는 이렇게 인터뷰했다.

"한겨울에 K2로 가는 걸 보니 이전의 추억이 새롭게 떠오릅니다. 도대체 폴란드 알피니즘에는 앞으로 어떤 새로운 도전이 기다리고 있을까요?"

그들의 기대는 풍선처럼 부풀어 올랐다.

^^^

K2의 폴란드 베이스캠프 분위기는 이전과 달랐다. 이전에는 텐트가 전부 2인 기준이었는데 이제는 모두 혼자 썼다. 그리고 텐트는 방수가 되는 파란 통들로 둘러싸였다. 이것은 옷이나 개인물품을 보관할 수 있는 용기였다.

라파우 프로니아는 베이스캠프를 이렇게 묘사했다.

"크시스토프 비엘리츠키와 그를 따르는 12명의 건축가들이 완전한 도시 하나를 설계하고 건설했다. 건축가와 몽상가와 리더가 만나면 무슨 일이든 못 할까. 늪지대이든, 굽이굽이 흐르는 강이든, 요새 같은 봉우리든 정복하지 못할 것이 무엇이 있을까. … 빙하 한가운데의 세락은 일도 아니다. … 우리의 도시에서 가장 중요한 부분은 공용 공간이다. 텐트가 길게 이어진 곳이다. 이곳에는 주방과 욕조가 있는 대기실, 그리고 작은 돔이 줄지어 있다. 성냥은 우리의 생각보다 더 소중하고 아름답다. 특히 저녁이 되면 노란색으로 빛나는 돔은 마치 이글거리는 성냥을 연상케 한다.

이곳이 우리의 광장, 극장, 영화관, 응접실, 회의실, 도서관이고 의회이자 식당이다. 이곳은 길이 없는 도시들이 만나는 곳이다. 길이 없다고 하는 이유는 길이 없다고 하더라도 어디든 원하는 대로 다닐 수 있기 때문이다. 하지만 눈과 얼음 위에 도사리고 있는 바위로 곤경을 겪지 않는 것이 무엇보다 중요하다.

거주자들이 사는 곳은 문 역할을 대신하는 창문이 달린 일인용 돔이다. 그 창문이 K2나 브로드피크, 아니면 어느 방향으로 나 있어야 하는지 결정하는 것은 거주자의 몫이다. 그러나 대부분의 사람들은 바람이 부는 반대 방향으로 창문이 나길 바란다. …

화장실은 이 도시의 또 다른 중요한 부분이다. 금속제 텐트로 튼튼하게

지었다. 가끔은 다른 누군가와 비밀스러운 이야기를 할 때도 많이 이용한다."

마르친 카츠칸이 와이파이를 설치했다. 처음에는 저녁식사 시간에만 사용할 수 있었지만 이제는 아침부터 하루 종일 사용이 가능했다. 아이디는 'K2_Polska' 비밀번호는 'Warszawa'였다.

"베이스캠프가 집에서보다 인터넷이 더 잘 연결됐습니다. 그래서 2캠프에도 위성안테나를 설치했으면 좋겠다는 농담을 하기도 했습니다. 그럼 어떻게든 올라가려고 기를 쓸 테니까요." 마레크 흐미엘라르스키가 말했다.

비엘리츠키는 시간이 지나 모든 사람들에게 인터넷 접속을 허락한 것은 큰 실수였다고 말했다. 사람들을 제때 소집하기도 더 힘들었고, 일의 우선권을 정하는 것도 더 힘이 들었기 때문이다.

"텐트에서 나와 보니 아담 비엘레츠키가 핸드폰을 들어 셀카를 찍고, 노트북으로 그 사진을 SNS에 올리더군요. 다른 대원들도 마찬가지였습니다. 핸드폰을 갖고 뭘 하는지 도무지 알 수가 없었습니다. 부인에게 사랑하네 마네 하는 정도의 메시지는 보낼 수 있다고 칩시다. 그런데 세상의 나머지 사람들과 싸움을 하고 싶었던 걸까요? 우리 세대는 산에 오면 술을 마시고, 산노래를 부르고, 함께 카드를 쳤습니다. 요즘 사람들은 마치 혼자 온 것처럼 따로따로 놀더군요."

비엘리츠키는 이런 상황이 놀랍기만 했다.

"인터넷 덕분에 세상 사람들이 산악인들이 어디를 오르고 있는지 알 수 있는 것 아닐까요?" 우리는 이렇게 항변했다.

"그렇다고 그들이 우릴 대신해 K2를 올라갑니까?" 비엘리츠키는 이렇게 응수했다.

^^^

폴란드인들은 바스크 루트로 정상에 도전했다. 가장 위험하고 가파르지만, 그래도 제일 짧은 루트였다. 그러면 일명 '산의 팔'을 쉽게 차지할 수 있을 터였다. 모든 대원들이 벽에 달라붙었다. 그렇다 해도, 공식적으로는 밝히지 않았지만, 데니스 우루브코, 아담 비엘레츠키, 야누시 고웜브, 마르친 카츠칸같이 경험이 많은 사람들이 아니면 정상 정복의 가능성이 아주 적다는 것은 암묵적인 사실이었다.

"표현은 안 했지만 몇 명만 정상에 오를 수 있다는 사실을 난 부인하지 않았습니다. 다른 사람들은 다 경험을 더 쌓기 위해 노력할 뿐이었죠." 마레크 흐미엘라르스키가 말했다.

^^^

시간이 날 때마다 폴란드 원정대원들은 100킬로미터 정도 떨어진 낭가파르바트에서의 상황을 인터넷으로 들여다봤다. 그곳에서는 프랑스의 엘리사베스 레볼Élisabeth Revol과 폴란드의 토마시 마츠키에비치가 정상에 도전하고 있었다. 마츠키에비치는 어떤 산악회에도 소속되어 있지 않았다. 그는 원정에 필요한 자금을 '산에 오르다'라는 프로젝트로 크라우드펀딩을 통해 마련했다. 그는 그 산의 정상에 일곱 번째나 도전하고 있었다. 그는 한 달 전부터 SNS에 등반 진행 상황을 사진과 함께 올리고 있었다.

2018년 1월 24일 그는 SNS에 짧은 글을 올렸다.

"우린 지금 7,300미터에 있습니다. 끔찍한 투쟁이지만, 날씨가 도와준다면 내일은 정상에 오를 수 있을 겁니다."

하지만 그 후에는 아무 말이 없었다. 이들에게 무슨 일이라도 일어난 걸까?

이틀 뒤 레볼은 프랑스에 있는 친구들에게 극적인 소식을 전한다. 둘 다 정상에 오르기는 했지만, 동상에 걸린 레볼은 혼자 내려오고 있고, 마츠키에비치는 7,200미터의 텐트에 남아 있다는 것이었다. 그녀는 설맹에 걸려 눈이 잘 보이지 않았고, 뇌부종에 동상까지 걸려 있는 상태였다. 따라서 혼자서는 내려올 수가 없었다.

모두가 그 소식을 실시간으로 확인하고 있었다. 누군가의 도움이 절실히 필요한 상황이었다. 가장 가까운 곳에 있는 것이 폴란드 원정대였다.

폴란드 원정대가 공식 발표를 했다.

"지금 여기 베이스캠프에서 구조를 위해 (구조장비와 산소를 모두 갖춘) 폴란드인 넷을 낭가파르바트로 긴급하게 투입하고자 하니 헬기를 보내주기 바랍니다."

그러자 헬기가 3시간도 안 되어 도착했다. 하지만 파키스탄인들은 보증금을 요구했다. 인터넷에는 헬기 비용이 5만 달러로 되어 있었지만 그들은 두 배를 불렀다. 게다가 기상이 좋지 않아 헬기는 일단 대기해야 했다. 1월 27일 데니스 우루브코와 아담 비엘레츠키, 표트르 토말라, 야로스와프 보토르를 태운 헬기가 낭가파르바트에 착륙했다. 저녁 5시 5분, 해가 질 무렵이었다. 이렇게 어두운데 구조작업을 할 수 있을까? 그건 미친 짓이었다. 사람들은 인터넷으로 상황이 어떻게 진행되고 있는지 실시간으로 검색하고 있었다. 우루브코와 비엘레츠키가 위로 올라갔다.

K2 원정대원들은 낭가파르바트에서 긴급 구조작업을 펼쳤다. 끔찍한 조건에서 8시간도 넘게 쉬지 않고 야간등반을 한 끝에 그들은 기력이 소진된 엘리사베스 레볼을 찾아내 아래로 데리고 내려왔다.

폴란드인들은 이번 구조작업이 헛되지 않았다며 자랑스러워했다.

인터넷에서는 구조작업에 대해 첨예한 논쟁이 벌어졌지만, 그래도 바르샤바에서는 마츠키에비치를 포기하기로 한 결정을 수용하는 분위기였다. 시간이 지난 후, 비엘리츠키는 RMF FM 기자와 가진 인터뷰에서 이렇게 말했다.

"토마시를 살릴 수 있는 방법이 전혀 없었습니다. 그의 시신이라도 수습했다면 좋았겠지만 그 역시 날씨가 허락하지 않았습니다."

K2 원정대원들은 낭가파르바트에서 긴급 구조작업을 펼쳤다. 끔찍한 조건에서 8시간도 넘게 쉬지 않고 야간등반을 한 끝에 그들은 기력이 소진된 엘리사베스 레볼을 찾아내 아래로 데리고 내려왔다. 하지만 정작 토마시 마츠키에비치는 구하지 못했다.

구조대원들은 K2 베이스캠프로 돌아왔다. 인터넷에서는 그들을 영웅으로 치켜세웠다. 크시스토프 비엘리츠키는 이런 환희의 물결을 잠재우고자 했다.

"구조작업이 쉽진 않았습니다. 통신장비도 문제를 일으켰지만 대원들이 알아서 잘해냈습니다. 그들은 고소적응이 잘되어 있었습니다. 그들은 그냥 자신의 임무를 수행했을 뿐입니다. 대응 속도에는 차이가 좀 있을 수 있었겠지만, 다른 팀이라도 그렇게 했을 겁니다." 그는 라디오 인터뷰에서 이렇게 밝혔다.

하지만 폴란드인들은 그런 냉정한 판단을 마음에 들어하지 않았다.

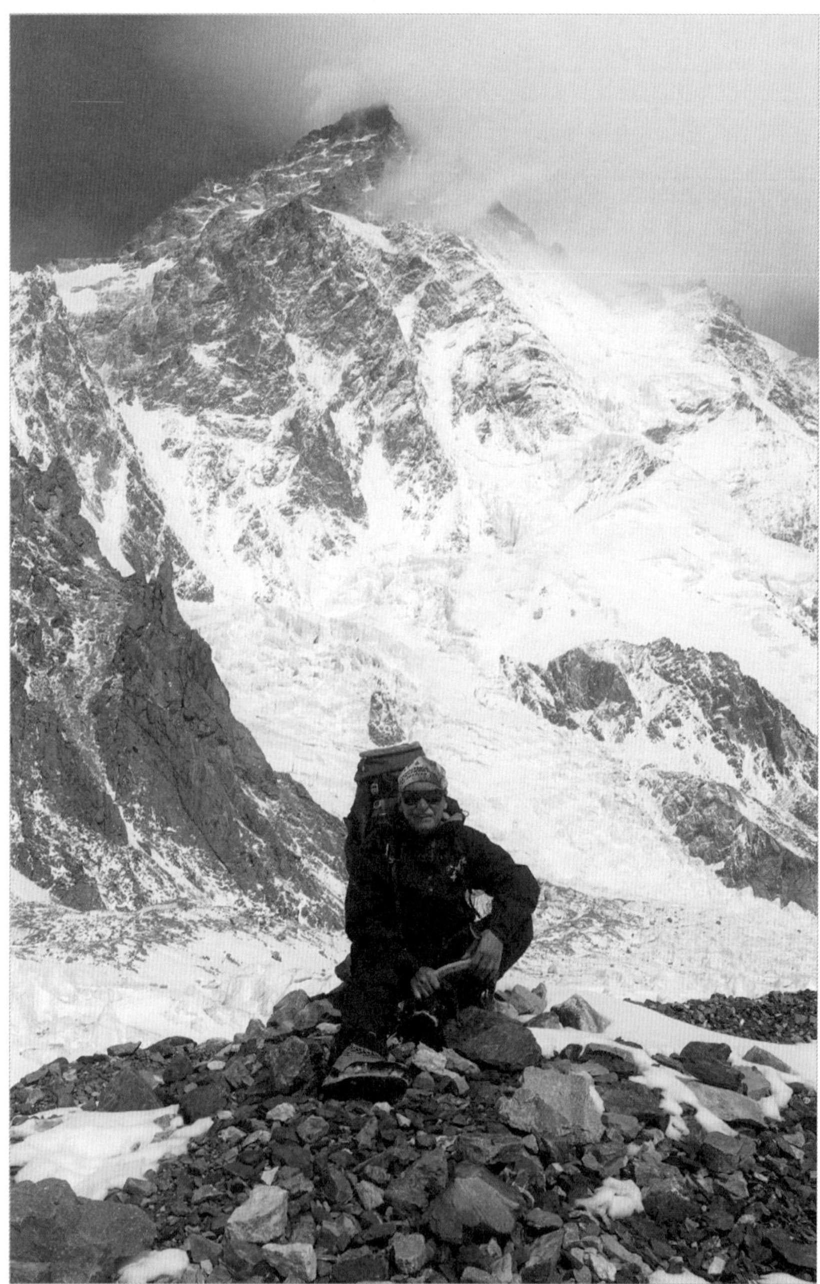

크시스토프 비엘리츠키는 구조작업에 참가하지 않았다. 대신 그는 대장으로서 베이스캠프에 남아 그들을 지휘했다. "그는 걱정도 하지 않고, 절망의 그늘 같은 것도 내보이지 않았습니다. 그는 직접 오르지 않았지만 이름값을 톡톡히 했습니다. 그 외에는 달리 할 말이 없습니다." TVN 기자 로베르트 야워하가 말했다.

⌃⌃⌃

그렇다면 K2에서는 어떻게 되어가고 있었을까? 바스크 루트는 보기보다 어려웠다. 위에서 떨어지는 낙석으로 대원들이 크고 작은 부상을 입었다. 비엘레츠키는 낙석에 맞아 부상당한 사진을 페이스북에 올렸다. 프로니아는 손이 부러졌다. TVP 기자들이 베이스캠프와 연결해 그와 통화를 시도했다.

"지금 기분이 어떤가요?" 생방송 중에 이런 질문이 나왔다.

"기자님은 손이 부러져본 적 있습니까?" 그는 질문으로 대꾸했다.

그 여성 기자는 그 높이에서 손이 부러지는 것과 지상에서 손이 부러지는 것의 차이를 시청자들에게 설명했다. 그녀가 프로니아에게 기분이 어떤지 다시 묻자, 그가 폭발했다. "이게 대체 뭔 개소리입니까? 제발 날 좀 가만히 놔두세요."

그러자 야누시 마예르가 상황을 정리했다. "라파우 프로니아는 지금 진통제를 너무 많이 먹어 제정신이 아니랍니다."

⌃⌃⌃

비엘리츠키는 바스크 루트로는 무리라고 판단했다. 무엇보다도 위험부담이 너무 컸다. 대장은 아브루치 능선으로 올라가기로 결정을 내렸다. 하지만 처음부터 다시 시작해야 했다. 겨울이 끝나기 전에 마칠 수 있을까?

레셰크 치히는 성공의 가능성을 일축했다.

"루트를 바꾸기엔 이미 너무 늦었습니다. 뭘 해야 할지 생각할 시간에 대원들은 페이스북이나 하고 있으니. 심리적으로 이건 끝난 게임이나 마찬가지입니다." 그는 TV에서 이렇게 말했다.

하지만 폴란드인들은 쉽게 포기하지 않았다. 흐미엘라르스키와 마웨크가 앞장서고 고웜브와 베드레이추크가 뒤를 따랐다. 우루브코와 비엘레츠키

바스크 루트에서 낙석에 맞아 부상당한 사진을 페이스북에 올리는 비엘레츠키

가 6,800m에서 비박에 들어갔다. 조건은 너무나 열악했다. 얼음은 대리석처럼 단단하고 바람은 지옥처럼 거셌다. 흐미엘라르스키와 마웨크가 동영상을 찍어 SNS에 올렸다.

"겨울에 이 산을 오르는 자들은 하나같이 정신이 나간 놈들입니다." 카메라를 보고 그는 이렇게 말했다.

^^^

2월 19일. 비엘리츠키는 성공의 가능성을 여전히 믿고 있었다. 하지만 그것은 우루브코와 비엘레츠키에게 달려 있었다. 7,000미터 이상에서 견딜 수 있는 고소적응은 그들만이 되어 있었다. 더구나 낡은 고정로프를 이용하려면 용기도 필요했다.

날씨가 좋아졌다. 대원들은 어느새 7,200미터에 도달했다. 그들은 이틀 정도 그곳에 머물면서 정상에 도전할 준비를 할 예정이었다. 희망이 다시 찾아오고 있었다.

한국에서 열리는 평창동계올림픽에서 좋은 소식이 들려오자 대원들의 사기가 올라갔다. 카밀 스토흐Kamil Stoch가 스키점프 경기에서 금메달을 차지하고, 단체전에서는 3위에 입상한 것이다.

"카밀의 금메달 획득을 케이크와 화이트와인으로 축하했습니다. 단체전의 동메달은 퍼지 사탕*으로 대신했는데, 바로 '신들의 음료수'가 떨어졌기 때문이죠." 비엘리츠키가 말했다.

^^^

산 위는 날씨가 다시 험악해졌다. 풍속은 시속 100킬로미터에 육박했다. 캠프에 계속 머물러 있는 것은 큰 의미가 없었다. 2월 22일. 모든 대원들이 베이스캠프로 내려왔다.

"2월에 K2를 오른다는 희망이 점점 사라지는 것 같았습니다. 겨울이 끝나려면 여전히 4주가 남아 있었습니다. 그래서 우린 잠시 재충전의 시간을 가졌습니다." 비엘리츠키가 말했다.

천문학적(절기) 겨울은 12월 21일에 시작되어 3월 21일에 끝난다. 기상학적 겨울은 12월 1일에 시작되어 그다음 해 2월 28일이나 29일에 끝난다. 그 시기 동안 산은 최악의 조건이 된다.

데니스 우루브코는 히말라야와 카라코람에서는 동계 적응훈련이 필요하다고 주장했다. "이것이 내가 사는 이유이다. 나는 12월 1일에 시작되어 그다음 해 2월 28일이나 29일에 끝나는 기상학적 조건에서 등반할 것이다. 산소

* 설탕, 버터, 우유로 만든 연한 사탕

는 최소한으로 챙기고, 내복이나 특별한 보온 장비도 없이 누가 봐도 적절하고 이해 가능한 기간에 산을 오르고 싶다." 그는 블로그에 이렇게 올렸다.

그는 비엘레츠키에게 조용히 다가와 3캠프로 돌아간 다음 정상에 빨리 올라가자고 말했다. 하지만 다른 원정대원들은 이렇게 혹독한 조건에서는 성공의 가능성이 높지 않다고 주장했다.

2월 24일. 우루브코는 영국식으로 베이스캠프를 출발했다. 위성전화기도 없이 K2 정상을 향해 외롭게 길을 떠난 것이다. 비엘리츠키는 감정을 억누르고 담담하게 소식을 전했다.

"오늘 일자로 고소적응이 잘되어 성공한 등정도 많이 있는데, 데니스 우루브코는 원정대장과의 조율도 없이 혼자 베이스캠프를 떠났습니다. 그는 2월 안에 K2를 오르기로 마음먹었습니다."

비엘리츠키는 우루브코의 정상 등정을 지원할 사람들이 산을 오르고 있으며, 포터들이 긴급한 상황에 대비해 산소를 가지고 2캠프로 향하고 있다고 덧붙였다.

우루브코의 독단적인 행동은 폴란드에서도 커다란 이슈가 되었다. 이 카자흐스탄인이 카츠칸과 베드레이추크를 만났는데도, 크시스토프 비엘리츠키와의 교신을 거부했다는 소식은 많은 사람들의 감정에 불을 질렀다. 국가적인 원정등반에서 대장이 그런 취급을 받은 것은 이번이 처음이었다.

"우린 서로가 친구인 줄 알았는데, 데니스가 그런 식으로 나오리라곤 전혀 예상치 못했습니다." 후에 비엘리츠키는 이렇게 말했다.

신경이 쓰였다. 베이스캠프로 TVP와 TVN 방송기자들이 몰려들었다. 어떤 이들은 국영방송국 기자들을 곱지 않은 시선으로 바라봤다. 그래서 기자들과 녹화도 하지 않고, 사진도 찍지 않고, 모든 것을 대장의 결정에 따르기로 했다.

비엘리츠키는 우루브코로 인해 기분이 몹시 상했다는 것을 감추지 않았다. 그는 카메라 앞에서 이것은 안전과 관련된 기본수칙 위반이라고 말했다. 우루브코가 어떤 장비를 가지고 갔으며 식량은 얼마나 챙겼는지 알 수 있는 방법이 없었다. 곧 폭설이 내린다는 일기예보도 있었다. 이런 상황에서는 길을 잃거나 동사하기에 안성맞춤이었다.

베이스캠프에서는 사람들이 망원경을 통해 우루브코의 행적을 좇고 있었다.

“데니스 말이 맞을지도 모릅니다. 정상에 오를 수도 있습니다. 정 안 되면 돌아오겠지요. 다만 그 친구가 조금 걱정될 뿐입니다.” 비엘리츠키가 기자들에게 말했다.

TVN의 기자 로베르트 야워하Robert Jałocha는 당시 베이스캠프의 심상치 않은 분위기를 이렇게 전했다.

“사람들이 겁도 없이 대장의 지위를 깎아내렸습니다. 야누시 고워브는 나에게 대장이 너무 약해빠져 우루브코 사태를 이러지도 저러지도 못하고 있다고 말했습니다.”

또 다른 상황이 벌어졌다. TVN의 촬영기사 마치에이 시에마시코Maciej Siemaszko는 폭풍설 장면을 촬영하고 싶어 했다. 아르투르 마웨크, 마르친 카츠칸, 마레크 흐미엘라르스키, 마치에이 베드레이추크가 벽 아래에서 베이스캠프를 향해 걸어오고 있었다. 그때 바람이 폭발하듯 엄청나게 불어 마치 거대한 중력의 힘과 사투를 벌이는 것처럼 보였다. 갑자기 마웨크가 걸음을 멈추더니 촬영기사에게 소리쳤다.

“야, 이 자식아, 그냥 꺼져버려!”

마웨크는 기자들에게 이렇게 말했다. “만약 누굴 만나기 위해 산에 온다면 마실 거라도 챙겨오지 않을까요? 누구처럼 양해도 구하지 않고 촬영하는 게 아니라….”

“그래도 그렇게 심한 욕을 하면 어떻게 합니까?” 야워하가 대꾸했다.

비엘리츠키는 다들 자중하라며 사태를 무마하려고 애썼다.

상황이 좋지 않게 돌아갔다. 기자들이 베이스캠프를 떠났다.

"크시스토프는 마웨크가 한 말 때문에 우리들에게 사과한 게 아닙니다. 그 자신과는 아무런 연관도 없었습니다. 다만 우리들을 좋은 시선으로 보고 있다는 점을 보여주고 싶었던 겁니다." 야워하는 말했다.

비엘리츠키에 대해 야워하는 기억을 하나 가지고 있었다.

"얼마 동안 크시스토프 텐트 바로 옆에 텐트를 치고 지냈었습니다. 일부러 들을 생각은 없었는데, 우리 사이엔 얇은 천 하나만 있었습니다. 크시스토프는 저녁마다 폴란드와 통화를 했는데, 여러 사람들과 오랫동안 얘기를 하더군요. 대원들에 대해 불평을 늘어놓을 수도 있었을 겁니다. 그런데 그런 적이 없었습니다. 그는 단 한 번도 다른 사람 흉을 보지 않았습니다. 걱정도 하지 않고, 절망의 그늘 같은 것도 내보이지 않았습니다. 그는 직접 오르지 않았지만 이름값을 톡톡히 했습니다. 그 외에는 달리 할 말이 없습니다."

^^^

우루브코는 정상에 서지 못했다. 그는 크레바스에 떨어졌지만 겨우 목숨을 부지했다. 그로부터 3일이 지나자 온몸이 만신창이가 되고 동상에 걸린 그가 베이스캠프로 돌아왔다. 하지만 그는 적어도 시도는 해봤다는 자신감을 가질 수 있었다.

"그런 지옥 같은 경험을 할 거라고 우리 역시 예상하고 있었습니다." 야워하가 말했다. "촬영기사에게 만약 우루브코가 돌아오면 밖으로 나가 기다리자고 했습니다. 대장과 그 친구가 격한 얘기를 주고받을지 몰라서. 그런데 그 친구는 모두에게 인사를 하더니 바로 내 앞에 앉았습니다. 크시스토프와 우루브코는 마치 아무 일도 없었다는 듯이 시시콜콜한 얘기를 나눴습니다. 크시스토프가 애써 싸움을 피한 겁니다. 상대방을 자극하는 말은 전혀 하지 않았습니다. 정말 그가 새롭게 느껴졌습니다."

"그는 무엇보다도 품위를 중요하게 여겼습니다." 비엘리츠키의 형 즈비그네프가 말했다. "사고가 나면 이미 일어난 일이라 어쩔 수가 없습니다. 사고를 내고 싶은 사람이 누가 있겠습니까? 크시스토프가 안제이 자바다처럼 훌륭한 원정대장이 아니라는 말을 하는 사람들도 있습니다. 누구라도 안제이에게 빠지면 산을 떠나지 못했고, 그래서 사람들은 그를 신처럼 여겼습니다. 지금은 여권도 쉽게 얻을 수 있어서 원하면 언제든지 산에 가거나, 다른 곳으로 떠날 수 있습니다. 이런 상황에서 대장이 할 수 있는 게 뭐가 있겠습니까? 자비심 따위는 필요가 없습니다."

비엘리츠키는 어떠할까? 우리가 우루브코에 대해 묻자 그는 곧바로 대답하지 않았다. 우루브코에 대해 실망했다든가, 그를 믿지 못하겠다든가, 안쓰럽다든가 하는 말은 하지 않았다.

"우리들에게 가장 중요한 건 산입니다. 산이 이끄는 힘이 얼마나 강한지 우린 다 압니다. 특히 정상 근처에 도달하면 우리 뇌가 이성적으로 판단할 능력이 떨어지기 때문에 동작에만 신경을 집중해야 합니다. 어느 누구도 이것을 벗어나면 안 됩니다." 비엘리츠키가 말했다. "하지만 알피니즘에서 가장 중요한 것이 바로 사람이라고 생각했습니다. 대원들은 단체적 소속감을 주고, 위대한 일을 수행할 수 있도록 서로 도와주는 역할을 합니다. 심지어 혼자일 때도 동료들이 등 뒤에서 나를 떠받치고 있다는 느낌이 들었습니다. 그런 친구들과 성취를 함께 나눌 수 있다는 것이 우리가 느낄 수 있는 최대의 장점이죠. 알피니즘이란 우리에게 소속감입니다. 이전엔 사람들이 이 사실에 동감하고 모든 것들을 함께 이뤘습니다. 우린 산악회와 굴뚝과 암장에서 매일같이 만났습니다. 우린 그러면서도 서로에게 겸손했고, 같은 꿈을 꿨습니다. 그리고 그런 꿈으로부터 모든 게 됐습니다. 살면서 만나게 되는 보통 사람들보다도 그런 친구들로부터 기대할 수 있는 게 훨씬 많습니다. 친구를 통해 얻는 기대감을 높이기 위해 우린 또 새로운 친구들을 만나곤 했습니다. 그런데 요즘의 대원들은 거의 모두 베이스캠프에 와서야 처음 만납니다. '난 짐이야. 난 존이야. 넌 어디서 왔지? 지금까지 뭐 하면서 살았어? 아, 그래? 우리 함께 올라갈 거야.' 이런 파트너들로부터 어떤 기대를 할 수 있을까요?"

^^^

우루브코는 이제 K2 베이스캠프를 떠날 시간이 되었다고 생각했다. 하지만 스카르두로 향하기 전부터 문제가 터졌다. 비엘리츠키가 인터넷 연결을 끊어버린 것이다.

"데니스는 등반 도중 우리 원정대와 대원들에 대한 온갖 부정적인 정보를 언론에 퍼뜨렸습니다. 우리가 제공하는 서비스를 이용해 자신의 주관적인 의견을 퍼뜨려야 하는 이유를 우리는 알지 못합니다." 원정대장은 그 이유를 이렇게 밝혔다.

와이파이 비밀번호가 'Warszawa'에서 'Sosnowiec'로 바뀌었다.

"이번 K2 원정은 리더십이 위기에 빠졌다는 사실을 실감한 계기가 됐습니다. 그전에는 대장이 단 한 사람이었습니다. 대장의 말이라면 어느 누구도 거역하지 못했습니다. 그가 하라면 반드시 해야 했습니다. 누구도 개인행동을 하면 다음 원정대에선 명단에서 제외될 수 있었습니다. 그런데 지금은 그렇지 않습니다. 다른 사람들의 일은 모른 척합니다. 각자가 스폰서를 갖고 있고, 다른 뭔가 대단한 것들을 한두 개씩 갖고 있습니다. 대장이 아무리 경험이 많아도 충고만 해줄 수 있을 뿐이지 명령을 내릴 순 없게 되어버렸습니다. 기분이 상하면 당장이라도 짐을 싸 떠나면 그만입니다. 지금은 분위기가 많이 달라졌습니다. 유감스럽게도 크시스토프는 이런 새로운 상황에 어울리는 사람이 아닙니다." 즈비그녜프 크로바 테를리코프스키는 말했다.

비엘리츠키는 바르샤바로 돌아와서야 우루브코에 대해 언급했다.

"그는 우리에게 먹칠을 했을 뿐입니다."

^^^

우루브코는 이슬라마바드에서 기자회견을 열었다. K2에 도전장을 낸 터무니없는 계획과 함께 별다른 근거도 없이 비엘리츠키를 공격했다.

"그가 내 행동을 제한했기 때문에 제대로 활동을 하지 못했는데, 그는 아무 일도 아닌 것처럼 얘기했습니다. 사람이 이렇게 이중적인 인성을 가질 수 있다곤 상상도 하지 못했습니다." 그는 말했다.

최선을 다했으며, 정상에 오르는 것이 자신에게는 정말 소중한 일이었지만, 자신의 가치를 제대로 인정해주지 않아 서운했다는 것이다.

폴란드 여권을 가진 이 카자흐스탄인은 원정대에 대해서도 독설을 퍼부었다.

"다른 대원들은 아마 그때 나처럼 절실히 정상에 오르고 싶지 않았나 봅니다. 그날은 일기예보도 그렇게 끔찍하지 않았습니다. 그게 문제가 아니라 정신상태가 문제였습니다. 대장은 나에게 인터넷을 제발 그만두라고 말했습니다. 그 이유가 블로그에 올린 비판적인 글 때문이라고 했는데, 그건 다른 사람이 쓴 글이었습니다. 비엘리츠키가 이끄는 원정대는 볼 때마다 정말 기가 막혔습니다. 사회주의적·공산주의적 마인드가 팽배해 있었습니다. 난 더 이상 참을 수 없었습니다. 게다가 베이스캠프의 분위기 역시 계속 나빠졌습니다. 어느 누구도 나와 얘기를 하지 않으려 했고, 떠나지 말라는 사람도 하나 없었습니다."

우루브코의 이탈은 다른 대원들의 가슴에 못을 박았다. 그가 원정대 내에서 힘이 가장 좋은 사람이었기 때문이다. 폴란드인들은 우루브코의 자리를 자신들이 직접 채워보려고 했다. 고웜브와 비엘레츠키가 정찰에 나섰으나 1캠프로 가는 고정로프는 전부 눈에 묻혀 있었고, 텐트도 크게 망가져 너덜거렸

다. 다른 텐트 역시 폭풍설로 엉망진창이었다. 겨울은 두 주만 지나면 끝날 터였다. 이제 상황을 직시해야 했다.

2018년 3월 5일. 크시스토프 비엘리츠키는 일지에 이렇게 적었다.

"아침이다. 혼자 텐트에 누워 있다. 주방텐트에서 달그락거리는 소리가 들린다. 간밤에 고민을 많이 해봤지만, 아무래도 원정을 그만두는 것이 낫겠다는 생각이 든다. 아직 다른 대원들과 논의를 해본 것은 아니지만 반대할 사람은 없을 것 같다. 논리적으로 생각해도 우리 원정등반이 성공할 확률은 지극히 낮다. 우리가 감당해야 할 위험이 너무 크다. 모두 계산해보니 나는 이 산에서 1년 6개월이라는 시간을 보냈다. 원정등반만 여섯 번이다. 여름에 세 번, 겨울에 세 번. 다시 돌아올 수 있을까? 그것을 내가 정말 원하고 있는지 나 자신도 잘 모르겠다."

아침식사를 하는 동안 비엘리츠키는 대원들에게 원정을 끝내려는 자신의 계획을 밝혔다. 일기예보도 7,000미터 위로 눈이 많이 내려 눈사태의 위험이 클 것으로 보고 있었다. 이런 상황이라면 성공을 거둘 수 있다는 희망을 갖기가 어려웠다. 다른 대원들도 가능성을 점쳐봤다. 비엘리츠키는 위험부담을 강조했다. 카드 하나에 모든 것을 올인 하고 싶은 생각은 없었지만, 브로드피크의 전철을 밟고 싶지도 않았다. 비엘리츠키는 안전보다 더 중요한 것은 없다고 힘주어 말했다. 반대하는 사람은 없었다.

K2에서 돌아온 후 비엘리츠키는 이렇게 회상했다.

"지금에 와서야 대장의 사명감이 어떤 것인지 비로소 인식하게 되었다."

^^^

어떤 문제가 또 일어난 것이었을까?

"이번엔 뛰어난 대원들이 너무 많았습니다." 폴란드등산연합회 회장인 야누시 마예르가 말했다. "우린 아르엔 로번이나 로베르트 레반도프스키가 바이에른뮌헨에서 했던 것처럼 투철한 직업정신으로 산을 오르거나, 그런 목적을 이루기 위해 개인적인 욕심 따위는 옆으로 내려놓을 것이라고 생각했습니다. 하지만 이번에는 그런 일이 일어나지 않았습니다."

하지만 좋았던 점들도 있었다. 이번 원정은 잠시 사그라졌던 고산등반에 대한 관심을 다시 불러일으켰다. 그리하여 폴란드인들이 축구나 스키점프 외에도 고산등반에 대해 많이 알게 되었다.

또 뭐가 있을까?

K2는 여전히 그 자리에서 자신을 오를 사람을 기다리고 있을 것이다. 하지만 다음번에는 적어도 성탄절을 그곳에서 보낼 수 있도록 일찍 출발해야 할 것이다.

그리고 또 있다.

"이전엔 스폰서들과 문제가 일어났는데, 이젠 사람들 사이에서 말썽이 생겼습니다. 전사가 없어졌습니다. 요즘 세대는 눈에 띄게 변했습니다. 위험을 무릅쓰길 싫어하고, 좋은 조건에서만 등반을 하고자 합니다. 하지만 애석하게도 겨울은 조건이 다 좋지 않습니다. 그나마 데니스는 그중에서도 진짜 남자였습니다." 비엘리츠키는 말했다.

비엘리츠키는 다음번에도 자신이 원정대를 이끌 수 있을지 확신하지 못했다.

"그의 딜레마는 나이일 겁니다. 이 극한의 스포츠는 나이가 들면 물러나야 해서 이젠 가려는 사람이 아무도 없습니다. 크시스토프도 지금이 K2에 대한 애정이 가장 강할 겁니다." 마예르가 말했다.

^^^

비엘리츠키의 장남 마르친은 이렇게 말한다.

"네팔과 파키스탄에서 찍은 산 사진을 아주 많이 봤는데 하나같이 아버지

가 정복한 산들이었습니다. 난 너무 어려서 아버지와 함께 갈 수 없었습니다. 그리고 나이가 들고 나선 사람들이 많이 찾지 않는 곳을 골라 다녔습니다. 새로운 것을 발견하는 것은 좋아하는데, 같은 곳을 두 번 가고 싶지는 않습니다. 그렇지만 고산에 올라가 보고 싶은 꿈이 있어서, 한번은 아버지를 따라 아마다블람에 갔습니다. 그때까지 잃어버린 시간을 만회할 수 있을 거란 희망을 갖고서. 그 원정을 통해 아버지에 대해서도 좀 더 이해하게 됐습니다."

참을성이 많은 분이었냐는 질문에 그는 이렇게 답했다.

"아뇨, 전혀. 아버지의 인내는 자신을 제대로 이해해줄 수 있는 사람들까지였습니다. 아버지는 바보 같은 짓을 되풀이하면서도 아무 일도 아니라는 듯 무감각한 사람을 아주 싫어하셨어요. 그리고 잘못을 거듭하는 사람들도 용서하지 않았습니다. '이 사람이 이런 사람이구나.' 하고 파악을 하면서도 용서하진 않았습니다."

안나는 이렇게 말한다.

"아버지가 나도 히말라야 트레킹에 데리고 간 적이 있었습니다. 산을 가까이서 보니 산이 잡아끄는 힘이 무엇인지 이해하게 됐습니다."

마르타는 말한다.

"우릴 데리고 타트라와 알프스에 몇 번 갔습니다. 처음엔 아버지와 함께 올라가고 있었는데 갑자기 아버지가 눈앞에서 사라졌습니다. 우리가 반 정도 내려가고 있을 때 아버지는 정상에 다녀오셨습니다. 아버지의 체력은 정말 경이로울 정도였습니다."

아버지가 가진 최고의 장점은 무엇일까?

"자신에 대한 확신이요. 산에서뿐만 아니라 일상에서도 마찬가지입니다. 말도 안 되는 상황에서 여행을 떠난 게 몇 번인지 아세요? 단 한 번도 갈까 말까 고민하신 적이 없어요. 머리가 아주 좋고 관심의 폭이 넓었습니다. 그래서 난 궁금한 점이 있을 때마다 항상 아버지에게 전화했습니다."

1980년대 티히에서의 비엘리츠키 부부와 세 자녀 마르친, 안나, 마르타

마르친은 말한다.

"게다가 모든 일에 열심이셨고, 야망도 있으셨어요."

안나가 덧붙인다.

"항상 젊은이들과 함께하셨고 다른 사람들의 마음을 하나로 모으는 능력도 있으셨습니다." 하지만 마음이 따뜻한 편은 아니었다면서.

아버지로 인해 속이 상한 적이 있었느냐는 질문에 마르친은 한참을 고민한다.

"아버지의 삶의 방식이었던 것 같습니다. 너무 하찮다고 생각하는 것들은 하지 않으셨습니다. 그런 일들은 항상 멀리 하셨지요. 그로부터 배운 것이 있다면 포기하지 않는다는 겁니다. 우린 그런 차원에서 비슷하다고 믿지만, 아버지도 나의 그런 면으로 인해 또 힘들어하시기도 하죠. 우린 같은 단점을 타

고났습니다. 아버지 때문에 도무지 참을 수 없는 점이요? 내 인생의 반 동안 계속하시는 말씀이 있습니다. '네 나이 때 난 집이 있었어.'라든지, '네 나이에 난 애가 셋이나 있었어.'라든지… 맨날 네 나이에, 네 나이에… 아버지에게 제발 그만 좀 하라고 대들죠. 나는 꿈을 이뤄가는 방식이 아버지하고 많이 다르다고요. 나도 계속 뭔가 하고 있잖아요? 내 자리에서 안주하지 않습니다. 나는 항상 확신에 차 있습니다. 어느 누구도 나에게 이래라저래라 할 수 없습니다. 아버지조차도요. 히말라야에 계시는 동안에도 나에 대한 불만이 이만저만 아니었다는 것을 아세요? 제가 고분고분해서 아버지 말씀을 잘 들었어요."

마르타는 말한다.

"크시스가 태어난 후 언니와 난 아버지가 가장으로서의 역할을 충분히 할 만큼 성장해, 산에는 더 이상 가지 않게 되길 바랐습니다."

우리는 2006년 아버지와 마르타가 서로 주고받은 이메일을 찾아냈다. 비엘리츠키가 낭가파르바트에서 보낸 것이었다.

네가 나를 정말 사랑한다는 것을 알게 되자 힘이 더 난다.
이제 너희들과 함께 있어야 한다는 것을 잘 알고 있지만
이놈의 도전이라는 것 때문에 나도 어쩔 수가 없구나.

그러자 마르타는 답장에 '도전'이라는 제목의 시를 써서 보냈다.

제 마음의 온기를
느껴보세요.
이해해보고자 노력하고
눈먼 소경처럼
만져보려고 해보세요.

아스투리아스 공주 상 시상식장에서. (왼쪽부터) 기자 표트르 드로즈지Piotr Drożdź, 부인 카타지나 카르베츠카-비엘리츠카Katarzyna Karwecka-Wielicka와 아들 크시셰크Krzysiek, 그리고 야누시 마예르, 스페인의 극지 탐험가이자 교수 헤로니모 로페즈 마르티네스Jerónimo López Martinez, 폴란드재단의 스페인 분관 직원 이보나 젤리인스카-송시아다Iwona Zielińska-Sąsiada, 빌바오 산악문화축제 조직위원장 하비 바라이자라Jabi Baraizarra, 작가이자 등반가 마리오 코라디니Mario Corradini, 아들 마르친과 며느리 막달레나Magdalena, 폴란드등산연합회장 마제나 시드워브스카Marzena Szydłowska

아름다운 폐허에서

무언가 지어보세요.

그럼 무언가

더 위대한 것이 나오지 않을까요?

도전의 필요를

느낀다는 것은

구름 뒤에서 무언가가 드러나는 것과 같아요.

크시스토프 비엘리츠키와 두 아들 마르친과 크시스

이제 그 도전을

저에게도 해주세요.

비엘리츠키가 답장을 썼다.

네 답장을 읽고 나서 삶과 사랑에 대해 다시 생각해보게 되었고, 이제 조금만 더 있으면 함께 있을 것이라는 희망이 생겼다. 이것이 도전이 아니면 뭐겠니?

"아버진 자신의 감정을 표현하는 데 항상 어려움을 느끼셨습니다. 그래서 생동감이 많이 없어 보였죠." 안나는 말한다. "단 한 번도 나에게 사랑한다는 말을 해주신 적이 없었는데, 이젠 적어도 노력은 하세요. 좋은 아버지보다 좋은 할아버지로서의 역할을 더 잘해주는 것 같고요. 그래서 지금은 우리와 손주들과 더 자주 시간을 보내세요."

"이제 아버지의 열정을 이해하고, 아버지의 결정을 더 존중하게 된 것 같아요." 마르타는 말한다. "시간이 꽤 오래 걸렸습니다. 이런 대화를 몇 년 전에 했더라면 아주 감정적이 되었을 겁니다. 지금은 감정적으로 안정되어 있고, 주변 상황에 익숙해졌지만, 그래도 그 '열정'이라는 말에는 거리를 두고 있습니다. 열정이 있다는 말은 꼭 그 일에 모든 시간을 바쳐야 한다는 말이거든요."

"엄마는 우리에게 가장 중요한 것은 용서라고 항상 가르쳐주셨어요. 용서하지 않으면 더 나아갈 수 없다고. 아버지는 한 번도 부탁한 적이 없었지만, 아버지를 용서해드렸습니다." 안나는 말한다.

비엘리츠키의 아내는 과거를 이렇게 회상했다. "몇 년 전부터 우린 그 산들을 등에 지고 살아요. 얼마 전 크시스토프에게 그런 위험한 일을 하는 사람

은 가족을 가져서는 안 된다고 말했습니다."

남편은 그녀의 말에 이렇게 대답했다. "나도 다른 이들이 누리는 모든 것을 다 누리고 싶어요. 당신이 한 말은 맞아요. 가족은 알피니스트들에게 힘을 주는 존재예요. 올라갈 때보다 내려갈 때 더. 그게 더 위험하니까요. 가까운 사람들에 대한 생각은 내가 주저앉거나, 포기하거나, 동사하지 않도록 해줘요. 싸우라고 말입니다."

"그때 크시스토프는 무엇을 느꼈을까요? 우린 그에 대한 이야기를 하지 않았습니다. 마르친이 태어났을 때 그는 너무 기쁜 나머지 샹들리에를 부쉈습니다. 하지만 유모차를 끌고 산책하는 것은 굉장히 마다했습니다. 남자답지 않다고 생각했기 때문이죠. 마르친을 데리고 나간 것은 단 한 번뿐이었습니다. 유모차를 끌고 가다 친구들을 만나 맥주를 마시고 집에 돌아와서 다시는 유모차를 끌고 밖에 나가는 일이 없을 거라고 말했습니다. 반다 루트키에비치도 자신의 인생에서 가장 끔찍한 일은 일요일에 남편과 함께 조깅하는 것일지 모른다고 크시스토프에게 말한 적이 있었습니다. 크시스토프와 반다는 일상생활을 포기했습니다. 그런 삶에 매력을 덜 느꼈거나 지루해서였을까요? 가정은 가장 중요합니다. 양팔을 활짝 벌려 맞아주는 가족들, 가까이서 마주보는 얼굴, 그들의 웃음소리… 이 외에 다른 것들은 그냥 부차적일 뿐입니다. 크시스토프는 가족이 있어서 아마 모든 걸 이뤘다고 이해했을지 모릅니다. 지금은 다른 가정을 꾸리고 있지만 말입니다. 정말 잘된 일 아닌가요? 그는 가정이 없었더라면 아마 살아남지 못했을 겁니다." 욜란타는 말했다.

PIOLET D'OR CARRIÈRE 2019

에필로그

2019년 여름 크시스토프 비엘리츠키가 황금피켈상 평생공로상을 수상할 것이라는 사실이 공표되었다. 황금피켈상은 프랑스 고령회와 산악전문지『몽테뉴』가 제정한, 산악인들의 오스카상으로 1992년부터 세계 산악인을 대상으로 한 해 동안 가장 뛰어난 등반을 한 팀에 수여한다. 폴란드인으로서는 비엘리츠키가 보이테크 쿠르티카에 이어 두 번째 평생공로상 수상자가 되었다. 그는 8천 미터급 고봉 14개를 다섯 번째로 완등했고, 에베레스트와 로체, 칸첸중가를 동계 초등했다. 그리고 베이스캠프를 출발해 하루 만에 브로드피크 정상을 다녀왔으며, 로체는 심지어 깁스를 하고 올라갔다. 또한 다울라기리와 시샤팡마, 가셔브룸2봉, 낭가파르바트는 단독으로 등정했다. 그는 등반역사에 큰 획을 그은 장본인이다.

하지만 상을 받은 그는 마냥 기뻐하지만은 않았다.

"심사위원들이 나에게 이제 등반을 그만두라고 말하는 것 같았습니다. 아직 작별인사도 하지 못했는데 말이죠." 그는 말했다. 비엘리츠키는 어떤 섣부른 결론도 내리고 싶어 하지 않는 걸까?

≺ 2019년 6월 21일 크시스토프 비엘리츠키는 프랑스 고령회와 산악전문지『몽테뉴』가 제정한 황금피켈상 평생공로상을 받았다. 그는 "고산에서 그토록 오래 지냈지만 살아 있다는 게 기쁩니다."라고 수상 소감을 밝혔다.

보이테크 쿠르티카는 등반에 관한 철학을 '산의 길'이라고 말했다. 정상에 오르는 것보다 중요한 것은 정신이 살아 있는 것이다. 자연은 기적이다. 산은 알피니스트들로 하여금 그 기적의 증인이 되도록 만들어준다. 산의 풍경은 아주 아름답고 다채로워서 그 안에서 영혼이 살아 숨 쉬는 존재를 깨닫게 해준다.

쿠르티카에게 산은 이런 존재였다.

"산의 풍경을 경험하는 일은 새로운 계시의 시작일지 모릅니다. 세상에 아직 숨겨져 있는 또 다른 감정을 경험하는 것입니다."

메스너에게 등반은 멈출 수 없는 여행이다. 여행을 하지 않으면 그의 세상이 모두 한꺼번에 주저앉는다.

비엘리츠키에게 등반이 갖는 의미는 무엇일까? 질문을 받은 그는 언뜻 대답하지 못했다.

"산을 오르는 것은 나에게 있어 전부입니다. 사람이 살려면 산소가 필요한 것처럼 나는 산이 필요합니다. 그게 다입니다." 잠시 침묵을 지킨 그는 이렇게 말했다.

롱데크-즈드루이에서 열린 시상식에서 비엘리츠키는 함께한 알피니스트들과 자신을 지탱해주고 사랑해준 아내에게 고마움을 표시했다. 그는 폴란드 등반역사의 황금기를 함께 열어나갈 수 있어서 기뻤다고 말했다.

그리고 이렇게 덧붙였다.

"고산에서 그토록 오래 지냈지만 살아 있다는 게 기쁩니다. 하지만 통계를 믿으면 안 됩니다. 산에선 행운이 따라줘야 합니다. 이런 차원에서 보면 난 행운아입니다."

"앞으로 어떤 계획이 있습니까?" 비엘리츠키에게 물었다.

"지금보다 더 젊었을 때 뭔가 문제에 부딪치면, 나의 첫 번째 아내 욜란타는 나에게 어떻게 할 거냐고 묻곤 했습니다. 그럼 난 그냥 모른다고 대답했습니다. 내일 일어나서 생각해보지 뭐. 이렇게 말입니다."

옮긴이의 말

나의 고향은 동요 '노을'이 나온 고장이다. 바람이 머물다 간 들판에 저녁놀이 붉게 물들어 타는 곳이다. 보통 아이들에게 해 뜨는 모습을 그려보라면 봉긋하게 튀어나온 두 봉우리 사이로 떠오르는 모습으로 그리곤 하는데 우리 고장 아이들은 완벽하게 수평선에서 솟아 나오는 해를 그리곤 했다. 그런데 어떤 대기업이 들어오면서 들판을 모두 고층아파트가 차지했으니 요즘 아이들은 아파트 숲에서 툭 튀어나오는 해를 그릴 것 같다.

내가 처음 가본 폴란드도 지평선에서 해가 뜨고 졌다. 폴란드 지형의 대부분은 평지로 구성되어 있다. 심지어 '폴란드'라는 국가명이 '들판'에서 나왔다고 하니, 이 사람들이 나름 축구를 잘한다는 것이 적잖이 이해가 되었다. 우리가 잘 아는 폴란드 민요 「아가씨들아」도 숲이 우거진 폴란드의 모습을 잘 보여준다.

그러나 체코와 슬로바키아 국경지대에 분포된 타트라산맥을 눈에 담고는 들판의 이미지가 강했던 폴란드를 새롭게 보게 되었다. 폴란드 산들의 웅장함은 잠시 눈을 침침하게 하는 그늘을 드리울 정도였고, 기사가 잠들어 있는 형상이라는 거대한 산세는 한국이 산악국가라고 반복해서 배우던 학교의 지리교육을 무색하게 만들었다.

부끄럽지만 나도 일주일에 하루 정도는 산에 오른다. 그래봐야 서울에 있는 안산, 아차산, 관악산 등이지만 그래도 일주일에 한 번 만나서 같이 산에 오르는 친목회에서 활동하고 있다. 그러나 다른 사람들이 흔히 그렇듯 산을 타고 내려와 먹는 전과 막걸리의 맛이 기가 막히다. 아마 나처럼 산·알·못들에게 산은 이런 곳일 테다.

적어도 나에게 한국의 산은 언제나 우리를 포근하게 안아주는 어머니 같은 존재다. 능선과 봉우리들이 잔잔하게 물결치는 한국의 산세는 마음이 뻥 뚫리는 선물을 허락해준다. 전과 막걸리 외에도 그런 쾌감 때문에 산을 찾기도 한다.

그러나 누구에게 그 산이란 투쟁과 생존의 장소이기도 하다. 이번에 알게 된 8천 미터급 고봉 14개는 우리가 아는 것처럼 웅장하고 거대한 산이 아니라 사실 죽음의 공간이었다. 처참한 죽음을 맞이하는 것만으로도 모자라 누구의 발길도 닿지 않는 곳에서 미라가 되거나, 얼어붙은 손가락을 잘라내거나, 더 심각한 것은 눈앞에서 죽어가는 이들 앞에서 안락한 죽음을 기원하는 것밖에는 아무것도 할 수 없는 바로 빙산지옥이다. 자신도 그렇게 될 수 있음을 뻔히 알면서도 왜 사람들은 그곳에 굳이 오르려고 하는 것일까? 나처럼 들판에서 해가 뜨고 지는 고장에서 나고 자란 사람은 정말 이해하기 힘든 삶이다. 난 독자들에게 이 책을 읽으면 그런 질문에 대한 해답이 짜잔 하고 나타날 것이라고 말하고 싶지는 않다. 이 책을 번역한 나로서도 그 질문은 여전히 질문으로 남는다. 한 가지 달라진 점은 질문이 하나 더 생긴 것이다.

"왜 나의 삶은 그들과 다른 것인가?"

서로의 삶을 측량적으로 평가하는 것이라 공시적인 관점으로 인간들을 두루두루 둘러본다면 분명 우리가 지나온 자리에 큰 족적을 남긴 사람들이 있다. BTS건 봉준호건 엄홍길이건 다양한 곳에서 다양한 족적을 남긴 이야기들은 차고도 넘친다. 같은 산이라도 매번 다른 길을 개척해 오르는 이들처럼 그들이 그 봉우리에 이르기까지 얼마나 심한 눈보라를 뚫고 능선을 올라 전진 캠프를 세웠는지, 얼마나 많은 로프를 잡아당겼는지, 얼마나 높은 빙벽을 피켈로 찍고 올랐는지 우리는 상상할 수조차 없다. 그래서 이 책은 나에게 더 큰 물음표를 안겨주었다.

시샤팡마, 낭가파르바트, 칸첸중가를 올라야 하는 느낌, 내가 처음 이 책을 번역하려 맞닥뜨렸을 때 느낌이 그러했을 것이다. 정말 로체의 정상을 향해 홀로 길을 떠난 비엘리츠키처럼 시야가 막막하고 답답하기까지 했다. 그러나 번역을 끝내니 날아갈 것 같은 기분을 느끼진 않는다. 수개월 사이에 내 몸의 일부가 되어버린 것 같다.

무엇보다 이런 귀중한 기회를 안겨주셔서 제한적인 시각을 열게 해주신 변기태 대표님과 번역 내내 발을 맞추시면서 등산용어에 무지한 나를 채찍질해주셨던 김동수 프로젝트 매니저님, 그리고 한 번도 만나진 못했지만 역사에 남을 등정 이야기를 잘 들려주신 크시스토프 비엘리츠키 선생님과 생사를 함께한 그의 동료 분들께 정말 감사드린다. 그리고 인간의 존재를 깨닫게 해주는 에베레스트와 K2에 무척 고맙다.

날 풀리면 산에 가야겠다.

2022년 겨울, 노량진에서

서진석

참고문헌

1장
길을 떠나긴 해도 얼마나 걸릴지는 나도 잘 모른다 하지만 결국에는 도달하게 될 것이다

● 서적

Cichy Leszek, Wielicki Krzysztof, Żakowski Jacek, *Rozmowy o Evereście*, Młodzieżowa Agencja Wydawnicza, Warszawa 1982.

Drożdż Piotr, *Krzysztof Wielicki. Mój wybór*, Góry Books, Kraków 2014.

● 기사

Cielecki Krzysztof, *Obserwacje meteorologiczne pod Everestem*, „Taternik" 1982, nr 1.

Cyrus Justyna, *Auto za Everest*, „Dziennik Zachodni" z 6.01.1999.

Jakubowicz Marek, *Byliśmy niewolnikami misji*, „Nowiny" z 18-20.03.2005.

Łozowski Andrzej, *To była walka o życie*, „Sztandar Młodych" z 18.05.1981.

Rogozińska Monika, *Szalona wyprawa*, „Rzeczpospolita" z 17.02.2005.

Wielicki Krzysztof, *Zgadnijcie, gdzie jesteśmy*, „Taternik" 1982, nr 1.

Zawada Andrzej, *Mount Everest – po raz pierwszy zimą*, „Taternik" 1982, nr 1.

● 인터넷 사이트

DeLong William, *The Story Of Hannelore Schmatz – The First Woman To Die On Mount Everest*, 7.04.2018, allthatsinteresting. com, dostęp 16.10.2019.

● 기록자료

Pamiętnik Krzysztofa Wielickiego z wyprawy na Mount Everest.

Pamiętniki Krzysztofa Wielickiego ze wspinaczek na Sokolikach i w Tatrach.

● 직접 인터뷰

Z Leszkiem Cichym, Warszawa, maj 2019.

Z Krzysztofem Wielickim, Dąbrowa Górnicza – Rzędkowice, maj-październik 2019.

Ze Zbigniewem Wielickim, Jaworze, wrzesień 2019.

2장
친구여, 저 높은 곳을 향해 가세!

● 서적

Milewska Anna, *Życie z Zawadą*, Oficyna Wydawnicza Łośgraf, Warszawa 2009.

Szafirski Ryszard, *Przeżyłem, więc wiem. Nieznane kulisy wypraw wysokogórskich*, spisała i opracowała Klaudia Tasz, Annapurna, Warszawa 2014.

Zawada Andrzej, *Mount Everest*, Selion, Warszawa 2018.

• 기사

Bochenek Krystyna, *Alfabet zdrowia wg Wielickiego*, „Gazeta Wyborcza Poznań" z 3.06.2005.

Warteresiewicz Jerzy, *Himalaje – z nami czy bez nas?*, „Taternik" 1966, nr 3-4.

• 인터넷 사이트

andrzejzawada.pl

pl.wikiquote.org, hasło Mount Everest

• 영상

Jaworski Stanisław, *Gdyby to nie był Everest*, Poltel, 1981.

• 기록자료

Listy z prywatnego archiwum Krzysztofa Wielickiego.

Pamiętnik Leszka Cichego z wyprawy na Mount Everest.

• 직접 인터뷰

Z Robertem Janikiem, Zakopane, maj 2019.

Z Maciejem Pawlikowskim, Zakopane, maj 2019.

Z Marcinem Wielickim, Tychy, wrzesień 2019.

3장
산은 여전히 나를 유혹한다
마치 중독이나 된 것처럼

• 서적

Drożdż Piotr, *Krzysztof Wielicki. Mój wybór*, Góry Books, Kraków 2014.

Kortko Dariusz, Pietraszewski Marcin, *Kukuczka. Opowieść o najsłynniejszym polskim himalaiście*, Agora, Warszawa 2016.

Wielicki Krzysztof, *Jeden dzień z życia*, Góry Books, Kraków 2018.

• 기사

Głogoczowski Marek, *Góra trzech seniorów*, „Poznaj Świat" 2013, nr 2.

Krajewski Andrzej, *Jak zarabiano na wakacjach w PRL*, „Forbes" 2014, nr 8.

Kukuczka Jerzy, *W górach Nowej Zelandii 1981*, „Taternik" 1982, nr 1.

• 인터넷 사이트

sirfreddielaker.com

• 직접 인터뷰

Z Ryszardem Wareckim, Katowice, lipiec 2016.

4장
동료의 안타까운 죽음, 그렇다고 변하는 것은
아무것도 없다

• 서적

Kukuczka Jerzy, *Mój pionowy świat, czyli 14 x 8000 metrów*, AT Publications, Londyn 1995.

Lwow Aleksander, *Zwyciężyć znaczy przeżyć. Ćwierć wieku później*, Helion, Gliwice 2018.

Rutkiewicz Wanda, Matuszewska Ewa, *Karawana do marzeń*, AT Publications, Kraków, Londyn 1994.

Trybalski Piotr, *Wszystko za K2. Ostatni atak lodowych wojowników*, Wydawnictwo Literackie, Warszawa 2018.

• 기사

Bijoch Marian, *Cienka czerwona linia*, „Panorama" z 9.06.1985.

Cielecki Krzysztof, *Bezingi lato 1974*, „Taternik" 1975, nr 2.

Czok Andrzej, Pankiewicz Krzysztof, *Pik Kommunizma w dwa dni*, „Taternik" 1980, nr 3.

Kuliś Janusz, *Wrocławska wyprawa w Hindukusz 1977*, „Taternik" 1977, nr 4.

Kurczab Janusz, *Polsko-meksykańska wyprawa na K2*, „Taternik" 1983, nr 1.

Majer Janusz, *Katowicka wyprawa w Ganesh Himal*, „Taternik" 1984, nr 2.

Messner Reinhold, *Targowisko ryzyka, czyli o szumie i boomie w profit-alpinizmie*, przeł. Jerzy Kolankowski, „Taterniczek" 1984, nr 27, przedruk tekstu z „Alpine Magazine" 1982, nr 8.

Piekutowski Marian, *Wyprawa na Annapurnę South*, „Taternik" 1980, nr 3.

Rutkiewicz Wanda, *Wyprawa kobieca na K2*, „Taternik" 1982, nr 2.

• 인터넷 사이트

Jarosiński Mariusz, „Marzec 68", 16.06.2009, dzieje.pl, dostęp 16.10.2019.

Przastek Daniel, *30 lat temu rozpoczął się aktorski bojkot radia i telewizji przeciw wprowadzeniu stanu wojennego*, 12.01.2012, wpolityce.pl, dostęp 16.10.2019.

Fiat 126p: 45 lat minęło jak jeden dzień, 6.06.2018, auto-swiat.pl, dostęp 16.10.2019.

Jeleniogórska wyprawa pod niebo – Annapurna 1979, 8.09.2008, jelonka.com, dostęp 16.10.2019.

Stan wojenny w Polsce (1981-1983), 8.12.2015, histmag.org, dostęp 16.10.2019.

• 기록자료

Pamiętniki Krzysztofa Wielickiego: z wyjazdu do Francji, z 1976 roku, z wyprawy w Hindukusz, na Annapurnę Południową.

• 직접 인터뷰

Z Jolantą Wielicką, Tychy, październik 2019.

Z Ryszardem Pawłowskim, Katowice, czerwiec 2019.

5장
본능적인 구역질, 그리고 시간과 벌이는 하찮은 투쟁

• 서적

Ryn Zdzisław Jan, *Góry. Medycyna. Antropologia*, Medycyna Praktyczna, Kraków 2016.

• 기사

Ryn Zdzisław Jan, *Psychopatologiczne aspekty wspinaczki wysokogórskiej*, „Taternik" 1999, nr 4.

Wielicki Krzysztof, *Broad Peak w ciągu jednej doby*, „Taternik" 1984, nr 2.

• 기록자료

Pamiętniki Krzysztofa Wielickiego z wypraw na Broad Peak (1984) i na Manaslu (1984).

• 직접 인터뷰

Z Lechem Korniszewskim, Warszawa, maj 2019.

6장
이성과 광기 사이의 가늘고 붉은 로프

• 기사

Grocholski Szymon, *Niebo nie byłoby niebem*, „Tatry" 2009, nr 2.

Lwow Aleksander, *Wrocławska wyprawa na Manaslu*, „Taternik" 1985, nr 2.

Ryn Zdzisław Jan, *Istota rywalizacji w alpinizmie*, „Taternik" 1969, nr 4.

• 인터넷 사이트

Stefanicki Robert, *Pierwszy indyjski polityk skazany za pogrom sikhów. Po 34 latach*, 17.12.2018, wyborcza.pl, dostęp 16.10.2019.

Szczepański Dominik, *Jak trenowali polscy himalaiści przed wyprawą na K2? Tak zdobywa się wielkie góry*, 19.01.2018, wyborcza.pl, dostęp 16.10.2019.

Wielicki Krzysztof, *Krzysztof Wielicki: Na Manaslu byłem dwukrotnie*, 24.02.2010, himalman.wordpress.com, dostęp 16.10.2019.

• 기록자료

Film z zebrania podsumowującego wyprawę na Manaslu nakręcony w Strzesze Akademickiej w Karkonoszach.

Listy Jolanty Wielickiej do męża.

Pamiętnik Krzysztofa Wielickiego z wyprawy na Manaslu.

Korespondencja prywatna Krzysztofa Wielickiego.

• 직접 인터뷰

Z Martą Sikorską, Tychy, wrzesień 2019.

Z Anną Stachoń, Tychy, wrzesień 2019.

7장
지옥은 나를 원하지 않았고
천국은 나를 거들떠보지도 않았다

• 서적

Bilczewski Adam, *Lhotse. Czwarta góra ziemi*, Krajowa Agencja Wydawnicza, Katowice 1982.

Hajzer Artur, *Atak rozpaczy*, Annapurna, Warszawa 2014.

• 기사

Majer Janusz, *Południowa ściana Lhotse*, „Taternik" 1986, nr 2.

Wielicki Krzysztof, *Południowa ściana Lhotse*, „Taternik" 1987, nr 2.

• 인터넷 사이트

Grzywacz Marta, *Śmierć w górach jest zawsze blisko. 30 lat temu Krzysztof Wielicki samotnie zdobył Lhotse*, 31.12.2018, wyborcza.pl, dostęp 16.10.2019.

Hołówek Aneta, *Krzysztof Wielicki 30 lat temu na Lhotse dokonał niemożliwego. „Adam Bielecki nie mógłby tego powtórzyć"*, 31.12.2018, polskieradio24.pl, dostęp 16.10.2019.

Matuszyński Jan, *Lhotse, ta przeklęta góra. Zginęło na niej trzech polskich himalaistów*, 23.10.2015, katowice.wyborcza.pl, dostęp 16.10.2019.

Rabij Marek, *Jego wysokość Reinhold Messner – biznesmen alpinista*, 26.02.2018, newsweek.pl, dostęp 16.10.2019.

30 lat temu Krzysztof Wielicki samotnie zdobył Lhotse. „Trzeba mieć szczęście i... przyjaciół", 31.12.2018, podroze.dziennik.pl, dostęp 16.10.2019.
Sylwester na Lhotse: Wielicki na szczyt w gorsecie ortopedycznym, 30.12.2011, off.sport.pl, dostęp 16.10.2019.

• 영상

Pietraszek Anna, *Najtrudniejsza ściana*, Poltel, 1989.

• 기록자료

Dziennik Telewizyjny TVP z 18.01.1989.
Pamiętniki Krzysztofa Wielickiego z wypraw na Lhotse.

8장
모든 것들이 머리 위에 앉은 듯했다

• 서적

Dobroch Bartek, *Artur Hajzer. Droga Słonia*, Znak, Kraków 2018.
Pawłowski Ryszard, *Smak gór*, spisała Grażyna Potwora, opowiadania Piotr Wąsikowski, Stapis, Katowice 2004.
Rusowicz Barbara, Rutkiewicz Wanda, *Wszystko o Wandzie Rutkiewicz*, Comer & Ekolog, Toruń-Piła, 1992.

• 기사

Hajzer Artur, *Manaslu jesienią, Annapurna zimą*, „Taternik" 1987, nr 1.

• 영상

Edwards John, *The Hard Way – Annapurna South Face*, 1971.

• 기록자료

Pamiętnik Krzysztofa Wielickiego z wyprawy na Annapurnę.
Stenogram ze spotkania wybitnych polskich himalaistów poświęconego dyskusji na temat „Etyka we współczesnym alpinizmie" (spotkanie zorganizowane przez Klub Wysokogórski Gliwice w kwietniu 1987).

9장
유별난 아름다움은 아름답지 않을 수도 있다

• 기사

Bilczewski Adam, *Andrzej Czok*, „Taternik" 1986, nr 1.
Bilicka Ewa, *Adrenalina w czystej postaci*, „Nowa Trybuna Opolska" z 13.03.2001.
Czypionka Jan, *Ofiara Kanczendzongi*, „Trybuna Robotnicza" 1986, nr 50.
Czypionka Jan, *Zakatować górę*, „Trybuna Robotnicza" 1986, nr 79.
Jakubowicz Marek, *Byliśmy niewolnikami misji*, „Nowiny" z 18-20.03.2005.
Koszałkowska Anita, *Zachłanni na życie*, „Nowa Trybuna Opolska" z 21.12.2001.
Kwiatkowski Jaromir, *Latający koń*, „Nowiny" z 14.05.2001.
Machnik Andrzej, *Zimowe wejście na Kangchendzöngę*, „Taternik" 1986, nr 1.
Mackiewicz Elżbieta, *Całe życie czekałem na K2*, „Super Express" z 24.12.2002.

Nieć Tomasz, *Wojna, lina, przyjaźń i pieniądze*, „Dziennik Zachodni" z 5.03.2002.
Praszczałek Jan, *Góry wymagają intymności*, „Jestem" 1997, nr 1.
Szczepański Dominik, *Gdzie jest braterstwo liny*, „Gazeta Wyborcza" z 6.04.2013.
Szczyrba Mariola, *Na ścianie śpię spokojnie*, „Gazeta Wrocławska/Słowo Polskie" z 26.02.2005.
Szmidt Jacek, *Jestem wojownikiem*, „Twój Styl" 2003, nr 12.
Wielicki Krzysztof, *Na szczyt*, „Taternik" 1986, nr 1.

• 인터넷 사이트

Mytych Jagoda, *Janusz Gołąb o moralności w górach: partnerstwo nadal istnieje i jest to dla nas najwyższa wartość*, 25.02.2015, goryksiazek.pl, dostęp 16.10.2019.

• 기록자료

Pamiętniki Krzysztofa Wielickiego z Alaski, z wyprawy na Kanczendzongę i Makalu.

10장
정상이 잡아끄는 힘, 그리고 이끌리는 발길

• 서적

Bielecki Adam, Szczepański Dominik, *Spod zamarzniętych powiek*, Agora, Warszawa 2017.
Dobroch Bartek, Wilczyński Przemysław, *Broad Peak. Niebo i piekło*, Wydawnictwo Poznańskie, Poznań 2018.
Hemmleb Jochen, *Broad Peak. Góra wyśniona, góra przeklęta*, przeł. Urszula Chlebicka, Wydawnictwo Sklepu Podróżnika, Warszawa 2017.
Sabała-Zielińska Beata, *Jak wysoko sięga miłość? Życie po Broad Peak. Rozmowa z Ewą Berbeką*, Prószyński Media, Warszawa 2016.
Zawada Andrzej, *K2. Pierwsza zimowa wyprawa*, Selion, Warszawa 2018.

• 기사

Bielecki Adam, *Jestem kozłem ofiarnym. Broad Peak: raport czy wyrok*, rozm. przepr. Bartek Dobroch, Przemysław Wilczyński, „Tygodnik Powszechny" 2013, nr 38.
Fusek Wojciech, *Tajemnica Broad Peaku*, „Gazeta Wyborcza" z 9.03.2013.
Zawada Andrzej, *Zimowa wyprawa na K2*, „Taternik" 1988, nr 1.

• 인터넷 사이트

Kowalski Tomasz, magisterkowalski.blogspot.com, dostęp 16.10.2019.
Szczepański Dominik, *Nagrania z Broad Peaku. Wielicki: Bielecki i Małek poczuli się zagrożeni*, 25.05.2013, off.sport.pl, dostęp 16.10.2019.
Tokarski Jacek, *Historia zdobycia K2*, goryonline.com, dostęp 16.10.2019.
Zawada Andrzej, *Jakie cechy osobowości powinien posiadać alpinista i dlaczego?*, andrzejzawada.pl, dostęp 31.08.2018.
Zawada Andrzej, *Refleksje o wspinaniu*, andrzejzawada.pl, dostęp 31.08.2018.

• 영상

Berbeka Stanisław, *Dreamland*, YakYak, 2018.

• 기록자료

Madej Renata, *Krzysztof Wielicki. Materiały do biografii i bibliografii himalaisty. Praca magisterska*, Akademia Wychowania Fizycznego w Krakowie, 2000.

Nagrania rozmów radiowych z bazy pod K2.
List rodziny Tomasza Kowalskiego do PZA.
Pamiętniki Krzysztofa Wielickiego z wyprawy na K2.
Raport zespołu ds. zbadania okoliczności i przyczyn wypadku podczas zimowej wyprawy na Broad Peak 2013; pza.org.pl, dostęp 16.10.2019.
Zapis rozmowy Jerzego Porębskiego z Krzysztofem Berbeką, Warszawa, sierpień 2018.

• 직접 인터뷰

Ze Stanisławem Berbeką, Zakopane, lipiec 2018.
Z Franciszkiem i Janem Berbekami, Warszawa, lipiec 2018.

11장
자기 짐은 자기가 알아서 들어라 그것이 차라리 더 편하다

• 기사

Rabij Marek, *Wspinaczka po pieniądze*, „Newsweek" 2009, nr 50.
Smolińska Izabela, *Bez kantów*, „Wprost" 2014, nr 14.

• 인터넷 사이트

Smoleński Paweł, *Pospolite ruszenie „Solidarności" '89*, 3.06.2014, wyborcza.pl, dostęp 16.10.2019.

• 기록자료

Teczka z dokumentacją wyprawy na Manaslu (1992), archiwum Krzysztofa Wielickiego.

• 직접 인터뷰

Z Anną Czerwińską, Warszawa, lipiec 2019.
Z Januszem Majerem, Katowice, kwiecień 2019.
Z Jerzym Porębskim, Warszawa, lipiec 2019.

12장
위험을 반으로 나눌 수 있다면 얼마나 좋을까

• 서적

McDonald Bernadette, *Kurtyka. Sztuka wolności*, przeł. Maciej Krupa, Agora, Warszawa 2018.

• 기사

Praszczałek Jan, *Góry wymagają intymności*, „Jestem" 1997, nr 1.
Wielicki Krzysztof, *Dhaulagiri wschodnią ścianą, 1990*, „Taternik" 1991, nr 1.

• 인터넷 사이트

Drożdż Piotr, *Wschodnia ściana Dhaulagiri po polsku*, 24.03.2017, goryonline.com, dostęp 16.10.2019.
Jamkowski Marcin, *Szczyty złudzeń*, 1.08.2011, focus.pl, dostęp 16.10.2019.

• 기록자료

Pamiętniki Krzysztofa Wielickiego z wyprawy na Dhaulagiri i Makalu (1990-1991).

13장
감성이 부족하면 중독에 빠지기 십상이다

• 서적

Pustelnik Piotr, Trybalski Piotr, *Ja, pustelnik. Autobiografia*, Wydawnictwo Literackie, Kraków 2017.

• 기사

Pustelnik Piotr, *Na wschód śladami Wojtka*, „Taternik" 1994, nr 1.

Skłodowski Andrzej, *Bieg po koronę Himalajów*, „Taternik" 1994, nr 1.

• 기록자료

Pamiętniki Krzysztofa Wielickiego z wyprawy na Czo Oju i Sziszapangmę.

14장
집 안에 틀어박혀 있으면 사고를 경험할 일이 전혀 없다

• 서적

Messner Reinhold, *Moje życie na krawędzi. Autobiografia w rozmowie z Thomasem Hüetlinem*, przeł. Małgorzata Kiełkowska, Stapis, Katowice 2008.

• 기사

Fusek Wojciech, *Milcząc z Kukuczką*, „Magazyn", dodatek do „Gazety Wyborczej" z 3.09.2016.

Kardaś Rafał, *Jedna z najkrótszych wypraw*, „Taternik" 1996, nr 1.

• 영상

Herzog Werner, *The Dark Glow of the Mountains*, Süddeutscher Rundfunk/Werner Herzog Filmproduktion, 1994.

• 기록자료

Pamiętniki Krzysztofa Wielickiego z wyprawy na Gaszerbrumy I i II.

15장
머리는 그만두라 하지만 가슴은 산으로 향한다

• 기사

Dudkiewicz Wojciech, *To siedzi w środku*, „Życie" z 1.12.2000.

Gnacikowska Wioletta, *Góra gór czeka*, „Gazeta Wyborcza" z 16.05.1996.

Gnacikowska Wioletta, *Ten biały pióropusz*, „Duży Format", dodatek do „Gazety Wyborczej" z 19.12.2002.

Jamkowski Marcin, Fusek Wojciech, *Korona Himalajów*, „Magazyn", dodatek do „Gazety Wyborczej" z 22.11.1996.

Jaros Janusz, *Krzysztof Wielicki*, „Gazeta Wyborcza Poznań" z 7.09.1996.

Kosiorowski Leszek, *Zdobywca dachu świata*, „Słowo Polskie" z 20.03.2000.

Kutkowski Arkadiusz, *Nie przestanę się wspinać*, „Słowo Ludu" z 23.09.2004.

Łuków Magda, *Obiecał mi, że wróci*, „Gala" z 23.01.2003.

Szczepanek Teresa, *Sport dla wojowników*, „Dziennik Zachodni" z 5.12.2004.

Szmidt Jacek, *Jestem wojownikiem*, „Twój Styl" 2003, nr 12.
Śleziona Katarzyna, *Durczok, Czyż, Wajda – czy wiecie, co ich łączy?*, „Dziennik Zachodni" z 22.02.2013.
Tomanek Beata, *Ostatni gigant*, „Gość Niedzielny" z 24.07.2003.
Wielicki Krzysztof, *Manifest zimowy*, „Taternik" 2001, nr 2.

- 인터넷 사이트

Smolnik Arek, *Historyczny wywiad z Krzysztofem Wielickim – wyprawa Netia K2*, 21.01.2019, weld.pl, dostęp 16.10.2019.
Smolnik Arkadiusz, *Krzysiek Wielicki o zimowym K2*, 19.03.2014, goryonline.com, dostęp 16.10.2019.
Krzysztof Wielicki: nieobliczalny, taki już jestem, 2.02.2010, turystyka.wp.pl, dostęp 16.10.2019.
Krzysztof Wielicki z Nagrodą Księżniczki Asturii, 20.10.2018, tvn24.pl, dostęp 16.10.2019.
monikarogozinska.pl.

- 영상

Wichrowski Robert W cieniu K2, TVP, 2003.

- 기록자료

Pamiętniki Krzysztofa Wielickiego z wyprawy na K2 (1996).

- 직접 인터뷰

Z Aliną Markiewicz, Podlesice, czerwiec 2019.
Z Janem Matuszyńskim, Katowice, kwiecień 2019.
Z Jerzym Natkańskim, czerwiec 2019.

16장
무게에 따라 손해도 적절히 받아들여야 한다

- 기사

Szczepański Dominik, *Polska misja w lodowym piekle*, „Gazeta Wyborcza" z 9.09.2017.
Szczepański Dominik, *Szanse K2 spadły*, „Gazeta Wyborcza" z 22.09.2017.
Szczepański Dominik, *Lodowata rozmowa o K2*, „Gazeta Wyborcza" z 24.09.2018.

- 인터넷 사이트

Badowski Rafał, *„Takich rzeczy się nie robi". Są nowe informacje o Denisie Urubko, Adam Bielecki nie ukrywa złości*, 26.02.2018, natemat.pl, dostęp 16.10.2019.
Bąbol Damian, *K2. Szokujące słowa Denisa Urubki! Uderza w Polaków. „Członkowie wyprawy mnie okłamywali. Wielicki? Człowiek o dwóch twarzach"*, 6.03.2018, off.sport.pl, dostęp 16.10.2019.
Bugno Michał, *Polacy ruszają na zimowy podbój K2. „To jak pierwsze lądowanie człowieka na Księżycu"*, 21.09.2017, sportowefakty.wp.pl, dostęp 16.10.2019.
Pietraszewski Marcin, *Janusz Majer: K2 to była wyprawa szczęśliwa. Nie róbmy z tego narodowego dramatu*, 8.03.2018, katowice. wyborcza.pl, dostęp 16.10.2019.
Szczepański Dominik, *Polscy himalaiści coraz bliżej K2. Co czeka ich na lodowcu Baltoro?*, 5.01.2018, wyborcza.pl, dostęp 16.10.2019.

Kwestionariusz Outdoor Magazynu: Krzysztof Wielicki, 8.08.2014, outdoormagazyn.pl, dostęp 16.10.2019.

- 영상

Jałocha Robert, *Lodowe piekło*, TVN 24, program *Czarno na białym*, 19.03.2018, tvn24.pl, dostęp 16.10.2019.

Pereira Oswald Rodrigo, *K2 – Polish National Winter Expedition 2017/2018*, filmowa impresja z wyjścia Marka Chmielarskiego I Artura Małka podczas zimowej wyprawy na K2, 2018, vimeo.com, dostęp 16.10.2019.

- 직접 인터뷰

Z Katarzyną Wielicką, Dąbrowa Górnicza, wrzesień 2019.

Z Robertem Jałochą, Wrocław, wrzesień 2019.

찾아보기

산악기술 術 시리즈 01
클라이머를 위한 1001가지 팁

철저하게 경험에 근거하여 만든 1001가지 클라이밍 팁! • 클라이밍은 위험하며 결코 열정은 경험을 대체할 수 없다는 믿음으로, 철저하게 자신의 경험에 근거하여 제시하는 클라이머로서의 조언이 슬기롭고 실속 있다.

앤디 커크패트릭 지음 | 조승빈 옮김 | 36,000원

등반사 史 시리즈 01
세로 토레

메스너, 수수께끼를 풀다 • 체사레 마에스트리의 1959년 파타고니아 세로 토레 초등 주장은 오랫동안 논란을 불러일으켰다. 라인홀드 메스너가 세로 토레 초등의 진실을 추적했다.

라인홀드 메스너 지음 | 김영도 옮김 | 26,000원

등반사 史 시리즈 02
Fallen Giants

히말라야 도전의 역사 • 높고 위험한 히말라야의 여러 산에서 기술과 담력을 시험하려 했던 많은 모험가들. 생생하고 풍부한 삽화, 사진과 함께 50년 만에 최초로 히말라야 도전의 방대한 역사를 정리했다.

모리스 이서먼, 스튜어트 위버 지음 | 조금희, 김동수 옮김 | 62,000원

등반사 史 시리즈 03
FREEDOM CLIMBERS

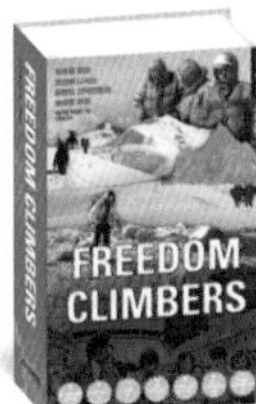

자유를 찾아 등반에 나서는 폴란드 산악인들의 놀라운 여정 • 제2차 세계대전과 그에 이은 억압적 정치상황을 뚫고 극한의 모험을 찾아 등반에 나섰던 폴란드 산악인들. 이들은 결국 세계에서 가장 강인한 히말라야 산악인들로 거듭났다.

버나데트 맥도널드 지음 | 신종호 옮김 | 43,000원

등반사 史 시리즈 04
중국 등산사

중국 등산의 기원과 발전 과정에 대한 철저한 기록 • 다음 세대를 위한 역사적 근거와 간접 경험을 제공하고자 중국 국가 차원에서 기획하여 고대, 근대, 현대를 아우르는 등산에 관한 자료를 최대한으로 수집하여 정리했다.

장차이젠 지음 | 최유정 옮김 | 47,000원

등반사 史 시리즈 05
일본 여성 등산사

후지산에서 에베레스트까지 일본 여성 산악인들의 등산 역사 총망라 • 7년에 걸쳐 방대한 자료를 수집하고 정리하여 완성한 최초의 일본 여성 등산사이다. 부조리와 난관을 극복해가는 일본 여성 산악인들의 위대한 발걸음의 궤적을 확인할 수 있다.

사카쿠라 도키코, 우메노 도시코 지음 | 최원봉 옮김 | 31,000원

등반사 史 시리즈 06
더 타워

세로 토레 초등을 둘러싼 논란과 등반기록 • 자만심과 영웅주의, 원칙과 고생스러운 원정등반이 뒤범벅된 이 책은 인간의 조건을 내밀하게 들여다보게 하며, 극한의 노력을 추구하는 사람들의 존재 이유를 적나라하게 파고든다.

켈리 코르데스 지음 | 권오웅 옮김 | 46,000원

등반사 史 시리즈 07
산의 전사들

슬로베니아 알피니즘의 강력한 전통과 등반문화 • 국제적으로 명성이 자자한 산악문화 작가 버나데트 맥도널드가 슬로베니아의 알피니즘이 그 나라의 험난한 정치 역사 속에서 어떻게 성장하고 발전했는지 읽기 쉽게 정리했다.

버나데트 맥도널드 지음 | 김동수 옮김 | 37,000원

등반사 史 시리즈 08
WINTER 8000

극한의 예술, 히말라야 8000미터 동계등반 • 한겨울에 세계 최고봉들을 오르려 했던 얼음의 전사들! 그들의 고통과 노력, 성공과 실패에 대한 이야기를 버나데트 맥도널드가 상세하게 서술했다.

버나데트 맥도널드 지음 | 김동수 옮김 | 33,000원

등반사 史 시리즈 09
정당화할 수 없는 위험?

근대등산의 태동부터 현재까지 영국 등산 200년사 • 지적이고 읽기 쉬우며 명료하게 잘 쓰인 이 책은 정당화할 수 없는 위험까지도 기꺼이 감수해온 영국인들의 등반과 그 동기를 통해 삶에 대한 고찰의 기회를 제공한다.

사이먼 톰슨 지음 | 오세인 옮김 | 48,000원

등반기 記 시리즈 01

에베레스트 정복

에베레스트 전설적인 초등 당시의 오리지널 사진집〈흑백사진 101점 + 컬러사진 62점〉• 에베레스트 초등 60주년 기념 사진집. 초등 당시 등반가이자 사진가로 함께했던 조지 로우가 위대한 승리의 순간들을 찍은 뛰어난 독점 사진들과 개인 소장의 사진들을 모아 펴냈다.

조지 로우, 휴 루이스 존스 지음 | 조금희 옮김 | 59,000원

등반기 記 시리즈 02

꽃의 계곡

아름다운 난다데비 산군에서의 등산과 식물 탐사의 기록 • 뛰어난 등산가이자 식물학자이며 저술가였던 프랭크 스마이드가 인도 난다데비 산군에서 등산과 식물 탐사를 하며 행복하게 지냈던 넉 달간의 이야기가 펼쳐진다.

프랭크 스마이드 지음 | 김무제 옮김 | 43,000원

등반기 記 시리즈 03

캠프 식스

에베레스트 원정기의 고전 • 1933년 에베레스트 원정대에 대한 따뜻한 기록. 프랭크 스마이드가 마지막 캠프까지 가져가서 썼던 일기를 토대로, 등반의 극적인 상황과 산의 풍경에 대한 생생한 묘사를 담았다.

프랭크 스마이드 지음 | 김무제 옮김 | 33,000원

등반기 記 시리즈 04

하늘에서 추락하다

마터호른 초등에 얽힌 소설 같은 이야기 • 동반자이자 경쟁자였던 장 앙투안 카렐과 에드워드 윔퍼를 주인공으로 하여, 라인홀드 메스너가 마터호른 초등에 얽힌 이야기를 소설처럼 재미있고 생생하게 들려준다.

라인홀드 메스너 지음 | 김영도 옮김 | 40,000원

등반가 家 시리즈 01

무상의 정복자

위대한 등반가 리오넬 테레이의 불꽃 같은 삶과 등반 이야기 • 그랑드조라스 워커릉, 아이거 북벽에 이어 안나푸르나, 마칼루, 피츠로이, 안데스, 자누, 북미 헌팅턴까지 위대한 등반을 해낸 리오넬 테레이의 삶과 등반 이야기가 펼쳐진다.

리오넬 테레이 지음 | 김영도 옮김 | 46,000원

등반가 家 시리즈 02

나의 인생 나의 철학

세기의 철인 라인홀드 메스너의 인생과 철학 • 칠순을 맞은 라인홀드 메스너가 일찍이 극한의 자연에서 겪은 체험과 산에서 죽음과 맞서 싸웠던 일들을 돌아보며 다양한 주제로 자신의 인생과 철학에 대해 이야기한다.

라인홀드 메스너 지음 | 김영도 옮김 | 41,000원

등반가 家 시리즈 03

엘리자베스 홀리

히말라야의 영원한 등반 기록가 • 에베레스트 초등부터 현재에 이르기까지 히말라야 등반의 방대한 역사를 알고 있는 엘리자베스 홀리의 비범한 삶과 세계 최고 산악인들의 이야기가 흥미롭게 펼쳐진다.

버나데트 맥도널드 지음 | 송은희 옮김 | 38,000원

등반가 家 시리즈 04

RICCARDO CASSIN

등반의 역사를 새로 쓴 리카르도 캐신의 50년 등반 인생 • 초창기의 그리냐와 돌로미테 등반부터 피츠 바딜레, 워커 스퍼와 데날리 초등까지 상세한 이야기와 많은 사진이 들어 있는 이 책은 리카르도 캐신의 반세기 등반 활동을 총망라했다.

리카르도 캐신 지음 | 김영도 옮김 | 36,000원

등반가 家 시리즈 05

하루를 살아도 호랑이처럼

알렉스 매킨타이어와 경량·속공 등반의 탄생 • 알렉스 매킨타이어에게 벽은 야망이었고 스타일은 집착이었다. 이 책은 알렉스와 동시대 클라이머들의 이야기를 통해 삶의 본질을 치열하게 파헤쳐 들려준다.

존 포터 지음 | 전종주 옮김 | 45,000원

등반가 家 시리즈 06

마터호른의 그림자

마터호른 초등자 에드워드 윔퍼의 일생 • 걸출한 판각공이자 뛰어난 저술가이며 스물다섯 나이에 마터호른을 초등한 에드워드 윔퍼의 업적에 대한 새로운 평가와 더불어 탐험가가 되는 과정까지 그의 일생이 담겨 있다.

이언 스미스 지음 | 전정순 옮김 | 52,000원

등반가 家 시리즈 07

ASCENT

알피니즘의 살아 있는 전설 크리스 보닝턴의 등반과 삶 • 영국의 위대한 산악인 크리스 보닝턴. 사선을 넘나들며 불굴의 정신으로 등반에 바쳐온 그의 삶과 놀라운 모험 이야기가 가족에 대한 사랑과 더불어 파노라마처럼 펼쳐진다.

크리스 보닝턴 지음 | 오세인 옮김 | 51,000원

등반가 家 시리즈 08

프리솔로

엘 캐피탄을 장비 없이 홀로 오른 알렉스 호놀드의 등반과 삶 • 극한의 모험 등반인 프리솔로 업적으로 역사상 최고의 암벽등반가 지위를 획득한 호놀드의 등반 경력 중 가장 놀라운 일곱 가지 성과와 그의 소박한 일상생활을 담았다.

알렉스 호놀드, 데이비드 로버츠 지음 | 조승빈 옮김 | 37,000원

등반가 家 시리즈 09

산의 비밀

8000미터의 카메라맨 쿠르트 딤베르거와 알피니즘 • 역사상 8천 미터급 고봉 두 개를 초등한 유일한 생존자이자 세계 최고의 고산 전문 카메라맨인 쿠르트 딤베르거. 그의 등반과 여행 이야기가 흥미진진하게 펼쳐진다.

쿠르트 딤베르거 지음 | 김영도 옮김 | 45,000원

등반가 家 시리즈 10

太陽의 한 조각

황금피켈상 클라이머 다니구치 케이의 빛나는 청춘 • 일본인 최초이자 여성 최초로 황금피켈상을 받았지만 뜻하지 않은 사고로 43세에 생을 마감한 다니구치 케이의 뛰어난 성취와 따뜻한 파트너십을 조명했다.

오이시 아키히로 지음 | 김영도 옮김 | 30,000원

등반가 家 시리즈 11

카트린 데스티벨

암벽의 여왕 카트린 데스티벨 자서전 • 세계 최고의 전천후 클라이머로, 스포츠 클라이밍, 암벽등반 그리고 알파인등반에서 발군의 실력을 발휘한 그녀의 솔직 담백한 이야기가 잔잔한 감동으로 다가온다.

카트린 데스티벨 지음 | 김동수 옮김 | 30,000원

등반가 家 시리즈 12

Art of Freedom

등반을 자유와 창조의 미학으로 승화시킨 보이테크 쿠르티카 • 산악 관련 전기 작가로 유명한 버나데트 맥도널드가 눈부시면서도 수수께끼 같은 천재 알피니스트 보이테크 쿠르티카의 전기를 장인의 솜씨로 빚어냈다.

버나데트 맥도널드 지음 | 김영도 옮김 | 36,000원